KB118514

CHILDCARE CENTER BASED PLAY THERAPY

보육놀이치료

한유진 · 정선희 · 양선영 · 정솜이 · 길경미

김진서 · 이지수 · 정다혜 · 최경혜 · 최윤정 공저

학지사

머리말

아동과 부모가 겪는 다양한 어려움에 더 효과적으로 접근하기 위한 고민은 치료사들의 끝없는 숙명이다. 특히 날로 늘어 가는 영유아들의 정서 · 행동 문제를 접하며 이제는 영유아 시기부터 그들의 삶 속에서 개인화된 전문적인 접근이 필요한 시대임을 더욱더 체감하고 고민하게 된다.

이러한 고민 끝에 시작하게 된 것이 바로 보육현장에서의 놀이치료이다. 아동이 일상 속에서 겪는 작은 어려움들이 삶을 무너뜨리는 문제로 돌변하기 전에, 먼저 그 어려움을 발견하고 시기적절하게 개입할 수 있다면 아동이 더욱 건강하고 안정적으로 성장할 수 있으리라는 믿음이 있었기 때문이다.

2005년, 은평천사원에 놀이치료를 적용하기 위한 새로운 시도가 시작되었고, 물론 그 과정에는 많은 어려움이 따랐다. 기관 내에 놀이치료를 위한 공간을 만드는 게 쉽지 않았고, 전문 영역인 심리치료를 영유아의 삶의 현장에서 적절한 수준으로 적용하기 위한 시행착오도 있었다. 무엇보다 환경이 변화된 놀이치료사에게도, 이미 많은 업무가 쌓여 있는 보육교사들에게도 상당히 낯설고 어려운 시도였다. 그럼에도 현장의 소리를 들을 때마다 보육놀이치료의 필요성이 절실했기에 현장에 직접 찾아가 교사와 부모들을 설득하고, 연구원들과 머리를 맞대고 고민하며 조금씩 체계를 잡아 가기 시작했다.

이렇게 시작되어 10여 년이 지난 현재, 보육놀이치료는 영유아의 삶의 현장에서 심리 및 행동의 어려움을 보이는 아동에게 즉각적으로 개입하는 One-Stop 심리지원 서비스로 발전하게 되었다. 보육놀이치료에 참여한 가정과 보육교사의 만족도가 높은 것은 물론 서비스를 제공하는 치료사들에게 긍지와 사명감을 갖게 하는 중요한 치료사 교육 및 훈련 프로그램으로도 실제 활용되고 있다.

이 책은 지난 10년간의 경험과 사례를 바탕으로 보육놀이치료에 대한 개념을 구체화하고 현장에서 적용하기 위한 지침을 제공함으로써 저자와 같은 고민을 하고 있는 많은 분에게 도움이 되고자 쓰였다. 놀이치료가 영유아의 건강한 성장과 발달에 실제적으로 기여할 수 있음을 이해하고, 보육놀이치료를 현장에 도입하고자 하는 이들에게 이 책이 확실한 가이드북이 될 것이라 생각한다.

보육놀이치료는 단순한 상담과 치료를 넘어 내담 아동뿐 아니라 대학, 지역사회, 지도교수, 보육놀이치료사, 보육기관, 교사, 부모가 모두 함께 성장하는 '상호호혜적 아동심리지원 관계망'을 구성하는 새로운 개념이다. 이 책을 통해 아동을 위한 지속 가능한 사회안전망을 세워 나가는 데 일조하기를 바라 본다.

그동안 보육놀이치료가 발전할 수 있도록 심리적 어려움과 그들의 삶을 기꺼이 내어 준 아동과 부모님들에게 존경과 감사를 표한다. 그리고 이 모든 과정을 함께 진지하게 고민하며 성실히 임해 준 연구원들에게도 깊은 고마움을 전한다. 보육 및 교육 기관의 많은 행정적 어려움에도 보육놀이치료의 필요성을 실감하며 함께 성장한 기관 및 교사들에게도 감사의 말씀을 전한다.

차례

Chapter 03　보육현장에서의 놀이 이해 • 65

Chapter 04　보육현장에서 나타나는 영유아의 심리 · 행동적 문제 • 87

제2부 보육놀이치료의 실행

제3부 근거기반 보육놀이치료: 사례와 최신 연구

보육놀이치료의 개념과 이론적 배경

제1부

　인류가 출현한 이래의 긴 역사 속에서 인간은 쉼 없이 놀이하며 발달해 왔다. 놀이는 인간의 자연스러운 본성이며, 특히 아이들에게는 하루 대부분의 일과를 차지하는 주요한 활동이자 일상이다. 놀이는 어떠한 문화 속에서도 인간의 삶에 함께하며 발전해 왔을 뿐 아니라 우리의 발달을 이끌고 조력하는 치유적인 힘을 가지고 있다. 놀이치료는 인간의 본성이자 아이들의 일상인 놀이를 통해 개인의 심리적·발달적 이슈를 중재하는 접근으로, 놀이가 지닌 치유의 힘을 극대화하고자 하는 고민과 과학적 검증을 통해 효과적으로 활용되는 중재 기법의 하나로 자리 잡았다.

　한편, 대부분의 영유아기 아동은 성장하며 보육기관에 등원함으로써 사회적 경험을 확대해 나가고 심리·사회적으로 발달하게 된다. 보육기관은 영유아가 가족을 벗어나 더 큰 관계와 문화를 경험하는 돌봄과 교육이 제공되는 환경으로서 아이들의 건강한 성장과 발달을 직간접적으로 돕는다. 영유아기 동안 보육기관은 점차 아동의 일과 대부분을 차지하는 주요한 생활환경이 되며 보육기관에서의 경험은 아동의 전인적 발달을 견인하게 된다.

　보육놀이치료는 아동이 대부분의 일과 시간 동안 생활하는 보육현장과 아동의 자연스러운 활동인 놀이의 치료적 힘을 활용한 중재 기법이 되는 놀이치료 이론을 접목함으로써 보육기관 내에서 심리적 중재를 지원하도록 발전해 온 ONE-STOP 방식의 발달지원 서비스 모델이다. 영유아의 건강한 성장을 조력하는 보육환경 및 발달적 환경을 구축하는 데 기여하며 과학적 검증에 기반하는 전문적 심리치료 모델로서 발전해 온 보육놀이치료의 특징 및 발달적 배경에 대해 보다 자세히 알아보고자 한다.

Chapter 01

보육놀이치료:
놀이치료의 새로운 모델

  인간은 놀이하는 능력을 가지고 태어난다. 인간은 출생 이전 엄마의 배 속에서부터 놀이하기 시작하며, 출생 이후 아이들은 일과 대부분의 시간을 놀이로써 보내게 된다. 영유아의 삶은 놀이 그 자체이며, 이들은 놀이를 통해 배우고 성장해 간다. 아이들은 놀이를 통해 직접적으로 또는 상징적으로 자신의 감정이나 사고를 표현하게 된다. 또한 놀이를 통해 자연스러운 방식으로 지식을 습득하고, 신체적 능력을 발달시키며, 사회적 기술과 규칙을 습득하고, 풍부한 상상력과 창의력을 기르게 된다.

  영유아기는 전 생애 발달의 기초를 형성하는 시기로 영유아기 삶의 경험은 이후의 성장 발달에 지속적인 영향을 미치게 된다(Callaghan & Tottenham, 2016). 영유아의 성장 발달에 가장 큰 영향을 미치는 일차적 환경 요소는 가정이지만, 가정을 제외하고 지대한 영향을 미치는 하나의 요인은 보육기관이 된다. 많은 영유아는 큰 어려움 없이 첫 사회적 적응에 성공하게 되나 모두가 자연스럽게 기관에 적응하게 되는 것은 아니다. 기관 적응 과정은 영유아에게 긴장을 유발하며 여러 유형의 심리 · 사회적 갈등을 만들어 내기도 한다. 영유아가 성장하고 발달하며 사회적 환경이 확대되어 감에 따라 겪게 되는 여러 가지 발달적 이슈들은 시간의 흐름에 따라 자연스럽게 해결되기도 하지만, 보다 전문적인 도움을 필요로 하는 경우로 발전되기도 한다.

  가정이라는 울타리를 넘어 또 하나의 사회로 나아가는 영유아의 발달과업 이행을 조력하며 어려움을 중재하는 데 있어 보육놀이치료는 가장 효과적인 개입으로 제시될 수 있다. 보육놀이치료는 영유아가 발달과정 중에 경험하는 정서적·행동적 어려움에 대해 조기 개입함으로써 더 큰 문제의 발달과 위기를 예방할 뿐 아니라, 보육기관과 가정이 일관적인 방향으로 함께 조력하게 하며 유아의 통합적인 발달을 돕는다. 보육놀이치료는 또한 영유아 발달의 책임에 대한 교사의 심리적 부담 일부를 감소하게 하며 보육현장의 건강성을 증진하고, 양육에 있어 부모에게 협력 자원을 갖게 하며 양육의 부담을 덜게 한다는 이점을 지닌다.

이 장에서는 보육놀이치료의 적용과 필요에 대해 논의하며 보육놀이치료의 개념 및 방향성에 대해 살펴보고자 한다.

1. 보육놀이치료의 정의 및 필요성

1) 보육놀이치료의 정의

보육놀이치료란 놀이치료사들을 보육기관으로 파견하여 적응의 어려움을 가진 유아들을 대상으로 놀이치료를 실시하는 치료적 서비스의 한 형태이다(양선영, 2013). 보육놀이치료는 놀이치료의 한 형태로서 학교 현장과 놀이치료 이론을 접목하는 방식으로 미국에서 발달해 온 학교놀이치료를 기반으로 고안되어 보육현장에서 치유적 개입이 필요한 영유아들에게 심리·정서적 지원을 포함한 전반적 발달을 지원하는 체계로 발달해 왔다.

학교놀이치료는 정서적인 어려움을 겪는 아동들을 대상으로 학교에서 놀이치료를 실시하여 부적응 문제를 해결하고 학습 효과 및 또래 관계를 증진하는 성공적인 중재로서 검증되고 있다(Athena, Lois, & Charles, 2010). 미국에서 이루어지는 학교놀이치료의 경우 교사나 부모로부터 의뢰된 아동을 대상으로 학교 내에서 전문적 놀이치료 서비스를 제공하고 있다. 이는 우리나라의 교육청 또는 초·중·고등학교 내에서 제공하고 있는 위(Wee) 학생위기 상담 종합지원 서비스와 유사하다. 위(Wee) 학생위기 상담 종합지원 서비스는 학교에서 부적응을 보이는 아동들을 선별하고, 선별된 학생들이 가진 문제의 수준을 확인하여 심리지원 서비스를 연계 및 제공한다. 즉, 도움을 필요로 하는 학생들을 대상으로 학교 현장에서 상담 서비스를 제공하여 부적응 문제를 해결하고자 하는 개입 방법이다.

학령기 이상의 아동을 대상으로 하는 발달적 지원의 경우 학교 현장을 기반으로 체계적으로 구축되어 온 사실과 달리, 학령기 이전 단계에 있는 영유아들은 보육기관 내에 전문가가 배치되어 있지 않아 영유아의 발달적 어려움에 대한 때 이른 접근이 어려운 것이 실상이다. 아동상담이 이전보다 보편화되면서 심각한 심리적 어려움을 가진 아동들이 병원이나 전문 기관을 찾아 문제를 해결할 수 있는 기회는 점차 확대되고 있다. 그러나 임상 범위가 아닌 경계선상의 어려움을 가진 영유아 또는 자신이 가지고 태어난 기질 및 성격상의 이유로 어려움을 겪는 영유아의 경우 더 빠르게 문제를 완화할 수 있는 적절한 중재 시기를 놓치는 경우가 빈번하다.

영유아기 문제행동은 아동기나 청소년기에 시작되는 심리적 문제들보다 예후가 좋지 않으며 만성화되기 쉽다는 점을 고려했을 때, 영유아의 문제행동을 조기에 중재해야 할 중요성은 매우 강조된다(이주영, 2012; Mash & Wolfe, 2002). 전 생애 발달의 기초가 되는 영유아 시기에 개인이 가진 어려움을 중재하는 것은 이후 발달과정에서 나타날 수 있는 위험 요소를 줄이는 데 기여하듯, 보육놀이치료는 영유아의 건강한 발달을 기관 내에서 조력하고 촉진하며 적응적인 학령기로의 이행을 촉진한다(양선영, 한유진, 2014).

보육놀이치료는 영유아들의 삶의 현장인 보육기관에서 영유아를 중심으로 이들을 둘러싼 환경인 부모, 교사, 보육기관, 놀이치료사가 통합적인 협력과 긴밀한 연계를 통해 영유아를 이해하고 발달을 조력하며 어려움을 함께 해결해 나가는 ONE-STOP 방식의 새로운 놀이치료 모델이라 할 수 있다.

2) 보육놀이치료의 필요성

보육기관 시설의 높은 이용률이 보여 주듯 보육기관은 대부분의 영유아와 부모에게 익숙한 환경의 생활 공간이다. 영유아가 이용하는 보육기관은 높은 비율로 거주지 인근 혹은 부모의 직장 환경 인근에서 선택된다는 점에서 물리적으로나 심리적으로 영유아와 부모에게 근접성이 높은 발달지원 환경이라고 할 수 있다. '한 명의 아이를 키우는 데 온 마을이 필요하다'는 말과 같이, 영유아를 양육하는 데는 단지 부모의 책임과 지원 이상의 도움이 요구된다. 가족 구조가 핵가족화된 형태로 이행하며 영유아 양육을 조력하는 가장 가까운 사회적 지원 체계가 약화된 현대 사회에, 보육놀이치료는 영유아와 부모에게 매우 밀접한 지역사회 안에서 개인의 성장과 발달에 대해 조력 받을 수 있는 새로운 형태의 아동중심형 발달지원 서비스이다.

한편, 보육기관 이용과 관련하여 사회적으로 논란이 되는 이슈들이 점차 증가하는 요즘 보육놀이치료는 심리적인 문제들을 관련 전문가가 다룰 수 있다는 점에서 보육기관 서비스의 질을 높일 수 있다. 보육교사들의 높은 스트레스 문제 및 보육기관에 재원 중인 영유아의 심리·정서적 문제와 관련하여 대두되는 크고 작은 이슈를 예방하거나 문제 발생 시 효율적인 대처가 가능하다는 장점은 보육놀이치료의 필요성을 확대시킨다.

건강 검진을 통해 건강상 발생할 수 있는 신체 질병의 위험을 낮추거나 질병을 조기 발견하여 효과적으로 치료할 수 있듯, 영유아의 심리·정서적 발달에 대해 예방적 차원의 중재를 제공하거나 발달지원의 사각지대에 있는 영유아를 조기에 발견하는 것은 이후 어느 시기의 중재보다도 더 큰 중재 효과를 나타내며, 심리지원 및 중재에 들어가는 사회적 비용을 절감할 수 있다. 연령적으로 보다 어린 대상을 중심으로 이른 중재를 제공하는 것은 더 건강한 청소년, 더 건강한 성인, 나아가 더 건강한 사회를 만든다는 점에서 보육놀이치료의 필요성은 더욱 강조된다.

다음의 내용을 통해 영유아기 발달과업 및 보육현장과 놀이치료의 관계에 대해 좀 더 알아보고자 한다.

(1) 영유아기의 중요성

영유아기의 중요한 발달과업은 나 자신과 나를 둘러싼 환경에 대한 신뢰감을 발달시키고, 자율성을 바탕으로 주변 환경과 접촉하고 조율하며 통제감을 획득하는 것이다. 또한 주도성을 가지고 목적을 가진 행동을 시도하며 이행해 나가는 시기이다. 이 시기의 영유아는 급진적인 신체발달을 이루어 내야 하며, 심리적·인지적 발달도 모두 성장시켜야 한다. 따라서 이 시기는 영유아에게 다양한 자극의 제공이 중요하며, 적절한 양육 환경과 환경과의 상호작용이 필수가 된다. 그러나 촉진적이지 못한 발달 환경에서 영유아는 때때로 충분한 신뢰감, 자율성, 주도성을 발달시켜 나가기보다 불신감, 수치심, 죄책감을 발달시킬 수 있다. 스스로 자신의 발달을 이끌어 나가는 영유아의 내적인 힘이 강력하게 자리함에도 불구하고 환경과의 상호작용에서 조화로운 적합성을 경험하지 못한 영유아의 자아 발달은 지연되는 경향이 있다.

영유아의 건강한 성장과 발달을 조력하는 데 큰 영향을 미치는 하나의 요인에는 부모와 가족 환경이 있다. 대부분의 부모는 부모 역할에 대한 배움이나 앎 없이 부모 역할을 맡고 수행하게 된다. 긍정적이며 충분히 좋은 양육을 경험한 부모는 경험에 대한 모델링을 통해 특별한 배움의 과정 없이도 영유아의 전반적 발달을 촉진하는 효과적인 양육을 제공할 수 있을지 모른다. 그러나 양육 방식의 대물림은 부적절한 양육과정을 경험한 부모에게도 적용되어 영유아에게 전수된다. 효과적인 부모 양육행동 및 부모 역할을 체득하지 못한 부모의 경우, 부모가 어린 시절에 경험한 양육을 교정하지 못한 채 다시금 반복하게 될 수도 있다. 이와 같이 부모가 어릴 적 경험한 양육 환경에 따라 양육 방식이 결정되기도 하지만, 그것이 전부는 아니다. 좋지 못한 환경에서 성장하여 적절한 부모의 역할 모델을 갖지 못하였지만, 주변의 좋은 환경적 지지 치계나 도움을 통해 부모의 역할을 잘 습득하게 되면, 충분히 좋은 부모로서의 역할을 해 나갈 수 있는 가능성이 있다.

변화에 있어 다소 경직된 성인과 달리 영유아는 발달적으로 매우 탄력적이며 유연한 특징을 갖는다. 부모를 통해 환경과 충분한 조화 적합성을 경험하지 못해 왔거나 다소 발달에 촉진적이지 않은 양육 환경을 경험했어도 영유아가 지닌 탄력성은 환경변화를 통해 재경험의 기회를 가질 수 있게 한다. 영유아기의 경험과 건강한 발달과업의 이행 및 성취는 이후의 건강한 발달을 예측하는 강력한 요인이기 때문에, 생애 발달의 초기인 영유아기에 적절한 발달적 중재를 제공하는 것은 매우 중요한 일이 된다.

흔히 성인들은 심리적 스트레스나 갈등을 어른들의 전유물로 보며 어린아이들의 심리적 갈등과 고통을 축소하여 판단하는 경향이 있다. 그러나 삶에 있어 내적인 어려움을 경험하거나 스트레스를 경험하는 것은 단지 성인만의 것이 아니다. 마찬가지로 자기 자신에 대해 이해하며 알고자 하는 기회를 갖기 원하는 것 또한 성인만의 특권이 아니다. 인간 발달은 학령기 이후 혹은 청소년기 어느 시점이나 그 이후부터 갑작스럽게 이루어지기 시작하는 것이 아니다. 아주 어린 영유아도 자신과 환경 사이의 관계를 이해하길 원하고, 삶에서 여러 가지 갈등과 어려움을 경험하게 되지만 또 극복하기를 원하며, 이러한 삶의 경험에 대해 적절한 도움을 받기 원한다. 따라서 우리는 인간 발달의 가장 중요한 시기의 영유아들에게 자신의 정상적인 발달 궤도를 벗어나지 않고 나아갈 수 있는 길을 마련해 줄 필요가 있다.

(2) 보육기관과 중재 서비스

보육기관은 영유아들의 첫 번째 사회화 기관으로서 아이들의 성장 발달에 지대한 영향을 미치는 환경이 되는 동시에 크고 작은 갈등과 스트레스를 경험하게 하는 환경이 된다. 보육기관에 재원하는 영유아들은 기관 환경의 일과 시간표에 따라 활동해야 하고, 기관 및 학급의 다양한 규칙을 따라야 하며, 친구들과 환경을 공유하고 나누어야 하고, 자신의 욕구를 적절히 조절해야 하며, 자신의 안전기지이자 울타리인 부모와 분리된 환경에서 어느 정도 독립적으로 기능할 수 있어야 한다. 보육기관에 머무는 시간은 아이들에게 신체적·심리적 긴장 상태를 유발하며 갈등을 경험하게 한다.

한편, 어린 영유아를 돌보며 일과를 운영해 나가야 하는 보육기관과 교사들의 책임감과 부담감이 크다. 보육교사는 영유아의 간단한 기본생활습관 형성에서부터 사회적·문화적·관습적 행동을 익힐 수 있도록 도와야 한다. 신체적으로 건강한 돌봄을 제공해야 하고, 사회적으로 올바른 방향으로 성장하게 돕는 것이 교사들의 역할이다. 또한 적절한 사회관계를 형성할 수 있도록 가르쳐야 하며, 관계적 갈등 상황을 중재하고, 많은 수의 아이들을 동시에 살피면서도 개개인의 개별적 욕구에 대한 초점을 놓치지 않아야 한다. 이와 같은 복합적인 역할을 수행해야 하는 가운데 쉽게 해결되지 않는 여러 가지 질문으로 고민하게 되고, 어려움으로 인한 심리적 부담이 증가할 수밖에 없다. 때때로 언어적인 방식을 통해 제대로 표현되지 않는 영유아의 비언어적 행동에 담긴 의미는 무엇인지, 영유아의 발달이 또래에 비해 늦되게 느껴질 때 어떤 도움이 필요한지를 고민한다. 또한 영유아의 문제뿐 아니라 영유아를 양육하고 있는 부모들과는 어떻게 의사소통하고 당면한 문제를 해결할 수 있을지에 대해서도 생각한다.

보육기관은 아동의 발달을 조력하는 기관인 동시에 영유아의 부모에게 가장 가깝고도 접근성 높은 전문적 환경 자원의 하나가 된다. 부모는 보육기관과의 관계에서 우리 아이의 개별적 특성이나 어려움에 대해 어디까지 교사 및 기관과 이야기 나눌 것인지, 기관과 가정 사이의 일관된 양육을 위해 어떻게 의견을 나눌 것인지, 영유아의 발달에 있어 기관을 통해 어떤 유형의 전문적 조언이나 도움을 구할 수 있는지 등의 질문을 하며 도움을 얻기를 원한다. 그러나 실제로 부모가 교사와 온전히 소통할 수 있는 시간은 현실적으로 충분하지 않은 실정이며, 양육에 관한 조언을 얻기 위해 부모가 전적으로 가정이나 개인의 환경을 솔직하게 표현하는 것에는 어려움이 따르는 것이 일반적이다.

　다음과 같은 이유로 보육기관은 기관의 이용자 및 운영자 모두의 필요와 욕구를 만족시킬 수 있는 중재 서비스 환경으로 제공되기에 적합성을 가진다. 보육기관은 접근 장벽이 낮아 영유아와 부모 누구에게나 평등하게 열려 있고, 영유아의 심리적·행동적 문제에 대한 중재 서비스를 제공하기에 매우 합리적이며 적합한 장소가 될 수 있으며, 교사의 업무 일부를 조력하고 부담을 줄여 줌으로써 서로에게 긍정적인 순환을 가져올 수 있다.

3) 보육놀이치료의 특성

　보육놀이치료는 영유아의 주요한 일과 공간이자 영유아의 돌봄과 교육을 조력하는 보육기관 내에서 전문적인 심리지원 서비스가 함께 실시된다는 점에서 기존의 보육 환경 또는 일반적인 심리치료 환경과는 구별되는 특성을 갖는다. 보육놀이치료가 갖는 특징에 대해 다음과 같이 살펴볼 수 있다.

　첫째, 보육놀이치료는 영유아에 대한 돌봄 및 교육, 발달적 평가 및 중재적 서비스를 한곳에서 일괄적으로 제공하는 ONE-STOP 방식의 발달지원 서비스이다. 외부의 상담 전문기관은 영유아에 대한 진단평가를 위해 부모로부터 영유아의 행동과 반응, 환경에 대한 상세한 보고를 받아야 한다. 그러나 보육놀이치료 환경의 경우 영유아의 발달 사항 정보는 교사 및 치료사를 통해 직접 관찰되며 수집될 수 있다. 영유아에 대한 정보를 언어적인 방식으로 간접 제공 받는 과정이 축소됨으로써 전문가에게 정보가 전달되는 과정에서 영유아 관찰자의 주관적 평가에 의해 정보가 오염되는 오류 또한 줄일 수 있게 된다. 보육기관에서의 일과 시간 동안 영유아는 관찰 가능한 객관적 정보를 전문가에게 직접적이며 실제적인 방식으로 제공하게 된다. 연간 단위로 새로이 구조화되는 보육놀이치료 체계 안에서 보육기관에 재원하는 모든 영유아에 대한 발달적 돌봄과 지원은 종합적으로 제공될 수 있으며, 보육놀이치료를 통한 영유아의 변화와 성장은 다시금 보육기관의 환경에 반영됨으로써 긍정적인 순환의 구조를 강화해 가게 된다.

　둘째, 보육놀이치료는 영유아를 위한 아동중심형 지원 서비스이다. 여러 유형의 발달적 이슈를 갖는 어린 영유아들은 새로운 환경에 대한 접촉에 어려움을 갖는 경우가 빈번하다. 심리적 갈등과 어려움을 해결하기 위해 병원 또는 전문 상담 기관을 찾아가는 과정에서 영유아가 또 한 번 적응을 위한 어려움과 스트레스를 겪어야 하는 일반적인 내방 과정과 달리, 보육놀이치료는 영유아에게 가장 익숙하고 편안한 환경에서의 발달지원 중재를 제공한다. 보육기관은 여타 기관에 비해 영유아에게 친숙하고도 편안한 느낌을 갖게 하는 공간이다. 보육기관 안에서 영유아는 여타 낯선 기관에서보다 좀 더 이완되어 있는 상태에서 어떠한 환경의 변화나 외부로의 이동 없이 지속적이고 안정적인 방식으로 상담 과정에 참여하게 될 것이다.

셋째, 보육놀이치료는 영유아와 부모에게 접근성 높은 지역사회형 지원 서비스이다. 우리나라의 경우 대부분의 영유아들이 보육기관을 이용할 수 있도록 정부의 지원이 이루어지고 있으며 실제로 국내의 보육기관 이용률은 매우 높은 수준으로 나타나고 있다. 이러한 높은 이용률만큼 보육기관을 통해 이루어지는 중재 지원 서비스는 국내 대부분의 영유아들에게 제공될 수 있는 서비스로 확대 및 이용될 수 있다. 보육기관은 그 기관의 수가 많고 지역사회 가까운 곳에 자리하고 있어 많은 영유아에 대한 중재적 접근을 가능하게 한다. 보육놀이치료는 문제가 두드러지거나 심화되는 순간에만 이용하는 것이 아니라 예방적 차원의 접근, 기관 입소 및 적응의 문제, 형제관계 문제, 부정적 감정 처리 및 스트레스의 관리 등 일시적이거나 일상적인 부적응 상태의 문제를 다루는 등의 폭넓은 심리 · 사회적 이슈에 대해 접근 가능하다.

넷째, 보육놀이치료는 초학문적 팀 접근의 지원 서비스이다. 보육놀이치료의 구성 요소는 내담 영유아와 부모, 보육놀이치료사와 코디네이터, 보육기관과 교사, 대학과 수퍼바이저로 이루어져 각 체계 간의 협력과 유기적인 소통을 요구한다. 부모는 영유아의 발달사 및 일상에서의 정보에 대해 누구보다 잘 알고 있는 자녀의 전문가이며, 보육기관과 교사는 보육현장에 대한 전문가이자 보육기관이라는 사회적 환경 안에서의 영유아를 누구보다 잘 알고 있는 전문가이다. 보육놀이치료사와 코디네이터는 보육놀이치료 운영을 실천하는 전문 실무자이며, 대학과 수퍼바이저는 지역사회와 대학을 연계하고 보육놀이치료 모델을 보급하며 프로그램 운영을 관리 감독하는 전문 관리자이다. 보육놀이치료는 영유아를 둘러싼 각 영역의 전문가들이 모여 영유아의 건강한 성장과 발달이라는 하나의 목적을 이루기 위해 협력적인 방식으로 정보를 공유하고 의사소통하며 계획을 세우고 중재적 접근을 실천하는 초학문적 팀 접근의 서비스가 된다.

다섯째, 보육놀이치료는 참여자 모두가 수혜자가 되는 상생의 지원 서비스이다. 보육놀이치료는 영유아의 건강한 성장과 발달에 첫 번째 목적을 두지만 보육놀이치료 모델의 참여 과정 안에서 각 체계 간 참여자 모두가 유익을 얻으며 상생한다. 보육놀이치료에 참여하게 되는 부모는 적절한 양육을 알게 되고, 양육 스트레스를 관리할 수 있게 될 뿐 아니라 부모 역할에 대한 이해를 통해 자기 자신을 알게 되는 경험을 갖게 된다. 영유아의 발달적 중재에 들어가는 비용을 아낄 수 있는 경제적인 이득도 부차적인 수혜에 포함될 수 있다. 보육놀이치료에 참여하는 보육기관과 교사는 영유아의 문제행동 완화와 적응 향상을 통해 학급 운영 및 관리에서의 부담이 감소되며, 개별 영유아의 심리 · 정서 · 사회적 발달에 대해 심도 있는 이해를 도모함으로써 영유아와의 관계 형성과 지도에 도움을 얻을 수 있다. 보육놀이치료사와 코디네이터의 경우 새로운 현장으로 임상의 기회를 확대하며 임상 실무 수행과 교육을 통해 전문성을 더욱 제고할 수 있다는 유익을 갖게 된다. 마지막으로 대학과 수퍼바이저의 경우 고등교육기관으로서 학문의 실천적 역할을 알리고 이행하는 데 앞장서며 지역사회에 봉사할 수 있게 된다.

보육놀이치료는 기존의 보육 환경의 틀과 심리치료 접근의 틀을 확대하며 놀이치료 분야에서의 새로운 지평을 넓히고 있다. 영유아의 발달적 문제의 완화와 해결을 함께 조력하는 보육놀이치료 모델의 적용과 확대를 통해 서로 상생하는 지역사회 환경을 만들어 나갈 수 있을 것이다.

2. 보육놀이치료의 목적

1) 예방적 중재

흔히 문제를 해결하기 위해 발생하는 비용은 문제 예방 비용에 비해 더 많은 비용, 시간, 노력을 요하는 것이 일반적이다. 문제 예방은 양적이며 질적인 측면 모두에서 사후 대처에 비해 보다 적은 대가를 지불하게 한다. 통증이 시작된 이후에 복용하는 진통제는 효과가 적지만 본격적인 통증이 시작되기 전에 먹는 진통제는 통증 유발 물질의 생산을 줄여 줌으로써 진통을 적게 겪고 넘어갈 수 있게 해 주듯, 가정 안에서 대처하기 어려운 수준의 문제가 발생하기 이전에 예방적 중재를 제공하는 것은 영유아의 건강한 성장과 발달에 효과적이다.

영유아가 발달하는 과정에서 외부 세계를 통해 경험하게 되는 크고 작은 어려움을 대처하기 위해서는 자아 강화가 요구된다. 영유아의 자아를 강화하는 작업은 영유아가 스스로의 발달에 집중하도록 촉진하며 이후 발생할 수 있는 많은 발달적 어려움을 예방하게 한다. 건강한 자아를 가진 영유아는 외부 세계에서 경험하는 어려움 또는 심리적 갈등에 대해 적응적이며 능동적으로 대처할 수 있다. 영유아 개개인의 건강이 증가하는 것은 결국 집단 건강성의 증진에도 기여하며 사회 전반에서 발생하는 부적응 문제의 감소 및 예방에 간접적으로 긍정적인 영향을 미치게 될 것이다.

2) 조기 선별 및 조기 중재

많은 부모들은 자녀의 심리 · 정서적 어려움이 눈에 두드러지는 외현화 행동으로 나타날 때 도움을 얻고자 전문 기관에 내방하는 경향이 있다. 영유아가 경험하는 어려움이 외적으로 눈에 띄는 방식으로 드러나지 않거나 그 정도가 크지 않다고 느껴졌을 때 부모는 선뜻 전문 기관으로의 내방을 주저하곤 한다. 특히 겉으로 잘 드러나지 않는 문제 유형인 내재화 문제를 가진 영유아의 경우 부모는 적극적인 도움을 구하는 대신 가정 안에서 문제를 해결하고자 대처하는 경우가 많으며, 영유아의 심리적 갈등에 대해 민감하게 알아차리지 못하여 발견이 늦어지는 경우 또한 흔히 발생한다. 보육놀이치료는 영유아의 발달과정에서 경험할 수 있는 어려움이 잘 드러나지 않거나 심리발달지원의 사각지대에 있는 영유아를 조기에 발굴하여 이른 중재를 제공하는 데 효과적인 개입 방법이 된다.

영유아가 지닌 탄력적인 특성으로 인해 영유아기에 경험하는 심리 · 정서적 어려움은 성인기에 경험하는 심리 · 정서적 갈등에 비해 짧은 중재 기간 안에 완화되는 것이 일반적이다. 치료가 어려운 유형의 질병도 조기에 발견되는 경우 상대적으로 짧은 회복 기간을 거쳐 큰 후유증 없이 회복될 수 있는 것처럼 영유아가 지닌 크고 작은 발달상의 어려움 또한 보다 이른 시기에 중재될 수 있다면 영유아를 둘러싼 환경은 모두 좀 더 빠르게 회복되고 편안해질 수 있을 것이다.

3) 부적응 중재

영유아기에 경험하는 발달상의 어려움은 성장 과정 안에서 자연스럽게 해결되거나 스스로 극복할 수 있는 경우도 있지만, 가정 안에서 해결하는 데 어려움이 있어 전문 기관의 도움을 얻어야 하는 유형의 어려움도 존재한다. 이러한 어려움은 흔히 주변 환경에서 관찰할 수 있는 형태의 모습으로 나타나는 경우가 많으며, 성인들은 외적으로 관찰한 아동의 발달적 어려움과 갈등을 문제행동 또는 증상으로 지칭하기도 한다.

여러 가지 유형으로 나타나는 영유아의 부적응 문제는 영유아와 주변인들에게 모두 긴장을 유발시키며, 영유아에게 수용적이고 지지적인 환경을 제공하지 못하게 만든다. 부적절한 행동을 하는 영유아의 행동에 대해 부모나 교사는 부정적인 반응을 나타내게 되고, 이러한 반응을 통해 자신을 부정적으로 인식하게 되는 악순환을 겪게 되는 것이다. 따라서 영유아의 부적응 문제를 도와주어 해결할 때, 영유아를 둘러싼 주변 환경의 역동은 변화하면서 긍정적 반응을 유발하게 되고, 이것이 다시 영유아에게 긍정의 방향으로 돌아가는 선순환을 도울 수 있다.

한편, 영유아가 가진 어려움을 인식하고 전문적인 도움을 필요로 하지만 경제적 부담과 같은 사유로 전문 기관으로의 내방에 어려움을 갖는 경우도 있다. 보육놀이치료는 경제적 어려움, 심리적 불편감 등 여러 사유로 전문 기관을 선뜻 내방하지 못하는 영유아와 가족에게 가장 가까이에 있는 1차적 중재 환경이 될 수 있다. 발달 과정에서 경험하는 어려움이나 심리적 갈등이 존재할 때 전문가의 도움을 받아 보는 경험은 이후에 또 다른 어려움이 생겼을 때 전문가의 도움을 좀 더 손쉽게 요청할 수 있는 기회가 된다. 이는 심리발달지원에 대한 접근성을 높이는 데 기여하여 사회적 인식을 변화시키는 데도 영향을 줄 수 있다.

4) 적응 향상

인간은 집단 안에서 살아가는 사회적 존재로서, 영유아는 집 밖으로 나와 보육기관에서 생활하며 점차 넓은 집단과 사회를 경험하게 된다. 보육기관에서 영유아는 새로운 성인과 또래를 만나 사회적이며 관습적인 적응 행동을 습득하고 연령 및 성별에 대한 정체성을 형성하며 집단에 적응해 나간다. 영유아가 발달적으로, 사회적으로 적합한 적응 행동을 습득하는 것은 영유아의 관계를 강화하며 집단에서의 적응을 높이는 데 기여하는 요인이 된다. 영유아가 보육기관에서 생활하며 또래와 어울리고 협동하는 것은 영유아기에 성취해야 할 중요한 과업 중 하나에 해당한다.

집단에 적응하고 협력할 수 있는 인간이 생존에 유리했던 것과 같이, 영유아가 집단에서 적응하고 건강한 또래 관계를 형성하는 것은 이후 발달과정에서의 성취와 사회 적응과 관련되어 매우 긍정적인 영향을 끼친다.

보육놀이치료는 영유아의 적응 행동 증진에 도움이 되는 개입인 동시에, 보육기관 내에서 실시되는 중재이기 때문에 기관 적응에서 어려움을 보이는 영유아가 보다 빠르게 환경에 적응하도록 도움을 제공하는 데 효과적인 중재가 된다.

5) 전이에 대한 도움

아동기에 경험하는 가장 큰 변화가 있다면 그중 하나는 초등학교로의 입학이다. 초등학교는 보육기관과 매우 다른 환경으로, 아이들은 초등학교를 입학하며 갑작스럽고도 매우 큰 환경의 변화를 경험하게 된다. 어린이집과 유치원은 돌봄과 교육의 요소가 결합된 보육(edu-care)을 목적으로 운영된다면 학교는 교육이 주된 목적이 되는 환경이다. 초등학교는 보육기관에 비해 더 많은 시간 동안 의자에 앉아 생활해야 하며 따르고 지켜야 할 더 많은 규칙을 가진 구조화된 환경으로, 아동의 높은 자기 조절력을 요구하는 환경이 된다.

아동기에 경험하는 아동의 스트레스, 문제행동 수준 등은 아동의 학교 부적응을 예측하는 지표와 관련이 있으며 영유아의 높은 자기 조절력, 자아 강도 등의 요인은 이후 긍정적인 학교 적응을 예측하는 지표가 된다. 보육놀이치료는 영유아의 일상적 스트레스 감소, 문제행동 감소, 자기 조절력 증진에 효과적인 중재가 되며, 7세 유아의 보육놀이치료 경험은 초등학교 전이를 간접적으로 지원할 수 있는 발달지원 서비스가 될 수 있다.

[그림 1-1] **보육놀이치료의 목적**

3. 보육놀이치료의 역사

보육놀이치료는 명지대학교 아동학과 아동가족심리치료전공의 대학원에서 시작되었다. 처음부터 보육현장으로 학생들이 파견되어 보육놀이치료를 실시한 것은 아니었다. 외부의 보육 관련 기관에서 놀이치료실 환경을 구성한 것부터 시작하였다.

최초의 보육놀이치료 시작은 은평구에 위치하고 있는 '은평천사원'이었다. 2005년 명지대학교 아동학과와 '은평천사원'이 MOU를 맺고, 아이들을 위한 심리치료적 개입을 시작하였다. 작은 옥탑방 2개에 놀이치료실 1개와 모래놀이치료실 1개를 대학원생이 모여 함께 구성하였다. 대학원에서는 놀이치료에 대한 교육을 실시하고, 교육과정을 이수한 학생을 은평천사원으로 파견하여 내담 아동과 1:1로 매칭하여 놀이치료를 진행한 것이 최초의 보육놀이치료의 시발점이었다. 은평천사원에서의 보육놀이치료는 2017년까지 약 12년 동안 지속되면서 보육놀이치료의 근간을 만들었다.

2006~2009년에는 마포구에 위치한 지역아동센터에도 놀이치료사를 파견하여 지역사회의 취약 계층에 있는 아동들을 위한 심리치료적인 개입을 실시하였다.

2012년에는 응암초등학교와 MOU를 시작으로 초등학교에 처음으로 모래놀이치료실을 구성하여 실시하였다. 다양한 외부 기관과의 협업을 통해 얻은 것도 많았지만, 보육놀이치료사들이 파견되면서 각각의 현장에서 다양한 어려움들이 나타났고, 각 기관마다 요구하는 부분들 또한 달랐다. 이에, 아동, 치료사, 기관들 전체를 아우를 수 있는 시스템이 필요함을 논의하게 되었다. 또한 보육놀이치료가 실제로 영유아들에게 어떠한 도움이 되는지를 평가하는 것이 필요하였고, 2012년 이를 위한 연구를 설계, 실시하게 되었다. 그리하여 2012~2013년에 마포와 은평구에 소재한 어린이집에 보육놀이치료실을 구성하여 실제적인 연구의 틀을 만들었다. 보육놀이치료사를 위한 인턴십 프로그램을 구성하여 실행하고, 보육기관에서는 문제행동을 보이는 유아들을 선별하고, 보육놀이치료를 실시하여 이들의 긍정적 변화가 있다는 사실을 연구로 증명하였다. 이를 기점으로 보육놀이치료라는 개념이 정의되었고, 본격적인 연구가 시작되었으며, 보육놀이치료 모델이 만들어지게 되었다.

2014년에는 서울시 서부교육지원청과 MOU를 맺으며 지역의 유치원 및 대학과 연계하기도 하였다. 서부교육지원청에 속한 유치원에 보육놀이치료사는 파견하였으나, 보육놀이치료실의 환경 구성의 어려움으로 인해 보육놀이치료사들이 휴대용 모래놀이치료세트를 활용하여 가지고 다니면서 아동과의 만남을 진행하였다.

2015년부터는 마곡 아이마당 어린이집과의 MOU 체결을 시작으로 2018~2019년에 지역사회 기관과 대학 간의 전공연계 서비스-러닝 연구를 실시함으로써 보육놀이치료가 지역사회에 필요한 심리지원 서비스임을 확인할 수 있었다. 그 결과 명지대학교 아동학과 아동심리치료전공과 보육현장에서의 요구가 맞아떨어지면서 점차 확장되었다. 2018년에는 자인유치원, 새보람유치원, 범박주공어린이집, 2019년에는 아이젤어린이집, 예본어린이집, 구립 크니크니 어린이집, 2020년도에 하늘숲어린이집과 신촌숲어린이집과의 MOU 체결을 맺었다. 또한 110개의 직장어린이집 및 국공립어린이집 등과 어린이집을 위탁운영하는 전문적인 보육재단인 모아맘 보육재단과의 MOU 체결을 통해 전국 단위의 보육현장 중심의 심리치료 서비스를 기대하였으나 COVID-19로 인해 보육기관에서 외부인의 출입이 제한됨에 따라 보육놀이치료 서비스 시행 및 관련 연구가 활발히 이뤄지지 못해 이 책에 더 많은 연구와 증거를 싣지 못해 아쉬움이 남는다.

4. 장의 요약

아이들은 성장과 발달을 향한 내재적인 동기와 힘을 가지고 있지만, 성장하는 과정에서 여러 가지 어려움을 경험하며 이러한 욕구가 좌절되기도 한다. 영유아가 발달과정에서 경험하는 여러 종류의 어려움은 일시적으로 자연스럽게 경험하는 어려움일 수도 있고, 일상적인 수준을 벗어나거나 교사 또는 부모의 지도 범위를 넘어서는 부적응적이며 임상적인 수준의 문제행동일 수도 있다. 영유아가 지닌 어려움이나 문제행동의 수준을 판별하여 적합한 방식의 조기 중재를 제공하는 것은 영유아 개인의 기관 적응을 돕고 삶의 질을 향상하며 이후에 지속되는 발달과정에서 더 큰 어려움을 예방할 수 있게 할 뿐 아니라 우리 사회 전반의 건강 증진으로도 이어질 수 있다.

많은 영유아의 일상적 터전인 보육현장과 아동의 심리·정서적 발달을 지원하는 놀이치료의 통합을 기반으로 발달해 온 보육놀이치료는 발달과정에서 경험하는 영유아의 크고 작은 심리·행동적 갈등을 조기에 발견하고 중재하는 데 효과적인

One-Stop 형태의 발달지원 서비스로서 그 효과를 입증하고 있으며, 앞으로 더 많은 보육기관에서의 적용과 확대가 요구될 것이다.

Chapter 02

보육놀이치료의
이론적 근거

놀이치료가 생겨나고 발달하면서 영유아와 아동을 위한 심리치료 기법으로 자리를 잡게 되었고, 이후로 다양한 놀이치료 이론이 정립되어 왔다. 이 장에서는 보육놀이치료가 어떠한 이론적 기반을 가지고 모델로 구성되었는지를 설명하여 이에 대한 이해를 높이고자 한다. 보육놀이치료의 이론적 근거는 세 가지 측면에서 살펴봐야 하는데, 아동중심 놀이치료, 학교놀이치료, 놀이치료 서비스-러닝으로 구분하여 볼 수 있다.

첫 번째, 보육놀이치료에서 치료의 근거가 되는 이론은 아동중심 놀이치료이다. 아동중심 놀이치료는 아동의 가장 자연적이며 본능적인 언어가 놀이라고 보며, 놀이로 표현된 아동의 심리를 이해하는 치료적 이론이다. 아동중심 놀이치료에서 아동은 성장에 대한 내적 지향성, 적극성, 전진성, 창의성, 자기 치유능력을 가진 사람이며, 스스로 자신의 성장을 유도하고 놀이치료를 통해 힘을 얻어 자기 탐색, 자기 발견을 하는 변화를 얻을 수 있다(Landreth, 2015). 영유아에게 놀이는 본능이며 언어이므로 자신을 가장 잘 드러내고 보여 줄 수 있는 매개체가 놀이가 된다. 따라서 다른 개입의 치료보다 아동중심 놀이치료는 놀이를 통해 성장하는 영유아에게 가장 적합하다고 볼 수 있다. 보육놀이치료는 영유아가 자신의 감정과 생각들을 놀이를 통해 표현하여 심리적 어려움을 해결하고 내면의 힘을 회복하며 그들의 성장을 이끌 수 있게 하는 아동중심 놀이치료를 근거로 하여 시행된다.

두 번째, 보육놀이치료 체계적 모델의 기초가 된 것은 학교놀이치료이다. 학교놀이치료는 보육놀이치료의 선행 모델이며, 학교에서 심리적 어려움을 겪는 아동에게 접근하여 학업 · 정서 · 행동적 도움을 주는 심리 서비스이다. 이전의 놀이치료 서비스는 심리적 어려움이 생긴 아동과 부모들이 문제의 필요성을 느끼고 개별적인 상담 서비스를 찾아야 했다. 하지만 학교놀이치료는 많은 시간 아동들이 있는 학교라는 공간에서 놀이치료 서비스를 제공하여, 훨씬 더 많은 아동에게 적절한 개입을 할 수 있게 하였다. 보육놀이치료는 이러한 학교놀이치료를 근거로 하여 아동들이 하루에 가장 많은 시간을 보내고 생활하는 보육기관으로 환경적 범위를 넓힌 것이다. 이는 학교에 들어가기 전인 영유아 단계에서의 문제가 증가하고 있는 것이 현실이며, 조기 개입의 필요성이 더욱 대두되었기 때문이다.

세 번째, 보육놀이치료 실행의 근거기반은 놀이치료 서비스-러닝이다. 서비스-러닝은 봉사와 학습을 통합하는 개념으로 대학의 경험 교육을 강조하며, 교육이 사회로 환원될 수 있도록 돕는 교수학습방법이다. 놀이치료 서비스-러닝은 지역사회의 어려움을 가진 아동, 부모, 보육기관, 교사에게는 당면한 문제에 개입하여 도움을 주고, 대학은 배운 이론을 현장에서 적용하게 함으로써 전문성을 향상시키게 되는 상호호혜적 접근 방식이다.

이 세 가지의 이론들이 보육놀이치료의 근거기반 이론이 되었으며, 이 장에서 이러한 이론에 대한 세부적인 내용을 좀 더 자세하게 살펴보고자 한다.

1. 아동중심 놀이치료

1) 아동중심 놀이치료의 기본개념

(1) 아동에 대한 관점

아동중심 놀이치료는 Rogers(1951)의 인간중심치료에서부터 시작되었다 (Landreth, 2015). 인간중심상담에서는 인간은 자신 스스로에 대해 어떻게 느끼는지에 따라 행동의 차이가 만들어지며, 자기개념이 건강하기 위해서는 이상적 자아와 현실적 자아가 일치해야 한다고 본다. 그리고 모든 인간은 부적응에서부터 건강한 심리상태로 변화시키는 내면의 강한 힘이 있다고 믿는다. 그리고 그 믿음을 바탕으로 내담자와 긍정적인 관계형성을 통해 내담자의 표현을 촉진하고, 내면의 성장을 이끌게 하고 자아실현을 촉진하도록 하는 것이 인간중심상담의 목적이다.

　아동을 바라보는 그동안의 관점들은 아동을 단지 "성인의 축소판" 정도로 생각했다(Landreth, 2015). 그러나 로저스는 아동에 대해 개인 현실에서 스스로 최선의 결정을 할 수 있는 존재이고, 독립, 성숙, 자아증진을 향해 움직이며, 욕구 충족을 위해 목표 지향적인 행동을 하는 존재로 인식한다. 이러한 인간중심의 개념을 로저스의 제자이자 학생인 Axline(1947)이 아동에게 성공적으로 적용함으로써 아동중심 놀이치료를 개발하고 기틀을 마련하였다(Axline, 1947).

　아동중심 놀이치료의 아동에 대한 기본 관점은 "아동에 관한 중요한 것은 아동을 통해서만 배울 수 있다."는 것이다(Axline, 1947). 아동의 자연적인 언어는 놀이로 표현되며, 아동은 긍정적인 자기 안내 능력과 창의적인 방식으로 자신의 세계를 다룰 수 있는 능력이 있는 존재이다. 그리고 아동은 유연하여 방해물이나 환경을 극복할 수 있는 엄청난 힘을 가지고 있어서 깊은 정서적 고통이나 즐거움을 경험할 능력을 가지고 있다. 이처럼 아동은 하나의 인간이며, 내면의 힘을 가지고 유연하게 회복되는 탄력적 존재이다. 또한 주변 환경과 상호작용하면서 개인 내부에 통합이 일어나기 때문에 역경 속에서도 충만과 성숙을 향한 인간의 유기체 능력을 갖고 주체의식을 가진 노력하는 존재로 인식하였다.

　일반적으로는 아동을 대할 때 아동의 속도를 잘 기다려 주지 못하고 다그치거나, 부모나 교사의 틀에 맞추려고 한다. 또한 부모나 교사가 아동이 스스로 무엇인가 시도해 보기 전에 답을 내어놓고 통제하려고 한다. 그러나 아동중심적 관점에서 아동을 바라볼 때, 아동은 스스로 어려움을 극복할 능력이 있다는 진정한 신념을 가지고, 같은 환경 속에서도 각기 다른 성장을 보이는 아동의 성장을 재촉해서는 안 되며, 충분한 인내를 가지고 기다려 줘야 한다고 주장한다(Landreth, 2010).

(2) 치료사의 역할과 치료적 관계

　아동중심 놀이치료의 가장 중요한 핵심은, 관계가 곧 치료라는 것이다(Landreth, 2015). 치료사는 아동에게 기대(expectation)가 아닌 바람(expectancy)을 가져야 한다. 관계에서의 기대는 아동의 행동에 초점을 맞추어 아동이 예전부터 인정받았던 정해진 행동의 방법으로 보여 주기를 성인의 입장에서 바라보는 것이다(Rogers, 1961). 그러나 바람이 있는 관계는 아동의 과거나 정보에 의존하지 않고 아동을 있는 그대로 바라볼 수 있게 하여 그저 함께하는 것을 기다리게 하는 역동적인 가치를 포함한다. 아동을 기다린다는 것은 아동 스스로 성장과 변화를 위해 자기의 능력을 발견할 것이라는 믿음을 갖고 아동을 치료사가 기꺼이 신뢰한다는 것을 전달하는 치료적 과정의 한 부분이다. 치료에서 아동중심 놀이치료사의 태도는 치료적 관계를 기본적으로 형성하는 것이고, 이를 위해 치료사가 가져야 할 치료적 조건은 진실성, 따뜻한 보살핌과 수용, 민감한 이해이다(Rogers, 1986).

① 진실성

아동중심 놀이치료에서 치료사는 항상 진실된 태도로 아동을 대해야 한다(Rogers, 1951). 태도는 삶을 살아가는 방식이지 필요할 때만 적용하는 기술이 아니다. 진실성은 치료사가 취해야 하는 기본적이고 근본적인 치료사의 태도이다. 진실된 태도로 아동을 대할 때 관계 안에서 아동이 자신의 감정과 반응을 깨닫고 통찰할 수 있다. 또한 그 순간 진실된 인생을 사는 성인과의 치료적 만남은 아동에게 매우 좋은 경험이 될 수 있다.

② 따뜻한 보살핌과 수용

아동중심 놀이치료에서 따뜻한 보살핌과 수용은 진실성과 마찬가지로 치료사가 아동에게 진실한 마음으로 온정을 베풀고, 그 안에서 아동이 보살핌을 경험하는 것이 무조건적인 것이다(Rogers, 1951).

아동은 민감한 존재이며 발달상 성인의 비언어적 의사소통의 단서를 그대로 흡수한다. 다시 말해, 치료사의 지루함, 분명하지 않은 비판 또는 부정적인 행동에 대한 평가적 태도를 보인다면 아동에게 끼치는 부정적 영향은 상당할 것이다. 따라서 치료사는 아동을 평가하거나 판단하지 않는다. 즉, 아동이 어떤 행동을 하더라도 그것으로 인해 아동을 독특한 사람으로 인정하거나 평가하지 않아야 한다는 것이다.

따뜻한 보살핌과 수용은 치료사의 추상적 태도를 말하는 것이 아니다. 치료사는 어떻게든 아동이 달라졌으면 하고 바라지 않으며, '네가 무엇을 해야지만 나는 너를 인정할 거야'가 아닌 '있는 그대로의 너를 받아들일게'라는 태도를 일관성 있게 보여 주어야 한다. 이러한 태도는 아동이 놀이치료 안에서 충분히 표현하기에 안전하다고 느끼는 분위기를 제공할 수 있고, 아동이 치료사를 신뢰할 수 있는 자각을 촉진시킴으로써 아동의 가장 깊숙이 자리 잡고 있는 감정과 사고를 드러날 수 있게 한다.

③ 민감한 이해

민감한 이해란 놀이치료사가 아동의 경험적 현실세계를 인식하여 완전히 정서적으로 접촉하는 것을 의미한다(Rogers, 1951). 즉, 아동을 민감하게 이해한다는 것은 치료사가 아동의 활동, 경험, 감정, 사고의 개별성을 인정해야 한다는 것이다. 질문이나 평가 없이 아동이 표현하는 언어, 감정, 개인 경험으로 연관된 세계로 구성된 것이다. 이러한 아동의 세계를 치료사가 그 순간에 완전히 조화시킨다는 것은 어려운 일이지만 치료사는 아동의 경험보다 앞서 생각하지 말고, 의미를 추론하여 내용을 분석하지 말아야 한다. 또한 치료사가 불필요하게 아동의 고통스러운 감정의 경험을 없애 버리려고 노력하지 말아야 한다. 치료사는 그 순간에 아동 자신이 경험하는 것을 느끼도록 하고, 그 감정이 무엇이든지 간에 그것이 정당한 감정이 되도록 고려해야 한다. 이러한 이해를 가지고 접근하면 아동은 놀이치료 안에서 아동의 세계를 활발하게 펼치고, 표현할 수 있게 된다.

이렇듯 아동은 지시받지 않고 자유롭게 놀이할 때 독립적인 사고와 행동을 표현한다. 아동은 사고와 감정을 언어로 표현하는 대신에 자유로운 놀이를 통해 자신의 내면을 표현하고, 동기를 드러낸다. 아동의 표현 매개체인 놀잇감은 감정과 태도를 드러나게 함으로써 자기표현 과정을 수행하게 한다. 이처럼 아동은 치료사와 감정의 대화를 나누며 치료적 관계를 맺어 간다. 따라서 아동중심 놀이치료에서는 아동에 관한 너무 많은 정보와 사실로 아동의 인격을 판가름하는 것은 치료적 관계 맺기에 어려움을 가져다준다고 본다(Landreth, 2010; Landreth, 2015). 그래서 문제보다는 사람을, 과거보다는 현재를, 사고나 행동에 집중하기보다는 감정에 집중하기를, 치료사의 가르침보다는 아동에게 인내를 가지고 아동의 지혜를 기다리는 철학적 관점이자 태도를 치료사들이 갖춰야 하며 이것이 곧 치료적 관계인 것이다.

(3) 아동중심 놀이치료의 목표

아동중심 놀이치료는 아동에게 자신의 성장, 성숙을 향한 능력이 있다는 믿음을 바탕으로, 개별적이고 지시적인 목표보다는 광범위하게 정의된 치료 목표를 갖는다(Landreth, 2015). 즉, 아동의 문제를 치료 과정이나 목표의 중심에 두고는 치료적 관계를 맺는 것 자체가 불가능하다고 전제하는 것이다. 따라서 아동은 자신을 이해하고 도와주는 어른과 함께 있을 때 내적인 힘이 발현될 수 있기에 치료사와의 신뢰 관계를 통해 긍정적 성장 경험을 제공하는 것 자체가 아동중심 놀이치료의 목표가 된다. 그래서 놀이치료사는 아동을 통제하거나 어떤 방식으로든 아동에게 강요하거나, 치료사가 정한 결론에 아동을 맞추지 않도록 하는 것이 무엇보다 중요하다.

물론 목표설정에 있어 부모가 보고한, 또는 현재 아동 생활에서 나타나는 '문제'가 전혀 중요하지 않다는 것은 아니다. 다만, 아동에 대한 편견으로 문제행동의 소거나 감소가 목표가 되지 않도록 인간 본연에 더 집중하는 근본적인 목표를 설정해야 한다는 철학적 태도를 취하는 것이다. 왜냐하면 치료사가 아동의 문제에 집중하고 몰두하지 않더라도 아동의 놀이는 그들의 삶을 반영하기 때문에, 그들이 현실에서 경험하는 문제나 어려움은 놀이 과정에서 나타날 수 있고, 문제 해결 또한 그들만의 방법으로 이뤄질 것이기 때문이다. 따라서 아동중심에서 정하는 광범위한 치료 목표는 〈표 2-1〉과 같다.

〈표 2-1〉 **아동중심 놀이치료의 목표**

1. 아동이 더욱 긍정적인 자기개념을 발견하도록 한다.
2. 아동이 스스로 자기 책임을 더 크게 지도록 한다.
3. 놀이치료에서 더욱 자발적으로 참여하고 탐색할 수 있도록 한다.
4. 아동이 자기 자신에 대해 수용적인 태도를 가지게 한다.
5. 아동이 더욱 자존적이 되도록 한다.
6. 치료실 안에서의 의사결정은 아동 스스로가 하도록 한다.
7. 치료실 안에서 조절감을 경험하도록 한다.
8. 대처 과정에 민감해지도록 한다.
9. 평가의 외적 기준보다 내적 기준을 발달시키도록 한다.
10. 자신을 더욱 신뢰하도록 한다.

출처: Landreth(2001).

2) 아동중심 놀이치료의 치료적 이해

(1) 촉진적 반응

촉진적 반응은 아동중심 놀이치료 과정에서 중요한 치료 기술이다(Landreth, 2009). 아동을 평가하고 판단하려는 성향을 버리고, 아동에게 민감한 이해로 다가서는 것, 돌봄적 수용을 통해 감정을 탐색하도록 격려하는 것들이 아동을 존중하는 핵심이다. 아동과 치료사가 놀이하는 과정에서 치료사는 아동 표현의 흐름에 아무런 방해가 되지 않을 때 가장 촉진적이다. 이 순간에 치료사와 아동 사이의 일체감과 순수한 이해를 느끼며, 아동과 치료사 두 사람의 상황을 뛰어넘어 '함께 있음'을 느낀다. 여기 함께 있으며, 상호 수용이 존재한다. 이러한 가치를 바탕으로 한 아동중심 놀이치료의 구체적인 치료적 반응은 다음과 같다(Landreth, 2015).

① 비언어적 행동 반영하기: 추적하기

비언어적 행동 반영하기(추적하기)란 치료사가 아동이 하는 행동을 언어로 읽어 주고 반응해 주는 것이다. 치료사는 아동에게 언어로 반응하는 참여자의 역할을 한다. 예를 들어, "여러 가지 색깔을 가지고 그리고 있구나." "네가 지금 그것을 거기에 놓는구나." 등 아동의 현재 행동을 읽어 줌으로써 치료사의 초점이 아동이며 이 시간 온전히 아동에게 집중하고 있다는 메시지를 전달함과 동시에 아동은 놀이치료 안에서 통제와 힘을 느낄 수 있다. 반대로 치료사가 언어적으로 충분히 반응하지 않고 있을 때 치료사와 아동의 관계에 발전은 기대할 수 없다. 이처럼 치료사의 비언어적 행동 반영하기를 통해 치료사가 자신과 자신의 놀이에 관심을 가지고 있다고 느끼는 데 도움을 주며, 치료사가 아동의 세계를 이해하고 치료사의 몰입을 전달하기 위해 노력하는 것을 보여 주고, 치료사가 아동 자신과 함께하고 있음을 느끼게 해 준다.

② 내용 반영하기

내용 반영하기는 놀이 회기 동안에 아동의 언어적 상호작용을 요약하거나 이해하기 위해 다른 말로 표현하고, 그것을 다시 반영하는 것을 말한다. 성인과 마찬가지로 아동 역시 그들이 듣고 이해하는 것을 알 필요가 있다. 예를 들어, 아동이 "여기는 큰 집이에요. 아무도 건드릴 수 없어요. 엄마랑 나랑만 살고 동생은 없어요."라고 이야기하였을 때, 치료사가 "아, 이 집은 동생이 건드릴 수 없는 엄마와 ○○이만의 집이구나."로 아동이 표현한 것과 놀이의 내용을 명료화하여 반영할 수 있다. 내용 반영은 아동의 경험에 대한 지각을 분명히 하고, 그들의 이해를 명확하게 하는 데 도움을 준다.

③ 감정 반영하기

감정 반영하기는 놀이치료실에서 아동이 느끼는 감정을 언어로 반영해 주는 것으로서 아동이 느끼는 감정에 대한 이해와 수용을 전달하는 것이다. 놀이치료사는 아동의 강렬하고 부정적인 감정까지도 이해해야 한다. 이러한 이해를 통해 아동은 그들의 모든 감정이 수용됨을 배운다. 놀이치료 장면에서 감정 반영하기를 살펴보면 총을 들고 화가 난 것처럼 치료사에게 총을 쏘는 경우, "너는 지금 나에게 화가 났구나."와 같이 아동의 감정을 반영함으로써 이해하고 있음을 아동에게 전달한다. 치료사가 감정을 수용한다는 것은 각각의 감정을 가치 있게 인식하고 받아들이는 것이며 아동이 어떠한 감정을 느끼는 것에 대해 옳고 그름을 나타내기 위해서가 아니며, 아동의 기분을 좋은 상태로 만들기 위한 것이 아니다. 치료사가 아동의 감정을 언어적으로 나타냄으로써 치료사에게 감정이 수용되었다고 깨닫게 되면 이러한 감정 반영을 통해 아동은 자신이 이해받았음을 느끼고 자신의 감정을 인식하고 자신의 감정을 신뢰하는 것을 배우게 된다.

④ 자아존중감 형성하기

자아존중감의 형성은 인간에게 있어 매우 중요한 부분이다. 자아존중감이 높은 사람은 상황에 관계없이 스스로에 대한 존중이 확고한 사람을 이야기한다. 아동놀이치료 안에서 자아존중감을 형성하는 방법은 아동이 알고 있는 것과 하고 있는 것에 대한 신뢰를 주는 것이다. 예를 들어, "너는 어떻게 숫자를 세는지 알고 있구나." "너는 네가 원하는 것을 어떻게 하는지 알고 있구나." 등의 반응을 통하여 자기에 대한 인식을 강화시킨다. 특히 자아존중감을 형성하는 치료사의 진술은 결과보다 과정에 반응할 때 더 증진될 수 있다. 자아존중감을 높이는 반응을 통해 놀이치료에서 아동은 자신이 유능하다고 느끼고, 자기에 대한 본질적 감각의 발달을 촉진시키며 외적 동기가 아닌 내적 동기를 형성하는 것을 돕는다.

⑤ 아동의 감정 수준 맞추기

감정 수준을 맞춘다는 것은 아동이 느끼는 감정 그 이상, 혹은 그 이하로 반응하는 것이 아닌 아동이 느끼는 있는 그대로의 사실을 반영해 주는 것이다. 예를 들어, 아동이 보보인형을 때리고 있을 때 치료사가 "너는 정말 보보인형을 세게 치는구나."로 표현한다면 아동의 감정보다 앞선 반영으로 아동이 자신의 의도와 상관없이 갑자기 보보인형을 있는 힘껏 때리게 된다. 상호작용 안에서 아동과 함께 있다는 것, 너를 존중하고 있다는 태도를 보여 주기 위해서는 치료사의 목소리 톤과 감정이 아동이 표현하는 감정과 정도의 수준과 맞아야 한다.

⑥ 의사 결정 촉진시키기와 책임감 돌려주기

의사 결정 촉진시키기와 책임감 돌려주기란 아동에게 선택의 기회를 주고 그 선택에 대한 책임을 아동이 가져가도록 하는 것으로 이러한 반영을 통해 아동은 자기개념을 강하게 하고, 이러한 내적 경험을 통해 보다 효과적인 방식으로 자신의 문제상황에 정서적으로 대처할 수 있게 된다. 아동 스스로 할 수 있는 일을 대신해 주는 것은 치료사가 아동에게 자신 스스로 무능하다고 가르쳐 주는 것과 같다. 따라서 아동에게 의사 결정에 참여하도록 자유를 주어야 한다. 의사 결정의 내적 경험을 통해 아동이 자기 개념을 강하게 하고, 변화된 지각으로 통합되는 경험을 할 수 있도록 해 준다. 때문에 치료사는 아동의 결정이 중요하게 보이지 않더라도 아동을 대신해서 의사 결정의 책임을 맡지 않아야 한다. 또한 아동이란 존재는 책임감을 주는 만큼 책임감에 반응하는 아동의 능력이 발달한다. 책임감은 오직 경험을 통해서만 배울 수 있다. 아동에게 책임감을 돌려줄 때, 치료사가 전혀 생각하지 못한 창조적인 해결책을 생각해 낼 수도 있다.

(2) 비촉진적 반응

놀이치료 시간에 치료사가 하는 언어적 표현이나 비언어적 반응의 방법들에 따라 아동은 다르게 느끼고 경험할 수 있다. 치료사의 촉진적 반응은 아동이 생각하지 못했던 사고와 감정을 알게 해 주고 그 순간 온전한 이해와 수용을 느낄 수 있지만, 반대로 치료사의 비촉진적 반응은 아동의 감정을 방해하거나, 아동이 가진 의도가 치료사에 의해 변형될 수도 있다. 또한 치료사의 주도로 인해 아동은 자신이 원하는 방법이 아닌 치료사가 원하는 욕구를 실현하려고 하는 경우들도 있다. 다음은 치료사가 실수할 수 있는 대표적인 비촉진적 반응이다.

① 감정을 놓침

아동중심 놀이치료사는 아동이 표현하는 언어보다 아동의 행동과 표정에서 드러난 감정에 반응하는 것이 중요하다. 치료사가 감정을 놓쳤다는 것은 아동이 드러낸 감정을 알아채지 못하거나 아동의 감정보다 앞선 반응을 하는 것, 혹은 치료사 자신의 반응에만 신경을 쓰고 아동의 감정을 무시하는 것이다. 예를 들어, 아동이 "내 고양이가 죽어서 엉엉 울었어요."라고 이야기하였을 때 치료사는 고양이가 죽었다니 정말 너무 안됐다라고 반응한다면 이것은 치료사 감정을 아동에게 전달하는 것이지 아동의 감정을 공감하고 읽어 주는 것이 아니게 된다. 이처럼 감정을 놓친 반영들은 아동으로 하여금 자신의 감정을 이해받지 못했다고 생각되며 아동 스스로의 감정을 탐색하고 인식하는 데 방해가 되고, 아동이 이해받고 수용받는 경험을 제한시킨다.

② 치료사가 먼저 물건에 이름 붙이기

놀잇감에는 이미 고유의 명칭이 있지만 놀이치료 시간에서는 아동이 직접 그 물건에 대해 언어적으로 구체화하기 전에 먼저 이름을 붙여서 이야기해서는 안 된다. 아동이 트럭을 응급차라고 말할 수도 있고, 혹은 전혀 다른 것으로 놀이에 사용할 수도 있다. 치료사가 아동보다 먼저 명명하는 것은 아동이 느끼기에 치료사에게 이해받고 있다고 느끼지 못하는 것뿐 아니라 치료사의 현실에 기반을 두게 하고 아동의 창의성과 환상을 깨뜨리는 것이다. 치료사가 놀잇감을 명명하여 부르지 않고 '이것' '저것' '그것'으로 부를 때 아동은 자신이 원하는 방향으로 놀이를 결정할 수 있으며 또한 아동이 통상적이지 않은 방식으로 놀잇감을 사용하여 충분히 탐색하는 것을 가능하게 만든다. 아동중심 놀이치료에서는 놀잇감에 아동이 스스로 정한 이름을 붙일 때까지 기다림으로써 아동의 창의력을 허용하고, 치료사는 아동이 하고 있는 일에 치료사가 함께 참여하고 있음을 전달해야 한다.

③ 평가나 칭찬하지 않기

아동의 일상생활 중 거의 대부분은 아동에게 평가의 장이다. 아동중심 놀이치료에서의 치료사의 평가와 칭찬은 아동이 온전한 수용을 받는 경험을 방해한다. 평가와 칭찬은 아동의 능력에 집중하게 하고, 아동은 주도적 놀이가 아닌 치료사의 칭찬을 위한 활동을 하게 될 가능성이 커진다. 또한 평가는 기본적으로 무엇이 옳고 그른지, 맞고 틀리는지, 예쁜지 못생겼는지, 충분한지 부족한지에 대한 판단을 기반으로 한다. 이러한 기존의 틀로 치료사가 아동을 평가하면서 '너를 온전히 수용하고 있어'라고 메시지를 전달하는 것은 불가하다. 아동의 행동 결과에 대한 칭찬이나 평가보다는 아동의 노력을 인식하고 내적 동기를 격려해야 한다.

④ 질문 피하기

일반적으로 아동에게 그 행동에 대한 이유를 질문하는 것은 탐색을 촉진하지 못하게 되는 방법이다. 질문의 대부분은 치료사의 욕구를 반영하고 있다. 치료사는 치료실에서 아동이 어떤 친구와 어떤 놀이를 했고, 부모님과 어떤 일이 있었는지를 전달한다 하더라도 그것에 대한 구체적인 사건을 알아야 할 필요가 없다. 다만, 아동이 이야기하고자 했던 내용에 대한 이해, 아동이 나타내고자 했던 감정에 대해 읽어 주고 아동의 말을 주의 깊게 들었다는 이해를 나타내는 것이 중요하다. 또한 질문의 사용은 치료사가 아동을 충분히 이해하지 못했다는 의미를 전달할 가능성도 있다. 예를 들어, "그게 너를 화나게 했니?"라는 질문은 치료사가 아동이 화났음을 인지했지만 아동을 이해하지 못했음을 나타내는 표현이 된다. 여기에서 치료사는 질문 대신 "너는 그것 때문에 화가 났구나."로 진술해야 한다. 따라서 치료사가 질문에 근거가 되는 충분한 정보를 가지고 있다면, 이것을 질문 대신 진술로 표현하여야 한다.

⑤ 아동을 이끌어 주기

아동중심 놀이치료에서 치료사가 아동을 이끈다는 것은 치료사의 주도로 놀이를 진행한다는 것이다. 예를 들어, 치료사가 아동이 그리고 있는 집을 보고 "나는 초록색 지붕이 있는 집이 좋더라."라고 이야기하는 순간, 아동은 자신의 의도와 욕구에 상관없이 초록색 지붕이 있는 집을 그리게 될 것이다. 이처럼 치료사가 아동의 결정권과 주도권을 빼앗아 가게 되면 아동의 유능감을 인정하지 않고 존중하지 않는다는 의미가 전달되고, 치료사가 아동의 결정권을 뺏어 가게 된다. 따라서 아동의 결정을 존중해 주고, 아동의 노력을 인지하고 기다려 주는 것이 치료사의 중요한 역할이다.

(3) 치료적 제한설정

① 치료적 제한설정의 의미

제한설정은 놀이치료에서 가장 중요한 측면의 하나이다. 치료적 제한설정은 치료사의 개입이 필요한 부분으로 치료구조화에 기초한다. 치료적 제한설정은 아동에게 해서는 안 될 행동에 대한 한계를 설정해 주는 것이다(Axline, 1969; Guerney,

1983; Landreth, 2010). 여기서 아동이 해서는 안 될 행동이란 다음과 같은 상황이 포함된다.

- 현실에서도 수용될 수 없는 행동들, 즉 아동의 행동이 신체적으로 자신이나 치료사 혹은 다른 사람에게 해를 끼치는 경우
- 놀이치료를 방해하는 행위로 다른 내담자들이 놀이치료실을 계속적으로 사용하는 데 해를 끼치는 경우
- 아동의 행동이 치료사와 아동 사이의 관계에 부정적 영향을 끼치는 경우

치료사는 이러한 상황에서는 반드시 제한설정을 해야 한다.

아동중심 놀이치료에서는 지속적으로 온전한 수용을 강조해 왔다. 온전한 수용이 지금 이 장에서 말하는 제한설정의 의미와 상충된다고 생각될 수 있지만 아동중심 놀이치료에서 말하는 수용은 모든 행동의 허용을 의미하는 것이 아니다(Landreth, 2010, 2015). 치료는 배움의 과정으로, 제한은 아동에게 자기 조절감을 배우고 자신이 선택권을 가진다는 것이 어떤 느낌인지, 책임은 어떠한 것인지를 학습하는 기회가 된다. 적절한 제한을 받아들이고 수용하는 과정을 통해 아동은 자기 통제를 스스로 경험할 수 있고 이를 통해 자기 통제력을 배우게 된다.

놀이치료실에서의 제한설정은 최소화되고 실행 가능한 것이어야 한다(Landreth, 2012). 제한을 너무 많이 설정하면 아동은 적절한 자기표현의 기회와 학습의 기회를 놓치게 되고 치료사와의 신뢰가 무너질 수 있다. 제한설정은 긍정적 치료관계를 잘 조성하기 위한 목적으로 명확한 기준에 근거해야 한다. 제한설정이 치료사의 일관성 없고 변덕스러운 행동에 의해 일어나서는 안 된다. 아동의 모든 감정과 욕구는 수용되지만, 모든 행동을 허용하지는 않는다. 현실에서도 할 수 없는 행동들, 즉 파괴적이거나 공격적인 행동은 수용해서는 안 되지만, 아동 내면의 비난이나 거부 등 두려움 없이 자신을 표현하도록 허용해야 한다.

② 치료적 제한설정의 지침

놀이치료 과정에서 언제 제한을 제시하는 것일까? 제한설정은 놀이치료 시작 전에 제한설정을 소개하는 것으로 시작한다. 제한설정의 구조화는 치료 시작 전 아동에게 "여기에서는 네가 원하는 것을 여러 가지 방법으로 할 수 있어. 만약 네가 해서

안 되는 것이 있다면 내가 알려 줄게."라고 알려 주는 것으로 아동이 현실적으로 해서는 안 될 행동이 있다는 것과 또한 아동의 기대를 명확하게 해 주는 것으로 불안을 감소시켜 주는 역할을 한다. 그러나 놀이치료 시작 전 상황을 제외하고 제한설정은 반드시 필요할 때만 하는 것이 바람직하다(Landreth, 2015). 아동중심 놀이치료사는 항상 아동이 자기 향상적인 결정을 할 것이라고 신뢰하며 허용적인 환경에 들어가고 있다는 메시지를 아동에게 전달하는 것이 목표이며, 제한이 필요하지 않은 상황에서 초기에 아동에게 제한설정을 하면 아동들은 위축될 가능성이 있기 때문에 아동이 문제행동을 보이기 전까지는 제한설정을 할 필요성이 없다는 것을 인지하고 있어야 한다.

또한 제한설정은 조건적인 제한설정보다 전체적인 제한설정이 바람직하다. 예를 들어, "너는 나를 세게 때릴 순 없어."의 제한을 예로 들었을 때, '세게'라는 개념이 모호하고 불분명하며 주관적인 해석이기 때문에 이러한 조건적인 제한설정은 바람직하지 않다. 또 제한을 설정할 때는 침착하고, 인내심 있게, 있는 그대로 확고하게 해야 한다.

그렇다면 제한설정이 필요한 상황들은 언제일까? 앞에서 언급하였지만 가장 중요한 것은 아동과 치료사의 안전이다(Landreth, 2015). 아동이 자기 자신을 포함한 타인에게 안전하지 못한 행동을 하는 경우(때리는 공격적인 행동이나 놀잇감을 부수는 등의 파괴적인 행동), 놀이치료에 방해가 되는 경우(예를 들어, 놀이치료의 시간을 지키지 않는 등의 행동으로서 부모와 떨어지지 않으려고 대기실에 머무르거나, 놀이치료실을 떠나지 않으려고 퇴실 지연을 보이거나, 치료실 안에서 핸드폰을 보겠다고 하는 행동), 또한 이러한 문제로 다른 내담 아동들이 치료실을 사용하는 데 피해를 입는 경우 등이 포함될 수 있다. 이러한 행동을 보이는 즉시 치료사는 제한설정을 망설이지 말고 시행하여야 한다.

③ 치료적 제한설정의 단계

치료적 제한설정의 목적은 아동의 행동을 멈추게 하는 것이라기보다는 아동이 자신의 감정, 원망, 욕구 등을 수용할 수 있는 방식으로 표현하도록 촉진하는 것이다. 따라서 놀이치료사가 행위의 금지자가 아닌 표현의 촉진자가 되려면 제한설정에 있어서도 명확한 설정과 절차가 필요하다(Landreth, 2012).

- 1단계(Acknowledge): 아동의 감정과 소망, 욕망을 인정하기

  감정은 인지된 즉시 반영되어야 한다. 감정이 수용 가능하다는 사실을 아동이 인식하게 하고, 감정에 대한 공감적 이해를 언어화하여 표현해 줌으로써 감정의 강도를 약하게 만들어 준다.

- 2단계(Communication): 제한을 전달하기

  제한은 구체적이어야 하며, 정확히 어떤 것을 제한하는지를 아동에게 명확하게 설명해야 한다. 모호하거나 불분명한 제한은 아동을 혼란스럽게 하고 책임감 발달을 방해한다.

- 3단계(Target): 수용 가능한 대안을 목표로 제시하기

  이 단계의 제한설정 과정에서 치료사는 아동에게 다른 표현 방법을 대안으로 제시할 수 있다. 아동이 자신이 느끼는 것을 또 다른 방법, 즉 수용 가능한 방법으로 표현할 수 있다는 것을 알려 주는 것이다.

아동중심 놀이치료 관점에서 이 세 단계(ACT)를 지켜서 제한설정 하는 것은 관계를 발전시키는 데 촉진적 역할을 하고, 아동의 행동을 사회에서 받아들여질 수 있는 적절한 행동으로 변화시키는 중요한 부분이다.

놀이치료 제한설정 상황

아동이 치료 진행 중간 즈음 놀이치료실을 나가고 싶어 한다. 왜냐하면 엄마에게 맡겨 둔 새로 산 인형을 치료사에게 보여 주고 소개시켜 주고 싶기 때문이다. 이때 치료사는 다음과 같이 제한설정을 진행할 수 있다.

"나에게 그 새로 산 인형을 보여 주고 싶구나(감정 인정). 하지만 놀이치료실에서의 시간이 아직 20분이나 남았기 때문에 지금은 그 인형을 보여 줄 수 없어(제한 전달). 대신 그 인형은 우리 놀이시간이 다 끝난 후에 나한테 보여 줄 수 있어(대안 설정)."

- 4단계(Ultimate limit): 최종적 제한 제시하기

  이 단계에서는 마지막 선택을 아동에게 제시한다. 이 단계는 아동이 앞에 제시한 1단계부터 3단계의 제한을 받아들이지 않고 선을 넘으려고 할 때 사용되며, 이 방법을 택하는 것은 아동에게 벌주기 위함이 아니며 치료사가 아동에게 위

협을 가하거나, 다음 치료로 그 결과를 연장시키지 않고 아동을 수용하기 위해 서이다. 이 단계를 아동에게 제시할 때는 나머지 시간에 아동이 고집을 피운 특정 놀잇감을 치운다거나 궁극적인 선택으로서 놀이치료실을 떠나야 한다고 말한다. 다만, 놀이치료실을 떠나는 것은 전적으로 최후의 수단으로서만 사용되어야 한다. 최종적 제한 제시하기는 다음 예시 상황을 참고한다. "네가 만일 다시 나에게 화살을 쏘기로 선택한다면, 너는 오늘 더 이상 화살을 가지고 놀지 않기로 선택한 거야." "네가 만일 다시 나에게 화살을 쏘지 않기로 선택한다면 너는 오늘 남은 시간 동안 놀이치료실에서 이 화살을 가지고 놀기로 선택한 거야." 여기에서 사용된 '선택'이란 단어는 최종적 제한 제시하기에서 꼭 언급되어야 한다. 이 모든 선택의 책임은 아동에게 있으며, 긍정적 또는 부정적 결과가 아동에게 달려 있음을 명확하게 전달한다.

3) 아동중심 놀이치료의 과정

놀이치료 회기 내에서 치료의 진전이나 종료를 위해 아동의 준비 상태를 평가하는 것이 쉽지 않다. 아동의 변화는 놀이치료실에서 아동이 표현하는 내용으로 쉽게 결정되거나 관찰될 수 있는 것이 아니기 때문이다. 따라서 놀이치료의 종결 시점은 아동 놀이의 변화의 차원을 살펴보고 조심스럽고 신중하게 파악하여 결정을 내려야 한다.

(1) 관계의 시작

아동중심 놀이치료에서의 관계의 시작은 아동이 결정한다(Landreth, 1991). 치료에서 이 시간은 아동이 스스로를 인내하고, 시간을 어떻게 활용할 것인가를 결정하는 아주 소중한 시간이며, 관계를 나타낸다. 이 시간에 아동은 자기가 하고 싶은 것을 천천히 할 수 있으며 어떤 강요나 강압을 받지 않는다. 또 이 시간에 아동은 기분이 안 좋을 수도 있고, 기분이 나쁜 대로 행동할 수도 있으며 혹은 아무것도 하지 않는 상태로 있을 수 있다. 아무도 아동에게 "빨리 해." "어서 해, 무엇이라도 해 봐야지."라고 재촉하지 않고 아동을 기다려 준다. 또한 아동의 어떤 경험도 수용한다. 가령, 아동이 연령에 맞지 않게 우유병이나 손을 빨거나, 너무 어려운 가위질에 도전하려고 하거나, 나사를 조이려고 할 때 "넌 그런 것을 하기엔 너무 컸어." 혹은 "넌 그런 작업을 하기엔 힘이 없고 너무 어려."라고 말하지 않는다. 대신 "너는 이렇게 하고 싶은데 마음대로 되지 않아서 속상하구나." 등의 반영으로 아동의 마음을 공감해 줄 수 있다. 놀이치료실에서 치료사에게 완전히 수용되는 가운데 자신의 모든 것을 이 순간에 표현하고 느낄 수 있는 시간과 장소, 관계가 허용되는 경험을 시작하는 것이다.

① 아동과 접촉하기

아동과 정서적 접촉을 하는 과정은 치료사가 아동 앞에 처음 나타났을 때부터 시작된다(Landreth, 2015). 아동은 새롭게 경험하는 것, 새로운 관계를 시작하는 것에 언제나 호기심을 가진다. 아동이 치료사를 처음 만날 때 치료사가 누구인지, 나에게 요구하는 것이 무엇인지, 혹은 놀이치료실에 들어왔을 때 여기가 어떤 곳인지, 여기에서 무엇을 해야 하는지, 여기에서 어떤 상황들이 벌어질지 등에 대해 궁금해할 것이다.

치료사 역시 마찬가지이다. 아동에게 나는 어떻게 비춰졌는지, 내 목소리는 어떤지, 나에게 호감을 느끼는지 등 서로의 호기심과 접촉이 시작된다. 이러한 상황에서 치료사는 너무 빠르고 급하게 아동의 존재에 가까워져야 한다는 부담감으로 다가설 필요는 없다. 지금 이 순간에 아동이 한 인간임을 받아들이는 것이 중요하다.

관계형성은 아동이 치료사를 어떻게 바라보는가에서 시작되고, 아동이 경험하는 그 순간을 치료사가 얼마나 민감하게 느끼는가에 달려 있다. 아동과 접촉을 시작한다는 것은 치료사가 아동의 세계에 민감해지는 것이다.

② 아동과 관계 발전

아동중심 놀이치료에서 아동과 치료사의 긍정적 관계의 발전을 위해서는 구조화, 아동의 주도성, 치료사의 일관성이 중요한 요소를 차지한다(Landreth, 1991, 2015).

첫 번째, 치료 구조화는 치료를 효과적으로 진행하기 위한 내담자와 치료사 간의 과정으로 치료하는 시간, 요일, 장소 등을 포함하여 치료에 대한 전반적인 안내를 제공하는 것을 말한다. 치료 구조화는 자유와 안전, 자기 조절 촉진을 위한 전반적인 철학과 목표를 유지하기 위해 최소한으로만 이루어진다. 그렇지만 완전한 자유를 제공하는 공간은 아니기 때문에 구조화할 때의 설명은 조심스럽게 사용되어야 한다. 치료사는 아동이 이끄는 대로 따르며, 아동이 자발적으로 의사소통이 가능하도록 해야 한다.

두 번째, 치료사는 관계의 모든 영역에서 아동이 주도하도록 해야 한다. 치료 안에서 아동이 관계를 주도적으로 이끈다는 것은, 치료사가 아동 스스로 성장과 성숙을 향해 노력하는 선천적 능력이 있다는 아동중심 놀이치료의 기본 철학을 바탕으로 실행하는 것이다. 치료사의 이러한 태도 및 믿음은 아동이 자신이 원하는 방향으로 놀이치료를 경험해 간다고 믿게 한다.

세 번째, 치료사는 자신의 행동을 일관성 있게 유지해야 하고, 이 일관성을 통해 아동이 어떻게 반응해야 될지 예측할 수 있도록 해야 한다. 일관성은 예측을 가능하게 하고, 예측 가능함은 불안을 낮추고 안전감을 촉진한다. 아동이 치료 안에서 안전감을 느낄 때 관계는 긍정적 발전을 이루게 된다.

(2) 변화의 과정

아동중심 놀이치료의 과정에서 놀이의 의미를 파악하는 것은 아동의 내적 세계를 이해하게 한다(Landreth, 2015). 아동의 놀이는 지속적으로 같은 놀이를 보여 줄수도 있고, 놀이치료 초기와 전혀 다른 놀이로 진행될 수도 있다. 이러한 아동의 놀이를 치료사가 민감하게 파악하여 아동이 그의 현실세계에서도 적응할 준비가 되었는지, 아동이 가지고 있던 부적응적 문제행동들이 어떻게 변화되었는지를 판단할 수 있다.

놀이 변화 과정의 핵심을 파악할 때 주목해야 할 점은 다음과 같다(Landreth, 2015).

첫째, 처음 나타나는 행동을 주목하여야 한다. 주로 5회기 안에 이러한 변화들이 나타나는데(Landreth, 2015), 아동이 의미 있게 한 놀이나 기존의 행동이 달라져 치료사와 아동의 관계에서 처음 나타나는 상호작용을 주의 깊게 살펴야 한다. 예를 들어, 치료사와 전혀 언어적 상호작용을 하지 않고 치료사의 말에 수동적인 태도를 보이다가 처음으로 치료사에게 먼저 말을 붙이는 경우나, 들어와서 매번 스케치북에 그림을 그리다가 이번 회기에는 그림을 그리지 않는 경우, 이러한 신호는 아동에게 변화가 일어났고 무엇인가 다르다는 것을 의미한다. 이 변화에 대한 신호는 아동의 내적 변화의 신호가 된다.

둘째, 놀이 행동의 주제를 파악하여야 한다(Landreth, 1991; Ray, 2013). 놀이에서의 주제란 아동이 자신의 경험에 부여한 의미를 소통하고자 하는 일관성 있는 은유라고 할 수 있다. 정서적 경험과 사건은 아동에게 중요하며, 또한 아동의 놀이에서 중요하게 영향을 미치고 있는 것은 종종 반복 행동으로 나타나기 때문에 놀이의 주제는 의미가 크다. 예를 들어, 아동은 놀이에서 아기 인형에게 우유를 주거나 목욕을 시키는 등 양육의 주제를 나타낸다. 이는 아동이 관계를 형성하기 위해 다른 사람들을 돌봐 주고 싶어 하거나 아동 자신이 돌봄을 받고 싶은 욕구가 아기 인형에게 투사되었다고 할 수 있다. 주제는 놀이의 내용, 활동이나 놀잇감이 매번 달라질 수 있기 때문에 쉽게 알아차릴 수 있는 것은 아니지만 놀이의 주제나 놀이의 주요한 의미는 똑같다. 또한 놀이 행동의 반복 빈도 역시 아동 놀이의 정서적 주제를 나타낸다. 아동은 육체적 에너지가 아닌 정서적 에너지를 놀이 행동을 반복할 때 쏟아 낸다. 아동이 그 주제를 더 이상 보이지 않는다면 아동이 정서적으로 해결하고 조정해 나가고 있다는 것을 나타낸다.

아동 놀이의 변화를 의미 있게 관찰하는 것은 아동의 내적 과정을 이해하는 데도 도움이 된다. 아동의 놀이 주제가 변할 때 치료사는 아동이 정서적으로 성장하고, 특정 문제를 해결해 나가고 있음을 알게 된다. 주제를 다루는 놀이 회기를 여러 번 가진 후에 아동이 주제에 관한 놀이를 완전히 멈추면, 아동은 문제를 해결하였고, 적응으로 옮겨갔다는 것을 의미한다.

(3) 종결의 과정

① 종결의 의미

치료의 목표는 아동의 자기 책임 발달, 자기 향상, 자기 지시적 변화를 일으키는 것으로 이러한 목표를 달성하였을 때, 혹은 자연스러운 성장으로 더 이상 필요로 하지 않을 때, 종결할 수 있다. 종결의 시기를 정하는 아동의 변화에 대한 치료사의 확인은 〈표 2-2〉와 같다(Landreth, 2015).

종결과정은 놀이치료를 시작하는 과정과 마찬가지로 중요한 의미를 가진다. 아동은 자신의 삶의 중요한 일을 무사히 해결해 온 것처럼 놀이치료실에서 중요한 관계 끝맺음을 할 시간이 필요하다(최영신, 2014; Hartnup, 1999).

〈표 2-2〉 **아동의 변화에 대한 치료사의 확인**

☑ 아동의 의존성과 혼돈이 감소된다.
☑ 아동이 개방적인 욕구 표현을 한다.
☑ 아동이 자신에게 집중할 수 있다.
☑ 아동이 자신의 행동과 감정에 대한 책임을 수용한다.
☑ 아동이 자신의 행동에 대한 적절한 제한을 한다.
☑ 아동이 좀 더 내부 지향적이다.
☑ 아동이 좀 더 융통성이 있다.
☑ 아동이 우연적인 사건에 대해 너그러워진다.
☑ 아동이 확신을 가지고 활동을 시작한다.
☑ 아동이 순응하는 것이 아니라 협력한다.
☑ 아동이 적절하게 화를 표출한다.
☑ 아동이 부정적에서-슬픔에서 행복한-기쁨으로 옮겨 간다.
☑ 아동이 좀 더 자신을 받아들인다.
☑ 아동이 연속적인 이야기를 놀이로 표현하고 방향성을 가진다.

출처: Landreth(2015).

② 종결 준비

관계의 끝맺음은 갑작스러운 일처럼 일어나지 않도록 서서히 준비하여야 한다(양선영, 2013; Landreth, 2015). 그러므로 이러한 실제 종결과정은 마지막 회기보다 2~3회기 전 미리 시작할 필요가 있다. 종결회기가 시작되면, 처음에 아동에게 몇 회기가 남았는지 상기시켜 주고, 끝날 때도 2~3회기가 남았음을 상기시킨다. 종결회기에서 아동의 감정에 대해 세심한 배려를 해야 한다. 놀이치료의 종결이 적절하게 다루어지지 않으면 아동은 거부감이나 벌을 받는 느낌, 상실감을 느낄 수 있기 때문이다. 아동은 도움을 받는 것이 더 이상 필요 없다는 감정의 탐색이 필요하고, 아동에게는 관계의 발전과 발견의 시간이 필요하다. 놀이치료 종결과정으로 아동은 자신의 삶에서 중요한 사람과 분리되는 것에 불안감을 느끼지만 이러한 감정을 받아들이는 연습이 될 것이고, 현실을 준비하게 된다.

2. 학교놀이치료

1) 학교놀이치료의 시작

초등학교 연령의 아동을 상담하는 양식 중 놀이치료는 발달학적 연령으로 보았을 때 가장 적합한 접근 방식이다(Ray, 2016). 그들은 놀이치료를 통해 자연스럽게 자신의 감정 및 생각을 표출하며 치료사와의 상호작용을 통해 보다 적응적인 방식으로 표현하여 점차 사회에서 통용되는 방식으로 자신의 뜻과 의지를 드러내며 살아가게 된다. 그리고 놀이치료는 학습 환경을 만들어 주는 보조로서, 학교에서 교사와의 관계형성, 또래와의 상호작용 및 의사소통, 더 나아가 학교생활에 대한 적응을 최대화할 수 있도록 지원할 뿐 아니라 초등학생에게 필수적인 부분 중 하나인 학습에 임할 수 있도록 돕는다(Kottman, 1995; Landreth, 1983). 이는 놀이가 아동의 발달 과정을 촉진하여 사회, 정서 그리고 학습 발달이 통합적으로 이루어질 수 있도록 돕는 역할을 하기 때문이다. 이처럼 아동상담에 있어 가장 효율적인 놀이치료를 초등학교 현장에 접목시켜 학업·정서·행동적으로 어려움이 있는 아동에게 심리 서비스를 제공하는 시스템적 접근이 바로 학교놀이치료라고 할 수 있다.

학교라는 현장에서 진행하는 놀이치료가 필요한 이유가 무엇일까? 학교놀이치료의 목적에서 학교놀이치료가 갖는 독특성을 찾아볼 수 있다. 학교놀이치료는 일반 사설 상담센터에서의 심리치료와는 다른 특별한 목적을 갖는다. 역사적으로 학교놀이치료를 살펴보면, 아동이 학교를 보다 안전하게 느끼고 학교와의 긍정적인 관계를 형성하여 내적인 방해를 덜 받고, 더 자유롭게 배울 수 있는 환경을 조성하는 것을 근거로 학교와 놀이치료 간 관련성을 설명했다. 즉, 학교놀이치료는 학교에서 학생에게 제공하는 학습과 배움의 경험이 학생들에게 유익할 수 있도록 '학습자로서의 학생'을 준비시키는 일(Landreth, 2002)과 학업성취뿐만 아니라 정서적·행동적 어려움, ADHD(주의력결핍 과잉행동장애)의 문제, 공격적 행동의 문제, 타인을 공감하지 못하고 지속적 충돌을 보이는 문제 등으로 인해 학교를 지속적으로 다니기 어려운 학생들의 사회적 적응, 학교 중도 탈락의 위험을 방지하고자 하는 데에 학교놀이치료의 목적을 둔다.

학업의 증진과 성취를 낮추는 요인인 아동의 정서적·행동적 어려움을 해결하고, 놀이라는 매체를 통해 정서적 건강을 통한 학업적 건강을 추구하고자 하며, 학업, 학습, 책임감, 자기 조절을 키우고, 학교생활을 성공적으로 수행하기 위해 아동에게 요구되는 부분을 학교놀이치료의 목적과 연관시켜 놀이치료의 개입을 학교생활에의 적응 및 성공과 연결하고자 한다.

2) 학교놀이치료의 적용과 실제

미국에서는 2000년대 초반부터 꾸준히 학교 현장에 아동중심 놀이치료를 도입하였고 아동들에게 발현되고 있는 문제들을 대상으로 놀이치료의 효과성을 연구해 오고 있다. 한국에서는 위기학생에 대한 지원 체계인 'Wee 프로젝트'를 학교 및 교육청에 구축하여 학생의 정신건강을 체계적으로 관리하고 있고, 정신건강에 어려움이 있는 학생을 조기에 발견하고 지속적으로 개입하려는 접근이 이루어지고 있다(교육인적자원부, 2008). 그러나 한국의 초등학교 현장에서는 아동상담에 가장 효과적인 놀이치료가 학교 자체 내 시스템으로 적용되어 사용되고 있지는 않아 아쉬움이 크다. 학교에서의 놀이치료 활용은 초등학교와 연계하여 외부 놀이치료 전문 인력이 주기적으로 방문하여 치료를 진행하는 협력적 방식으로 실행되고 있는 수준이며, 그마저도 소수의 초등학교만이 적용하고 있다.

(1) 학교놀이치료의 적용과 실제

학교놀이치료의 시작은 학교의 행정지도자인 학교장과 행정적 협력에서부터 시작한다(Schmidt, 2008; Sink, 2005). 그 시작에 있어 중요한 부분은 학교장이 놀이치료에 대한 지식과 놀이치료에 대해 개방되어 있는지이다. 놀이치료가 단지 상담의 일시적 프로그램들 중 하나로 간과되지 않도록, 아동상담에 있어 가장 적합한 상담의 한 줄기로 이해되도록 해야 한다. 또한 학교놀이치료가 지속되기 위해서는 재정적·물리적 지원 역시 중요한 부분으로, 학교 행정팀과 함께 구체적 계획을 논의해야 한다,

학교장 협의 다음으로 중요하게 고려해야 할 사항은 교사의 참여이다. 일반적으로 놀이치료가 진행될 때 부모가 아동의 놀이치료에 참여하게 되는 것처럼 학교에서의 놀이치료를 진행함에 있어서 교사의 참여는 아동을 위한 핵심 연결점이 된다(Ray, 2016). 모든 교사에게 놀이치료에 대한 개념과 근거, 효과를 설명하고 놀이치

료사가 아동의 개인 사례를 어떻게 다룰 것인지 그 과정에 대해 설명하는 시간은 반드시 필요하다. 이러한 교육과 회의를 통해 교사는 놀이치료가 무엇인지에 대한 명확한 개념을 가지게 되고, 놀이치료에서 교사가 어떠한 역할을 하는지 인지하게 된다. 아동과 관련된 교사, 치료사가 같은 목표를 가지게 될 때 모두에게 긍정적 관계로 나아갈 수 있다.

또한 아동을 대상으로 하는 놀이치료에서 빼놓을 수 없는 사항은 부모의 참여이다(O'Connor, 1979). 아무리 학교 환경이라 하더라도 아동의 놀이치료 진행 여부는 부모가 결정한다. 다만, 일반적인 놀이치료보다 부모를 만날 수 있는 기회가 적으며, 치료 동기가 훨씬 적을 수 있어 초기 상담 장면에서 교사에게 했던 것과 동일하게 놀이치료에 대한 개념 및 놀이치료사의 역할과 부모 참여의 중요성에 대해 정확히 전달해야 한다. 그리고 치료가 진행되는 동안에 부모상담을 어떻게 진행할 것인지에 관한 구조화 및 부모교육에 더 많은 주의를 기울여야 한다.

이처럼 학교놀이치료는 일반적 상황의 놀이치료와 달리 독특성이 있는 시스템으로, 놀이치료의 목표 및 과정이 학교에서 지향하는 바에 공헌할 수 있어야 하며, 학교의 비전과 연결시킬 수 있도록 개입해야 한다.

(2) 학교놀이치료에서의 유의점

학교놀이치료의 적용에서 유의해야 할 부분은 다음과 같다.

첫째, 학교 임상현장에서 가장 필수적으로 고려해야 될 요소는 아동의 권리이다(Drewes, Carey & Schaefer, 2010; Ray, 2016). 학교놀이치료에서는 학교놀이치료사의 교사회의, 출장 등으로 정해진 시간에 일관성 있는 치료를 진행하는 것이 어려울 수 있으며, 또한 학교의 특성상 아동의 정보를 부분적으로는 공유할 수밖에 없는 환경으로 인해 비밀보장에 대한 부분이 일반적 놀이치료 상황보다 지켜지기 어렵다. 이러한 학교라는 현장의 특수성이 있지만, 학교놀이치료사가 다른 임상환경의 놀이치료사와 마찬가지로 예정된 놀이치료 시간을 엄수하려 노력함으로써 아동과 치료적 신뢰를 쌓는 것이 가장 중요하며, 어떤 상황에서 비밀보장이 제한되는지를 미리 고지함으로써 치료과정에 방해가 되지 않도록 해야 한다. 환경적 한계를 극복하고자 노력하는 학교놀이치료사의 태도는 아동을 존중하는 태도로 전달되어 아동과의 치료적 관계를 형성하는 데 도움이 될 것이다.

둘째, 학교놀이치료 회기 기록이다(Drewes, Carey & Schaefer, 2010; Ray, 2016). 학

교놀이치료에서 회기에 대한 기록은 행정적 기록, 법적 기록을 위해서라도 중요한 부분이다. 다만, 기록하는 데 중요한 점은 관찰된 사실만을 명료하게 기록하고, 불필요한 세부사항은 기재하지 않도록 한다. 또한 아동의 진보에 중점을 두고 기록하여 이것이 교육적 목표와 균형을 이루도록 해야 한다.

셋째, 아동의 변화에 대한 교사의 기대감 조율하기이다(Drews, Carey & Schaefer, 2010; Ray 2016). 아동의 드러난 문제행동은 지금 갑자기 생겨난 문제이기보다는 아주 오랫동안 쌓여 온 문제인 경우가 많다. 그러나 교사들은 종종 교육과정과 학업 수행, 성적의 압박감에 시달리기 때문에 아동의 부진한 학업, 문제행동에 대한 인내가 부족한 경우가 많다. 놀이치료를 받은 아동의 문제행동이 빠르게 변화되어 교실에 돌아와 제대로 모든 역할을 문제없이 수행할 것이라고 기대하며 문제행동이 변화되지 않을 때는 조급한 마음으로 아동을 바라본다. 아동의 변화가 곧 교사의 능력과 직결되기도 하기 때문이다. 당연히 학교놀이치료사는 아동이 학교에서 잘 적응하고 교실에서 그 역할을 잘 수행해 내도록 지원해야 하는 것이 맞지만 교사의 조급함이 아동의 변화에 영향을 주지 않도록 교사의 입장에 대한 이해를 전달함과 동시에 아동의 문제행동에 대해 교사에게 이해를 구해야 한다.

3) 학교놀이치료의 의의

학교에서 놀이치료를 진행하는 것은 앞서 언급한 여러 조건적 어려움이 따를 수 있지만, 그럼에도 불구하고 포기할 수 없는 것은 아동의 문제행동에 즉시 개입이 가능하며, 아동기는 아동의 전 생애를 두고 봤을 때 매우 중요하기 때문이다. 영유아기에 감춰져 있던 혹은 방치해 두었던 어려움을 점검할 수 있으며, 자아가 확립되는 청소년기가 되기 전에 건강한 자아의 폭을 넓힐 수 있는 시기이다. 그리고 부모의 무지함이나 가정 내 환경적 어려움으로 인해 방치된 아동들의 심리내적 어려움에 교사와 치료사의 팀 접근을 통해 아동을 지원할 수 있다. 아동이 하루에 6~8시간을 보내는 학교라는 환경을 활용하여 정신건강 서비스를 제공함으로써 아동의 삶의 환경을 치료적으로 구성한다는 것에 중요한 의의가 있다.

(1) 학교놀이치료의 장점

① 접근의 용이

학교놀이치료 체제는 외부 상담치료 기관보다 더 많은 아동에게 더 빠르고 쉽게 접근 가능하다. 위기 상황에 처한 아동은 대부분 교사의 의뢰나 권유를 통해 지역사회의 외래 기관이나 사설 상담센터를 찾는다. 하지만 학교놀이치료는 아동에게 직접적 서비스를 제공함으로써 일차적 예방과 아동의 발달을 증진할 수 있다는 장점이 있다. 또한 문제행동의 정도가 두드러지지 않거나 표면화되지 않아 외부 기관에 의뢰되지 않은 아동에게도 놀이치료라는 심리치료의 혜택을 제공하여 정서적으로 위축되었거나 학습 능률에 문제를 야기할 수 있는 위험성을 내포하고 있는 아동들을 찾아내어 조기에 개입할 수 있다.

② 협력적 관계

학교놀이치료는 아동에게 팀 서비스를 제공하므로 아동 일상에 더 긍정적 효과를 가져올 수 있다. 담임교사를 비롯하여 다른 교과 교사, 돌봄 교사 등 더 다양한 전문가와 포괄적인 지원을 함께 하여 아동의 문제에 예방적 차원에서 도움을 줄 수 있으며, 아동의 치료시간에 대한 일관성과 비밀보장에 대한 원칙을 철저히 지킨다면 아동을 돕는 다른 전문가로부터 구체적인 정보와 제언을 정기적으로 제공하거나 제공받을 수 있다는 장점이 있다. 학교는 한 아동의 치료를 위해 전 직원이 함께 협력할 수 있으며(Schmidt, 2008; Sink, 2005), 이를 통해 아동은 여러 체계에서 심리적 지원을 받고 있다는 것을 느낄 수 있다. '학교놀이치료'란 이러한 나눔을 통해 학교체제 전체에 치료에 대한 마음가짐이 일어날 수 있도록 돕는 존재로 자리 잡는다(Alexander, 1964).

③ 경제적 비용의 절감

학교놀이치료는 경제적으로 빈약하여 외부 상담치료를 받기 어렵거나, 시간적 여력이 되지 않는 가정들에게 서비스를 제공한다. 사회적으로 취약한 가정에서는 무질서와 혼란이 아동의 삶에 어떻게 영향을 미치고, 학업과 정서에 부정적인 영향을 주는지 미처 깨닫지 못하는 경우가 많이 있다. 학교놀이치료는 이러한 가정에 적절한 서비스를 제공하여 학교 적응에 도움을 주고 적절한 조치를 취할 수 있게 한다.

④ 변화의 일반화

학교는 아동이 매일 출석하는 장소로 아동이 필요로 하는 정서적 지원에 도움을 줄 수 있는 가장 이상적인 환경이다. 학교에서 아동은 관계를 형성하는 것을 배우고 새롭게 습득한 적응행동을 또래 친구들과의 상황에서 바로 일반화하여 사용할 수 있다. 이것이 곧 학업이나 사회적 기술을 증진시키는 밑거름이 된다.

⑤ 치료기간의 단축

아동은 이미 학교의 상담치료사들이나 담임교사와 익숙해져 있기 때문에 치료 초기 단계에서 신뢰감을 형성하여 관계를 빠르게 형성하고, 치료시간을 효과적으로 단축할 수 있다. 또한 학교놀이치료사가 교사와의 협력을 통해 교사들도 교실에서 놀이치료를 진행하거나 놀이치료의 중요한 기술을 교실에서 사용하여 아동의 친사회적 행동의 도움이 된다.

(2) 보육기관으로의 적용

학교놀이치료는 많은 연구를 통해 학교 내에서 아동의 정신건강을 위한 놀이치료 프로그램이 학업성취를 포함하여 긍정적 자기 인식, 자아존중감 향상 및 교사-학생 간의 증진에 도움을 줄 수 있다는 것을 확인하였으며, 유의미한 효과가 있음을 밝혔다. 놀이치료를 통해 높은 자기 인식을 발달시킨 아동은 대인관계가 만족스러우며, 문제행동이 덜 발생하고 학업 성과는 더욱 증가되었다(Elias, 1997). 이러한 학교놀이치료의 성공적 경험과 효과를 보다 어린 연령의 영유아들이 생활하는 보육기관에 적용하고자 한다. 보육기관은 가정의 역할을 대체하고 영유아에게 발달과 성장에 필요한 돌봄과 교육을 제공함으로써 연령에 적합한 신체적 · 정서적 발달을 도모한다. 맞벌이 부부의 증가 및 다양한 사회적 · 가정적 어려움으로 보육기관의 역할이 더욱 강조되고 있으며, 그에 따른 보육기관의 책임은 더욱 커지고 있다. 이러한 상황에서 영유아가 경험하는 정서적 · 행동적 부적응이 증가하고 있어 많은 매체에서 영유아 시기의 심리 · 정서 · 행동 문제에 대해 다룰 정도로 영유아 시기의 심리적 어려움은 사회적 이슈가 되고 있다. 심한 장애의 정도는 아니지만 개인요인이나 사회와 같은 환경요인으로 인해 심리적 갈등을 겪기도 하고, 연령에 부적절한 규범적 행동을 자주 보이거나, 인지, 정서, 신체, 사회성, 도덕성 등에서 부적응적인 태도를 나타내기도 한다. 이러한 어려움은 부모, 교사, 또래 등 다른 사람들로부터 부정적인 반응을 이끌어 내어 원만한 사회적 관계를 형성하는 것에도 어려움을 경험하게 한다. 이러한 영유아의 크고 작은 문제들은 연령대가 점점 낮아져 초등학교 입학 전부터 발생되는 경우가 급증하였으며, 초등학교 입학 후에도 적응의 어려움을 겪게 한다. 유아기 발달의 핵심 중 하나는 자기 조절력인데 아동이 사회구성원으로 수행하며 책임을 다 해야 되는 상황에서 참고 인내하는 능력이 많이 부족해지면, 학교에서의 생활을 견디기 힘들어하고 청소년기, 성인기에 이르면 더 큰 어려움으로 나타날 수 있다. 즉, 영유아 시기의 작은 어려움은 이후의 발달과정과 전반적 성장과정에 어려움을 초래하므로 영유아가 경험하는 작고 사소한 문제를 조기에 개입하고 예방해야 할 필요성이 강조되고 있다(양선영, 2013). 효과적 치료란 더 어린 시기에 개입되면 더욱더 큰 예방을 기대할 수 있다. 따라서 그 대안으로 보육기관에서의 놀이치료를 제안하고자 한다.

3. 놀이치료 서비스-러닝

1) 놀이치료 서비스-러닝의 개념

(1) 서비스-러닝

서비스-러닝이란 봉사(Service)와 학습(Learning)을 통합한 개념이다. 미국의 고등교육을 비판하는 흐름 속에서 학생들의 학습경험의 질을 높이기 위해 미국의 대학교육에 적극적으로 도입되었으며(유숙영, 서윤경, 2011), 최근 우리나라에서도 대학교육에서 주요하게 다뤄지고 있는 교수-학습방법이다. 교육의 패러다임으로 볼 때 대학교육에 있어 경험교육은 날로 강조되고 있다. 대학은 교육을 담당하는 교육기관으로서의 역할뿐만 아니라 하나의 사회적 구성단위로서 사회적 연대를 맺는다(조영하, 2010). 대학의 사회적 연대는 지역사회에 봉사적 사명을 다하는 것으로 대학의 철학과 학문적 역량이 허락하는 범위 내에서 지역사회가 직면한 문제를 해결하고자 지역 사회의 요구를 존중하고 대학의 자원을 기꺼이 제공함으로써 문제를 함께 해결해 나가고자 한다.

경험주의 모델에 이론적 기초를 두는 서비스-러닝은 의도적으로 계획하여 구조화된 사회적 활동 기회를 학생들에게 제공하여 한 개인으로서 삶을 준비하고 사회생활에 적응적이 되도록 하는 것이 목적이다(Dewey, 1984). 이 목적을 수행하기 위해 대학은 지식습득과 적용, 사고와 행동, 개인과 사회의 분리를 비판하며 지역사회가 필요로 하는 서비스를 교과목에 통합시켜 학생들의 학습을 대학교실이 아닌 지역사회 속에서의 학습으로 확대시킨다. 그 과정에서 학생들은 지역사회의 어려움과 문제를 해결하는 데 능동적으로 참여하게 된다. 또한 경험주의 교육은 반성적 사고를 강조하는데, 이는 학생들의 사회적 경험에 반성적 사고의 개입을 통해 사회적 경험이 교육적 가치를 갖도록 하였다(Dewey, 1984). 학생들이 배운 이론적 지식을 기반으로 지역사회에서 서비스를 실천하고, 그 경험들에 대해 숙고해 보는 자기성찰과정을 통해 학습이 이뤄지는 것이다.

서비스-러닝은 전공교육, 서비스 활동을 통한 학습, 반성적 숙고(reflection)가 핵심 개념이며, 서비스-러닝의 개념과 그 개념을 바탕으로 한 실천은 매우 큰 잠재력을 갖고 있다. 서비스-러닝을 통해 학생들의 학습목표가 달성될 뿐 아니라 동시에 대학 그리고 지역사회의 발전도 함께 도모하는 호혜적 상호학습이 가능하기 때문이다(Jacoby, 2003). 이러한 특징은 능력 있는 사람이 어려움에 처한 자를 돕는 기존의 봉사활동과 서비스-러닝이 구분되는 지점이다(이혜진, 2013).

이처럼 서비스-러닝은 기존의 자원봉사, 현장실습과는 의미가 다르며, 서비스 봉사(Service)와 학습(Learning) 중 어느 쪽에 더 중점을 두느냐에 따라 유형이 구분된다(Sigmon, 1994). service-learning은 학습을 더 중요시하고, 서비스 활동은 부수적인 것으로 보며, 학업내용과 관련한 부수적 봉사활동을 진행하는 정도라 할 수 있다. Service-learning은 서비스 활동의 측면을 보다 더 강조하는 것으로서 학습을 서비스 활동을 완벽하게 수행하기 위해 필요한 정도의 지식을 습득하는 것으로 여기는 방식이라 할 수 있다. Service-learning은 서비스 활동과 학습의 비중, 목표가 동등하며 학습을 통해 서비스 활동을 진행하고, 서비스 활동을 통해 학습의 효과를 증진시키는 것이다. 이 유형의 서비스-러닝에서는 모든 참여자가 학습자가 되어 윈윈(win-win)의 경험을 하게 한다(Jacoby, 2018).

(2) 놀이치료 서비스-러닝

미국의 경우, 1990년대부터 대학의 상담사 훈련 및 교육을 지역사회 기관 간의 협력을 구축하고 학생들의 교육을 서비스-러닝과 통합하고 있다. 대학이 속한 지역사회의 초ㆍ중등학교에 예비 상담자들을 파견하여 서비스-러닝의 효과성을 지속해서 증명해 오고 있다. 빈곤에 처해 방치되는 아이들의 어려움을 해결하기 위해 대학원 상담학과 전공교육과 지역사회 내 아동센터와 연계하여 놀이치료를 제공하는 서비스-러닝을 실시하거나(Baggerly, 1990), 한 지역의 큰 어려움이 되고 있는 학생들의 무단결석의 어려움과 학교 상담의 전공교육인 학교 상담, 다문화 상담, 집단 상담, 실습과목과 연계하여 서비스-러닝을 시행하기도 하였다(Perkins, & Brumfield, 2009).

학생들의 전문성 훈련에 초점을 둔 서비스-러닝에 관한 연구도 많이 진행되고 있는데 상담자의 다문화 역량 강화를 위한 서비스-러닝(Burnett, Hamel, & Long, 2004), 가족체계 이론을 실제로 가르치기 위한 서비스-러닝(Murray, Lampinen,& Kelly-Soderholm,2006) 등 여러 연구가 지속되고 있다.

또한 상담자 교육에 서비스-러닝을 도입한 결과, 예비 상담자의 불안감이 감소하고, 자기효능감은 증가하기도 하였으며(Barbee, Scherer, & Combs, 2003), 현장에서 요구하는 상담기술을 더 잘 사용할 수 있게 되었을 뿐 아니라 상담사라는 직업에 관한 통찰을 하게 되었다(Alvarado & Gonzalez, 2012). 이 뿐만 아니라 학생들이 전공교육에서 배운 이론을 현장에서 적용하며 내담자에 관한 문제의식을 높이는 데 도움이 되었다(Arnold & McMurtery, 2011). 이처럼 서비스-러닝은 서비스 활동의 성과를 사회에서 필요로 한다는 전제하에 더 큰 사회문제에 대한 학생들의 이해를 높이고, 직업군에서 요구하는 미래적 요구나 직업적 선택에 있어 보다 적극적으로 대응할 수 있도록 치밀하게 구조화된 과정인 것이다.

놀이치료와 서비스-러닝의 연계는 지역사회에 심리·정서적 어려움으로 인해 사회적응이 어려운 아동을 대상으로 보육기관에 놀이치료사를 파견하여 예방적 차원에서의 놀이치료 서비스를 제공하고자 하는 접근이다(정선희, 2019). 놀이치료 서비스-러닝을 기존의 놀이치료 실습 훈련과 구분지어 설명한다면, 첫째, 제공되는 놀이치료 서비스에 관해 누가 통제할 수 있는가이다. 물론 놀이치료 실습 훈련도 실습생들 본인의 욕구에 따라, 전공교육의 정도에 따라 수퍼비전을 받으면서 사례를 진행한다. 그러나 수퍼바이저나 지도교수가 한 사례의 처음부터 끝까지 동행하는 것은 물리적·시간적 무리가 있어 거의 불가능하다고 볼 수 있다. 그래서 예비놀이치료사가 사례를 진행하는 중 어려움에 처했거나, 전공교육과정에서 발제자가 되어 사례를 공유해야 하는 상황에 한해서 한 사례를 시작해서 종결하기까지 한 번 정도의 수퍼비전을 받게 되는 경우가 대부분이다. 또는 단 한 번도 동료나 지도교수로

부터 수퍼비전을 경험하지 못하고 지나가는 사례도 있다. 그럼에도 불구하고 예비
놀이치료사 치료과정의 경험은 예측할 수 없는 상황에 대한 불안과 긴장의 연속이
고, 치료과정의 어떤 이슈로 인해 자신감이 저하되기도 하며, 상담자로서의 자신에
대한 의구심과 자기수행에 대한 불확실성 그리고 긍정적 치료결과에 대한 낮은 기
대감 등을 경험할 수 있다(노은선, 유미숙, 2016; 김현희 2017). 따라서 사례에 대한 점
검과 사례를 진행하는 치료사에 대한 관리감독이 반드시 필요하다. 반면, 놀이치료
서비스-러닝은 사례를 배정받기 이전부터 담당 코디네이터가 선정되어 예비놀이치
료사와 놀이치료 서비스를 통제하고 관리하는 시스템이 만들어진다. 서비스-러닝
시스템에 들어오게 되면 사례를 처음부터 끝까지 점검하고 수퍼비전 받으면서 관
리할 수 있는 체계가 만들어지는 것이다.

둘째, 놀이치료 경험을 비판적으로 반추할 수 있도록 구조화된 기회를 제공하는
가이다. 최근 상담자를 훈련하는 과정에서 성찰이라는 개념을 활용하기도 하는데,
예비놀이치료사는 실습과정에서의 부정적 경험을 반성적 성찰을 통해 직면하고 스
스로 터득하는 것에 어려움을 느낀다. 따라서 예비놀이치료사의 성찰과정은 자연
스럽게 이뤄지길 기대하는 것이 아닌 훈련되어야 하는 영역이다. 놀이치료 서비
스-러닝은 반성적 성찰을 통한 수퍼비전을 포함함으로써 단순히 놀이치료의 경험
에서 끝나지 않는다. 놀이치료의 경험이 학습적 능력향상과 더불어 전문놀이치료
사로서 성장하기 위해 경험적 학습이 이뤄지는 것이다. 이러한 학습경험을 서비스
경험, 체험의 성찰, 통합, 재구조화의 4주기로 설명할 수 있다. 놀이치료 회기 중 특
정 어떤 경험을 두고, 정확히 무슨 일이 일어났었으며, 그 일로 인해 무슨 결과가 이
뤄졌는지 또는 앞으로 일어날 것 같은지를 분석하는 경험에 관한 성찰의 과정을 갖
는다. 그리고 그 경험의 성찰을 통해 이 일이 일어나게 된 원인에 대해 더 깊은 이해
를 하고, 자신의 상담과정을 통합하게 된다. 마지막으로 그 체험을 통해 얻는 지식
을 다음에 다른 실제 상황에 적용해 보며, 재구조화를 만들어 가게 된다. 치료사의
반성적 성찰은 회기 내에서 자신이 다루기 힘들었던 치료적 상황들을 되돌아보고,
다시 치료과정에 도전하도록 돕는다. 더불어 자신의 미해결된 내적 어려움이 치료
과정에서 어떻게 연결되는지 돌아보게 한다. 더 나아가 심리정서의 어려움을 겪는
한 아동을 치료하는 것을 넘어 전문직으로서의 사회적 책임에 관한 반성도 이룰 수
있다. 따라서 서비스-러닝에 참여한 놀이치료사들은 예비놀이치료사의 단계부터
공적 봉사에 대한 신념과 자기 분야에 대한 소명감, 전문직으로서의 사회적 책임감

을 갖게 되는 것이다.

2) 놀이치료 서비스-러닝의 구성

놀이치료 서비스-러닝은 대학과 지역사회가 상호호혜적으로 균형 있는 성장을 위해 지속가능한 협력시스템을 구축하고자 한다. 이를 위한 놀이치료 서비스-러닝의 구성요소는 '놀이치료사 교육' '보육놀이치료' '반성적 성찰' 그리고 '상호호혜'이다.

(1) 놀이치료사 교육

놀이치료사 교육은 전공교육연계 심화과정으로 크게 세 가지 과정으로 진행된다. 사전교육, 서비스 활동 과정에서의 교육, 서비스 활동 이후의 교육이 있다. 교육은 코디네이터가 진행하며, 교육내용은 지도교수와 협의한다. 교육내용은 파견되는 기관의 특성 및 요구와 참여하는 놀이치료사들의 교육요구를 반영하여 구성한다.

① 사전교육

서비스-러닝에 관한 전반적인 이해, 지역사회 및 파견되는 기관에 대한 이해를 바탕으로 서비스 제공자로서 갖춰야 할 태도를 교육함으로써 사회적 책임을 고취시킨다. 더불어 학생들의 전문성 향상을 위해 전공교육에서 심화할 내용을 선택하여 사전에 집중 교육을 실시한다.

② 서비스 활동 과정에서의 교육

놀이치료 서비스가 보육기관에서 진행되는 동안 동시에 치료사 교육이 진행된다. 치료사 교육은 주 1회의 전공교과과정과 격주로 진행되는 놀이치료 서비스-러닝 교육이 있다. 두 개의 교육이 긴밀하게 연결되어 실제 서비스를 원활하게 진행하기 위해 지도교수와 코디네이터가 협의하여 심화교육이 필요한 교육내용을 선정하고, 이론과 실제의 통합에 대한 계획을 구체적으로 세워 진행한다.

③ 서비스 활동 이후의 교육

놀이치료 서비스가 종료된 이후의 교육은 서비스 활동에 대해 지도교수와 코디네이터, 기관에서의 평가와 학생 개인의 평가를 받는다. 이를 통해 서비스 활동과 반성적 성찰의 과정에서 새롭게 습득한 지식을 자신의 경험에 일반화하고 이론화시켜 재구성하는 과정이다. 서비스 활동 이후의 평가교육을 통해 서비스 활동이 정서적 수준에서 머물지 않고 학술적 이론을 토대로 실제의 경험이 학습이 되는 진정한 서비스-러닝이 될 수 있다.

(2) 보육놀이치료 서비스

놀이치료는 지역사회와 지역사회 기반 기관과 협력 체결을 맺고, 기관에 속한 유아들의 심리·정서를 지원하고자 전문지식을 적용하여 실제적 문제를 해결해 나가는 실천적인 행동으로, 지역사회에 실제적인 서비스를 제공하고 변화를 만들어 내는 과정이다. 내담 아동에게 행해진 놀이치료의 시간이 그 자체로서 기관에게, 대상 아동과 가족에게, 그리고 놀이치료사에게 필수적이며, 가치가 있다는 특별한 의미를 꾸준히 발견할 수 있도록 해야 한다. 이 과정은 학생들이 배운 놀이치료에 관한 지식과 이론, 기능을 실제 지역사회의 필요와 연결하는 매개체 역할을 하면서 전공교육에 관한 이해의 폭이 넓어지며 교육과정에 더 충실할 수 있게 된다. 주의해야 할 점은 학생들이 제공하는 전문적 서비스인 놀이치료가 학습적 도구로만 활용되지 않도록 계속해서 기관과 소통하며 요구를 반영함으로써 서비스-러닝의 고유의 목적과 방향을 갖고 운영되는지 점검해야 한다. 특히 보육놀이치료는 아동이 보육기관에 보다 적응적으로 생활할 수 있도록 도와주고, 더 큰 어려움이 생기는 것을 방지한다. 이러한 과정은 아동 개인뿐 아니라 가정 그리고 보육기관에도 큰 도움이 된다.

(3) 반성적 성찰

반성적 성찰은 체험을 더 큰 맥락 속에 있게 한다(Jacoby, 2008). 놀이치료 서비스-러닝의 구심적 역할인 구성요소로서 봉사활동과 교과학습을 연계하여 배운 것을 이해하고, 그 이해를 바탕으로 치료 장면에서 보다 더 효과적인 행동을 끌어내는 것을 말한다. 이것이 서비스-러닝이 다른 교육과정과 다름을 구분 짓는 경험적 교육의 특징적 요소이다. 예비놀이치료사를 대상으로 진행되는 반성적 성찰은 자신과 자신이 제공한 서비스에 대해 숙고할 수 있는 좋은 질문을 제공하여 반성적 성찰을 구조화하는 것이 더 효과적이다. 의도적으로 구조화된 성찰은 치료과정에 대한 새로운 배움을 갖도록 할 뿐 아니라, 지역사회에 전문직으로써 제공하는 놀이치료에 대한 의미, 지역사회 속에서 경험한 사회적 문제와 그 문제에 해결하는 사회적 책임감에 대해 숙고하도록 할 것이다.

반성적 성찰은 7단계를 거쳐 이뤄지는데 치료과정에서 어려움을 경험했던 순간을 사고하고, 그 순간의 감정을 점검하고, 그 순간의 자신에 대해(행동의 의도, 전문가로서의 의도, 한 사람으로서의 의도 등) 비판적 사고를 해 보며, 새로운 역할을 탐색해 본다. 예를 들어, 이 단계에서는 '앞으로 동일한 상황이 일어난다면, 내 자신이 어떻게 행동하길 원하나요?' '사례개념화에 근거하여 스스로에게 어떤 조언을 해 줄 수 있나요?' 등의 질문을 할 수 있다. 그리고 행동전략을 계획해 보고, 실행을 위한 지식 및 기술을 습득하도록 '사례개념화에 근거하여 아동을 위한 어떤 치료적 개입이 필요할까요?' '치료과정 이외의 상황에서 아동에게 도움이 될 수 있는 사회적 자원은 무엇이 있을까요?' '아동이 경험하는 어려움이 사회적으로 어떤 이슈와 연관이 있나요?' 등의 질문을 할 수 있다. 그리고 적용 및 시도하여 다음 회기에 반영해 보고 스스로 평가해 볼 수 있다.

(4) 상호호혜

놀이치료 서비스─러닝의 상호호혜성이란 학습과 서비스를 상호 교환하는 모든 과정에서 파트너십을 유지하고자 하는 끊임없는 노력을 의미한다. 학생, 대학, 기관 모두가 학습자이며 서비스 제공자이고, 동시에 서비스 수혜자가 될 수 있다는 것을 의미한다. 특히 보육놀이치료 서비스─러닝과정에서는 예비놀이치료사인 학생들이 자신의 전문성 발달에만 몰두하여 기관에 피해가 되지 않도록 지역사회 및 기관에 대한 이해가 수반될 수 있도록 해야 하며, 기관 사정과 욕구에 더 민감하게 반응하기 위해 노력해야 한다. 지역사회에서는 기관 운영과 부모의 입장만을 고려한다면 실습생의 미흡함이 부당하게 느껴져 관계에서의 균형이 깨어지기 쉽다. 따라서 기관에서는 미래의 전문가 양성을 위한 기관과 실습대상을 제공하는 서비스 제공자로서의 마인드를 유지하기 위해 노력해야 한다. 이러한 상호 간의 이해와 존중은 더 큰 사회구성원으로서 소속감과 책임감을 공유하며 서로의 장점 위에서 성장과 발전을 이루게 된다.

3) 놀이치료 서비스-러닝의 계획과 실행

놀이치료는 전공의 특성상 이론과 실천이 효과적으로 접목될 때 빛을 발하는 실천적 학문이기에 전공교육과 지역사회의 실제적 연계를 통한 학습이 더욱 효과적이다. 그러나 학생들이 서비스-러닝 과정에 몰두하도록 하기 위해서는 구조적인 반영이 있어야만 하며, 모든 구성요소가 계획과 실행 단계에서 주체적이고 통합적으로 움직여야 한다.

(1) 서비스 활동과 전공교육과의 연계

이 단계는 지역사회의 요구 탐색, 협력관계 체결, 교육과정과의 연계를 통한 학습 등의 과정을 거치게 된다. 우선, 학생들이 배우기 원하는 것이 무엇인지 결정하고, 지역사회의 실제적 요구를 반영하기 위해 교과과정의 목표와 관련한 지역사회의 쟁점이 되는 현안을 인식하고 분석한다(김정숙, 2008; 서정연, 2018). 다양한 매체를 이용하고, 지역사회 구성원을 직접 만나거나 기관장, 전문가 등의 자문을 통해 지역사회 기반 기관 중 계획 단계에 있거나 인적 자원을 필요로 하는 프로그램을 파악하여 지역사회를 기반으로 서비스-러닝 프로그램이 계획될 수 있도록 한다. 인적, 재정적, 물리적, 지적 욕구들을 결정하고 필요한 자원을 제공할 수 있도록 지역사회 기반 기관 선택과 협력적 관계를 구축하는 것은 성공적인 서비스-러닝의 중요한 과제이다. 문제 파악과 협력관계를 구축하였다면 서비스 프로그램의 형태, 진행 장소, 참여 대상자, 지속 기간 등, 실제적인 수행에 관한 부분을 결정한다. 이 단계에서 모든 이해관계자가 프로그램의 목표와 한계성, 잠재적 어려움 등을 분명하게 인식하고 예측하도록 도와야 한다. 또한 프로그램이 지속될 수 있도록 각 기관의 담당자와 각 기관의 이해를 조율할 코디네이터를 선정해야 한다. 지역사회 기반 기관에는 오리엔테이션을 제공함으로써 서비스-러닝 프로그램의 기획 목표와 배경지식을 제공하고, 실제 서비스 프로그램에 대한 안내와 더불어 지역사회가 대학에 자원을 제공하는 교수자의 역할을 감당할 수 있도록 하고, 미숙한 학생들에 대한 인내심을 갖도록 준비시켜야 한다. 그리고 학생에게는 교육적 전략으로 의도적으로 사용되는 서비스 활동과 학습 목표를 직접적으로 연관시키는(Nelson & Eckstein, 2008) 사전교육이 이뤄져야 한다. 전공 교육에서 습득한 이론과 지식을 활용하기 위한 기술과 전략에 대한 교육뿐 아니라 서비스를 수행하는 태도, 서비스 수혜자, 장소, 성찰 교육에 관한 정보, 문제해결에 관한 정보를 포함한 서비스-러닝 프로그램과 관련된 지식 등을 포괄적으로 교육함으로써 준비 단계에서부터 각 이해관계자의 책임감 있는 자발적 참여를 도모해야 한다.

(2) 서비스 활동 수행 단계

서비스-러닝은 지역사회의 요구를 충족시키고 학생들이 배움의 결과를 얻을 때까지 충분한 시간을 제공할 필요가 있다. 따라서 이벤트성, 단기 프로젝트에 그치지 않도록 서비스 활동이 설계되어야 한다. 서비스-러닝이 진행되는 과정에서 참여학생과 서비스를 받는 대상 아동 모두가 성장해야 한다. 또한 지역사회기관과 학생들을 파견하는 대학 간의 활발한 교류와 협력도 지속적으로 이뤄져야 한다. 이를 위해 코디네이터 제도를 도입하여 지역사회 파트너와 접촉을 유지함으로써(이윤로, 김나영, 2006), 처음부터 설계된 서비스 활동과 학생의 수행능력 간에 차이를 이해시키고, 학생들이 보다 적극적이고 책임감 있는 활동을 지속할 수 있도록 지지해야 하며, 학생들이 봉사라는 명목하에 부당한 요구를 받지 않도록 보호함으로써 참여자들 간의 협력적 관계를 지속할 수 있도록 해야 한다. 따라서 이 단계에서는 서비스 경험과 동시에 반성적 사고가 함께 경험되도록 일지 작성, 성찰지 작성, 토론, 발표, 그룹 프로젝트 등의 구조화된 반성적 성찰이 제공되어야 한다. 이렇게 성찰을 위한 정기적 시간과 공간의 할당은 서비스 활동과 학습을 연결하여 준다(Boud, Keogh & Walker, 1985).

(3) 평가와 인정의 단계

이 단계에서는 이해관계자들이 각자의 활동을 반성, 평가하며 인정하고 축하하는 과정이다(박가나, 2014). 평가 대상은 학생들의 학습과 서비스 활동 및 그로 인한 개인적 변화에 대한 평가, 지역사회의 참여와 변화에 대한 평가, 그리고 서비스-러닝 프로그램에 대한 평가까지 포함되어 진행되어야 한다. 이러한 평가는 무엇이 어디에서 효과적으로 이루어졌고, 인식과 지식의 변화는 어떠하며, 차후에 개선될 내용은 무엇인지 등에 대해 평가함으로써 차후에 지속해서 진행될 프로그램의 참고 자료가 된다. 각자의 성취를 격려하고, 협력자들이 모두 모여 기쁨을 나누는 과정을 통해 서비스-러닝의 가치와 학습과 서비스 경험에 대한 자긍심을 느껴 사회구성원으로서의 소속감을 더욱 느끼게 해 준다.

4) 놀이치료 서비스-러닝의 기대효과 및 교육적 가치

서비스-러닝의 효과는 앞서 이야기한 요소와 단계에서 추론 가능하듯이, 학생, 지역사회, 대학 모두에게 의미 있으며, 그중 서비스를 받게 되는 영유아의 성장과 발달을 돕는데 큰 가치가 있는 일이다.

첫째, 학생들에게 서비스-러닝은 학문적·사회적 성장과 변화에 긍정적 영향을 미친다. 학생들이 서비스-러닝에 참여하면서 개개인의 지적인 성장, 학과목 수행 능력 향상, 학업성적 향상, 직업 선택과 직업 개발 등과 같은 인지적 효과를 얻을 수 있다. 서비스-러닝 기획 단계부터 학생들의 학습 욕구와 학습에 필요한 과정들이 고려되기 때문에 학생들의 수준과 상황에 맞는 맞춤식 교육이 가능하다. 따라서 그 동안 교실에서 배운 이론과 지식, 기술을 실제 현장에서 시험해 보면서 전공교육을 보다 현실적으로 받아들이게 된다. 이는 학업능력 향상뿐 아니라 장래에 대한 계획 과 직업적 정체성에도 긍정적 영향을 미치게 된다. 또한 서비스-러닝의 참여로 학 생들은 현장을 경험하며 지역사회의 요구를 적극적으로 반영하는 전문가의 중요성 을 경험하게 된다. 놀이치료 전문가라면 반드시 가져야 할 사회적 책임감이 실제로 아동과 지역사회에 어떻게 활용되는지 알게 되면서 사회적 구성원으로 성장, 발달 하는 계기가 된다.

둘째, 지역사회에 대한 기대효과는 지역사회의 충족되지 않은 욕구와 문제들이 해결되고, 미해결 과제에 대한 아이디어와 해결책을 제공받는 등의 직접적, 교육적, 환경적 요구를 충족시키는 긍정적 영향을 준다. 지역사회 기관들은 실제적 임무달 성을 위한 파트너를 얻게 되고, 미래의 시민을 성장시키도록 도움으로써 지역사회 의 자본을 확보할 수 있다. 또한 서비스-러닝의 과정을 통해 지역사회에 노출되어 기관의 긍정적 이미지를 고취시킬 수 있게 된다.

셋째, 서비스-러닝은 대학에도 긍정적 영향을 미치는데, 대학 강의, 연구, 봉사 과정의 질적 개선의 기회가 되어 대학의 사명과 기능 강화에 도움이 될 수 있다. 다 양한 학생에게 평등한 학습의 기회를 제공하게 되어 학생 자신의 학업에 보다 책임 감을 가지게 되고, 나아가 직업 선택에 도움을 얻게 된다. 또한 일방적 가르침을 주 는 교사 역할에서 반성적 성찰의 모델과 학업적 지지자의 역할을 하게 되는 등 대학 은 서비스-러닝을 통해 학습 패러다임의 변화를 경험하게 된다. 서비스-러닝을 통 해 대학이 지역사회를 위한 자원이 되어 사회적 책임을 완수하게 되고, 지역사회와의 관계 증진을 통해 장기적으로 대학의 긍정적 이미지 효과까지도 경험하게 된다.

넷째, 서비스-러닝의 가장 의미 있는 일은 전 생애 발달 중 가장 영향력이 큰 영유아 시기의 성장과 발달을 돕는다는 것이다. 보육시설에 있는 영유아에게 문제가 심각해지기 전에 조기개입함으로써 더 큰 문제로 파생되지 않게 하며, 보육기관 및 가정에서 생기는 다양한 어려움들을 즉각적으로 도울 수 있다. 영유아의 문제를 다양한 전문가가 함께 논의하고 협력하여 문제를 해결하게 될 때 영유아 개인의 적응을 돕는 데 중요한 역할을 할 수 있으며, 가정의 안정과 나아가 우리 사회 전반의 건강 증진을 도모하는 데 큰 역할을 해 나갈 것이다.

4. 장의 요약

여성의 사회 진출 및 보육의 강화로 인해 어린 시기부터 보육시설에 맡겨지는 영유아가 많아지면서, 가정뿐 아니라 보육기관에서 문제가 나타나기 시작하였고, 이는 부모와 교사들이 어려움을 가지게 되는 계기가 되었다. 영유아 시기에 다양한 어려움이 따르게 되며, 이를 적절하게 개입하여 중재되지 않을 때 다른 문제로 나아가게 되거나, 억압되면서 부적절한 방식으로 내재될 수 있게 된다. 따라서 영유아 시기에 보육놀이치료를 통해 부모 교사와 협력적 관계를 맺게 된다면 큰 문제로 나아가지 않게 할 수 있으며, 아동이 건강한 성인으로 자라날 수 있도록 도울 수 있다.

보육놀이치료의 이론적 근거는 세 개의 이론과 모델로부터 체계화되었다. 이론적 접근으로는 아동중심 놀이치료 이론이 근간이 되며, 체계적 모델로는 학교놀이치료를 기반으로 한다. 여기에 경험교육 기반의 서비스-러닝이 커다란 이론적 맥락을 같이한다. 아동중심 놀이치료를 통해 아동을 긍정적인 방향으로 성장하도록 촉진할 수 있으며, 학교놀이치료의 찾아가는 심리치료 서비스를 통해 아동들이 가장 많이 생활하고 있는 기관으로 전문가가 파견되어 문제를 즉각적으로 도울 수 있다. 또한 학생들의 전문성 상담실습 경험 과정이 지역사회의 필요를 채우는 서비스-러닝과 접목될 때, 사회의 다양한 문제들을 상호호혜적으로 해결해 나가는 데 큰 도움이 될 것이다.

Chapter 03

보육현장에서의
놀이 이해

놀이란 무엇인가? 이 질문에 대한 답은 바라보는 관점이나 가치관에 따라 달라지기에 놀이에 대해 명확히 정의를 내리기는 어렵다. Dewey(1964)는 놀이를 어떤 결과를 위해 의도적으로 행하는 것이 아닌 모든 활동으로 지칭하였고, Froebel(1987)은 놀이를 인간의 가장 순수한 정신적 활동이라 정의하였다. Huizinga(1945)는 놀이를 일정한 시간과 장소 내에서 일어나는 자발적인 활동으로, 자유롭게 만들어진 규칙에 따르는 활동이라고 하였으며, Frost와 Klein(1979)은 놀이를 능동적이고 자발적이며 목표가 없고 재미있으며 스스로 시작하는 진지한 활동이라고 하였다. 종합해 보면, 놀이는 목적이 없고 개인 내적으로 동기화된 자발적인 행동으로, 자유롭게 선택하고 적극적으로 참여하며 즐거움과 재미 등의 긍정적 감정을 동반한 특성을 지닌다. 이 장에서는 영유아의 전인적 발달을 지원하는 놀이의 의미와 가치를 영아기와 유아기로 구분지어 살펴보고, 이러한 놀이가 보육현장에서는 어떻게 이뤄지고 있으며, 그 놀이를 지원하는 교사의 중요성과 역할은 무엇인지에 대해 알아보고자 한다.

1. 영유아 놀이와 발달의 이해

영유아기의 발달은 인간 발달과정 중 가장 결정적이며, 인간의 전 생애 발달에 있어 매우 중요한 비중을 차지한다. 영유아기의 6개월과 성인의 6개월은 물리적으로는 같은 시간이지만, 그 시간이 갖는 의미와 실제는 큰 차이가 있다. 영유아 시기는 발달의 속도와 변화의 폭이 상당히 크며, 이러한 엄청난 성장의 과정을 끊임없이 반복하며 나아간다. 그리고 그 성장과 발달에는 그들의 '놀이'가 존재한다. 따라서 영아기와 유아기 각 시기에 따른 놀이발달을 이해하는 것은 영유아가 적절한 발달과정에 있는지 파악하게 하고, 그 놀이가 다시 발달을 어떻게 지원하는지 파악하여 그들의 성장을 도울 수 있게 한다.

1) 영유아기 놀이의 의미와 가치

놀이는 영유아의 자발적 행위이자 즐거움, 재미를 수반하는 자유 그 자체이다. 그들의 자유의지에 따라 놀이를 하고 싶으면 하고, 하기 싫으면 중단한다. 그러다가 다시 아무 때나 어디서나 반복하여 시작할 수 있다(오혜린, 2017). 즉, 그들의 모든 활동은 곧 놀이가 된다. 누가 하라고 시킨 것도 아니고, 꼭 해야 하는 것도 아닌데 영유아는 놀이에 진심을 다해 열심이다. 그렇다면 영유아가 놀이를 하는 이유는 무엇일까?

첫째, 유아는 놀이를 통해 자신의 세계에서 외부의 세계로 나아가기 위해 놀이한다. 유아는 부모와의 상호작용에서 경험한 것을 토대로 또래와 놀이하며 세상을 탐색하고, 타인을 모방하며 자신의 세계를 보다 더 확장시켜 간다. 즉, 놀이는 새로운 학습과 경험을 이끄는 가장 중요한 활동으로서, 유아의 경험세계를 형성하는 수단이자 외부 세계와 소통하는 도구이다.

둘째, 내적 동기를 유지하기 위해 놀이한다(백상진, 2021). 내적 동기는 스스로 하고자 하는 동기로 성취감, 보람, 책임감 같은 것들로 구성된다. 즉, 유아는 놀이를 통해 자신의 유능감과 성취감을 경험하고자 흥미로운 놀이를 자발적으로 선택하고 이미 알고 있는 사실을 활용하여 새로운 사실을 탐색한다. 그리고 그것을 내 것으로 만들기 위해 능동적으로 반복하여 숙달하고 체득해 낸다. 그 과정에서 얻은 성취감은 또다시 새로운 놀이, 환경, 과제에 도전하게 하여 문제 해결력을 기르고 자신의 능력을 발전시킬 수 있도록 돕는다. 내적 동기로 인한 놀이는 그 자체가 목적이 되며, 놀이는 성장할 수 있는 원동력이 되어 준다.

셋째, 유아는 즐기기 위해 놀이한다(백상진, 2021). 유아도 긴장과 분노, 불안, 욕구불만 같은 부정적 정서를 경험한다. 유아의 놀이는 그러한 부정적 감정을 방출,

승화시킬 수 있는 수단이며, 놀이가 갖는 유희적 특성은 그들의 삶에 즐거움과 재미를 가져다줌으로써 삶을 영위해 나가게 한다.

그렇다면 놀이를 통해 유아들은 무엇을 경험하고, 무엇을 배우게 될까?

첫째, 놀이를 통해 유아의 신체적 기술을 향상시킨다. 걷기, 뛰기, 던지기, 매달리기 등의 신체를 사용하는 놀이는 대근육 운동능력을 발달시키며, 눈과 손을 동시에 사용해서 잡기나 쥐기, 물체를 조작하기 등의 놀이는 소근육 운동능력을 길러 준다. 그리고 놀잇감을 관찰하고, 만져 보고, 두드리는 등의 탐색활동을 통해 감각 및 지각 능력을 발달시킬 수 있다. 다양한 근육과 신체적 기관을 사용함으로써 신체를 조절하는 능력을 키우게 되고, 이는 건강한 정신을 구축해 나가는 밑거름이 된다.

둘째, 놀이를 통해 유아들은 유능감을 경험하면서 긍정적인 자신을 만들어 간다. 놀이는 외부 요인에 의해서가 아닌 스스로 하고 싶은 놀이를 선택하고, 놀이의 방법도 선택해서 진행되기에 자발적으로 선택한 것에 대해 책임을 지는 경험을 하게 된다. 자발적으로 놀이에 몰입하고 성취하는 과정에서 만족감을 경험하며, 긍정적 자아상을 형성해 가는 데 도움이 된다.

셋째, 놀이를 통해 인지발달을 촉진하며 창의성을 발달시킨다. 궁금증은 창의성의 가장 기본이며, '이게 뭐지?' '왜 그렇지?'라는 궁금증으로부터 시작된 호기심은 다양한 상상을 할 수 있게 한다. 특히 유아기에는 사물이나 행동이 갖는 실제적 의미 대신 유아 스스로 새로운 의미를 부여함으로써 주제나 대상에 구애받지 않고 자유로운 상상놀이가 많이 나타나는데, 상상놀이에서의 상징은 추상적 사고의 발달을 유도하여 정신적 기술 및 지능을 발달시키는 데 도움을 준다(하정연, 좌승화, 조채영, 2008).

넷째, 놀이를 통해 유아는 다양한 감정을 인식하고 표현하여 정서발달을 이룬다. 즐거움이라는 놀이의 속성으로 인해 유아는 놀이 상황 속에서 행복감을 느끼기도 하지만, 놀이를 통해 걱정, 불안, 좌절 등의 부정적인 정서를 해소시키기도 한다(하정연, 좌승화, 조채영, 2008). 이처럼 놀이는 억압된 감정을 배출하고 불쾌한 경험을 극복하는 정서적 정화과정을 통해 정서적 안정을 제공한다.

다섯째, 놀이를 통해 유아는 사회적 관계를 맺는다. 혼자서만 놀던 유아가 또래와 관계를 맺고 놀이를 하는 과정에서 발생되는 갈등, 문제점들을 해결해 보며 사회적인 존재로 성장하게 된다. 그리고 또래 집단을 형성하고 유지하는 데 필요한 협동,

규칙, 양보, 질서 등의 사회성을 배우게 되고(하정연, 좌승화, 조채영, 2008), 사회적 기술을 터득하게 된다.

이렇듯 놀이는 영유아의 인지, 정서, 신체, 사회성에 이르기까지 통합적으로 그들의 발달을 지원한다. 그렇기에 놀이는 교육의 수단이나 방법이 아닌 행위 그 자체로서 즐거울 수 있도록 영유아가 놀이할 수 있는 환경과 상황을 제공해야 한다. 그들이 자유롭게 놀이하며 행복감을 느끼도록 돕는 것은 아동이 자신의 존재를 있는 그대로 인식하도록 하는 가장 안전하고 정확한 길이기 때문이다.

2) 영유아기의 발달을 지원하는 놀이

영유아의 놀이가 성장과 발달을 위한 최고의 수단이 된다는 것은 많은 연구를 통해 입증된 사실이다. 놀이는 전인적 발달의 기초가 되기에 영유아의 발달이 원활하게 이뤄지도록 발달단계에 적합한 놀이를 접목하고, 놀이가 잘 이뤄질 수 있도록 지원하는 것은 성장의 발판을 마련해 주는 것과 같다.

(1) 영아의 발달을 지원하는 놀이

영아의 놀이는 주로 탐색과 관계된다. 세상에 태어나 스스로 아무것도 할 수 없는 상태에서도 아기는 끊임없이 세상에 대한 호기심을 갖고 엄마의 품에서 엄마의 몸을 탐색하고, 자신의 신체를 탐색한다. 그리고 신체, 인지, 정서 등 모든 영역이 발달함에 따라 자신을 둘러싼 주변까지도 탐색하게 된다. 이러한 탐색은 영아에겐 놀이가 된다. 어디까지가 놀이이고 어디까지 탐색활동인지 그 시작과 끝을 명확히 알기 어렵지만, 우리가 주목해야 할 점은 영아가 과연 탐색인지 놀이인지 하는 그 행동을 언제 더 활발하게 하는가이다. 대부분의 영아는 외부의 과도한 자극이 주어지지 않는 가장 익숙하고 신체적으로 편안한 상태일 때 탐색과 놀이가 잘 이뤄진다. 그러나 이 시기의 영아는 자신의 신체도 외부의 자극도 스스로 조절할 수 없기에 아이의 탐색과 놀이를 지원하는 데 있어 주 양육자가 절대적인 존재가 된다. 따라서 영아의 발달과 놀이에서 주 양육자(보육기관의 교사를 포함)를 논하지 않고는 이해할 수가 없기에 영아기의 발달 영역별 지원하는 놀이와 그 놀이를 통한 주 양육자와의 상호작용에 대해서 살펴보고자 한다.

① 신체발달을 지원하는 놀이

아동의 신체는 태어나서 첫돌이 될 때까지 급격한 발달을 보인다. 특히 대근육 발달에서 급격한 성장을 보이는데 3개월 정도에 뒤집기를 할 수 있고, 6~7개월에 혼자 앉을 수 있으며, 12개월 정도엔 혼자 서거나 걸을 수 있게 된다. 소근육 발달에서도 6~7개월에 매달려 있는 물체를 팔을 뻗어 잡을 수 있으며, 10개월이 지나면 엄지와 집게손가락을 사용해 물체를 집을 수 있다(정옥분, 2018). 아동의 신체는 통제 전 수준(precontrol level; beginner), 통제수준(control level; advanced beginner), 활용수준(utilization level; intermediate), 숙달수준(proficiency level; advanced)의 네 단계에 걸쳐서 발달한다(Stanley, 1997). 영아가 의식적으로 자신의 신체를 제어하거나 행동을 모사하기 어려운 단계인 통제 전 수준에서는 순수하게 즐기기 위해 즐거움이 되는 행동을 반복하며, 자신의 신체가 놀잇감이 된다. 움직임의 제어가 가능한 통제수준의 단계에서는 통제 전 수준과 마찬가지로 신체를 자유롭게 움직이면서 얻는 즐거움이 놀이의 목적이 된다.

영아기 놀이에서의 신체적 움직임은 여러 종류의 몸짓을 시행하고 반복함으로써 점차 익숙해지게 하여 영아의 신체발달에 도움을 준다. 이 단계에서 주 양육자와 상호작용 놀이를 통해 영아의 움직임을 최대한 이끌어 내어 신체발달을 지원할 수 있는데, 그러기 위해서 우선적으로 영아가 몸을 편하게 움직일 수 있는 충분한 공간에서 신체적 욕구에 즉각적으로 반응해 주어야 한다. 영아의 작은 움직임 하나하나에 끊임없이 언어적 피드백을 주며 영아의 몸짓을 언어적으로 묘사해 주는 것이다. 때로는 부모가 영아의 손을 잡고 직접 시범을 보이기도 하면서 움직임의 느낌을 알려 주기도 하는 정서적 유대감을 통한 비언어적 상호작용은 영아로 하여금 자신의 몸짓에 더 집중할 수 있도록 하여 신체발달을 지원하게 된다(정옥분, 2018). 따라서 초기애착 대상이나 주 양육자가 영아와 부드러운 눈맞춤, 따뜻한 스킨십, 끊임없는 언어적·비언어적 상호작용이 가능한 신체적 감각놀이를 충분히 제공해 주어 영아의 신체발달을 도모한다면 건강하고 안전하게 일상생활을 하는 데 필요한 능력을 증진시키게 될 것이다.

② 정서발달을 지원하는 놀이

정서는 정서인식, 정서표현, 정서조절의 단계를 거쳐 발달하는데(정옥분, 2018), 신생아기부터 발견된다. 물론 정서가 아직 미분화되어 좋고 싫음 정도로 단순하게 표현되지만, 영아의 울음이나 미소는 생존과 관련해 볼 때 아주 특별한 가치를 지닌다. 울음은 주 양육자로 하여금 고통의 신호로 해석되어 동정심을 이끌어 내며, 즉각적인 반응을 불러일으켜 따뜻하게 품어 주게 한다. 그리고 웃음과 옹알거림은 주 양육자가 더 가까이 다가가도록 하여 부드러운 눈빛과 손길, 목소리로 상호의존적인 유대감을 형성하게 한다. 이처럼 영아의 정서는 주 양육자와의 정서적 관계맺음을 통해 생후 2개월부터 정서양식을 발달시키며, 6개월경에는 정서에 대한 변별력으로 정서의 영향을 받게 되고, 9~12개월이 되면 상호주관성이 발달되어 영아의 정서를 타인이 이해하고 타인의 정서를 영아가 이해할 수 있을 정도로 단순했던 정서가 분화의 과정을 거쳐 발달해 간다(정옥분, 2018). 특히 영아가 너무 오랫동안 불쾌의 정서에 머물지 않도록 하는 것이 중요한데, 영아 시기의 정서분화는 쾌의 정서보다 불쾌의 정서가 상대적으로 더 빠르게 분화하기 때문이다. 영아가 주로 불쾌의 정서를 경험하는 상황은 배가 고프거나 기저귀를 교체하고 싶을 때이다. 그때 영아의 울음에 대한 주 양육자의 즉각적인 언어적·비언어적 반응과 실제적인 욕구 해소는 영아를 심리적으로 안정시키고 자신과 세상에 대한 신뢰감을 발달시킨다.

욕구 해결 상황에서 영아와 주 양육자와의 상호작용 놀이는 영아의 정서발달을 지원할 수 있다. 주 양육자의 부드러운 어루만짐이나 마사지는 촉각을 자극하여 심리적 이완을 도와준다. 영아가 평상시에 좋아하는 딸랑이로 청각적 만족감을 주기도 하고, 굴러가는 자동차와 같은 장난감을 제공하여 시각적·청각적 주의를 전환하는 놀이 또한 도움이 된다. 그리고 아동의 불편함을 표현하는 울음 섞인 옹알이를 따라 반응해 주며 같은 마음을 느끼고 있음을 표해 주는 것 또한 정서발달에 도움이 된다. 따라서 초기애착 대상이나 주 양육자가 영아의 울음에 반응하면 혹여 손 탈까, 부정적인 습관이 들까 걱정하는 것 대신 영아의 울음에는 반드시 이유가 있음을 알고 즉각적인 반응과 주의전환을 위한 상호작용 놀이를 제공하여야 한다. 불쾌의 정서에서 쾌의 정서로 전환하는 놀이는 심리적 위기를 만족스럽게 극복할 수 있도록 하여 정서발달을 돕는다.

③ 인지발달을 지원하는 놀이

영아기는 감각활동을 통해 주변 환경, 특히 주 양육자를 탐색하고 경험하며 정보를 받아들이는 시기이다. Piaget와 Vygotsky는 영유아의 놀이와 인지발달 간의 관계에 대해 연구하였는데, 피아제는 생후 2년을 감각운동기라고 명명하였다. 이 시

기 영아의 인지발달은 갖고 태어난 몇 개의 본능적인 도식이 주변과 상호작용하는
과정에서 반복적인 감각운동 놀이를 통해 다양한 도식들로 발달한다. 생후 한 달간
은 오로지 반사 도식만을 사용하여 감각적으로 환경에 적응해 가며, 놀이라고 할 수
있는 것들이 거의 나타나지 않는다. 순수하게 즐거움을 얻기 위해 감각을 추구하는
놀이가 진행되는데, 자신의 손을 물끄러미 바라보거나 손을 물고 빨아 보기도 하는
등의 신체를 지향한 놀이가 나온다. 그래서 1~4개월 동안 손가락, 주먹을 빨거나
간혹 발을 입에 가져와 빨며 탐색하는 것도 아이에게는 감각을 통한 놀이일 수 있
다. 따라서 부모가 청결상의 문제로 아이의 놀이를 방해하지 않는 것만으로도 아이
의 인지발달을 지원하게 된다. 그리고 점차 자신의 몸에서 관심사가 확장되어 자신
의 행동이 외부 세계에 미치는 효과, 즉 인과관계를 배우게 되는데, 흔들면 소리가
나 감각을 자극하도록 고안된 장난감에 흥미를 보이거나 물건을 높은 곳에서 떨어
뜨려 보며 놀이를 하는 것이다. 따라서 이 시기에 주 양육자는 아동이 물건을 마음
껏 던질 수 있도록 안전한 장난감을 제공해야 하며, 주 양육자가 영아와 상호작용하
면서 일상생활의 재료들을 통해 다양한 감각을 자극해 준다면 단순 반응 장난감보
다 더 아이의 발달을 지원할 수 있을 것이다. 예를 들어, 책상을 손바닥으로 두드려
보거나, 손가락으로 두드려 보면서 같은 활동일지라도 주는 자극을 다르게 해 보거
나, 매번 읽어 주던 책을 휘리릭 넘기며 바람을 느끼게 해 주는 놀이도 좋다. 그리고
인지발달에 중요한 부분 중 하나인 대상영속성의 개념도 이 시기에 획득하게 된다.
대상영속성이란 눈에 보이지 않아도 그 대상이 여전히 존재함을 아는 것으로, 이 개
념을 획득한 영아는 까꿍놀이를 즐겁게 할 수 있다.

④ 언어발달을 지원하는 놀이
언어발달은 영유아가 발달을 통해 듣기, 말하기, 읽기, 쓰기와 관련된 능력을 증
진시키는 것으로서, 전언어기, 언어출현기, 문장기의 단계를 거쳐 발달한다. 영아
기의 언어발달은 전언어기에 해당되는데, 울음, 옹알이, 자기 및 타인의 소리 모방,
몸짓 등이 포함된다. 울음이 언어발달의 첫 신호로 볼 수 있는 이유는 영아의 울음
소리에 주 양육자가 영아의 욕구를 분별해 내어 해결해 줄 수 있기 때문이다. 이처
럼 영아의 울음을 통한 의사소통이 가능하기에 주 양육자는 영아의 울음소리를 잘
구분해 내어 울음소리를 말로 표현해 주고 민감하게 반응해 주는 상호작용을 제공
함으로써 영아의 언어발달을 지원할 수 있다. 또한 가장 초보적인 언어로서의 옹알

이도 영아 시기에 나타나는데, 아이의 옹알이는 주 양육자와의 즐거운 상호작용을 이끌어 낸다. 주 양육자는 옹알이의 억양이나 리듬 변화에 자연스레 반응을 보이게 되며, 높고 다양한 어조를 사용하여 자녀의 옹알이에 의미를 부여하게 된다. 주 양육자는 영아의 옹알이를 말로 자연스럽게 바꾸어 주며 옹알이에 반응해 주는데, 민감한 언어적 상호작용 놀이는 아이의 언어발달을 지원할 수 있다. 하지만 부모의 언어는 지극히 개인적이고 한정적이어서 다양한 자극을 자연스럽게 주는 것에는 한계가 있다. 책 읽기를 통해 부모가 줄 수 있는 자극의 폭을 넓혀 줄 수 있는데, 평상시에 성인들이 많이 사용하지 않는 의성어나 의태어를 반복적으로 들려주고, 음률을 더해 자주 자극해 줌으로써 언어발달을 지원할 수 있다.

(2) 유아의 발달을 지원하는 놀이

유아의 놀이는 신체놀이 활동이 주로 이뤄지던 영아기의 놀이에서 벗어나 상징과 가상이라는 새롭고 절대적인 요소가 등장한다. 상징놀이가 가능해졌다는 것은 유아가 신체, 인지, 언어, 사회성 등 모든 영역에서의 발달을 이룬 결과이다. 상징놀이의 출현은 관찰 가능한 외현적 행동이 나타나는 것이기에 유아의 놀이수준과 발달단계를 파악할 수 있게 된다. 유아기는 영아기에 비해 타인과의 상호작용이 매우 증가하는 시기이므로 부모와 교사는 그에 맞게 적절한 자극을 주어야 한다. 아이의 성장과 변화에 맞는 상호작용은 적절한 자극이 되어 유아의 새로운 발달을 지원할 수 있게 된다. 따라서 이 장에서는 건강한 상호작용 놀이를 통해 지원할 수 있는 유아기의 중요한 발달과업인 자율성, 주도성, 언어의 발달 및 사회성 발달에 대해 살펴보고자 한다.

① 자율성 발달을 지원하는 놀이

영아기에서 유아기로 변화되는 시기의 가장 큰 특징은 심리적 독립이 시작되는 것이며, 독립을 향한 여정은 근육이 발달해 걷기 시작하면서 자신감을 갖고 자율적으로 주변 세계를 탐색하는 것으로 시작한다. 내가 부모인지 부모가 나인지 알 수 없었던 공생관계에서 벗어나 부모와 자신이 다른 존재임을 인식하면서 독립성을 과시하고 혼자서 할 수 있다는 것을 보여 주며 분리를 시도한다. 자율성을 향한 본능적인 욕구, 독립성을 주장하기 위해 '아니요.' '내가 할래요.' '안 할래요.'라고 말하는 경우가 많아진다. 고집부리고, 떼쓰고, 조금도 타협하려 하지 않고 거부적 · 반동적으로 행동하며, 무조건적으로 부모의 지시에 대립적인 태도를 취한다. 그러나 자신이 갖고 있는 심리적 · 신체적 · 인지적 한계를 인식하지 못한 목표 지향적인 행동은 결국 많은 좌절을 경험하게 한다. 그리고 독립을 향한 좌절로 인해 유아는 양육자에게 안전기반을 유지하려 무조건적으로 안아 달라고 하거나 변덕스러운 감정표현이나 격한 정서표현을 하는 등 미숙한 행동을 나타낸다. 게다가 과도한 수치심을 경험한 유아는 위축되어 환경에 맞게끔 자신의 행동을 조절하여 과도하게 순응적인 태도를 보이기도 한다. 따라서 주 양육자는 좌절과 혼란을 겪는 유아를 마치 영아처럼 심리적으로 일차 대상에 근접을 유지하도록 도와야 하며, 동시에 스스로 탐색하고자 하는 그들의 요구를 만족시켜 주어야 한다. 이 시기의 유아는 독립과 의존 사이에서 많은 혼란을 경험하지만 동시에 결과와 상관없이 무언가를 스스로 해 보는 것 자체에서 만족감을 얻는다. 가장 대표적인 것은 자신의 신체를 통제할 수 있을 때 신체적 성취에 큰 자부심을 느끼는 것이다. 따라서 유아의 자율성 발달을 위해 정글짐을 기어오르거나, 미끄럼이나 그네를 타는 등 대근육을 발달시키는 발달적 욕구를 채워 주는 놀이를 제공해 주어야 한다. 불을 켜고 끄기, 물을 이곳에서 저곳으로 옮기기, 선을 그려 보기 등 눈과 손의 협응을 도모하며 소근육을 발달시키는 놀이가 가능한 환경을 만들어 줘야 한다. 신체를 활용한 놀이는 자신의 능력을 시험해 보게 하고, 능력의 발달을 위한 반복 숙달을 통해 능숙해지게 하여 자신을 긍정적으로 바라보아 안정된 자아를 형성하게 한다.

또한 물, 모래, 찰흙 등을 제공하여 감각적 경험을 충분히 하게 하고 탐색을 지지하면서 그들의 관심을 확장시켜 주어야 한다. 이때 유아는 놀이를 통해 유능감을 경험하며 긍정적인 '나'라는 자아를 탄생시키고, 그 생생한 경험이 유아를 성장시켜 정체성을 만들어 가게 될 것이다. 유아가 의미를 갖고 하는 행동은 물론이고, 자신도 모르고 하는 행동에 의미를 부여하여 반응해 주는 것은 유아로 하여금 자신이 하는 행동에 더욱 집중하게 한다. 따라서 이 시기의 유아를 돌보는 부모나 교사는 유아에 대한 발달적 이해를 바탕으로 인내심과 참을성, 심리적 안정감이 요구된다. 서툴지만 그래도 무언가를 하고 있는 유아를 믿음으로 바라봐 주는 느긋함과 어느 순간 돌변하여 모든 것을 의지하는 아이의 욕구에 민감하게 반응해 줄 수 있는 기술과 개입이 필요하다.

② 주도성 발달을 지원하는 놀이

자율성의 시기를 건강하게 보낸 유아들은 이제는 자신이 무언가를 경험했다는 것에 만족하지 않고, 자신의 행동이 주변 세계에 미치는 영향에 관심과 흥미를 보다 더 갖게 되며, 주변 환경과 상호작용을 통해 환경을 조절하여 자신의 목표를 달성하고 성공적으로 완수해 내고자 한다. 주도성을 발휘하는 유아는 놀이를 통해 다양한 성취의 경험을 이룬다. 그러나 결국 실수와 실패와 같은 반복적인 시행착오를 겪게 되는데, 이때 유아는 놀이를 통해 욕구 조절, 행동 선택, 문제 해결 등을 배우게 된다(장길순, 2005). 그 과정에서 주 양육자와의 충돌이나 양육자의 비난, 처벌과 같은 부정적 반응은 죄책감을 유발하여 순응적인 성격을 형성하게 하거나 부정적 자아개념을 형성한다. 따라서 주 양육자는 아이의 주도적 행동을 허용해 주고, 그 행동이 원하는 결과와 연결될 수 있도록 도전할 수 있는 다양한 환경적인 놀이 경험을 제공해 주어야 한다. 격려와 실제적인 도움은 스스로 자신의 능력을 발견하게 하여 주도적으로 자신의 환경을 탐색하고 관찰하고 시도해 보는 삶을 살아가도록 하며, 자신의 욕구를 조절하며 행동을 선택하고 결정할 수 있게 한다.

또한 이 시기는 빠르게 이루어지는 생물학적인 발달과 언어발달로 인해 유아가 자신의 경험과 느낌에 대해 언어로 표현하기 시작하면서 언어로 부모와 상호작용이 가능해지며, 공격성이 감소하여 규칙을 정해 두고 하는 놀이나 함께하는 놀이가 가능해진다. 특히 자신을 가까운 성인과 동일시하여 어른들이 하는 것에 흥미를 보이며, 극놀이를 통해 엄마, 아빠를 흉내 낸다. 장보기, 아기 돌보기, 간단한 요리하기 등 일상생활과 관련된 상징놀이가 많이 나타난다. 역할놀이는 유아가 성장하는 과정에서 직면하게 될 상황을 직간접적으로 경험하게 하여 사회적 상황을 이해하게 하고, 적절한 상호작용 방법을 터득하게 하며, 더 나아가 언어를 확장시킨다. 이 시기의 놀이는 성공 경험보다도 더 중요하고 다양한 시도를 가능케 하며, 많은 시도는 주도성 발달에 자양분이 되는 것이다. 따라서 부모나 교사는 유아의 놀이를 통제하거나 먼저 해결해 주려 하거나 판단하지 않아야 한다. 부모나 교사가 나서서 선택해 주려 하는 행동을 멈춤으로써 유아가 외적 통제에서 벗어나 스스로 자신의 원리와 준거를 갖고 주도적으로 놀이하도록 해야 한다. 놀이에 대해 사고하면서 놀이의 시작을 스스로 이끌도록 놀이의 주제나 방향, 놀잇감 선택을 유아가 할 수 있도록 지지하는 것이 좋다. 만약 선택을 하지 못한다면 범위를 줄여서 아주 작은 선택부터 시작할 수 있도록 도와야 한다. 주 양육자는 외부 요인이 아닌 유아 자신이 선택한 놀이가 성공적으로 마무리될 수 있도록 직간접적으로 놀이를 지원하며 유아가 해내고 있는 과정에 즉각적으로 반응해 주어야 한다. 주 양육자의 놀이지원은 긍정적인 상호작용을 통해 정서조절 및 행동조절을 할 수 있는 힘을 갖게 하여 자발적으로 몰입하게 하고, 그 과정에서 성취와 만족을 경험하게 하며, 자신의 선택에 대해 책임지게 한다. 그리고 유아는 이러한 유능감을 바탕으로 더욱 긍정적이게 된다.

③ 언어발달을 지원하는 놀이

언어발달에 있어 유아기는 언어출현기로, 만 1세 이후~만 5세이며, 언어출현기는 한 단어 시기, 다단어 시기, 어휘의 증가, 문법적 발달기를 거쳐 발달해 간다. 초반에는 사물 관련 소리를 내면서 놀이하다가 단어가 나타나고, 단어의 조합이 시작되면서 구체적인 언어를 사용하게 된다. 언어는 보다 효과적으로 타인과 상호작용하게 하며, 의사소통할 수 있는 도구가 되므로 유아기의 언어발달은 지적 능력뿐 아니라 사회성에도 결정적인 영향을 준다. 그래서 유아의 언어발달이 6개월 이상 지연되는 경우에는 주의를 두고 살펴봐야 한다. 특히 공격성이 과도하게 발현되는 유아가 언어발달이 느리다면, 자신의 감정이나 생각을 언어화하지 못해서 욕구 표출의 수단으로 공격적 행동을 보이는 것일 수도 있다. 공격적 행동을 소거하는 것이 목적이 아닌 공격적 행동에 숨은 아동의 욕구를 알아차려 주고 그것을 언어화하도록 지원하는 상호작용이 필요하다. 특히 언어발달은 의도적으로 구조화된 학습보다 놀이를 통한 학습이 더 효과적이다. 유아기는 언어발달이 급격하게 증가하는 시기이기에 유아에게 놀이 환경 속에서 자연스럽게 우스운 소리나 말놀이로 즐거움을 제공하고, 다양하게 언어 자극을 주는 것이 좋다. 유아는 즐거움 속에서 서툴지만 자신의 욕구와 흥미를 표현해 보고 자연스럽게 배운 언어를 구사하고 연습함으로써 상황에 맞는 적절한 언어를 사용하는 경험을 하며 배워 나간다. 물론 놀이는 굳이 언어가 필요 없는 비언어적이고 심상적인 창조활동이지만, 유아의 놀이와 행동을 언어로 읽어 주고 이해한 바가 맞는지 물어보면서 상호작용을 통한 소통을 이끌어 내는 것은 언어발달에 도움이 된다.

④ 사회성 발달을 지원하는 놀이

유아의 놀이에는 대개 부모나 형제자매, 또래와 같은 놀이대상이 존재한다. 그래서 놀이는 타자성의 존재를 인식하게 한다. 유아는 놀이를 통해 자아와 타인이 만나 사회적 관계를 맺어 가며 세상의 중요한 구성원으로 성장해 간다(이정연, 김수영, 2020). 놀이대상은 주로 부모나 성인에서 점차 형제자매, 또래로 확대되어 간다. 모든 부모가 놀이대상자로 적합한 것은 아니지만 성인은 주로 유아의 욕구에 맞춰 흥미를 지속시키거나 주의를 환기시키며 놀이를 지속할 수 있도록 지원해 줄 수 있기 때문에 어린 연령일수록 놀이의 대상이 부모나 교사, 성인일 때 훨씬 이득이 크다. 또래나 형제자매는 성인이 제공해 줄 수 있는 구조나 방향을 제시할 수 없기 때문이다. 그 이유는 어린 아동과 손위 형제의 놀이를 살펴보면 어린 아동은 단순히 손위 형제를 관찰하고, 손위 형제는 어린 동생에게는 무관심한 태도를 보이는 데서 찾을 수 있다. 그러나 유아기에 접어들면 형제자매-또래의 놀이는 부모-유아의 놀이와는 다른 목적을 가지며, 사회성 발달에 필요하고 중요한 관계가 된다.

특히 보육기관에 다니게 되면서 가족체계보다 더 큰 체계를 경험하게 되며, 그에 따라 역할놀이도 가정생활의 역할놀이에서 병원놀이나 시장놀이, 유치원놀이, 미용실놀이 등 질적으로 발전되어 간다. 유아는 그동안 부모-유아의 놀이에서 터득한 새로운 기술들을 형제나 또래와의 놀이에서 적용해 보며 두려움을 정복하고자 하지만, 아직 자기중심적인 사고가 강하고 의사소통 기술이 서툴러 갈등이 많이 발생하기도 한다. 그러한 갈등은 협동, 규칙, 양보, 질서 등의 사회성을 배우게 하며 (하정연, 좌승화, 조채영, 2008). 갈등과 문제점들을 해결해 보며 사회적 존재로 살아가기 위한 기술도 체득하게 되는 것이다. 이처럼 유아의 사회적 환경은 유아의 놀이에 영향을 주고, 그 놀이는 사회적 관계를 맺거나 유지하는 데 중요한 매체가 되어 사회적 능력 형성에 영향을 주기 때문에 놀이와 사회성 발달은 분리해서 생각하기 어렵다. 유아기의 사회성 발달은 부모나 교사 그리고 또래로 확대되어야 하며, 또래와 자유놀이를 하는 경험 속에서 유아는 자연스럽게 다른 사람과 더불어 살아가는 데 필요한 사회적 능력을 배우게 된다.

2. 보육현장에서 영유아의 놀이

1) 놀이중심의 보육과정

유아의 성장과정에서 전반적 발달에 많은 영향을 미치는 놀이의 중요성이 인식됨에 따라 국가수준 유아교육과정에서도 놀이에 대한 관심이 지속적으로 더욱 강조되고 있다. 열 차례에 걸쳐 변화한 유아교육과정은 꾸준히 유아중심, 놀이중심을 지향해 왔지만(김영옥, 2020), 특히 2019 개정 누리과정과 제4차 어린이집 표준보육과정은 놀이중심, 유아중심의 누리과정 혁신 방향으로 개별 유아의 다양한 특성을 고려한 내용으로 구성하였다(교육부, 보건복지부, 2019b). 개정된 누리과정을 살펴보면 교육과정의 성격을 제시하고 있다.

〈표 3-1〉 누리과정의 성격

누리과정은 3~5세 유아를 위한 국가수준의 공통 교육과정이다.
가. 국가수준의 공통성과 지역, 기관 및 개인 수준의 다양성을 동시에 추구한다. 나. 유아의 전인적 발달과 행복을 추구한다. 다. 유아중심과 놀이중심을 추구한다. 라. 유아의 자율성과 창의성 신장을 추구한다. 마. 유아, 교사, 원장(감), 학부모 및 지역사회가 함께 실현해 가는 것을 추구한다.

출처: 교육부, 보건복지부(2019b). 2019 개정 누리과정 해설서.

2019 개정 누리과정의 가장 큰 변화는 유아교육의 기본 정신인 '놀이'를 중심으로 유아들의 배움을 지원하는 유아·놀이 중심 교육과정을 재정립하고자 하는 것이다(교육부, 보건복지부, 2020a). 개정의 핵심은 교사중심이 아닌 유아가 중심이 되고, 놀이가 중심이 되는 교육과정으로의 변화이다. 교사가 계획한 활동이 아닌 유아가 자유롭고 자발적으로 놀이를 주도하고 참여하는 방식으로 나아가야 한다는 것이다. 즉, 놀이하면서 자연스레 배움이 일어나고(learning in play), 학습을 즐겁게 하는 것(learning as joy) 모두를 의미한다(엄정애, 2001). 그렇다면 개정 누리과정에서 유아중심과 놀이중심을 강조하는 이유는 무엇일까? 이는 유아 발달에 있어서 놀이의 의미와 가치가 매우 크기 때문이다. 영유아는 놀이를 하면서 세상을 탐색하고 자신을 표현하며 다른 사람과 교류하는 것을 배워 나간다.

또한 2015년의 3~5세 연령별 누리과정과 2019년의 개정 누리과정의 목적을 살펴보면 이 둘의 뚜렷한 차이점을 발견할 수 있다.

〈표 3-2〉 3〜5세 연령별 누리과정(2015)과 개정 누리과정(2019)의 목적

3〜5세 연령별 누리과정(2015)	개정 누리과정(2019)
목적 유아의 심신의 건강과 조화로운 발달을 도와 민주시민의 기초를 형성하는 데 있다.	목적 유아가 놀이를 통해 심신의 건강과 조화로운 발달을 이루고 바른 인성과 민주 시민의 기초를 형성하는 데 있다

2019년의 개정 누리과정의 목적에는 '놀이를 통해' '바른 인성'을 포함하고 있다. 즉, 심신의 건강과 조화로운 발달을 이루기 위해 '놀이'를 그 매개로 사용하고 있다. 개정된 누리과정은 '유아와 놀이'를 최우선으로 존중하는 교육과정임을 강조하고 있으며, 교사가 놀이를 계획하며 활동중심으로 진행하는 '교사중심'의 교육과정이 아니라 유아가 주도하는 '유아놀이중심'으로 변화하는 것이 중요함을 다시 한번 제시하고 있다(김은영, 2019; 여선옥, 심윤희, 2020; 임부연, 2019).

따라서 개정 누리과정에서 바깥놀이를 포함하여 유아가 자유롭게 놀이할 수 있는 시간을 충분히 편성-운영하는 것을 제안한다. 충분한 놀이시간을 주어 유아들이 좀 더 놀이에 몰입하도록 도와주고 최대한 활성화도록 돕는 것이 필요하다고 강조하였다. 또한 유아의 놀이는 삶의 원동력이 되고 배우는 방식으로서 가장 유용함을 이야기한다. 즉, 유아에게 있어 놀이는 그저 경험이 아니라 사회를 살아가면서 만나게 되는 많은 문제들을 해결하고 배울 수 있는 최적의 수단이라는 것이다.

개정 누리과정에서 추구하는 인간상은 건강한 사람, 자주적인 사람, 창의적인 사람, 감성이 풍부한 사람, 더불어 사는 사람이다. 다섯 가지의 인간상은 유아가 놀이를 통해 즐겁게 생활하고 배우면서 구현해 나갈 수 있다. 유아는 놀이 경험을 통해 자신의 몸을 사용하고 조절하며 다양한 움직임을 배워 나간다. 신체뿐 아니라 자신의 감정을 해소하며, 즐거움과 성취를 경험하면서 '몸과 마음이 건강한 아이'로 성

〈표 3-3〉 개정 누리과정에서 추구하는 인간상

1. 건강한 사람
2. 자주적인 사람
3. 창의적인 사람
4. 감성이 풍부한 사람
5. 더불어 사는 사람

출처: 교육부, 보건복지부(2019b). 2019 개정 누리과정 해설서.

장하는 것이다. 또한 놀이를 주도하고 계획하고 도전하면서 '자주적인 아이'로의 성장을 돕는다. 정답이 없는 놀이는 다양한 놀이 방식을 만들어 내고, 탐구하고 문제를 해결하면서 변화를 이끄는 '창의적인 아이'로 만든다. 자연과의 접촉하는 놀이는 아름다움을 경험하고 이를 표현하면서 '감성이 풍부한 아이'로 성장시키며, 놀이를 하면서 배우는 협력, 배려, 공감은 '더불어 사는 아이'로 성장할 수 있게 한다. 다섯 가지의 인간상은 통합성을 가진 순환의 의미로 이해되며, 놀이하는 유아의 유능함을 통해 모든 놀이에서 동시에 나타날 수 있고 통합적으로 발현될 수 있으며 자연스럽게 순환하며 나타난다.

개정 누리과정에서는 놀이의 특성을 자유로움, 주도성, 즐거움으로 명시하고 있다.

첫 번째 놀이의 특성은 '놀이는 자유롭다'는 것이다. 목적이 있고 규칙이 있는 것은 놀이라고 볼 수 없다. 놀이는 목적이 없고, 정해진 규칙이 없으며, 현재와 사실, 시간과 공간의 제약으로부터 자유롭다. 이러한 자유가 주어질 때, 유아들은 혼자 힘으로 규칙과 목적을 만들어 나가며, 놀이가 놀이답게 된다.

두 번째 놀이의 특성은 '놀이는 주도적'이라는 것이다. 놀이의 자발성은 외부의 압력이 아니라, 자신의 내부에서 일어나는 욕구와 동기가 중요한 원동력이다. 이러한 내적 자발성은 놀이 자체에 몰입하게 만들고 집중할 수 있게 한다. 내적 동기에 의해 무언가를 만들어 나가고 즐겁게 몰두하게 될 때 놀이하는 과정을 즐기게 만든다. 자신이 놀이를 만들어 나갈 수 있기 때문에 제한이 없고, 즉흥적인 변화가 가능하며, 예측할 수 없는 다양한 전개가 만들어질 수 있다. 이를 통해 유아는 스스로 세상을 알아 가며 창조해 나가는 주체가 되는 것이다.

세 번째 놀이의 특성은 '놀이는 즐겁다'는 것이다. 놀이의 주된 정서는 '즐거움'이다. 타인과 함께 만드는 재미와 기쁨도 있고, 몰입의 상태로 만나게 되는 즐거움도 있다. 또한 놀이는 감정을 표현해 내는 분출구가 되기도 한다. 정서적인 긴장, 두려움, 갈등을 해소하고 따뜻함과 배려, 아름다움을 경험하는 것이다.

이처럼 유아는 교사나 부모에 의해 놀이를 배우기보다 능동적으로 움직이며 놀이를 만들어 내고, 스스로의 방식을 찾아 놀이를 통해 자신에게 필요한 것들을 채우며 자란다. 놀이에 참여하는 유아들은 개별적인 경험을 바탕으로 자신의 기질, 성격, 창의성 또는 정서적 특성에 따라 각기 다른 방식으로 다채롭게 놀이를 만들어 낸다. 그래서 유아의 놀이는 보육과정에서 중심이 되어야 한다.

2) 영유아 놀이지원

영유아들은 어린 시기부터 많은 시간을 보육기관에서 지낸다. 이러한 보육기관에서의 생활과 경험이 영유아의 놀이에 미치는 영향은 어떠할까? 보육기관의 질, 보육교사의 자질, 그리고 놀잇감의 수준이 기관마다 천차만별이고, 아이들마다의 기질과 성격적 특성이 다르기에 명확한 답을 찾기는 어렵다. 일반적인 사실은 보육기관에서의 생활이 영유아의 사회적 상호작용과 사회적 놀이에 분명히 영향을 주고 있다는 것이다. 기관보육은 교사나 또래와의 상호작용을 촉진하여 보다 발전된 수준의 협동적 놀이를 가능하게 하며, 사회극 놀이를 증가시키는 긍정적 측면이 있다. 이에 반해 많은 또래와의 생활로 인해 갈등의 소지가 잦고, 공격성 문제가 나타날 수 있으며, 성인의 권위에 더 쉽게 반항하는 부정적 측면도 있다. 부정적 측면들은 보육교사와의 관계를 통해 긍정적인 방향으로 변화될 수 있기에 교사의 자질은 무엇보다 중요하다. 어린이집 보육의 경험은 주로 시설장의 경험이 많은지, 아동 1인당 교직원의 비율이 어떠한지, 그리고 교사와의 상호작용에서 언어 자극이 풍부한지에 많은 영향을 받는 것으로 나타났다(Hughes, 2006). 이처럼 요즘 영유아의 기관 이용이 당연해지고 있는 시점에서 제4차 어린이집 표준 보육과정은 국가수준 교육과정의 주체를 국가에서 교실로 이양하기에 이르렀다. 즉, 보육과정 운영의 자율권을 교사에게 줌으로써 그만큼 교사가 보육과정 구성의 주체가 되어 더 많은 책임감을 갖게 한다. 따라서 보육현장에서의 영유아와 교사의 놀이상호작용이 갖는 중요성과 그 의미에 대해 알아보고, 영유아의 삶이자 발달의 근원이 되는 놀이를 교사가 어떻게 지원할 수 있는지 알아보고자 한다(교육부, 보건복지부, 2019).

(1) 영유아-교사의 놀이상호작용

영유아는 사회적 존재로 태어나 양육자와의 상호작용을 통해 성장 발달한다. 현대 사회의 영유아는 부모만큼 교사와의 상호작용 기회가 많아지면서 영유아-교사의 상호작용은 영유아의 전인적 발달에 큰 영향을 미치게 되었다(김숙령 외, 2006). 영유아와 교사의 일상적인 생활을 포함한 모든 보육과정이 상호작용이며, 이 상호작용의 질은 영유아의 능력, 반응수준, 교사의 민감성에 따라 달라지기에, 교사는 반응적이고 긍정적이며 활발한 상호작용을 촉진하여 보육의 질을 유지해야 한다(김재만, 1999; Holmberg, 1980). 가정이 아닌 기관에서의 하루는 영유아에게 스트레스를 경험하게 하는데, 영유아가 언어적·비언어적으로 표현하는 욕구에 대한 교사의 따뜻하고 온정적인 태도의 상호작용은 영유아의 스트레스를 경감시켜 안정감을 느끼도록 돕는다. 특히 언어발달이 아직 온전히 이루어지지 않은 영유아를 대상으로 하는 교사의 상호작용은 놀이를 통해 이루어지는 경우가 대부분이다. 영유아의 손짓, 발짓, 시선, 표정 등을 통해 이뤄지는 다양한 탐색과 놀이에 교사는 긍정적으로 언어적·비언어적 상호작용을 하며 그들의 놀이가 더 풍부해지도록 하는데, 그것을 놀이상호작용이라 할 수 있다(이미숙, 2022). 그리고 이를 실현하기 위한 영유아-교사 놀이상호작용의 요소에는 존중하는 상호작용, 반응적 상호작용, 상호호혜적 상호작용이 있다(이미숙, 2022). 교사는 놀잇감을 먼저 제시하거나 놀이를 구조화하지 않고, 영유아가 주도적·자발적으로 자유롭게 원하는 놀잇감을 선택하도록 존중하며 기다리고(존중하는 상호작용), 영유아가 자신이 선택한 놀이를 하는 모습을 곁에서 관찰하면서 언어적·비언어적으로 적절한 반응을 제공하며(반응적 상호작용), 놀이 과정에서 영유아가 도움을 필요로 할 때만 개입하여 의견을 주고받으며 놀이가 더 확장될 수 있도록(상호호혜적 상호작용) 돕는 것이다. 이를 구체적으로 살펴보면 다음과 같다.

① 존중하는 상호작용

놀이하는 과정에서 교사의 영유아를 향한 존중은 영유아의 놀이 진행에 대한 교사의 자발적 인내와 신뢰를 바탕으로 영유아에 대한 순수하고도 성실한 관심, 아동의 놀이의 권리에 대한 민감함에 대한 신념이 전달되는 것이다. 교사의 존중하는 상호작용이 효과적으로 전달되기 위해서는 교사가 한 영유아의 놀이에 집중해 놀이를 관찰하는 것이 필요하다(김은정, 2019). 인내 어린 관찰은 교사로 하여금 영유아의 관점에서 세상과 놀이를 바라볼 수 있도록 하고, 영유아의 기질과 개별성이 표현되는 의사소통방식을 배우게 한다(박근주 외, 2020). 영유아에 대한 이해가 있어야 판단하지 않고, 영유아의 놀이를 존중하고 신뢰하는 진정한 관계가 형성될 수 있다. 영유아의 놀이 집중시간은 짧기에 교사는 집중해서 관찰해야 하고, 정기적으로 개별적인 양질의 놀이시간을 제공하여 영유아가 보내는 언어적·비언어적 신호에 민감하게 반응하여 영유아와 연결되는 경험을 쌓아야 한다. 이러한 일대일 맞춤놀이는 교사가 영유아를 주도적으로 놀이하는 유능한 존재로 신뢰한다는 메시지를 전달해 주어 교사와 영유아 간 존중하는 상호작용의 발현점이 될 수 있다.

② 반응적 상호작용

반응적 상호작용의 가장 중요한 부분은 적절함이다. 영유아의 놀이를 방해하지 않도록 적절한 순간에, 적절한 반응으로, 신속하면서도 민감하게 반응하는 것이다. 이것이 실현되기 위해서는 철저히 아동중심적으로 접근이 이뤄져야 하며, 낮은 지시성, 수용성, 즐거움, 온정적인 반응은 영유아의 놀이에서의 주도성을 촉진하게 되어 놀이 영역은 확장될 것이고 복잡하게 구성된다(김정미, 2000; 민용아, 2014). 반응적 상호작용은 교사의 언어로 전달되는데, 단순명료한 언어적 반응은 영유아가 교사와 함께 있음을 느끼게 하며, 교사가 놀이에 실제적으로 하나도 참여하지 않는데도 같이 놀이하고 있음을 느끼게 한다. 언어적 표현이 없는 관찰은 영유아로 하여금 불안을 경험하게 할 수 있다. 영유아가 너무 놀이에 몰두하여 교사가 영유아의 정서 상태를 감지할 수 없는 경우, 행동에 대한 이유를 묻는 대신 언어적 표현을 모방하거나 따뜻하고 온정적인 목소리로 교사가 관찰하고 있는 것을 그대로 읽어 줄 수 있다(김정미, 2000). 또한 교사가 영유아의 말과 행동, 생각 및 감정을 지지하며 놀이에 집중하고 있음을 전달할 수 있다(이미숙, 2022). 교사의 목소리 톤은 영유아의 감정 수준 이상으로 과하지도 않고, 감정 수준 이하로 지루하지도 않아야 하며, 친근함이 묻어 있는 반응이어야 한다. 그러기 위해선 영유아의 놀이에 집중하고 있는 교사가 자신의 직관적 체계를 신뢰해야 한다. 영유아를 촉진하는 적절한 반응이 있어야 아동이 놀이를 중단하여 치료사의 표정을 살피는 일이 없게 된다. 또한 영유아가 구체적으로 언어화하기 이전에 하고 있는 놀이나 갖고 있는 놀잇감에 교사가 먼저 이름 붙이는 일은 피해야 한다. 미리 명명하는 반응은 영유아 놀이를 현실에 고정시키게 되고 그들의 창의성과 환상을 깨뜨리게 되어 비촉진적인 반응이 된다. 영유아가 자신이 원하는 방향으로 놀잇감의 용도와 이름을 결정할 수 있도록 그들의 자유를 허락해 주어야 한다. 성인의 눈에는 별로 중요해 보이지 않더라도 개인적인 의미를 놀잇감에 투사할 수 있도록 기회를 주는 수용적인 반응을 보여야 한다. 교사의 반응적 상호작용은 영유아의 정서적 안정을 촉진해 주고, 놀이 속에서 경험되는 분노, 좌절과 같은 부정적 감정과 그로 인한 행동을 조절하는 데 도움을 주며(김정미 역, 2013), 일상생활에서도 교사와 지속적으로 상호작용을 하고 싶은 동기를 유지시켜 준다(민용아, 2014).

③ 상호호혜적 상호작용

상호호혜적 상호작용은 교사와 영유아가 서로 주거니 받거니 하며 교환하는 방식의 상호작용이다(이미숙, 2022). 영유아와 교사 간의 관계는 일방적인 것이 아니라 서로 주고받는 교류의 성향을 갖고 있으며, 이는 영유아의 발달과 성장에 있어 매우 중요하다. 그러나 보육기관은 단체생활을 하는 곳으로서, 교사가 모든 상황에서 상호호혜적으로 영유아와 교류하며 상호작용하기엔 무리가 있다. 교사와 영유아는 일 대 다수로 상호작용하는 사회적이고 교육적인 대인관계이기에 주로 교사주도적, 지시적, 일방적 상호작용이 쉽게 이뤄진다. 또한 영유아를 보호하기 위해 따라야 할 규칙이 있고, 영유아의 신체적 리듬을 건강하게 유지하기 위한 일과라는 게 있기에 일상의 모든 부분에서 한 개인을 배려하는 것도 옳은 교육적 방향이 아니다. 따라서 교사는 놀이라는 안전한 울타리를 더욱 잘 활용해야 한다. 영유아가 자발적으로 선택한 놀이를 교사와 친구처럼 상호작용하며 동등한 비중의 역할을 해 보고 상호협상을 하는 경험을 통해 서로에게 집중하고 상대방을 이해할 수 있게 된다. 교사는 때로는 질 높은 상호작용을 위해 영유아에게 적절한 놀이를 준비해야 하고, 그 놀이의 목적을 실현시킬 개입전략을 갖고 있어야 한다. 놀이에서 교사의 적절히 균형 잡힌 개입은 일상생활 유지를 위한 교사의 일방적 상호작용 상황에서 서로에게 더 반응적이고 민감하게 상호작용하는 데 도움을 줄 것이다. 그리고 일상생활에서 사회적으로 서로의 역할을 분담하며 함께하는 사이를 유지시켜 주어 일상적 상호작용을 개선시키는 데도 도움이 될 것이다. 즉, 상호호혜적 상호작용은 기관에서 교사와 영유아가 같이 보내는 삶의 질을 상승시켜 준다.

(2) 교사의 놀이지원

놀이중심 교육과정에서 놀이지원자로서의 교사 역할을 강조한다. 지금까지 영유아를 이끌어 가는 것이 최선이라고 생각하던 교사들이 지금은 놀이지원자로서 어떤 역할을 해야 할지 고민하게 되었다. 물론 영유아의 삶 그 자체가 놀이이기에 그들과 함께 생활하며 놀이를 해 왔지만, 대부분 놀이의 주인공이 교사가 되거나 교육과정 자체가 되곤 했었다. 그러나 개정된 누리과정에서는 '놀이'를 중심으로 '유아'가 중심이 되고, 놀이를 통해 배움이 일어나는 현장의 자율성과 그에 따른 교사의 자율권을 강조한다(김은영, 2019). 따라서 영유아 놀이의 특징인 '무예측성'의 관점에서 교사의 놀이지원은 자율성과 다양성을 바탕으로 영유아 놀이의 흐름에 따라가야 한다. 즉, 놀이지원은 교사가 영유아의 관심, 흥미, 욕구 그리고 놀이를 주의 깊게 관찰하고, 그 관찰을 바탕으로 영유아와 놀이로 상호작용하며, 놀이를 통한 배움이 유아의 전인적 발달로 이뤄지도록 돕는 교사의 교육적 노력이다. 이를 실현하기 위해 교사가 미리 교육활동을 계획, 수립 후 평가하기보다는 충분한 놀이시간 속에서 영유아의 놀이를 관찰하고, 놀이가 더 풍성해질 수 있도록 개별적 특성과 흥미에 적합한 실내외 환경을 구성하고 상호작용하여 놀이의 지원을 계획, 실행해야 한다(윤경욱, 이대균, 2020).

　교사의 놀이지원이 필요한 이유는 다음과 같다. 첫째, 영유아가 놀이에서 경험하는 다양한 정서를 함께 느끼고 공유하는 공감으로 내적 동기를 강화시킬 수 있다. 특히 교사의 놀이지원을 통해 자신의 놀이수준 이상으로 경험할 수 있고, 새로운 사실에 기뻐하고 성취에 만족을 느낄 수 있다(이미숙, 2022). 둘째, 놀이 상황에서 교사의 지원은 영유아의 놀이가 교육적으로 가치 있는 경험이 되도록 하는데, 특히 교사의 민감하고 지지적인 상호작용은 영유아가 긍정적 정서를 느끼는 데 도움을 주어 영유아의 놀이 잠재력을 이끌어 낼 수 있다(서현아, 권말순, 2007). 셋째, 교사는 놀이 자료와 놀잇감, 놀이 환경을 풍부하게 제공하여 놀이지원을 함으로써 교사 외에 또래 및 다양한 환경과의 상호작용을 촉진하여 영유아의 욕구와 발달을 촉진할 수 있다. 영유아의 관심과 흥미를 반영한 공간의 변화는 놀이의 변화와 확장으로 이끌 것이고(김지혜, 2011), 다양하고 적절한 놀이자료와 놀잇감은 놀이 속에서 자신의 감정을 자유롭게 표출하도록 촉진시킬 수 있다. 넷째, 영유아가 주도하는 놀이 상황에서 교사는 공동놀이자로 존재하는데, 이때 교사의 시범 보이기나 놀이 제안, 새로운 어휘 소개 또는 복잡한 개념을 놀이에서 설명함으로써 영유아는 교사의 새로운 시도를 모델링하게 되고, 이러한 모방행동의 강화는 영유아를 성장시키고 발달을 촉진할 수 있다.

　교사가 놀이를 지원함에 있어서 주의할 점은 놀이의 흥미와 재미, 즐거움을 손상시키지 않아야 한다는 것이다. 영유아의 놀이에는 늘 '몰입'과 '즐거움'이 있어야 하는데, 자발적인 행동을 할 때 가장 몰입감이 높아지며, 몰입하게 만드는 것은 즐거움이라는 조건이 충족될 때이다. 따라서 영유아의 자발적 놀이로 즐거움을 경험하고 몰입할 수 있도록 놀이의 흐름을 방해하지 않고, 놀이에 동참하여야 하며, 참여하는 교사도 함께 즐거워야 한다. 놀이에 참여한 그 순간에 교사가 즐거움의 과정을 함께 경험할 때, 그 어떤 놀이지원보다도 더 효과적이다. 교사의 놀이지원이 이뤄진 결과, 영유아의 놀이는 스스로 생각하고, 자율적으로 선택하며, 창의적으로 문제를 해결함으로써 제약에서 벗어난 유연한 전개로 확장될 것이다.

3. 장의 요약

이 장에서는 보육현장에서 영유아의 놀이를 이해하기 위해 전반적 영역의 발달을 놀이가 어떻게 지원하며, 놀이를 가정에서 주 양육자가 어떻게 제공할 것인지, 보육기관에서는 교사가 어떻게 상호작용하며 지원할 것인지에 관해 다루었다. 놀이는 영유아에게 생활 그 자체이기에 놀이를 통해 움직이고, 생각하고, 말하고, 다른 사람과 어울리는 법을 배우기도 한다. 놀이는 영유아 시기의 성장 및 발달에 가장 중요한 매체가 되며, 교육의 목적이자 방법, 수단이 되기도 한다. 그러나 이 모든 것은 놀이 그 자체로 그들의 삶에서 즐거움으로 경험될 때 일어나는 결과들이다. 새로운 놀잇감이나 새로운 놀이를 제시함으로써 놀이가 가져다주는 이익을 생각할 것이 아니라 가정과 보육현장에서는 놀이지원의 공동체로서 영유아의 놀이에 대한 정보를 공유하며 놀이 그 자체를 이해하기 위해 더욱 노력해야 한다.

Chapter 04

보육현장에서 나타나는 영유아의 심리·행동적 문제

 영유아는 누구나 성장과정에서 다양한 어려움을 경험하는데, 연령에 적합하지 않은 행동이나 사회적 규범에 벗어난 행동은 문제행동으로 간주한다. 영유아기의 문제행동은 다각적으로 조명하여 정확하고 전문적으로 그 행동의 수준을 구분하여 접근하는 것이 중요하다. 발달과정에서 자연스레 나타날 수 있는 일반적 수준의 어려움일 수도 있고, 주의하여 깊게 살펴보고 치료적 관점으로 도움을 주어야 하는 문제일 수도 있기 때문이다. 특히 가정에서 많은 시간을 보내며 생활하던 영유아가 첫 사회기관인 보육기관에 적응하는 과정에서 어려움과 문제를 경험할 수 있어 더욱 관심을 갖고 살펴봐야 한다. 이 장에서는 영유아기에 나타날 수 있는 심리·행동적 문제들을 살펴보고 그 원인에 대해 개인 내적·외적 요인으로 구분하여 알아보고자 한다. 또한 보육현장에서 가장 많이 나타날 수 있는 영유아의 문제행동들을 기본 생활의 어려움, 관계의 어려움, 내재화 문제, 외현화 문제, 발달상 어려움의 다섯 가지 영역으로 나누어 살펴보고자 한다.

1. 영유아의 심리·행동적 문제

 영유아기는 기본적인 심리적·신체적 변화를 통해 발달 및 성장하고 사회의 구성원으로 다양한 능력을 발달시키는 중요한 시기이다. 영유아기는 양육자의 보호에서 벗어나 사회적 환경이 확대되면서 다양한 환경에 적응해 가는 과정에서 어려움을 겪으며 여러 가지 문제들이 나타나게 된다. 심한 문제로 인한 어려움이 아니더라도 개인적 요인이나 가정, 환경, 사회와 같은 환경적 요인으로 인해 갈등을 겪거나, 영유아 연령에 맞지 않은 인지, 정서, 신체, 사회성, 도덕성에서의 부적절한 행동이나 태도를 나타낼 수 있다. 하지만 영유아의 문제가 성장하면서 나타날 수 있는 당연한 문제인지, 아니면 심리적 어려움으로부터 파생된 문제인지를 잘 알아야 그에 맞는 적절한 도움을 줄 수 있다. 따라서 우리는 영유아기의 문제행동을 어떻게 볼 것인지를 정의 내리고, 어떠한 유형들로 구분되는지를 알아보고자 한다.

1) 영유아기 문제행동의 정의

영유아기는 전 생애 발달과정에서 가장 급격하게 발달적 변화를 보이며, 영유아의 개별적 특성과 영유아를 둘러싼 다양한 환경이 상호작용하면서 성장해 간다. 이 과정에서 부적응의 결과로 여러 가지 어려움과 문제를 보이기도 하는데, 일반적으로 문제행동은 연령에 기초한 규범적 행동으로 보기에 부적절하거나 일반적 적응능력을 갖추지 못해 나타나는 행동, 부모나 교사의 일상적 지도범위를 벗어나 문제를 일으키는 행동 등을 말한다(정문자, 1988). 아동이 어떤 사회에 속해 있는지 그 집단의 성격이나 사회문화에 따라 문제행동에 대한 반응이 상이하기 때문에 문제행동을 정상과 비정상 두 분류로 구분하기보다는 문제행동 자체의 빈도, 강도, 만성성, 연합성, 그리고 사회적 맥락을 고려하는 것이 중요하다. 예를 들어, 7세 유아가 어린이집에서 소변 실수를 한 상황에서, 이 행동이 7세 유아의 발달수준과 사회적 기대에 부합하지 않는다고 해서 무조건 문제행동으로 규정하기 전에 이 행동이 얼마나 자주 있었는지, 어떠한 스트레스 사건이 이러한 행동을 일으킨 것은 아닌지, 어린이집을 변경하면서 새로운 환경에서의 적응에 어려움이 생겨 나타난 행동인지 등과 같은 다양한 요인과 상황들을 고려해서 판단해야 한다.

2) 영유아기 문제행동의 유형

영유아기에 나타난 문제행동은 발달과정에서 일시적으로 나타나기도 하며 성숙을 통해 자연스럽게 사라지는 경우도 있지만, 학습, 발달, 건전한 놀이 등 자신의 성장과 발달 그리고 가족과 사회관계에 부정적인 영향을 미칠 수 있어 주의하여 살펴야 한다(Campbell & Ewing, 1990; Hwang & St. James-Roberts, 1998; McGuire & Richman, 1988; Richman, Stevenson, & Graham, 1982). 게다가 영유아기에 나타난 문제행동 중 약 60%는 해결되지 않고 유지되어 학령기의 학교 부적응, 청소년기의 심리·정서적 문제와 비행 및 성인기의 사회적 문제로 나타날 확률이 높아 간과할 수 없다(Beyer et al., 2012). 영유아기 문제행동의 유형은 학자들마다 다르게 분류하며 실제로 그 양상은 매우 다양하고 복합적으로 출현하지만, 크게 내재화 문제행동과 외현화 문제행동으로 나누어 볼 수 있다. 내재화 문제행동의 초점은 외부가 아닌 자신을 향한 내향적인 행동이나 감정과 연관된다. 주로 위축, 우울, 불안, 긴장 및 과도한 걱정 등으로 인해 지나치게 행동을 통제하거나 자신을 적절히 표현하지 못하고 타인과의 사회적 관계에서 소극적으로 고립되어 내적 갈등을 해결하지 못해 어려움을 경험한다. 특히 영유아들은 자신의 생각과 감정을 언어로 표현하기 어려워 전형적인 내재화 증상보다는 등원 거부, 식욕저하, 또래 관계 악화 또는 자주 배가 아프다거나 두통을 호소하는 등의 신체화 증상으로 드러나기도 한다. 이러한 특징으로 인해 영유아기의 내재화 문제행동을 내성적인 성격으로 간과하고 방치하여 조기 개입이 이뤄지지 않는 경우가 많기에 주의 깊게 살펴봐야 한다.

다음으로 외현화 문제행동의 초점은 자신이 아닌 타인이나 외부 환경을 향하는 행동이다. 주로 자신의 감정이나 행동을 통제 및 조절하지 못하여 발생하며, 공격적이고 파괴적이며 비순응적인 행동과 주의력 문제까지 포함한다(Achenbach & Rescorla, 2000). 일반적으로 대부분의 유아는 활동적이고 주의력이 깊지 못하지만, 외현화 문제행동을 보이는 유아는 또래들보다 쉽게 부정적 감정을 느끼며, 자기주장만 하거나 즉각적으로 행동하고, 너무 쉽게 좌절하고 반항적이며, 자신의 감정을 조절하지 못해 분노발작을 나타내기도 한다. 또한 이들은 타인과 상호작용할 때 언어적·사회적·기술적 어려움이 있어 또래 관계나 주변인들에게 부정적인 피드백을 받는 경우가 많으며, 이로 인해서 말을 하지 않거나 시선을 피하고, 적절한 대화나 상호작용의 기술을 사용하지 못하여 이차적인 문제로 연결되기도 한다.

이처럼 영유아들이 경험하는 문제행동은 서로 다른 양상으로 나타나기도 하지만, 종종 문제행동을 외부화하는 영유아들이 우울이나 불안과 같은 내재적 어려움을 경험하기도 하는 것처럼(Achenbach, 1991), 동시에 발생하기도 하고 서로 영향을 주면서 같이 변화하기도 한다(Keiley, Bates, Dodge, & Pettit, 2000). 따라서 영유아의 문제행동은 통합적인 관점에서 이해하고 그 원인을 파악해야 하며 적극적인 개입을 해야 한다.

2. 심리 · 행동적 문제의 요인

영유아의 문제행동은 개인요인과 환경요인으로 나누어 볼 수 있다. 개인요인은 기질과 신경생물학적 특성을 포함하고, 환경요인은 가족요인과 기관요인을 포함한다. 그러나 영유아의 문제행동은 어느 한 가지 요인에 귀결되는 것이 아니라 다양한 요인들이 복합적으로 동시에 영향을 받아 나타나므로 통합적인 관점으로 개인요인과 사회적 · 환경적 맥락을 모두 고려하여 문제행동을 이해해야 한다(문혁준, 홍현재, 2013).

1) 개인요인

(1) 기질요인

기질이란 개인의 생물학적 · 유전적 특성과 관련된 요인으로 환경요인의 상호작용에 영향을 받아 인간행동 및 성격형성에 영향을 미친다. 기질은 개인이 선천적으로 외부에 반응하는 독특한 행동양식으로 활동성, 적응성, 규칙성, 반응성, 정서성으로 구성된다(Thomas & Chess, 1977). 영유아 시기에는 타고난 기질에 영향을 많이 받기에 기질에 대해 이해하는 것은 중요하다. 활동성은 노는 것과 먹고 씻는 등 일상생활에서 영유아가 신체활동을 어떻게, 얼마나 많이 하는지에 따른 신체적 움직임의 활동수준을 말한다. 적응성은 새로운 자극이나 변화에 대한 적응의 정도로 바람직한 방향으로 적응하는지에 관한 적응의 용이성이다. 생리적 규칙성은 수면, 식사, 배설, 잠에서 깨기 등과 같은 일상생활에서의 생리적인 활동과 반복되는 규칙에 관한 것이다. 반응성은 새로운 주변 상황이나 환경에서 옷, 놀잇감 등 다양하고 새로운 자극에 대한 기분과 행동을 포함하는 것으로 이는 영유아가 주변 상황과 환경에 얼마나 민감하게 반응하는지이다. 정서성은 다양한 반응에 수반되는 여러 형태로 즐거운 행동과 불쾌한 행동의 양을 나타내는 정서 상태를 말한다(정옥분 외, 2007).

이러한 기질의 하위 구성요인을 토대로 크게 까다로운 기질, 순한 기질, 느린 기질로 나눌 수 있다. 생애 초기 기질적 특성은 시간이 흘러도 비교적 안정적으로 지속되는 특징이 있으며, 기질적 특성에 따라 동일한 환경에서 각기 다른 반응을 하게 되기에 기질은 문제행동을 설명하는 중요한 요인이 된다(Rothbart & Bates, 2006;

Rettew, Althoff, Dumenci, Ayer, & Hudziak, 2008). 그러나 기질이 영유아의 행동을 결정한다기보다는 오히려 환경적인 요소, 가정 및 사회문화적인 요소와의 상호작용이 어떠한가에 따라 환경에 대한 적응과 부적응에 영향을 주기에 영유아의 기질에 대해 부모와 교사가 이해하는 것은 중요하다.

특히 영유아의 문제행동이 불규칙성, 잦은 부정적 정서, 낮은 적응성과 새로운 자극에 대한 강렬하면서도 회피적인 반응을 보이는 까다로운 기질과 관련이 있다는 것은 이미 많은 연구에서 밝혀졌다(Biederman et al., 2001; Rettew et al., 2008). 환경에 유연하게 적응하고 수면이나 식사 등의 생활 리듬이 규칙적인 순한 기질의 영유아는 이 시기에 나타날 수 있는 문제행동이 적게 나타났다. 반면, 적응성이나 활동성이 낮고 수줍음을 많이 타는 기질을 가진 영유아는 위축 및 불안과 같은 내면화 문제행동을 보이며 새로운 자극이나 낯선 사람과 환경을 위험하고 두려운 상황으로 인식하여 회피반응을 보인다. 적응성이 낮은 영유아들은 낯선 환경에 적응하는 데 시간을 많이 필요로 하기 때문에 사회적 위축행동을 더 많이 나타낸다(Wolfson, Fields, & Rose, 1987; Eisenberge et al., 1998). 이처럼 기질적으로 낮은 적응성과 활동성을 갖고 있는 영유아들은 유아교육기관에서 위축, 불안 등 내재화 문제행동을 보일 확률이 높다(Klsin, 1980).

기질의 특성 중 통제 결여와 자극 추구, 활동성은 영유아의 외현화 문제행동과 관계가 있다(Caspi, Henry, McGee, Moffitt, & Silva, 1995). 부정적 감정의 정서성이 높은 유아들은 자신의 감정을 통제하지 못하고 산만한 행동을 보이고, 활동성이 높고 자극 추구 성향이며 부정적 반응성이 높은 기질을 갖는 영유아들은 주의가 산만하고 과잉행동을 많이 보였으며, 이는 청소년기의 반항과 품행의 부적응 문제와 관련이 높은 것으로 나타났다(Mathiesen & Sanson, 2000; Nelson et al., 1999; Russell et al., 2003). 특히 까다로운 기질의 유아들은 활동수준이 높고 주의집중 시간이 짧으며 반응이 일관되지 못하여 환경의 변화나 새로운 경험에 민감한 반응을 보이는 특성을 갖는다. 또 이들은 내성이 약하고, 행동을 예측하기 힘들며, 대다수가 부정적인 정서를 나타낸다고 밝혀졌으며, 까다로운 기질을 가진 아동들 중 약 70~80%가 4세 이전에 규칙을 지키지 못하거나 주의집중을 못하며 과잉행동 및 충동성과 같은 외현화 행동문제를 보이는 것으로 나타났다(강위영 외, 1999).

이처럼 기질은 영유아기뿐만 아니라 학령기와 청소년기에도 나타나는 문제행동을 예측할 수 있는 중요한 요인이 된다. 따라서 영유아의 초기 기질에 대한 이해를 통해 외부 자극에 어떤 생리학적 반응을 보이는지, 감각처리 능력은 어떠한지, 대처 전략을 적절히 사용하는지, 소유한 인지능력과 그 활용은 어떠한지 등을 파악하여 개인의 기질과 환경의 상호작용이 긍정적 · 적응적일 수 있도록 개인 맞춤형 접근을 해 주는 것이 중요하다.

(2) 신경생물학적 요인

신경생물학적 요인은 행동, 감정 및 인지의 기초가 되는 뇌 및 신경계의 프로세스이며, 특히 영유아의 문제행동을 이해하기 위해 뇌의 전두엽 피질의 활동수준에 초점을 맞추어 많은 연구가 진행되고 있다. 전두엽 피질은 주의력과 같은 인지적 기능에 영향을 줄 뿐 아니라 행동 및 감정 조절에 관여하여 정서와 관련된 실행기능을 담당하는 데 중요한 역할을 한다. 그러나 영유아는 아직 전두엽 피질이 완전히 발달되지 않아 자신의 행동과 감정을 조절하는 데 어려움을 겪으며, 전두엽의 미성숙한 발달은 충동성, 공격성, 짜증과 같은 문제행동으로 이어질 수 있다(공영숙, 임지영, 2012; Brock et al., 2009). 특히 주의집중, 과잉행동과 관련된 외현화 문제행동을 보이는 영유아는 뇌의 전두엽 영역 내 이상 및 좌 · 우뇌의 불균형한 발달을 보인다(Barkley, 1990). 한 연구에서는 4세 때 전두엽 실행기능이 낮은 유아는 5세에 부정적 행동을 나타내는 비율이 더 높았고, 7세 때 규칙위반을 더 많이 하는 것으로 나타났다(Hughes et al, 2001). 또한 신체적 증상, 우울, 불안의 내재화 문제행동과도 연관이 있어(Airaksnen, 2006; Grigsby, et al., 1995; Kuhajda et al., 2002), 내재화 증상이 나타날 때의 뇌는 총 용적이 작고, 백질 미세구조에서 감소를 보이며, 측두엽 영역의 피질 표면 면적이 더 적은 것으로 나타났다(Bjørnebekk et al, 2013). 또한 불안은 편도체의 과민성과 더 빠른 활성화와 연관이 있으며, 우울은 편도체의 둔감한 활성화와 관련이 있다고 연구된 바 있다(Nitschke et al, 2009; Thomas et al, 2001).

영유아의 문제행동에 기여할 수 있는 신경생물학적 요인의 또 다른 예는 신경정보 전달의 매개체 역할을 하는 신경전달물질이다. 신경전달물질이 적절하게 분비되지 않으면 여러 가지 정서적 · 행동적 문제가 나타나게 되는데, 예를 들어 신경전달물질 중 세로토닌은 행동을 억제하는 역할을 하는 것으로 정서적 충동 억제와 관련이 높아 도파민이 지나치게 활동하는 것을 억제하여 긴장을 완화시켜 주는 역할을 한다. 그러나 세로토닌이 균형 있게 분비되지 못하면 우울 및 불안과 같은 내재적 정서문제가 나타날 수 있으며, 도파민의 분비가 지나치게 많으면 스스로 감정 및 행동을 통제하기 어려워 각성상태에 있어 부주의, 주의력 산만, 공격행동 등의 문제 행동으로 나타날 수 있다(이신영, 2010).

스트레스 반응 시스템도 영유아의 문제행동에 원인이 된다. 영유아가 스트레스를 받으면 신체의 스트레스 반응 시스템이 활성화되어 스트레스 상황에 직면했을 때 분비되는 코르티솔 호르몬이 방출될 수 있다. 시간이 지남에 따라 만성 또는 심각한 수준의 스트레스는 스트레스 반응 시스템의 조절장애로 이어질 수 있으며 이는 불안, 공격성 또는 과잉행동과 같은 문제행동에 기여할 수 있다. Dettling과 동료들(1999)의 연구에서는 부정적 정서를 조절하지 못하는 아동의 코르티솔 수준이 그렇지 않은 아동에 비해서 높은 것으로 나타났고, Gunnar과 동료들(1997)은 혼자서 놀거나 부정적인 정서를 표출하는 행동을 나타내는 아동의 코르티솔 수준이 높았으며, 이러한 아동 집단은 사회적 기술이 낮은 것으로 나타났다.

이러한 뇌발달 및 신경전달물질과 같은 신경생물학적 요인은 영유아의 정서 및 자기 조절력에 영향을 미치게 되어 문제행동을 유발할 수 있는 요인이 되지만, 신경 생물학적 요인과 문제행동 사이의 관계는 상당히 복잡하며 완전히 이해되지 않고, 무엇보다도 영유아의 뇌발달이 온전히 이루어지지 않았다는 점에 유의해야 한다.

2) 환경요인

(1) 가족요인

① 가정환경

가족은 사회의 가장 기본이 되는 단위이며 인간이 접하는 일차적인 집단으로, 가족 갈등, 부모의 정신건강이나 사회경제적 지위와 같은 가정환경은 영유아의 사회적 적응 및 문제행동에 영향을 줄 수 있는 주요 환경요인이다. 진행된 연구들을 살펴보면, 부모의 교육수준과 사회경제적 수준이 높을수록 영유아의 문제행동이 더 적게 나타났으며, 저소득, 빈곤, 물질적 어려움은 건강한 아동발달을 지원하는 자원에 대한 접근을 제한하여 스트레스가 많은 환경을 조성할 수 있음이 나타났다(Domitrovich & Bierman, 2001; Stormont, 2002). 부모 사이 또는 부모와 다른 가족구성원 사이의 갈등을 경험하는 가정이나 이혼 가정의 유아는 우울, 불안, 위축과 같은 문제행동을 더 많이 보일 수 있다는 결과가 나타났다(Wolchik, Tein, Sandler, &

Doyle, 2002). 또한 어머니가 우울, 불안, 신경증과 같은 부정적 정서를 많이 보일수록 영유아의 문제행동이 더 높게 나타났고(Davies, Dumenci, & Windle, 1999), 아버지의 반사회적 행동은 영유아의 공격성에 영향을 미치는 것으로 나타났다(Gordon, Lahey, Kawai, Loeber, Stouthamer-Loeber, & Farrington, 2004). 이와 같은 결과는 일반화되지 않은 결과이므로 주의 깊게 유의하여 다루며 지속적인 연구를 진행해야 하지만, 가정환경이 영유아의 문제행동에 많은 영향을 미치는 것은 대부분의 연구에서 확인된 바다.

② 부모양육태도

부모로부터 받은 양육경험은 아동이 태어나 경험하는 최초의 대인관계로서, 아동의 사회적 적응에 직간접적으로 영향을 준다(Ladd & Pettit, 2002). 부모양육태도는 부모가 자녀를 양육하는 데 있어서 나타나는 보편적인 행동양식으로, 영유아의 성장과정에 있어 성격, 자아, 문제행동 등 전반적인 발달과 한 개인의 일생 동안 영향을 미치는 매우 중요한 요인이 된다.

부모양육태도는 학자마다 다르게 분류하지만 대체로 애정적이고 자율적인 부모양육태도는 유아의 보육기관 적응이나 또래 관계에 긍정적인 영향을 미친다고 보고한다(기성진, 2012; 김현주, 홍상황, 2015). 반면, 거부적이거나 일관성 없는 훈육의 양육태도는 유아의 심리적 갈등의 원인이 되며 특히 유아의 공격성과 높은 상관이 있는데(McCord, McCord, & Howard, 1961), 화를 잘 내거나 두려워하고 걱정을 많이 하며(이영화, 유가효, 2001; Pettit, Harrist, Bates, & Dodge, 1991), 유아 자신이 충동을 자제할 수 있는 자아력이 낮아지고, 정신적 · 환경적 어려움을 방어할 능력이 줄어들어 문제행동 가능성을 높일 수 있다(Hollenstein et al, 2004; LaFreniere & Capuano, 1997). 또한 부모의 강압적이고 통제, 간섭하는 양육태도는 유아의 내재화 문제행동과 높은 관련성을 가진다. 유아가 실수에 쉽게 좌절하며 새로움에 대한 호기심이 줄어 시행착오 과정 자체를 회피하여 위축 성향이 더욱 두드러지며 유아의 성격 형성에 적대감, 거부, 정서적 무반응과 불안정 등 부정적인 영향을 미친다고 한다(Khaleque & Rohner, 2002). 한편, 보육기관에서 많은 유아들이 겪는 분리불안의 문제에서도 부모의 과보호적 양육태도와 연관이 있으며(Mofrad, Abdullah, & Samah, 2009), 비일관적이고 지나치게 방임적인 양육태도는 영유아의 규칙적 생활이나 기대에 부정적 영향을 미쳐서 사회적 부적응 문제를 보일 수 있다. 이처럼 부모의 양육태도는 영유아 시기부터 문제행동이 초래될 수 있는 중요한 요인이 되므로 부모들은 자녀에게 맞는 적절한 양육방식 및 양육태도를 갖추는 것이 매우 중요하다.

③ 부모-자녀 관계-애착

애착은 특별한 사람에게 느끼는 강력한 정서적 결속으로, 주 양육자(주로 어머니)와 영유아 사이에 형성되는 정서적 유대감을 의미한다. 출생 후 시작되는 부모와의 관계의 질은 영유아의 인지적·정서적·사회적 발달을 비롯해 일생에 걸쳐 전반적으로 삶의 많은 영역에 지속적으로 영향을 미치게 된다. 즉, 부모-자녀의 애착관계는 영유아의 건강한 성장과 발달에 필수적이며, 동시에 영유아기의 문제행동에 지대한 영향을 미치고 청소년기 및 성인기의 정신병리에도 영향을 끼칠 수 있다.

부모의 민감성, 긍정적 태도, 상호성 등이 영향을 미치며 애착이 형성되는데, 애착은 안전 애착, 회피 애착, 저항 애착, 혼란 애착의 유형으로 분류할 수 있다. 첫째, 안전 애착의 영유아들은 부모와 헤어질 때 힘들어하지만 다시 만났을 때 부모를 긍정적인 태도로 맞이하고 부모에게 위안과 지지를 얻으면서 쉽게 정서적 안정감을 보이며, 부모와 잦은 눈맞춤과 상호작용을 보인다. 둘째, 회피 애착은 불안정 애착 유형 중 하나로 회피 애착의 영유아들은 부모와 헤어질 때 힘들어하지 않으며 부모가 다시 돌아왔을 때도 모르는 척 하거나 피한다. 신체 접촉을 불편해하고 특별히 부모와 같이 무언가를 같이 하고 싶어 하는 모습을 보이지 않는다. 셋째, 저항 애착도 불안정 애착 유형 중 하나이다. 저항 애착의 영유아들은 부모와 헤어질 때 심하게 고통스러워하며 부모가 다시 돌아왔을 때도 울거나 거부하며 안정감을 느끼지 못하고 이중적인 감정표현을 한다. 넷째, 혼란 애착은 회피 애착과 저항 애착이 결합된 불안정 애착 형태이다. 학대받거나 무시당하는 극단적 양육태도로 인해 나타날 수 있으며, 영유아는 양육자에게 접근해야 할지 회피해야 할지 혼란스러워하며 부모가 자신의 안전기지가 되는지 안전을 위협하는 존재가 되는지 혼란스러워한다. 특히 애착의 유형 중 혼란 애착은 그 자체가 매개가 되어 성인기의 정신병리 상태를 유발한다는 것이 현재 일관되게 받아들여지고 있는 이론이다(Carson, 1998). 영유아기에 어머니와 안전 애착을 형성한 영유아는 긍정적 정서를 더 많이 보이고 부정 정서를 적게 보이는 반면, 안전 애착을 형성하지 못한 영유아들은 또래 관계에서 부적응 경향이 높고 적대적이고 공격성이 높은 문제행동을 보인다(Kochanska, 2001; Lyons-Ruth, Alpern, & Repacholi, 1993). 한 연구에 의하면, 불안정 애착을 보이

는 남아들은 보다 공격적이고 독단적이며 주의를 끌려는 행동을 보이며, 불안정 애
착을 보이는 여아들은 보다 의존적인 행동을 보인다고 보고되었다(Turner, 1991).

영유아 문제행동에 원인이 되는 애착에는 어머니와의 애착뿐만 아니라 아버지와
의 애착도 중요하다. 아버지와 안전 애착이 형성된 영유아들은 아동기와 청소년기
동안 정서적 자기 조절도 더 잘하고 원만한 또래 관계를 가지며 문제행동이 적었다
(Cabrera & Peters, 2000; Coley & Medeiros, 2007; de Minzi, 2010). 반면에 부모 모두와
안전 애착을 형성한 영유아들은 기관 적응 및 학교 적응과 같은 새로운 도전에서 덜
불안해하고 덜 위축되며 더 잘 적응하는 것으로 나타났다.

애착의 유형만으로 문제행동의 직접적인 원인이 된다기보다는 문제행동의 취약
한 위험요인인 동시에 보호요인이 될 수 있어 애착은 모든 문제행동의 치료적 근간
이 되기도 하고, 변화와 성장의 한계점이 되기도 한다. 따라서 애착관계가 영유아의
성장과 발달에 긍정적 근원이 될 수 있도록 애착요인을 치료적으로 활용하는 것이
중요하다.

(2) 기관요인

① 구조적 요인

영유아가 보육기관에서 보내는 시간이 점차 길어짐에 따라 보육기관의 역할은
더욱 중요해지며 영유아의 적응 및 발달에 많은 영향을 미치게 되었다. 영유아의 문
제행동에 영향을 미치는 보육기관의 구조적 요인은 정책, 집단 크기, 교사 대 영유
아 비율, 교사의 안정성, 교사의 교육수준, 교사의 전문성, 교사의 연수 등과 같은
요인을 말한다. 이러한 요인들은 영유아에게 간접적으로 영향을 미치고 보육기관
의 전반적인 질과 연관성을 가진다(McMullen, 1999). 적절한 집단 크기와 교사 대 영
유아 비율이 유지되어야 하며, 보육교사가 돌보는 영유아의 수가 적을수록 영유아
의 욕구를 더 잘 충족시켜 줄 수 있다. 또 교사 연수와 같은 교사 관련 요인들은 교
사생활의 안정성과 밀접하게 관련되며, 결과적으로 영유아가 제공받는 보육의 일
관성과 안정성에 연관되므로 중요한 요인으로 제시되고 있다(McMullen, 1999). 이
뿐만 아니라 보육교사의 연봉과 업무, 행정적 지원 등은 보육교사의 직무만족도와
연관이 되며, 이는 교사-영유아 간의 상호작용과 영유아에게 제공되는 보육의 질
에 직접적인 영향을 미치게 된다. 보육시설에서 보육환경의 질을 높이는 것은 영유

아가 보육기관에서 안정적인 생활을 할 수 있는 주요한 요인이 된다.

② 과정적 요인

과정적 요인은 교사와 영유아 간의 상호작용의 질, 교사의 민감성, 부모와의 의사소통, 지역사회 지원 등의 실질적인 유아교육 서비스 제공 절차를 통해 영유아가 직간접적으로 경험하는 것을 말한다(Janta et al., 2016; Litjens & Taguma, 2010). 특히 보육기관의 과정적 요인 중 교사와 영유아 간의 관계는 영유아의 기관 적응 및 문제행동 발현 및 중재에 직접적인 영향을 미친다. 최근 영유아들이 보육기관에 입소하는 연령이 빨라지면서 교사는 영유아를 돌보고 가르치는 것을 넘어 제2의 양육자로서 영유아의 사회화 과정에 매우 중요한 역할을 하게 되었다. 교사는 영유아의 정서적인 필요에 반응하고 교사가 얼마나 민감하게 반응하는지와 영유아를 향하여 얼마나 다양한 형태로 긍정적인 정서반응을 하는가와 같은 교사의 상호작용에 따라 영유아의 문제행동 및 사회정서발달에 영향을 미친다. 영유아는 교사를 안전기지 삼아 환경을 탐색하며 교사와의 관계를 기반으로 기관에서의 경험을 조직화해 간다(Howes, 2000).

특히 사회적 위축행동을 보이는 영유아들은 또래 관계에서 어려움을 경험할 위험이 높은데, 교사는 영유아의 또래 관계를 그들의 삶에서 같이 경험하며 개입하여 조율할 수 있다. 이처럼 교사와 영유아가 맺는 관계는 영유아의 사회적 위축행동에 직간접적으로 영향을 끼치는데, 교사와 영유아의 관계가 친밀하다면 사회적으로 위축된 영유아의 부적응 위험을 완화시킬 수 있다는 연구가 이를 뒷받침한다(Arbeau & Coplan, 2007; Wu et al., 2015). 반면, 갈등적인 교사-영유아의 관계를 경험한 영유아는 낮은 사회적 유능성을 나타내며(Sette et al., 2014), 의존적인 교사-영유아의 관계는 기관에서의 협동적 참여와 사회적 유능감에 부정적인 영향을 미치므로(Sette et al., 2014; Wu et al., 2015) 갈등적·의존적인 관계는 사회적 위축으로 인한 위험을 가중시킬 것이라 추정해 볼 수 있다. 또한 산만하고 충동적이거나 과잉행동을 보이는 영유아들은 교사들과의 관계에서 어려움을 느낄 수 있다. 교사들이 보육하는 데 어려움을 느끼면 교사와 긍정적인 관계를 맺을 수 없고 교사에게 지속적인 부정적 피드백을 받을 수 있다. 이로 인해 영유아들의 자신감 결여 및 위축이 나타날 수 있고 영유아의 문제행동에 적절히 개입되지 못한 보육태도는 이러한 문제행동을 더 가중시킬 수 있다.

3. 보육현장에서 관찰되는 영유아의 심리 · 행동적 문제 유형

하루 중 많은 시간을 보육기관에서 생활하는 영유아는 가정에서 경험하지 못했던 새로운 상황에 적응하는 과정에서 부적응 문제나 또래 갈등 등 여러 가지 문제행동을 나타내기도 하므로 보육기관에서 나타나는 영유아의 적응 및 문제행동에 관심을 가질 필요가 있다.

보육현장에서 나타나는 문제행동을 영아와 유아로 나누어 살펴보면, 영아를 보육하는 교사들은 놀잇감을 뺏는 행동, 친구를 공격하는 행동, 마음대로 안 되면 떼부리는 행동, 장소 이동 시 가지 않으려는 행동, 기저귀 갈기를 거부하는 행동 등의 반항 행동과 평상시에 칭얼거리는 행동, 모와 분리 시 우는 행동, 손가락 빠는 행동, 애착물건을 가지고 다니는 행동 등의 정서적 행동도 부적응으로 보고 문제행동으로 인식하였다(신혜원, 2014). 유아를 보육하는 교사들은 폭력적이고 공격적인 행동, 집단 활동에 참여하지 않는 행동, 욕설을 하는 행동, 남의 물건을 훼손하는 행동, 규칙을 지키지 않는 행동, 방해하는 행동 등의 반항 행동과 심한 감정기복을 보이는 행동, 또래와 어울리지 못하는 행동, 이해력과 표현력이 부족한 행동 등의 정서적 어려움을 보이는 행동도 부적응의 문제행동으로 인식하였다(신혜원, 2014).

유아들이 보육기관에서 보이는 문제행동은 학자마다 다르게 분류하는데, 주로 공통된 문제행동은 세 가지로 나뉜다. 첫째, 외현화 문제행동으로, 타인을 다치게 하는 반사회적 공격행동, 주의산만이나 과잉행동으로 집단 활동을 방해하는 행동과 파괴적으로 놀잇감이나 교구를 부수거나 다른 유아의 활동을 파괴하는 행동을 꼽는다. 둘째, 내향적인 문제행동으로, 위축되어 또래 관계를 원만하게 맺지 못하거나, 과도하게 수줍음이 심해 사회적 활동을 기피하는 행동이 있다. 셋째, 관계적 문제행동으로, 감정적 · 의존적으로 징징거리거나, 울거나, 떼를 쓰는 등 미성숙한 행동으로 교사나 또래의 관심을 끄는 문제행동이 있다(이연정, 2014; Essa, 1988). 이 장에서는 보육현장에서 볼 수 있는 다양한 문제행동을 다섯 가지 유형으로 나누어 기본생활의 어려움, 관계의 어려움, 내재화 문제, 외현화 문제, 발달상 어려움으로 살펴보고자 한다.

1) 기본생활의 어려움을 보이는 영유아

(1) 보육현장에서의 기본생활

기본생활은 영유아가 건강한 사회적 관계를 유지하기 위해 기본적으로 몸에 익히고 지켜야 하는 생활태도를 말한다. 기본생활습관은 개인의 필요뿐만 아니라 공동체 생활을 하는 사회인으로서 반드시 갖추어야 할 사항이다. 영유아기는 연령마다 일정한 발달단계를 거치며 발달 특성상 기초성, 적기성, 누적성, 영속성의 원리가 적용되는 시기로 앞으로 사회에서 지켜야 할 규범과 질서에 대한 기본 습관을 형성하기에 매우 효율적인 시기이다(송미영, 2014). 특히 영유아기는 일상생활의 기본 습관과 태도가 형성되는 중요한 시기로 이 시기에 형성된 기본 습관과 태도는 이후에 쉽게 변하지 않는 특성이 있어 영유아 시기부터 올바른 기본생활습관을 형성할 필요가 있다. 또한 기본생활습관은 삶을 살아가는 데 있어서 필요한 기본을 익혀 습관화하는 것으로 영유아의 바른 기본생활습관은 인성발달, 지적 발달, 언어발달, 사회성 발달 등 다양한 성장에 영향을 미치게 된다. 그렇기 때문에 보육현장에서 기본생활을 중요한 보육 내용으로 다루고 있으며, 보육교사는 영유아가 일상생활 속에서 바람직한 기본생활습관을 형성할 수 있도록 지도하는 데 많은 노력을 기울인다.

또한 영유아들은 연령에 맞는 적절한 기본생활습관이 형성되어 있어야 보육기관에서 원만히 생활할 수 있다. 보육기관은 단체생활이므로 지켜야 하는 규칙이 있고 간혹 가정 내에서는 다소 관대하게 넘어갈 수 있는 기본생활습관도 보육기관 내에서는 지켜야 한다는 것을 배워 가야 한다. 연령이 어리거나 처음 보육기관에 입소하였을 때는 스스로 해야 하는 기본생활습관 형성이 안 되어 있는 경우도 있다. 하지만 적응기간이 지나고 연령이 높음에도 기본생활습관 형성이 안 되어 있는 유아들은 다른 유아들에게 방해가 될 수 있고 보육교사의 보육에 어려움을 줄 수 있다.

보육기관에서의 영유아 기본생활은 식사, 배설, 휴식, 청결을 포함하는 자신의 관리에 대한 내용과 안전, 절제, 질서, 예절 등을 포함하는 공동생활을 하는 데 필요한 내용으로 구분한다(육아정책연구소, 2013). 보육현장에서의 기본생활습관에 관한 구체적인 내용을 살펴보면, 영유아들은 균형 있고 규칙적인 식사습관과 바른 식사예절을 습득하여야 하며 성공적인 대소변 훈련을 통해 연령에 맞는 화장실 이용방법을 배워 나가야 한다. 또 건강을 위해 연령에 따라 1~2시간 정도의 낮잠이나 휴식시간이 필요하며 손 씻기와 물건을 정리하는 등의 청결 및 주변 관리 습관이 필요하다. 또한 타인과 함께 어울려 지내고 원만한 단체 활동에 참여하기 위해 서로 지켜야 하는 행동 기준과 규칙을 지켜 나가는 것과 규칙을 지키기 위해 자신의 행동과 감정을 조절하는 것을 배워 나가야 하며 다양한 안전습관이 형성되어야 한다(육아정책연구소, 2013).

연령이 증가함에 따라 각 발달단계에서 이루어야 하는 발달과업을 달성하지 못하면 발달단계의 고착화를 경험하게 되고 이는 영유아가 성장하면서 발생하는 사회적 부적응이나 확대된 문제행동에 영향을 주게 된다. 따라서 부모 및 교사들은 영유아의 연령에 따라 기대되는 기본생활습관이 무엇인지 잘 인지하고 있어야 하며 적절히 수행해 나갈 수 있도록 지도해 주어야 한다.

(2) 보육현장에서 기본생활에 어려움을 보이는 영유아의 특징

보육현장에서 기본생활에 어려움을 보이는 영유아들의 행동은 다양한 모습으로 관찰된다. 영유아에게 가정이 아닌 낯선 상황에서의 생활은 스트레스로 작용하고 불안을 경험하게 한다. 이로 인해 새로운 것을 거부하는 행동이나 가정에서 생활습관을 유지하려는 모습이 나타날 수 있다. 또한 아직 어린 영아나 유아들의 경우 자아가 발달되어 자신의 욕구와 의사표현이 생기는 것에 비해, 자신의 감정이나 생각을 언어로 표현하고 감정을 인식하는 데 아직 미숙하여 사회적 규칙을 지켜 나가는 것에 대한 어려움을 느낄 수 있다.

먼저, 기본생활에서 어려움을 보이는 영아들의 행동은 이유식을 먹지 않으려고 하거나 젖병을 뗄 시기에 아직도 젖병을 사용하려고 하는 경우, 공갈젖꼭지에 집착하는 경우 등을 들 수 있다. 영유아 공통의 내용으로는 한 음식만 먹거나 하는 편식습관과 새로운 음식을 거부하는 행동, 먹지 않으려고 입에 음식을 오래 물고 있는 행동, 식사나 간식 시간에 스스로 먹지 않으려고 하거나 자기 자리에 착석하지 못하고 돌아다니면서 먹으려는 행동, 씻거나 이를 닦지 않으려는 행동 또는 반대로 너무 지나치게 청결하게 계속 씻는 행동, 스스로 옷 입기나 신발 신기 등을 거부하는 행동, 정리정돈을 하지 않으려는 행동, 규칙을 지키지 않는 행동, 보육기관의 하루 일과에 잘 적응하지 못하는 행동 등을 들 수 있다(이이화 외, 2013).

특히 영유아의 기본생활습관은 보육기관에 적응하는 것과도 밀접한 관련이 있는 것으로 나타났다(김민희, 1999). 기본생활에 어려움을 보이는 행동들은 영유아의 연령, 발달의 개인차와 기관의 적응기간 정도에 따라서 다르게 나타날 수 있다. 이러한 문제행동은 교사의 적절한 개입과 가정과의 협력으로 영유아들이 성장하고 적응해 나가면서 자연스럽게 해결되는 경우도 많으나, 부정적 낙인 효과나 만성적 문제행동으로 발전되지 않도록 조기에 적절히 개입해 주는 것이 필요하다.

2) 관계의 어려움을 보이는 영유아

(1) 보육현장에서의 관계

영유아기에 주 양육자인 부모와 애착을 형성하는 것은 매우 중요한 발달과업이며, 부모와 애착관계가 잘 형성된 영유아들은 부모와의 분리 상황이나 낯선 상황에서 잘 적응하고 이후 또래 관계 및 다양한 사회적 관계를 맺어 나갈 때 긍정적인 사회성 발달의 토대가 된다. 부모와 안정적 애착이 형성된 영유아들은 보육현장에서 또래들과 놀잇감을 잘 나누어 갖거나 낯선 또래와 상호작용을 시도하려는 행동을 많이 보이는 등 친사회적인 행동이 많이 나타내며, 울거나 신체적·언어적 공격과 같은 부정적인 행동을 적게 보인다(Liberman,1997). 부모와의 애착관계가 영유아의 발달에 미치는 영향에 대해서는 이미 많은 연구를 통해 밝혀졌으며, 애착관계의 질은 앞으로의 사회정서발달에 기본적인 토대가 된다. 사회정서발달은 영유아가 성장해 나가면서 다양한 사회적 관계를 맺어 나가는 데 매우 중요한 부분으로, 발달시기에 알맞은 긍정적이고 적절한 사회정서발달은 성인이 되어서까지 영향을 미치며 성공 혹은 좌절 경험을 주게 된다.

영유아기에 경험하는 사회적 관계는 대부분 보육기관에서 나타난다. 보육기관은 영유아가 가정을 벗어나 처음으로 접하여 하루 평균 6~8시간을 생활하는 곳으로, 이곳에서의 다양한 사회적 관계 경험은 영유아가 성장해 나가는 데 많은 영향을 주고, 보육교사나 또래 관계를 통해서 사회적 관계를 맺으며 사회성이 발달되어 간다. 특히 교사는 영유아들의 전인적 발달에 중요한 역할을 한다(강정원, 2002). 교사는 영유아에게 있어 또 다른 애착대상자로 '또래 관계를 지향하고 탐색하기 위한 초석'을 제공하는 사람이라는 점에서 영유아와 교사의 긍정적인 관계형성은 매우 중요하다(Howes, Matheson, & Hamilton, 1994). 이처럼 보육기관에서 교사와의 애착형성은 영유아들이 보육기관에 얼마나 잘 적응해 나갈 수 있는지에 대한 중요한 요인이 된다. 친밀한 교사와의 관계는 영유아의 보육기관 적응에 도움을 주지만 교사와 갈등이 많은 영유아는 불안, 분노, 소외감, 외로움 등의 부정적 감정과 태도를 증가시켜 학업수행이나 성취에 부정적인 영향을 미칠 수 있다(Brich & Ladd, 1997). 또 영유아가 교사에 지나치게 의존하는 관계는 영유아가 환경에 대한 탐색을 주저하고 보육기관에 대한 부정적인 태도로 외로움을 더 많이 경험하며 적응적인 또래관계 형성의 어려움을 느낀다(Brich & Ladd, 1997).

관계는 타인과 상호작용하는 것으로 사회적 능력과 정서적 능력이 잘 발달되어야 한다. 보육기관에서의 원만한 관계, 즉 타인과의 적절한 관계를 유지하는 사회적 능력은 영유아가 앞으로 성장하면서 또래관계에서의 감정표현, 보육기관 및 학교에서의 적응, 부모 및 다른 성인과의 애착을 결정하는 데 중요한 부분으로 작용하게 된다. 따라서 영유아기에 나타나는 관계적 문제나 사회정서능력을 매우 중요하게 살펴볼 필요가 있다.

(2) 보육현장에서 관계의 어려움을 보이는 영유아의 특징

애착의 어려움이 있는 영유아들은 보육현장에서 관계의 어려움을 보이는 경우가 많으며, 관계의 어려움은 교사 및 또래와의 관계에서 다양한 양상으로 나타날 수 있다. 관계의 어려움은 다양한 문제행동의 전반적인 원인이 되기도 한다. 그중 분리불안은 보육현장에서 가장 대표적인 문제 중 하나이다. 영유아들은 처음 보육기관에 적응할 때 양육자와 분리 시 불안감을 느낀다. 연령이 어린 영아들은 발달상 시간의 흐름을 이해하지 못하고 일정한 시간이 흐르면 부모가 데리러 온다는 것을 인식하기 어려울 수 있기에 영아기에 나타나는 분리불안은 자연스러운 발달과정으로 볼 수 있다(육아정책연구소, 2013). 하지만 그중에서 보육기관에 등원할 때 부모와 헤어져도 불안감이 높아서 부정적 감정을 표현하며 힘들어하고, 하원할 때 역시 부모를 다시 만났을 때도 불안감이 해소되지 않고 공격적인 행동을 하며 힘들어하거나 양육자에게 무관심을 표현하는 경우가 있다. 이는 안정적인 애착이 아닌 불안정 애착에서 기인하는 것으로 추측해 볼 수 있다. 또 다른 예로는 안정적인 애착경험 부족 및 애정적 욕구가 좌절되었거나 관계적 욕구가 워낙 커서 욕구 좌절을 느끼는 경우 관계적 스트레스를 경감하기 위해 자위행동을 하는 영유아도 있다(홍강의, 2005). 이 시기에 나타나는 자위 행동은 성인이 생각하는 것과 다른 의미가 있으며, 관심과 애정을 받고 싶은 욕구의 표현일 수 있다는 것을 이해해야 하고, 혼자 있는 시간 또는 무료하거나 심심한 정서적 증상을 해소하기 위해 우연한 반복으로 인한 자극의 쾌감으로 나타나게 되는 경우가 많다. 다리에 힘을 꽉 주고 손으로 기저귀나 팬티를 만지는 행동이나 교구장 모서리에 성기를 문지르는 행동 등을 보이기도 하며, 이러한 자위 행동은 낮잠시간 같은 혼자 있는 시간이나 교사가 집중해 주지 못하는 시간에 자주 나타날 수 있다. 자위행동이 피부염증이나 신체적 불편감으로 인한 것인지 확인할 필요가 있고, 이러한 경우가 아니라면 영유아가 자위행동보다 더 즐거운 경험을 해 나갈 수 있도록 해 주어야 하며, 충분한 애정과 관심을 보이며 긍정적인 관계를 만들어 나가는 것이 중요하다.

또 영유아기에 처음 겪는 집단생활에 대한 불안감으로 또래에게 관심을 보이지 못하고 또래들과 어울리지 못하는 모습이 나타나기도 하며, 교사에게만 매달리고 집착하는 행동을 보이는 영유아도 있다. 부모와 떨어져 지내는 상황에서 부모 대신 교사를 애착전이대상으로 느끼고 교사에게 매달리는 행동을 한다. 이러한 영유아는 교사와 떨어질 것에 대해 불안감을 과도하게 느끼며 또래와 어울리지 못하고 교사에게만 집착하는 행동을 보여 집단에 적응하지 못하고 또래관계를 맺는 것도 어려워한다.

다음으로 교사와의 관계 및 또래와의 관계에 관심이 없고 자기에게만 관심이 몰두되어 있는 경우도 있다. 자기 생각에 몰두되어서 주변에 관심을 보이지 않고 제한되고 단순한 행동을 반복적으로 한다. 이는 초기 애착형성이 원만히 되지 않았거나 잦은 양육자 교체, 민감한 양육경험이 부족한 경우에 나타날 수 있다. 이러한 영유아들은 다른 또래들에게 관심을 보이지 않기에 이 시기에 필요한 대인관계기술이 부족하고, 낮은 자기 효능감에 영향을 미칠 수 있다.

영유아 시기에 긍정적이고 건강한 관계를 형성해 나가지 못하면 앞으로 성장하면서 겪는 다양한 사회적 관계에서 어려움을 느끼고 부적응하는 모습이 나타날 수 있기에 이 시기에 관계적 어려움이 관찰될 때 조기 개입하여 치료적 접근을 하는 것이 필요하다.

3) 내재화 문제를 보이는 영유아

(1) 보육현장에서의 내재화 문제

내재화 문제는 여러 가지 부정적 상황에서 자신의 정서와 행동을 억제하고 표현하지 못하며 심리적으로 위축되게 만든다. 내재화 문제는 불안, 우울 등의 정서적 문제와 위축, 신체화 증상 등으로 갈등이 내면에 잠재되어 있어 문제행동이 외부로 쉽게 드러나지 않지만, 대인관계나 사고 문제 등에서 어려움을 겪게 되고 인격 형성에 부정적 영향을 미치게 된다(이숙희, 고인숙, 김미정, 2009; Sterba, Prinstein & Capaldi, 2005). 불안, 우울을 겪는 영유아들은 자주 울음을 터트리고 슬픔을 표현하며 매사에 흥미나 의욕이 없는 모습을 보인다. 우울한 영유아는 성장하면서 대인관계에 어려움을 보이는 경우가 많다. 보육현장에서 우울한 영유아들은 활동에 적극적으로 참여하지 않는 모습으로 교사들이 더 민감하게 관심을 보여야 한다. 또 위축은 주변 환경과의 접촉에서 움츠러들고 주변 사람과의 적절한 관계를 유지할 수 없는 행동을 말한다(Cambell, 1997). 유아기의 위축된 모습은 또래로부터 거부당하거나 스스로 움츠러드는 유아에게 나타나는 일종의 사회 부적응 행동 중의 하나로 또래의 수용도가 낮은 편으로 또래들과 놀이를 할 때 겉돌거나 참여도가 낮은 모습으로 나타난다. 또한 일상에서 수동적이고 자기의 권리를 지키지 못하는 경우가 많고 자기 의사를 표현하기 어려워하여 또래 관계에서 부적응적인 모습을 보인다. 위축된 모습은 영유아기에 문제가 되기보다는 또래 집단이 중요해지는 학령기에 들어가면서 부적응적인 모습으로 나타날 수 있으며, 이러한 부정적 경험이 축적되면서 불안, 외로움, 우울감과 같은 부정적 정서를 복합적으로 경험하게 될 수 있다.

영유아들은 이러한 전형적인 내재화 증상뿐만 아니라 등원을 하지 않으려 하거나 이유 없이 무서워하는 것, 의학적 문제가 아님에도 자주 배가 아프거나 머리가 아프다고 하는 신체화 증상으로 나타나는 경우도 많으므로 주의 깊게 살펴보아야 한다. 특히 내재화 문제행동을 보이는 영유아들은 수줍음이나 내성적인 성격으로 간주하게 되어 적절한 시기에 개입하지 못하는 경우가 많으며, 사회적 관계형성 및 자존감 형성에 부정적 영향을 줄 수 있다.

(2) 보육현장에서 내재화 문제를 보이는 영유아의 특징

내재화 문제를 보이는 영유아들의 행동은 보육기관 적응 기간이 지났음에도 불구하고 수줍음이나 부끄러움을 지나치게 보이는 것이다. 지나치게 수줍어하여 자기가 원하는 것이나 감정을 표현하는 데 어려움을 보이고 새로운 일을 시도하는 것도 어려워한다. 이러한 영유아는 자주 보는 교사나 친구에게 인사하기를 어려워하는 경우도 있으며, 특히 이러한 영유아들 중에는 선택적 함구증을 겪는 경우도 있다. 선택적 함구증을 보이는 영유아는 낯선 상황에서는 수줍어하고 예민하여 공포감에 경직되는 모습을 보이는 반면, 가정 내에서는 고집이 세고 조종하려는 모습을 보이는 이중적인 특성이 나타나기도 한다(염숙경, 2002). 또 자신감이 부족한 영유아들은 교사의 격려와 제안에도 활동을 스스로 하지 못하고 교사에게 도움을 요청하고 스스로 잘할 수 없다고 생각한다. 이들은 다른 사람들에게 평가받고 거부당할 것에 대한 두려움을 많이 보이는 특징을 보인다.

　다음으로 불안감이 높은 영유아들은 새로운 교사를 만나거나 갑작스러운 환경변화에 불안해하며, 놀이에 관심을 보이지 않고 눈물을 흘리며 교사에게만 매달리는 경우도 있다. 이러한 영유아들은 활동에 재미있게 참여하지 못하고 늘 겉도는 모습을 보이며, 이유 없이 눈물을 흘리기도 한다. 민감하게 영유아의 욕구를 알아차리지 못하고 적절히 충족시켜 주지 못할 때 영유아의 우울감은 지속될 수 있으며, 이러한 우울감이 기질적인 수줍음인지 부모-자녀 관계의 불안감으로 인해 정서적 안정감을 갖지 못하는 경우인지에 대해 잘 파악해 볼 필요가 있다. 우울이나 불안감을 보이는 영유아들은 위축된 행동을 같이 나타내기도 하며, 놀이 상황에서 자기의 감정이나 욕구에 대해서 적극적으로 표현하지 못하고 수동적인 모습을 많이 보인다. 따라서 자기의 권리를 지키지 못하는 경우도 많으며, 타인에 의해 무시되기 쉽고 또래 관계에 부정적인 영향을 미치며 자신감이 부족해지는 모습과 연결 지어 나타날 수 있다. 내재화 문제행동을 보이는 영유아들은 긴장되고 불편한 상황, 낯선 상황에서 자주 배가 아프거나 머리가 아프다고 하는 신체화 증상을 보이기도 한다. 이러한 신체화 증상은 꾀병과는 달리 영유아가 진짜로 아픈 증상을 느끼므로 늘 기운이 없고 활동에 적극적으로 참여하지 못한다. 그러다 보니 보육기관에 흥미를 느끼지 못하여 부적응 문제와 또다시 신체화 증상이 나타나 반복적으로 부정적 영향을 미칠 수 있다. 이러한 내재화 문제는 조기에 개입하여 만성적으로 지속되지 않도록 도움을 주는 것이 중요하다.

4) 외현화 문제를 보이는 영유아

(1) 보육현장에서의 외현화 문제

　외현화 문제는 자신의 감정이나 행동을 조절하지 못하여 발생하는 것으로 주의집중의 부족, 과잉행동, 충동성 등의 산만한 행동과 공격성, 반항성과 같은 품행 문제를 포함한다. 대부분의 문제행동은 사회적 관계에서 어려움을 경험하게 하지만, 특히 외현화 문제행동의 경우는 또래와의 갈등, 공격적 행동, 싸움 등으로 나타나 부정적인 낙인 효과에 영향을 미치게 된다. 특히 보육현장에서는 또래 관계에서 갈등 상황이 자주 생기게 되면 교사의 개입을 통해 중재하고 제한하는 상황이 나타나게 된다. 반복되는 제한 상황으로 인해 욕구의 좌절을 경험한 아동은 분노감을 누적시킬 수 있으며, 부적절한 피드백으로 인해 낮은 자존감에도 영향을 줄 수 있다.

영유아기에 나타나는 외현화 문제행동은 비교적 오래 지속되며, 이 시기에 심각한 문제행동을 나타낸 유아들은 이후 초등학생이 되어서도 여전히 학교생활에 적응하지 못하고 사회적 문제를 더 많이 보이게 된다(Mesman, Bongers, & Hans, 2001; Prior, Smart, Sanson, & Oberklaid, 2001). 특히 3~5세 유아기에 나타나는 외현화 문제행동에 적절한 중재가 되지 않았을 경우 안정적인 또래 관계를 형성하기 어렵고, 이러한 외현화 문제행동이 18세까지 지속되어 폭력성이 지속된다(Loebor & Farrington, 2000). 이처럼 영유아기에 나타나는 문제행동은 아동기의 공격성, 청소년기의 비행 및 품행 문제, 성인기의 반사회적 문제로 발전될 수 있으므로 영유아기의 조기 개입은 필수적이다.

보육현장에서는 일과에 대한 기본적인 루틴이 정해져 있고 각 시간에 맞춰서 해야 하는 학습이나 활동이 정해져 있다. 하지만 주의집중이 부족한 영유아들은 단조롭고 반복적이고 지루한 일상적인 과제를 할 때 수업에 방해되는 행동을 하는 경우가 많으며, 다른 또래에 비해 과도한 활동량으로 인해 위험한 행동을 한다거나 순서를 기다리지 못하는 행동, 성급한 행동 등을 자주 하게 되어 교사가 보육하기에 어려움을 느끼는 대표적인 문제 유형으로 볼 수 있다. 또한 외현화 문제행동은 다른 또래들의 활동에 불편함을 주거나 피해를 주는 경우가 많아서 교사뿐만 아니라 또래 관계에도 부정적인 영향을 미치게 된다.

하지만 발달적인 측면에서 이해하는 것도 필요하다. 영유아기는 급속한 인지발달과 신체적 성장이 이루어지면서 자아에 대한 인식이 강해지고 주도성이 커지는 시기이므로 어린 연령의 영유아일수록 내재화 문제행동보다 외현화 문제행동이 더 많이 나타난다(Gilliom & Shaw, 2004). 모든 문제행동이 마찬가지지만, 특히 외현화 문제행동은 영유아의 연령과 발달에 따라 이해해야 한다. 연령에 따라 기대되는 행동이 다르므로, 예를 들어 똑같이 놀잇감을 던지는 행동을 보여도 영아기보다 유아기에 나타났을 때 더 문제행동으로 볼 수 있다.

(2) 보육현장에서의 외현화 문제를 보이는 영유아의 특징

외현화 문제행동은 연령 및 발달시기에 따라 나누어 살펴볼 필요가 있다. 영아기에 볼 수 있는 외현화 문제행동으로는 깨물기, 밀기, 때리기, 머리 잡아당기기 등의 공격적인 문제행동이 자주 나타나기도 한다. 특히 영아기에 다른 친구를 무는 행동은 보육기관에서 자주 접할 수 있는 문제행동으로 이는 학부모들 간에 갈등 상황을 발생시킬 수 있어서 교사나 보육기관에서 보육에 어려움을 느끼는 영유아 문제행동 중 대표적인 경우이다. 돌 전후의 영아들은 이가 나기 시작하면서 깨무는 행동이 자주 나타나기도 하며, 연령이 조금 더 높은 유아들은 정서적으로 불안정한 경우 성인의 관심을 끌 수 있는 강력한 행동으로 무는 행동을 지속하는 경우도 있다. 영아의 공격성은 본능적인 부분이 강조된다는 점에서 아동기 이후나 성인기의 공격성과는 차이가 있다고 할 수 있지만, 반응적이거나 갈등을 유발하는 형태의 공격성이 17~24개월경에 시작되는 것은 분명하다(엄성애, 박성연, 2003). 영아들은 발달적으로 타인과 함께하는 집단생활에서 아직 불편함을 느끼고 사회적 상황에 대한 이해가 부족해서 문제행동을 보이기도 하지만, 기관생활을 하면서 배워 나가야 하는 부분이기에 적절한 지도와 개입이 필요하다.

유아기에 나타나는 외현화 문제행동으로는 때리거나 밀치며 친구와 싸우는 행동, 파괴적으로 물건을 부수거나 하는 행동, 규칙을 지키지 않고 수업을 방해하는 행동, 교사에게 반항하는 행동, 거짓말을 하는 행동, 남의 물건을 가져가는 행동 등을 들 수 있다. 유아들은 보육기관에서 생활하면서 여러 가지 좌절을 경험하기도 하고, 자신이 원하는 대로 할 수 없는 상황에서 부정적 감정을 느끼기도 하며 울거나 화를 내는 것으로 해소하게 된다. 상황에 맞는 적절한 감정표현을 나타내는 것은 문제로 여기지 않지만, 욕을 하는 행동이나 물건을 던지는 행동 등 교사의 달램과 개입에도 부정적 감정을 조절하지 못하는 행동은 문제행동으로 볼 수 있다. 또 유아에게서 볼 수 있는 외현화 문제행동 중에 거짓말을 하는 행동도 자주 관찰되는데, 이는 관심을 얻기 위해 또는 혼나지 않기 위해 보이는 문제행동이다. 규칙을 지키지 않는 것과 자신의 실수를 인정하지 않는 행동도 외현화 문제행동으로 볼 수 있다. 또한 남의 물건을 가져가는 행동도 소유에 대한 개념이 명확하지 않아서 나타날 수도 있지만, 교육에도 불구하고 지속적으로 나타나게 된다면 관심 받고 싶은 욕구와 조절에 어려움을 보이는 문제행동일 수 있다. 집단 활동에서도 외현화 문제행동을 보이는 유아들을 볼 수 있는데 규칙을 지키지 못하거나 수업에 방해되는 행동을 하는 등 주의가 산만하고 집중을 잘 못하며 가만히 있지 못하는 행동을 하는 유아들도 외현화 문제행동으로 볼 수 있다.

이러한 보육현장에서 볼 수 있는 외현화 문제행동이 보육현장뿐만 아니라 다른 일상생활에서도 나타나는지를 파악해 보아야 한다. 이러한 행동은 타인에게 피해를 줄 수도 있고, 유아 스스로도 활동에 참여하지 못하는 등 불편함을 가질 수 있으며, 또래나 교사들에게 부정적인 낙인 효과가 될 수 있으므로 영유아의 문제행동에 대한 다각적인 요인을 탐색하는 것이 필요하다.

5) 발달상 어려움을 보이는 영유아

(1) 보육현장에서의 발달상 어려움

영유아기는 기본적인 신체기능 및 다양한 영역에서 발달이 급격하게 이루어지는 시기이다. 발달은 대개 일정한 순서가 있고 연령에 따라 발달수준이 유사하게 나타나므로 일반적으로 특정 시기에 기대되는 발달수준이 있으며 영유아 개인의 특성이나 기질에 따라 발달의 개인차는 매우 크고, 다른 양상을 보인다. 그러나 발달상의 개인차라고 볼 수 없고 지연이나 지체가 의심되는 영유아들이 있으며, 연령이 어릴수록 뚜렷한 장애의 특성이 보이지 않으면 의학적 진단을 내리기 어려울 뿐만 아니라 부모 역시 영유아의 증상을 발견하더라도 기질적인 문제라고 판단하기 쉽고, 장애에 대한 두려움으로 정확한 진단을 미루게 되는 경우가 많다(홍은숙, 2008). 발달상 어려움을 갖는 영유아들은 전반적인 발달 및 보육기관 적응과 관련하여 다양한 문제행동을 동반하기도 한다. 보육현장에서는 교사들이 다양한 영유아들을 함께 보육하면서 연령에 맞는 보편적인 발달에서 어려움을 겪는 영유아들을 좀 더 빠르게 알아차릴 수 있다. 발달에 어려움을 보이는 영유아를 '발달지체' '발달지연' '느린 아동' 등 다양한 용어로 설명하고 있으며 영유아의 증상이나 연령에 따른 변화 가능성 때문에 한 가지의 용어로 명명하기 쉽지 않다(나보연, 2021).

특히 발달은 신체운동영역, 언어영역, 인지영역, 사회정서영역 등 다양하게 나누어 볼 수 있으며 이러한 영역들은 서로 독립되어 있는 것이 아니라 서로 다른 영역의 발달을 촉진하기도 하며 지연을 유발하기도 한다. 12개월 이전의 영아들에게는 기거나 걷기 등 신체운동영역의 대근육 발달에서 눈에 띄는 발달의 어려움을 발견할 수 있으며, 그 이후에 영유아들에게 가장 많이 나타나는 것은 언어발달에서의 지연이다. 언어는 수용언어와 표현언어로 나눠 볼 수 있으며, 수용언어는 되지만 표현언어가 늦는 경우에는 조금 더 발달을 지켜보며 언어발달을 촉진해 볼 수 있다. 또한 언어발달의 어려움은 말이 늦고 발음이 부정확한 경우가 많고, 이는 단순히 언어영역뿐만 아니라 인지영역 및 사회정서영역에도 영향을 미치게 되어 유아의 사회성 발달에도 중요한 영향을 준다. 또 높은 연령의 유아들은 사회정서영역에서 연령에 맞지 않는 미숙한 행동으로 가장 많은 발달의 어려움을 경험한다.

보육현장에서 교사들은 영유아가 신체적으로 뚜렷하게 장애의 특성을 보이지 않는 한, 영유아의 발달적 어려움에 대해서 부모에게 전달하기가 조심스럽고 민감한 부분이지만, 조기에 개입할 수 있도록 정보를 제공할 필요가 있다.

(2) 보육현장에서의 발달상 어려움을 보이는 영유아의 특징

발달상 어려움을 보이는 영유아들은 보육기관 적응과 관련하여 다양한 문제행동을 같이 나타낸다. 발달이 지연되어서 어려움을 보이는 영유아들은 통합된 학습상황에서 적응할 수 있도록 돕는 사회적 기술이 부족하여 적절한 행동양식을 발달시키지 못하기도 하고, 새로운 것을 배우고 접하는 데 어려움을 느끼기도 하며, 교사의 지시를 따르기 힘들어 하고, 원만한 또래 관계 형성이 어려울 수 있다(Wenz-Gross & Sipersterin, 1988).

영아기에는 대근육 발달에서 어려움을 겪는 영아들을 쉽게 알아차릴 수 있다. 이는 느린 기질 혹은 겁이 많거나 새로운 시도를 두려워하는 기질인 경우일 수도 있고, 뇌발달의 이상 혹은 의학적 진단이 필요한 경우일 수도 있으니 주의 깊게 살펴보아야 한다. 의학적 이상이 아닌 경우에는 다양한 연습경험과 격려를 통해서 대근육 및 소근육 발달이 잘 이루어질 수 있도록 도와야 한다.

발달상 어려움을 가장 많이 보이는 영역은 언어발달 영역이다. 영아들이 또래에 비해 발음이 부정확한 것과 교사의 질문 또는 지시에 대한 반응이 적절하지 않은 경우나 말에 반응하지 않는 경우에 문제행동으로 보며, 유아들도 발음이 부정확하거나 말을 더듬는 경우 또는 또래에 비해 말의 흐름이나 맥락을 잘 이해하지 못하고 상황에 전혀 맞지 않는 뜬금없는 이야기를 하는 경우, 사용 어휘 수가 매우 적거나 언어적 의사표현이 매우 적은 경우, 높은 연령의 유아임에도 쓰기나 글자에 관심이 없는 경우 등에 대해 언어발달 영역의 문제행동으로 보게 된다(육아정책연구소, 2013). 이 외에도 보편적인 발달연령에서 갖추어야 하는 규칙 지키기나 착석시간,

대집단 활동 등에서 연령에 비해 미숙한 모습을 보이는 것도 발달의 어려움으로 볼 수 있다. 발달은 연속선상에 있기에 적절한 시기에 성취되지 못한 발달과업이 지속적으로 영향을 줄 수 있으므로 시기에 맞는 적절한 발달과업을 성취해 나갈 수 있도록 함이 중요하다.

또 눈맞춤이 없거나 불러도 호명반응이 없는 행동, 연령이 높은 유아들 중에 또래와 같이 놀거나 상호작용하지 않는 행동을 전혀 보이지 않을 때는 주의 깊게 살펴볼 필요가 있으며, 필요하다면 발달검사를 권하여 전문가의 도움을 받도록 해야 한다.

이처럼 영유아기에 경험하는 어려움은 대부분 영유아를 둘러싼 환경적 요인과의 상호작용의 결과로서, 위험요인과 보호요인의 균형이 어떠한가에 따라 달라질 수 있다(Susan, 2007). 따라서 예방적 치료나 중재와 같은 환경적 개입을 통해 부적응 문제행동을 보이는 영유아들의 위험요인 간의 시너지를 이해하고 보호요인이 충분히 그 역할을 수행하도록 하여, 유아가 부적응을 극복하고 전인적으로 건강하게 성장할 뿐 아니라 이후의 문제행동을 예방할 수 있어야 한다. 영유아의 문제행동을 지도하고 개입하는 것은 보육교사들이 가장 어려워하는 영역으로 이를 위해 전문가의 도움이 가장 중요하다고 하였다(육아정책연구소, 2013). 따라서 보육현장에 직접적으로 개입되어 영유아들의 심리 · 정서적 문제에 대해 조기 개입하는 보육놀이치료는 현 보육 시스템에 매우 필요한 부분이라 할 수 있다.

보육현장에서 관찰되는 영유아의 문제행동 유형에 따라 보육놀이치료 실제 사례를 제3부에 구성하였다. 즉, 기본생활에 어려움을 보이는 유아는 등원거부를 보이는 유아와 규칙을 지키기 어려운 유아의 사례, 관계의 어려움을 보이는 유아는 교사에게 집착하는 유아와 자위행동을 하는 유아의 사례, 내재화 문제를 보이는 유아는 선택적 함구증 유아와 위축행동을 보이는 유아의 사례, 외현화 문제를 보이는 유아는 과잉행동을 하는 유아와 공격적인 유아의 사례, 발달적 어려움을 보이는 유아는 발달지연 유아와 초등학교 전이를 준비하는 7세 유아의 사례를 제3부에 자세히 제시하고자 한다.

4. 장의 요약

이 장에서는 영유아의 심리 · 행동적 문제를 알아보고 문제행동이 발생하는 영유

아의 개인요인과 환경요인을 살펴보았다. 보육현장에서 볼 수 있는 영유아의 문제
행동 유형을 기본생활의 어려움, 관계의 어려움, 내재화 문제, 외현화 문제, 발달상
어려움의 총 다섯 가지 유형으로 나누어서 살펴보았다. 영유아의 문제행동은 발달
상 나타나는 일시적인 특징일 수도 있지만, 학령기나 청소년기에 들어서도 지속적
으로 나타날 수 있으므로 영유아기에 나타나는 문제행동을 쉽게 간과해서는 안 되
며 적극적인 조기 개입이 중요하다. 특히 문제행동의 원인은 기질이나 신경생물학
적 요인 등의 개인요인, 가정환경과 부모양육태도, 부모와의 애착관계의 가족요인
과 기관요인 등의 환경요인으로 나누어 볼 수 있으므로, 영유아 문제행동의 원인에
대해 한 가지의 요인보다는 다각적으로 이해해야 한다. 보육현장에서 나타나는 영
유아의 문제행동은 보육기관 부적응뿐만 아니라 영유아의 자아발달 및 사회성 발
달에도 영향을 미치므로 보육기관에서 나타나는 영유아의 문제행동에 부모와 교사
모두 적극적인 관심을 가질 필요가 있다.

보육놀이치료의
실행

제2부

최적의 환경에서 보육놀이치료를 성공적으로 실행하기 위해서는 체계적인 보육놀이치료 운영 과정을 따르게 된다. 보육놀이치료 운영 과정은 크게 보육놀이치료 준비 단계, 실행 단계, 평가 단계를 거치며 준비되고, 이후 과정 동안 다시 수정·보완된다. 보육놀이치료 준비 단계는 대학과 보육기관의 협약 체결, 보육놀이치료사와 코디네이터의 교육 및 훈련, 보육기관과 교사의 행정적 준비 및 환경 구성, 내담자 선정을 위한 상담 신청 및 대상 선별에 대한 사항이 포함된다. 보육놀이치료 실행 단계는 내담 아동 및 부모와의 상담 과정과 지속적인 관리 감독, 보육놀이치료의 체계 간 교류, 환경 보완에 대한 사항이 포함된다. 마지막으로 보육놀이치료 평가 단계는 교육 및 훈련 과정, 상담 과정, 운영 과정에 대한 평가와 차년도 보육놀이치료 실행을 위한 피드백 수집 및 분석의 과정이 포함된다. 대학과 수퍼바이저를 구심점으로 보육놀이치료 체계에 집결된 내담 아동과 부모, 보육놀이치료사와 코디네이터, 보육기관과 교사는 보육놀이치료 운영에 가장 중요한 참여자이자 실행자 요인이며, 이들의 협력은 보육놀이치료 운영의 성공을 결정한다.

Chapter 05

보육놀이치료의
과정

　보육놀이치료는 아동에게 매우 친숙하며 밀접한 일과 공간인 보육기관 안에서 아동의 건강한 성장과 발달을 조력하는 ONE-STOP 형태의 서비스로, 높은 접근성과 효율적인 운영 체계를 갖춘 새로운 심리치료 모델이다.

　보육놀이치료는 보육기관에 재원 중인 아동을 대상으로 실시되는 발달지원 서비스이며 예방적 차원의 중재, 조기 중재, 부적응 문제에 대한 중재, 적응 행동 향상 등 발달상 경험할 수 있는 아동의 다양한 이슈에 유용한 중재적 접근이다.

　내담 아동과 부모, 보육놀이치료사와 코디네이터, 보육기관과 교사는 각각 보육놀이치료의 핵심 요소로 대학 및 수퍼바이저를 중심에 둔 운영 체계 안에서 서로 관계 맺고 조력하며 협력하게 된다.

　새로운 심리치료 모델로서 그 유용성과 효과를 입증하고 있으며 적용의 확장 가능성을 보여주고 있는 보육놀이치료 모델의 핵심 체계 및 운영 과정에 대해 알아보고자 한다.

1. 보육놀이치료의 구성 요소

　보육놀이치료의 실행에 있어 빠져서는 안 될 네 가지 차원의 요소에는 첫째, 내담 아동과 부모, 둘째, 보육놀이치료사와 코디네이터, 셋째, 보육기관과 교사, 넷째, 대학과 수퍼바이저가 있으며, 이는 보육놀이치료 운영을 위한 핵심 체계에 해당한다.

각 차원의 요소들은 보육놀이치료 운영에 저마다의 역할과 중요성을 지니는 동시에 상호 의존적인 관계에 있다. 성공적인 보육놀이치료는 각 차원의 요소가 맡은 과업을 충실히 담당하고 수행하면서도 다른 차원들과 유기적으로 협력하고 유연하게 소통하는 과정을 통해 이루어질 수 있다.

각 차원이 엄격하게 독립되어 있거나 하나의 차원만이 강조되었을 때 보육놀이치료는 성공적으로 운영될 수 없으며, 보육놀이치료의 핵심 요소가 다른 차원의 요소와 조화롭게 협력하고 소통하며 균형을 이룰 때 보육놀이치료의 성과는 더욱 높아질 수 있다.

다음의 내용을 통해 보육놀이치료 운영을 위한 네 가지 차원의 요소에 대해 좀 더 상세히 알아보고자 한다.

1) 내담 아동과 부모

보육놀이치료 운영 체계의 첫 번째 차원은 내담 아동과 부모로, 이는 보육놀이치료에서 치료적 중재를 제공받는 참여 아동과 아동의 부모 대상을 의미한다. 보육놀이치료 모델은 참여하는 모든 사람, 기관, 체계가 함께하는 동반성장의 가치를 지향하지만, 무엇보다도 내담 아동과 부모의 복지는 최우선 사항의 가치에 있다. 보육놀이치료의 궁극적 필요성과 목적은 내담 아동의 발달적 어려움에 대한 예방, 조기 발견, 중재, 적응 향상에 있으며 내담 아동의 복지는 보육놀이치료 모델 운영의 이유이자 목적이며 결과에 해당한다.

성공적인 보육놀이치료를 위해 내담 아동과 부모의 참여적 협력은 필수적이다. 내담 아동과 부모는 보육놀이치료 과정 동안 성실하게 참여하며 다른 체계와 협력적으로 의사소통하여야 한다. 그러나 내담 아동과 부모의 협력은 다른 체계의 이익을 위해 강요되는 것이 아니며, 보육놀이치료의 운영 과정상에서 발생하는 모든 의사 결정 과정은 오로지 내담 아동의 복지와 이익에 기반하여 이루어져야 한다.

2) 보육놀이치료사와 코디네이터

보육놀이치료사와 코디네이터는 보육놀이치료 체계의 두 번째 차원으로, 이는 보육놀이치료에서 치료적 중재를 실시하며 총괄적인 운영 관리를 담당하는 보육놀이치료의 실행 인력을 의미한다.

　놀이치료에서 핵심이 되는 치료적 요인은 놀잇감도 치료적 기술도 아닌 치료사 그 자체에 있으며(Landreth, 2015), 보육놀이치료사는 보육놀이치료의 성공적 운영에 있어 무엇보다도 중요한 수행 인력에 해당한다. 또한 코디네이터는 보육놀이치료사의 놀이치료 과정을 지도 감독하는 동시에 담당 기관의 보육놀이치료 운영 과정 전반을 관리하는 중책을 맡고 있다. 따라서 보육놀이치료 체계의 두 번째 차원은 보육놀이치료 운영의 최전방에서 적극적이며 능동적인 업무 활동을 수행하는 역할이라고 할 수 있다.

　보육놀이치료사와 코디네이터는 보육놀이치료 운영을 통해 전문가로 성장하는 의미 있는 봉사 학습의 과정에 참여하게 되며, 체계적인 교육과정 안에서 더욱 발달해 나가게 된다.

3) 보육기관과 교사

　보육놀이치료의 세 번째 차원은 보육기관과 교사로, 이는 보육놀이치료 운영을 위한 환경 제공자이자 실행 조력자를 의미한다. 보육기관은 보육놀이치료 운영의 필요를 바탕으로 보육놀이치료 실행을 위해 협약을 체결하고자 하는 참여 주체이며 보육놀이치료 운영을 위한 물리적 환경 구축을 담당하게 된다.

　놀이치료실은 치료적 환경에서 가장 중요한 구조 중 하나에 해당하는 요소로, 안전한 치료적 공간은 아동이 치료 환경에 신뢰를 가지고 상담 과정에 참여하도록 이끈다(Landreth, 2015). 안전하고도 일관된 물리적 환경이 제공되지 못하는 환경에서 변화를 위한 치료적 관계는 구축될 수 없다. 보육기관은 코디네이터와의 소통을 통해, 보육기관의 환경에 적합한 방식으로 내담 아동이 편안하고 안전하게 느낄 수 있는 공간을 구축하며 유지 · 보수하는 데 책무를 지닌다. 또한 기관에서 근무하는 모든 교사들은 내담 아동만을 위해 구축된 치료실 환경을 일관되게 유지할 수 있도록 사전에 동의하고 약속된 지침을 따라야 한다.

4) 대학과 수퍼바이저

　대학과 수퍼바이저는 보육놀이치료 체계의 중심축이자 구심점으로서 보육놀이치료 체계의 근본이 되는 네 번째 차원에 해당한다. 보육기관과의 접촉 및 협약 체결의 과정은 대학과 수퍼바이저를 중심으로 이루어지며 협약을 기점으로 하나의 기관과의 보육놀이치료 체계가 구성된다. 대학과 수퍼바이저는 보육놀이치료 실행 인력에 해당하는 보육놀이치료사와 코디네이터를 교육하고 파견하기 위한 전공 연계 과정을 운영한다. 따라서 대학과 수퍼바이저는 보육놀이치료 체계 전체를 관장할 수 있는 역량이 요구된다.

보육놀이치료의 운영을 관장하는 기반으로서 대학과 수퍼바이저는 체계적인 구조를 가진 보육놀이치료의 구성 체제를 마련하게 된다. 보육놀이치료의 체계는 일관적인 보육놀이치료의 운영을 위해 엄격한 구조를 갖는 동시에 각각의 보육기관이 지닌 개별성과 독특성을 포괄할 수 있도록 유연한 변형을 가능하게 하는 접근을 통해 기관의 특성에 적합한 보육놀이치료를 운영할 수 있게 한다.

보육놀이치료의 구성 요소			
차원 1	차원 2	차원 3	차원 4
내담 아동과 부모	보육놀이치료사와 코디네이터	보육기관과 교사	대학과 수퍼바이저
보육놀이치료의 참여 대상	보육놀이치료의 실행 인력	보육놀이치료의 환경 지원	보육놀이치료의 중심 체계

[그림 5-1] 보육놀이치료의 구성 요소

2. 보육놀이치료의 진행 단계

보육놀이치료 체계의 네 가지 차원이 담당하는 역할은 보육놀이치료 과정의 주요 단계에 따라 구분되지만, 각 차원 간의 역할은 협력을 통해 유기적으로 연결되어 진행된다.

보육놀이치료의 진행 단계는 크게 준비 단계, 실행 단계, 평가 단계라는 3단계로 구분될 수 있다. 각각의 단계는 편의상 구분하여 기술하지만, 단계 간 연속성을 가지고 유기적으로 연계된다. 보육놀이치료의 준비 단계는 다음 단계인 실행 단계에, 실행 단계는 다시금 평가 단계에 영향을 미치며 이전 단계의 과정은 다음 단계의 원

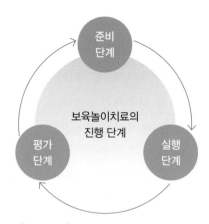

[그림 5-2] **보육놀이치료의 진행 단계**

활한 이행에 높은 수준의 영향을 미친다. 보육놀이치료의 평가 단계는 단순히 종결 단계를 이르는 것이 아니며 다시금 준비 단계를 조력함으로써 보육놀이치료의 과정은 순환하는 구조가 된다. 다음 단계로의 이행과 순환을 반복하는 과정은 보육놀이치료가 계속해서 발전하며 성장하는 구조가 되게 하는 핵심 과정이다.

보육놀이치료 준비 단계, 실행 단계, 평가 단계로 나누어지는 세 가지 진행 단계에 대해 좀 더 자세히 알아보고자 한다.

1) 준비 단계

보육놀이치료 네 가지 차원의 구성 요소는 준비 단계에서 각각의 역할을 수행하게 된다. 준비 단계는 보육놀이치료 과정의 3단계 중 가장 중요한 초기 단계로, 충분한 동맹 관계가 형성되기 이전의 단계에 해당하여 어려움이 발생하기 쉬운 시기이며, 어느 단계보다도 각 차원 간 상호 협력적인 태도가 더욱 요구되는 단계가 된다.

첫 번째 차원인 내담 아동과 부모 체계는 아동이 가진 이슈와 부모의 개인적인 동기 혹은 기관의 추천에 따라 보육놀이치료 참여 의사를 결정하고 참여를 신청하게 된다. 기관이 가진 운영 특성 및 신청 절차에 따라 보육놀이치료 참여를 신청하고 선별되는 세부 과정은 다를 수 있으며 내담 아동과 부모는 기관 내에서 정해진 절차에 맞추어 보육놀이치료에 대한 참여 의사를 표명하고 이후 과정에 협력하는 것이 필요하다. 중재 요구도가 큰 아동들의 신청 비율이 높을 경우, 선별 과정 이후 중재 요구도의 우선순위에 따라 일부 아동과 부모의 보육놀이치료 참여 기회는 차년도로 연기될 수 있다. 보육놀이치료 대상으로 선발된 내담 아동의 부모는 보육놀이치료 사전 부모교육에 참여함으로써 다음 단계를 준비하게 된다.

두 번째 차원인 보육놀이치료사와 코디네이터는 준비 단계에서 전문적인 보육놀이치료 실시 및 지도감독을 위한 교육과정에 참여하게 된다. 보육놀이치료사와 코디네이터를 위한 교육은 전공 연계 과정을 중심으로 이루어지며 전문 학회를 통한 교육 및 특별하게 고안된 집단 교육을 병행하는 과정으로 이루어지게 된다. 준비 단계에서 사전교육이 실시되는 한편, 보육놀이치료사와 코디네이터는 보육놀이치료 실행 단계에서 보육놀이치료에 참여할 내담 아동을 선발하기 위해 아동을 선별하는 과정에 참여하게 된다. 코디네이터는 기관과의 논의를 통해 우선적으로 보육놀이치료에 참여할 수 있는 아동 선별 기준, 치료 회기 등의 사항을 정립하게 되며 보육놀이치료사는 결정된 기준을 바탕으로 아동 선별 평가 및 준비를 진행하게 된다.

세 번째 차원인 보육기관과 교사는 준비 단계에서 보육놀이치료 실행을 위해 대학 및 수퍼바이저와 협약을 체결하는 행정적 절차를 진행하게 된다. 협약 체결 이후에는 본격적으로 보육놀이치료 운영을 위한 환경 구성에 들어가야 한다. 놀이치료를 진행하기 위한 치료실 구축을 위해 기관 내부에서 독립된 공간으로서의 정체성을 가질 수 있는 환경을 발굴하고 재원 중인 아동의 연령대와 특성을 고려하여 적절한 치료실 환경을 조성하게 된다. 또한 보육놀이치료 진행 과정에 필요한 행정적인 서류 및 운영 가능 시간 등의 규준을 마련하는 것 또한 환경 조성의 내용에 포함될 수 있다.

네 번째 차원인 대학과 수퍼바이저는 준비 단계에서 보육놀이치료 운영을 위해 전공 연계를 통한 교육과정을 운영하게 된다. 보육기관에 파견되는 보육놀이치료

보육놀이치료의 진행 단계: 준비 단계			
차원 1	차원 2	차원 3	차원 4
내담 아동과 부모	보육놀이치료사와 코디네이터	보육기관과 교사	대학과 수퍼바이저
• 참여 신청 • 사전교육	• 사전교육 • 아동 선별	• 협약 체결 • 환경 조성	• 전공교육 • 인력 파견

[그림 5-3] **보육놀이치료의 진행 단계: 준비 단계**

사와 코디네이터는 일련의 교과 과정을 통해 보육놀이치료 체계 참여에 필요한 교육을 이수하게 된다. 또한 대학과 수퍼바이저는 보육놀이치료 실행을 위해 협약을 체결한 보육기관의 위치와 환경적 특성 등을 고려하여 적절하게 필요 인력을 파견하고 지원하게 된다.

2) 실행 단계

보육놀이치료 실행 단계는 본격적으로 내담 아동과 부모에 대한 중재가 이루어지는 단계로, 보육놀이치료 운영의 가장 중심이 되는 단계이다. 보육놀이치료 체계의 네 가지 차원에 해당하는 각 요소는 보육놀이치료 실행 단계에서 다음의 역할에 초점을 맞추게 된다.

첫 번째 차원인 내담 아동과 부모는 실행 단계에서 각각 놀이치료 및 부모상담 과정에 참여하게 된다. 놀이치료는 관계가 기반이 되는 치료적 중재로 상담 과정에 대한 개방적 태도와 신뢰가 치료 효과에 중요한 영향을 미치게 된다. 따라서 보육놀이치료에 참여하는 부모는 내담 아동이 치료과정을 신뢰하고 참여할 수 있도록 조력하고, 개방적인 태도로 보육놀이치료사와 소통하며 치료과정에 참여해야 할 책임이 요구된다.

두 번째 차원인 보육놀이치료사와 코디네이터는 실행 단계에서 각각 내담 아동 및 부모와 상담을 진행하는 임상 실무자이며, 상담 과정을 지도감독하고 운영 과정 전반을 관리하는 총괄 관리자로서 역할을 수행한다. 보육놀이치료사와 코디네이터는 내담 아동의 복지를 증진하는 전문적인 상담을 제공하고 지도할 윤리적 책무를 지닌다. 따라서 전문가로서의 역할 수행을 위한 지속적인 교육과 배움에 힘써야 할 책임이 요구된다.

세 번째 차원인 보육기관과 교사는 실행 단계에서 보육놀이치료의 원활한 운영을 위해 다른 체계들과 운영 과정 전반에 대해 소통하고 교류하며 환경을 정비하게 된다. 개방적인 태도에 기반한 의사소통을 통해 보육기관은 운영 과정상 발생하는 문제나 갈등을 코디네이터와 함께 중재하거나 보완이 요구되는 환경을 파악하고 정비하며 관리하게 된다.

네 번째 차원인 대학과 수퍼바이저는 실행 단계에서 전공 연계를 통한 교육과정을 지속적으로 운영하게 된다. 보육놀이치료사와 코디네이터가 맡은 전문적인 업무를 적절히 수행하고 있는지 관리 감독하며 보육놀이치료의 운영 체계에 대해 보다 거시적인 관점에서 구조를 탐색하고 관리하게 된다.

보육놀이치료의 진행 단계: 실행 단계			
차원 1	차원 2	차원 3	차원 4
내담 아동과 부모	보육놀이치료사와 코디네이터	보육기관과 교사	대학과 수퍼바이저
• 상담 참여 • 열린 소통	• 상담 수행 • 집단 교육	• 과정 교류 • 환경 보완	• 전공 교육 • 지도감독

[그림 5-4] **보육놀이치료의 진행 단계: 실행 단계**

3) 평가 단계

보육놀이치료 네 가지 차원의 요소는 평가 단계에서 당해 연도 보육놀이치료의 종결과정을 진행하는 동시에 차년도 보육놀이치료를 준비하게 된다. 평가 단계에서 가장 중요하게 강조되는 과정은 한 해 동안 진행된 운영 과정에 대해 피드백을 나누는 것이다. 또한 보육놀이치료의 각 네 가지 차원은 다음의 역할에 초점을 맞추게 된다.

첫 번째 차원인 내담 아동과 부모는 평가 단계에서 상담의 종결과정을 맞이하게 된다. 종결과정을 통해 상담 이후를 위한 독립을 준비하게 되며, 상담 전반의 과정을 되짚어 보고 변화를 인식하는 경험을 갖게 된다. 또한 상담을 통한 변화를 측정하는 평가 과정에 참여하게 되며, 보육놀이치료 참여 경험에 대한 사후 피드백 과정에 참여하게 된다. 내담 아동과 부모를 통한 평가와 피드백은 해당 기관에서 운영될 차년도 보육놀이치료 운영 과정을 보완하는 데 유용한 자료로 활용된다.

두 번째 차원인 보육놀이치료사와 코디네이터는 평가 단계에서 내담 아동과 부모가 준비된 종결을 맞이할 수 있도록 안전한 종결과정을 준비하며, 종결을 맞이한 내담 아동 및 부모의 진보와 변화를 평가하게 된다. 당해 연도의 보육놀이치료 운영 과정에 대한 보육놀이치료사와 코디네이터의 평가 및 피드백 또한 차년도 보육놀이치료 운영 과정 보완에 있어 실질적이며 중요한 의견으로 활용된다.

세 번째 차원인 보육기관과 교사는 평가 단계에서 보육놀이치료 운영 과정에 대한 참여자들의 만족도 조사를 실시하게 되며 수집된 자료를 통해 차년도 보육놀이치료 운영에 대한 운영 보완 계획을 수립하게 된다. 운영 환경에서 조정의 필요가 높은 정비 사항이 확인되는 경우 일정 기간의 정비 기간을 갖고 물리적 환경을 조정하거나 필요한 물품을 추가적으로 구비함으로써 환경을 수정하게 된다.

　네 번째 차원인 대학과 수퍼바이저는 평가 단계에서 학기 중의 전공 연계 과정을 통해 당해 연도 보육놀이치료 과정의 마무리 과정을 감독하게 되며 보육놀이치료사와 코디네이터의 변화와 성장에 대해 평가하게 된다. 교과 과정 안에서 이루어지는 평가 과정은 차년도 보육놀이치료사와 코디네이터 교육과정에 반영되는 의미 있는 자료를 제공할 수 있다. 보육놀이치료 진행 단계의 월별 추진 일정의 예는 〈표 5-1〉과 같다.

보육놀이치료의 진행 단계: 평가 단계			
차원 1	차원 2	차원 3	차원 4
내담 아동과 부모	보육놀이치료사와 코디네이터	보육기관과 교사	대학과 수퍼바이저
• 종결 수용 • 사후 평가	• 상담 종결 • 사후 평가	• 사후 평가 • 환경 수정	• 전공 교육 • 사후 평가

[그림 5-5] **보육놀이치료의 진행 단계: 평가 단계**

〈표 5-1〉 **보육놀이치료 실행을 위한 월별 추진 일정(예)**

구분	1월	2월	3월	4월	5월	6월	7월	8월	9월	10월	11월	12월
협약 체결	■	■										
대상 선정			■	■								
사전 교육			■	■								
사전 평가				■								
상담 진행					■	■	■	■	■	■	■	■
지도 감독					■	■	■	■	■	■	■	■
사후 평가	■											
의견 교류	■	■	■	■	■	■	■	■	■	■	■	■

협약 체결	대학과 수퍼바이저 및 보육기관 간 업무 협약 체결
대상 선정	보육놀이치료 참여 대상 선별(보육기관 및 교사 추천, 부모의 신청, 선별 평가)
사전 교육	보육놀이치료 OT와 교육 및 훈련(부모, 교사, 보육놀이치료사를 대상으로 각각 진행)
사전 평가	보육놀이치료 효과 검증을 위한 상담 진행 전 평가(아동, 부모, 교사, 치료사 대상)
상담 진행	보육놀이치료 회기 진행(1회기~종결, 약 30회기 전후)
지도감독	보육놀이치료 회기 진행 과정에 대한 지도감독 및 교육
사후 평가	보육놀이치료 효과 검증을 위한 상담 종결 후 평가(아동, 부모, 교사, 치료사 대상)
의견 교류	보육놀이치료 운영 과정에 대한 논의 및 상호 피드백(구성 요소 간 교류)

3. 보육놀이치료에서의 고려사항

1) 훈련 및 교육

보육놀이치료를 통한 전문적 중재 지원을 가능하게 하는 핵심적인 구조는 보육놀이치료사 및 코디네이터에 대한 훈련과 교육에 대한 사항이다. 보육놀이치료는 대학과 수퍼바이저가 보육기관으로 보육놀이치료사를 파견하여 연간 보육놀이치료를 운영하는 구조로, 이러한 구조는 보육놀이치료의 현실적 운영을 가능하게 하는 기반이 된다. 보육놀이치료사와 코디네이터는 전문성을 갖춘 상담의 실행과 운영을 위해 체계적으로 짜인 교육과 훈련에 참여할 뿐 아니라 개별적인 교육과 배움을 위해 적절히 시간을 할애함으로써 전문적 역량의 향상에 힘을 쏟아야 할 윤리적 의무를 지닌다.

한편, 대학과 수퍼바이저는 파견된 보육놀이치료사와 코디네이터가 내담 아동 및 부모와 기관에게 도움이 되는 전문적이며 효과적인 서비스를 진행하고 있는지에 대해 철저하게 관리 감독해야 할 책무를 지닌다. 사례에 대한 수퍼비전과 운영에 대한 지도감독은 만족도 높은 서비스 제공에 중요한 구조적 틀이 된다.

보육기관과 교사, 내담 아동의 부모 또한 본격적인 보육놀이치료 실행에 앞서 오리엔테이션 및 사전교육에 참여하게 된다. 오리엔테이션과 사전교육은 보육놀이치료의 방향성을 이해하며 각 체계의 역할에 대해 숙지하게 되는 과정으로 보육놀이치료 실행 과정에서 원활한 소통을 이루며 신뢰할 수 있는 관계를 맺는 데 주요한 요인이 된다.

보육놀이치료의 성공적인 운영은 다음과 같이 각 체계에 대한 적절한 교육과 훈련에 기반하며 동시에 각 체계에서 개개인의 적극적이며 참여적인 노력이 있을 때 이루어질 수 있다.

2) 비밀보장

상담 과정에서 비밀보장에 대한 의무를 지키는 것은 상담 관계를 신뢰할 수 있는 관계로 이끄는 데 중요한 역할을 하며 상담자의 윤리적 이슈에서 또한 중요한 사항이 된다(Corey, 2014). 보육놀이치료 환경은 각 체계 안에서 많은 참여자들의 협력에 기반하는 만큼, 소통 과정에서 적절한 경계를 설정하고 유지하는 것이 매우 중요하다. 특히 보육기관과 교사—보육놀이치료사와 코디네이터의 두 체계 간 관계는 협력적인 소통과 개별적인 경계 사이에서 혼란을 경험하거나 헷갈릴 수 있는 상황에 더욱 자주 빠지게 될 수 있다. 따라서 각각의 구성 요인 및 체계 안에서 다루어진 의사소통 정보가 서로의 동의 없이 경계를 넘어가는 일이 없도록 보육놀이치료 오리엔테이션 단계에서 비밀보장과 관련한 명확한 구조가 세워지는 것이 필요하다.

비밀보장 예외 사항에 대한 원칙과 관계없이 비밀보장의 제한을 깨뜨리는 부적절한 의사소통 및 행동은 보육놀이치료 전체의 구조와 상담 관계를 해치는 데 영향을 끼치게 된다. 명확한 한계를 설정하는 것은 보육놀이치료 실행 과정에서 비밀보장의 의무를 지키려는 행동이 서로에 대한 협력에 있어 불응하거나 불성실한 태도를 나타내는 것으로 잘못 이해되지 않게끔 예방하는 데에도 기여하기 때문에 더욱 초반에 다루어져야 할 필요성이 있다. 참여자들은 비밀보장의 원칙 이외에도 적절한 윤리적 의사 결정력을 개발하도록 노력하며 보육놀이치료 과정에서 상호 간 발생할 수 있는 문제에 대해 논의하며 조력해 나가야 한다.

3) 협력적 소통

한 해 보육놀이치료의 운영은 개방적 태도를 바탕으로 하는 협력적 소통에 기반하여 성공적으로 성취될 수 있다. 보육기관과 교사 및 보육놀이치료사와 코디네이터는 보육놀이치료 운영을 위해 많은 절차적 사항을 조율하게 된다. 각 체계 간의 상황에 따라 운영의 세부 사항은 달라질 수 있기 때문에 각 체계 간 입장을 각각 대변하면서도 서로 조율해 나가는 것은 단순하거나 쉽지 않은 문제해결 과정이 된다. 의사소통 과정에 있어서 가장 중요한 것은 열린 태도를 바탕으로 각 체계의 입장을 명확하게 표현하고 발생 가능한 접점에 대해 해결책을 논의하는 것이다. 보육놀이치료 운영 과정을 통해 개방적인 소통과 문제해결 과정이 쌓이게 되면 각 체계 간의 관계는 점차적으로 더욱 두터운 신뢰 관계를 향해 갈 수 있다.

개방적 의사소통의 필요는 비단 운영 체계에 국한되는 사항이 아니다. 상담 관계에서 가장 중요한 신뢰 관계 또한 마찬가지로 개방적인 의사소통 과정에서 시작하게 된다. 상담 과정에서의 진실된 태도는 상담자의 전문성으로 꼽히는 요인에 해당하기도 한다. 마찬가지로 내담자의 개방성 또한 상담자에게 적절한 정보를 제공하며 상담 과정에서 경험하는 심리적 갈등을 표현하고 해결하는 데 기여하며 상담 목표의 달성으로 향해 가는 데 중요한 요인이 된다.

보육놀이치료 운영 과정 동안 각 체계들이 모두 협력적인 태도로 진솔하게 의사소통하고자 하는 마음을 갖는다면 보육놀이치료는 언제든 성공적인 결과를 이루어 낼 수 있을 것이다.

4) 행정적 과업

보육놀이치료의 시작은 대학 및 수퍼바이저와 보육기관 간의 협약 체결에서 이루어지게 된다. 업무 협약을 위한 행정적 과업을 시작으로 보육놀이치료 과정은 운영에 대한 지침 및 규준 설정, 보육놀이치료 안내, 참여 신청, 동의서 작성, 일지 작성, 피드백 수집 등 일부 행정적 업무를 수반하게 된다.

행정적 과업은 보육놀이치료의 중심 과정인 상담 진행 과정에 비해 부수적인 업무로 여겨질 수도 있으나 보육놀이치료 체계를 유지하는 구조화와 안정적 운영을 위해 중요한 과업이 된다. 운영 초기에 적절한 지침과 규준을 마련하고 보육놀이치료 운영 과정에 대해 문서화하는 작업은 당해 연도 보육놀이치료의 실행을 안정적으로 이끌어 가는 기초 공사 과정이 되며, 소통에서의 어려움이 발생할 경우 문제를 해결하는 적절한 기준이나 근거가 될 수도 있다.

아동의 건강한 발달을 조력하면서도 각 체계 간 상호 성장과 상생을 이루기 위해 운영되는 보육놀이치료의 방향성과 목적을 기억하며 행정적 과업이 각 체계 사이에서 부담이 되지 않을 수 있도록 협력적인 태도로 소통하며 분업을 이루는 것은 중요한 과업이 될 것이다.

5) 효과 검증 및 연구

보육놀이치료는 연구를 통한 과학적 검증의 기반하에 그 효과를 확인하며 발달해 왔다. 보육놀이치료의 실행 과정 및 효과에 대한 과학적 근거를 앞으로도 지속하여 쌓아 나가는 것은 놀이치료의 새로운 모델로서 보육놀이치료의 미래 가능성에 대해 더욱 활발한 논의를 이루고 확대 적용해 나가기 위해 필수적인 과정이 된다.

보육놀이치료는 특히 운영 및 실행에 대한 피드백 교환과 수렴을 통해 차년도 실행 과정을 개선하고 현실 적용성을 높이며 발달해 온 모델로서, 과학적으로 검증 가능한 구조 안에서 운영 과정의 적절성에 대한 근거를 쌓아 나가는 것은 보육놀이치료 모델의 발달에 있어 중요한 과업이 된다. 기존의 연구는 내담 아동 및 부모에 대한 보육놀이치료의 중재적 효과 및 치료사 발달에 대한 긍정적 효과를 밝히고 있으며(양선영, 한유진, 2014; 정솜이, 한유진, 2017, 2020), 후속적으로 더 나은 보육놀이치료의 구조적 환경, 적절한 회기 수, 중재 효과의 지속성 검토 등의 연구가 실시될 수 있다. 지속적 연구를 통해 보육놀이치료의 효과가 다각적으로 검토되며 적용 가능성이 넓어질수록 보육놀이치료에 대한 필요와 수요는 보다 수용 가능해지며 긍정적으로 환류될 수 있을 것이다.

4. 장의 요약

이 장에서는 보육놀이치료의 뼈대가 되는 기본 구조로서의 네 가지 차원, 보육놀이치료의 진행 단계, 보육놀이치료 운영을 위한 고려사항에 대해 알아보았다. 보육놀이치료의 운영은 각 요소의 체계적인 분업과 유기적인 협업의 수준에 따라 성과의 정도가 결정될 수 있다. 보육놀이치료는 아동과 부모라는 개인, 전문가로서의 치료사, 대학과 보육기관이라는 각각의 참여 체계들이 이전보다 더 나아가고 성장하고자 하는 개별적인 목적을 가진 동시에 공동의 목적을 향해 선을 이루어 나가는 과정이라 할 수 있다. 보육놀이치료에 참여하는 각각의 체계들은 독립적으로 존재할 수 없으며, 하나의 체계만이 강조된다고 해서 더 나은 결과를 만들어 낼 수 없다. 각 차원이 보육놀이치료를 위해 협력적으로 참여하고 유기적으로 연계될 수 있을 때, 보육놀이치료는 각각의 체계를 성장하게 하는 동시에 모두에게 만족스러운 결과를 가져올 수 있을 것이다.

Chapter 06

내담 아동과 부모

영유아는 가정에서 외부로 점차 확대되어 가는 사회적 환경을 접하며 때때로 적응 과정에 어려움을 겪거나 여러 가지 문제행동을 보이기도 한다. 계속해서 확장되는 새로운 환경을 접촉하고 이에 적응해야 하는 어려움을 겪는 영유아와 마찬가지로, 부모로서의 발달단계상 초기에 있는 영유아의 부모는 양육과정에서 크고 작은 어려움에 당면하며 문제 해결을 위한 주변 환경의 조력을 필요로 하게 된다.

영유아기에 생기는 아동의 정서 · 행동상의 문제 및 부모-자녀 관계 사이의 문제는 이후 아동의 사회 적응, 관계형성, 학습 등에 지속적인 영향을 끼치며 발달과정에 여러 가지 문제를 초래할 수 있어 문제가 더욱 심화되기 이전의 빠른 개입은 무엇보다도 중요하다.

보육놀이치료는 영유아가 발달과정에서 경험할 수 있는 여러 유형의 어려움과 문제를 해결할 수 있도록 돕고, 영유아의 개별적 특성에 대한 이해를 바탕으로 아동의 발달을 조력할 수 있게 하는 부모 환경을 구축하도록 돕는 조기 중재적 접근이다.

영유아의 생활 터전인 보육기관 내에서 실시되는 치료적 접근으로 내담 아동의 빠른 환경 적응과 변화를 돕고, 내담 아동의 부모에게 신뢰할 수 있는 가까운 지역사회 내 양육 조력 자원을 갖게 하는 보육놀이치료의 참여 주체자인 내담 아동과 부모의 역할과 경험에 대해 이 장에서 다루고자 한다.

1. 내담 아동

내담 아동이란 보육놀이치료 참여 대상으로 선별되어 서비스를 제공받게 되는 영유아를 의미한다. 일반적으로 보육놀이치료의 과정은 내담 아동의 부모 또는 기관에 의한 추천으로 시작되는 만큼, 보육놀이치료 과정의 초반에 내담 아동은 긴장감과 경계심을 느끼기도 한다. 그러나 이후 보육놀이치료사와의 안전하고도 치료적인 관계 안에서 내담 아동은 발달과정상 충분히 발달시키지 못했던 심리·사회적 발달과업을 다시금 성취하게 되며, 궁극적으로 자신의 발달을 스스로 이끌어 가게 된다.

내담 아동의 보육놀이치료 참여 과정 및 경험에 대해 보다 자세히 이해하기 위해 이어지는 내용을 통해 내담 아동의 특성, 대상 선정 과정, 내담 아동의 관점에 대해 알아보고자 한다.

1) 보육놀이치료와 내담 아동

보육놀이치료는 내담 아동의 전인적 발달과 성장을 위한 예방적 차원 및 심리·정서적 문제를 완화하고자 하는 치료적 차원에 개입 목표를 둔다. 반면, 외부 상담 전문 기관에서 이루어지는 심리치료의 경우 문제가 발생한 이후 기관으로 의뢰되어 개입이 진행되는 것이 일반적으로, 예방적 차원보다는 치료적 차원에서의 접근이 초점이 된다.

한편, 보육놀이치료에는 주로 영유아를 오랜 시간 관찰할 수 있는 교사나 원장의 추천을 통해 내담 아동이 의뢰된다. 영유아가 나타내는 어려움은 아동의 개별적 특성에 대한 관찰뿐 아니라 아동과 또래 및 교사, 기관 환경과의 관계를 통해 관찰될 수 있어 내담 아동에 대해 보다 전체적인 조망이 가능하다.

외부 상담 전문 기관에서 이루어지는 놀이치료의 경우 대부분 부모에 의해 의뢰되며, 부모가 가정 및 일상에서 관찰할 수 있는 미시적인 상황에서의 어려움이 주된 의뢰 사유가 된다. 보육놀이치료에서 또한 부모가 직접 아동을 의뢰할 수 있으며, 이러한 경우 외부 상담 전문 기관에서의 놀이치료 의뢰 상황과 유사한 의뢰 경로를 거치게 된다.

〈표 6-1〉 **보육놀이치료와 놀이치료의 차이점**

	보육놀이치료	놀이치료
목적	예방적 · 치료적 차원에 초점	치료적 차원에 초점
	• 예방적 중재 • 조기 선별과 조기 중재 • 부적응 문제 중재 • 적응 능력 향상 • 초등학교 전이로의 도움	• 부적응 문제 중재 • 적응 능력 향상
의뢰자	원장, 교사, 부모	부모
의뢰 사유	• 교사 혹은 원장의 직접 관찰을 통해 드러난 아동의 개인내적 · 관계적 문제 • 교사 혹은 원장의 직접 관찰을 통해 사정된 아동의 적응상 어려움	• 부모의 직접 관찰을 통해 확인된 아동의 개인내적 · 관계적 문제 • 간접적인 정보에 의해 파악된 아동의 적응상 어려움

(1) 준비 단계

보육놀이치료에 참여하는 내담 아동을 선정하는 것은 준비 단계에서 가장 중요한 과정이다. 선정 과정은 기관의 환경에 따라 다양한 방법과 기준으로 이루어질 수 있으며, 선정 과정의 시작은 크게 다음과 같이 진행될 수 있다.

첫째는 보육기관의 의뢰에 의한 경우로, 기관에 재원 중인 영유아는 보육기관의 교사 및 원장의 관찰 사항을 토대로 보육놀이치료 대상으로 선정될 수 있다. 교사와 원장은 기관에서 관찰되는 영유아의 심리 · 정서적 어려움, 적응상 어려움, 예방적 개입의 필요성을 토대로 영유아의 보육놀이치료 참여를 추천하게 되며, 특별히 가정의 경제적 어려움으로 인해 치료적 참여 기회가 제한되었거나 이전 해에 보육놀이치료에 참여하지 못했던 영유아를 우선순위로 추천할 수 있다.

둘째는 영유아 부모의 의뢰에 의한 경우로, 기관에 재원 중인 영유아는 부모의 문제 인식에 대한 보고를 토대로 보육놀이치료 대상으로 선정될 수 있다. 부모는 자녀에게 심리 · 정서적 어려움, 특정 발달 영역에서의 어려움이나 지연과 같은 문제가 있다고 생각하여 보육놀이치료 참여를 의뢰할 수 있다. 부모에 의한 의뢰가 많을 경우 기관의 운영 지침에 따라 아동이 가진 어려움의 심각성, 의뢰 순서 등을 고려하여 우선순위를 결정할 수 있다.

셋째는 재원 중인 영유아 전체를 대상으로 고려하거나 의뢰 인원이 수용 가능 기준을 넘어서는 경우로, 선별검사를 통해 보육놀이치료 대상이 선정될 수 있다. 다양한 요구에 의해 보육놀이치료를 의뢰한 모든 영유아가 보육놀이치료의 기회를 가질 수 없는 경우가 있다. 이러한 경우 재원 중인 영유아에게 심리검사를 실시하여 정서·행동·발달상의 어려움을 더 많이 보이는 영유아를 선별하여 우선순위를 구분할 수 있다.

이와 같은 과정을 통해 다양한 요구를 수렴하면서도 보육놀이치료를 통한 개입을 더욱 필요로 하는 영유아를 내담 아동으로 선정할 수 있게 된다.

〈표 6-2〉 **보육놀이치료 대상 내담 아동 선정 방법**

- 교사 및 원장에 의한 의뢰
- 부모에 의한 의뢰
- 검사를 통한 선별

(2) 실행 단계

보육놀이치료 실행 단계에서 내담 아동은 사전 평가에 참여하게 되며, 첫 놀이치료 회기를 통해 보육놀이치료사와 첫 만남을 갖게 된다. 첫 회기의 만남을 통해 내담 아동은 매주 정해진 요일과 시간에 보육놀이치료실로 이동하여 보육놀이치료사를 만나게 되는 일련의 보육놀이치료 과정을 안내받게 된다. 놀이치료 초기 과정 동안 내담 아동은 보육놀이치료사와 보육놀이치료실이라는 새로운 환경을 탐색하고 관찰하면서, 점차적으로 안전하며 신뢰할 수 있다고 여길 수 있는 치료적 관계를 형성하게 된다.

초기 관계형성 기간은 내담 아동마다 상이하며, 내담 아동은 충분한 라포를 형성하기까지 보육놀이치료사에게 지나치게 저항하거나 밀착하는 방식, 자신의 한계 행동을 실험하는 등의 시험 행동을 보일 수 있다. 초기 과정 동안 보육기관 안에서 내담 아동은 보육놀이치료 시작 전에 비해 밝거나 정돈된 모습을 보일 수도 있는데, 이는 치료 초기 새롭고도 안정된 관계의 경험으로 나타나는 일시적인 변화일 수 있다.

중기 과정이 되면 내담 아동은 충분히 안전한 보육놀이치료사와의 관계를 통해 자신이 경험했던 어려움, 갈등, 부정적 정서 등을 놀이로 표현하고 해결해 나가는 과정을 경험하게 된다. 내담 아동은 이러한 과정을 통해 카타르시스를 경험하기도 하며 자신과 주변 환경에 대한 긍정 정서를 새롭게 형성해 나가기도 한다. 때때로 내담 아동은 보육놀이치료실에서 경험한 놀이에 대해 보육기관에서 이야기를 꺼내거나 자랑을 하기도 하며, 다른 내담 아동과 서로 간의 놀이를 나누게 되기도 한다. 한편, 내담 아동은 자신의 일상이나 보육기관에서 기존의 문제행동이 더 증가하거나 여타 문제행동처럼 보이는 모습이 새롭게 발생하는 것처럼 보이기도 하는데, 이는 새로운 행동 체계를 만들어 나가기 위한 일시적인 과정일 수 있다.

후기 과정이 되면 내담 아동의 문제행동은 안정적으로 감소하고, 자기표현이 증가하며, 긍정 정서가 높아지는 등 발달상의 어려움에서 긍정적인 변화를 보인다. 이후 내담 아동은 자신의 발달상 어려움을 다루고자 하는 시도를 넘어, 더욱 능동적으로 문제를 해결하거나 대처하는 등의 적응 행동 향상을 위해 몰두하기도 한다.

또한 보육놀이치료 후기 과정에서 내담 아동은 보육놀이치료사와의 관계를 안전하게 정리하는 경험을 한다. 치료 관계를 종결하며 아동은 아쉬움, 서운함, 거절감, 상실감, 속상함 등의 감정을 경험하기도 하며, 때때로 종결에 대해 저항하는 모습을 보이기도 한다. 종결에 대한 아동의 저항은 아동이 보이던 초기 문제행동이 일시적으로 드러나거나 퇴행하는 모습 등을 통해 나타나기도 한다. 내담 아동은 사전에 종결과정을 안내받게 되며, 약 3~4회기의 시간을 통해 보육놀이치료사와의 관계 및 놀이에서 경험했던 다양한 감정과 이별에 대한 감정이 안전하게 정리될 수 있도록 한다. 보육놀이치료의 경우 회기와 기간이 사전에 정해져 있으므로 아동이 보육기관을 졸업하거나 다음 반으로 넘어가는 것처럼 졸업의 개념을 종결과정으로 활용하기도 한다.

(3) 평가 단계

보육놀이치료 평가 단계에서 내담 아동은 사전 평가와 동일한 방식의 사후 평가에 참여하게 된다. 일반적으로 보육놀이치료는 1년 과정을 기준으로 진행되지만, 내담 아동에 대한 사전-사후 변화 과정에 대한 평가를 통해 완전한 종결을 결정할 것인지 추가적인 기간의 중재를 제공할 것인지 등을 변별하게 된다.

평가 결과를 토대로 추가적인 개입이 중요하게 고려될 경우 내담 아동은 차년도 보육놀이치료에 다시금 참여하게 될 수도 있다.

2) 보육놀이치료에서의 내담 아동의 관점

우리 반에서 친하게 지내는 친구가 어제 간식을 먹고 어떤 선생님을 따라갔거든요. 근데 조금 있다가 엄청 신나는 얼굴로 들어오는 거예요. 다음 주에도 또 간다고 하면서 거기가 너무 재밌었대요. 어디로 갔는지 저는 사실 다 알아요. 어린이집 옆에 있는 놀이실인데요. 궁금해서 예전에 몇 번 보고 싶었는데 들어가지는 못하는 곳이었어요. 저도 이번 주에 놀이하러 간다고 엄마가 말해 줬어요. 놀이하는 선생님이랑 만나서 놀이하게 될 거라고요. 친구가 재밌다고 이야기해서 궁금하지만, 정말 재미있는 곳일까요? 놀이 선생님이랑 노는 게 친구들이랑 노는 것보다도 더 좋을까요?

간식을 다 먹으니까 우리 반 선생님이 내 이름을 불러요. 선생님을 따라 문 쪽으로 갔는데 처음 본 선생님이 기다리고 있어요. 마음이 두근두근하고 낯설어서 얼굴을 잘 못 보겠어요. 그 선생님은 허리를 구부려서 나와 눈을 맞추며 내 이름을 부르고, 웃으면서 인사를 하고 나한테 자신을 소개해요. 그리고 놀잇감이 많이 있는 곳으로 함께 갈 거라고 이야기하네요. 친절한 사람인 것 같기도 해요. 이 사람이 누구인지 어디로 갈지 이야기해 주니까 안심이 돼요.

항상 궁금했지만 들어가지는 못했던 바로 그곳으로 함께 걸어가요. 걸어가는 동안 특별한 놀이실에 간다고 이야기를 해 줘요. 그 사람은 거기가 어떻게 생긴 곳인지 궁금할 수 있고 처음 가는 곳이어서 낯설 수도 있다고 말을 했어요. 그리고 내가 자신을 처음 봐서 낯설어하고 긴장하는 것도 괜찮대요. 처음 가는 곳이고 처음 본 사람이라서 나도 모르게 얼어 버렸나 봐요. 이렇게 말해 주니 이해받고 있다고 느껴지고 마음이 조금 편안해지네요.

문 앞까지 왔어요. 선생님이 문을 조금 열어 주고, 내가 먼저 들어갈지 자신이 먼저 들어갈지 나한테 물어요. 내가 먼저 열고 들어가도 되나 봐요. 조금 떨리는데 내가 먼저 가 보겠다고 했어요. 내가 여기를 들어간다니! 이곳에는 뭐가 있을까요? 이 사람이 여기서 나한테 원하는 건 뭘까요? 문을 살짝 밀고 들어가니까 놀잇감이 엄청 많아요! 이 방에는 이렇게 많은 게 있었군요! 내가 좋아하는 장난감도 있어요! 이거 때문에 친구들이 여기에 갔다 오면 재밌다고 했나 봐요! 빨리 만져 보고 싶은 마음이에요.

긴 바늘이 8칸 이동할 때까지 40분 동안 선생님이랑 같이 여기 있을 거라고 이야기해 주네요. 그리고 매주 수요일마다 여기를 올 거고, 다음 겨울이 될 때까지, 여기 어린이집 졸업할 때까지 만날 수 있대요! 지금은 봄인데 여기에 오래오래 올 수 있을 것 같아요. 또 선생님이 여기서는 여러 가지 방법으로 놀이할 수 있대요. 여러 가지 방법이라면 어떤 방법일까요? 내가 원하는, 마음대로 놀아도 되는 곳일까요? 놀이할 때는 규칙이 있던데요? 구경하고 싶은 건 많은데 만져 봐도 될지 모르겠어요. 이 선생님이 나한테 무얼 하라고 시킬 수도 있으니 좀 기다려 봐야 겠어요. 가만히 조금 있으니까 궁금하고 놀이하고 싶은 게 있으면 골라서 만져 봐도 된다고 하네요. 무얼 가지고 놀지 어른들이 다 정해 주던데, 진짜 내가 원하는 방법으로 놀아도 될지 궁금해서 물어봤어요. "이제 뭐하고 놀아요?" 선생님이 대답해요. "네가 선택할 수 있어." 정말인가 봐요. 여긴 내가 선택해서 놀이할 수 있는 곳인가 봐요. 선생님이 다정하게 이야기해 주니까 뭐든 가지고 놀 수 있을 것 같아서 기분이 좋아요.

자동차도 꺼내 보고, 동물들도 꺼내 보고, 요리하는 것들도 꺼내 봤어요. 꺼내 볼 때마다 저 선생님은 내가 뭘 하는지 잘 보고 있네요. 나한테 관심이 많은 어른인가 봐요. 내가 여기저기 놀 잇감을 보려고 돌아다니면 이 선생님도 계속 나를 따라오는 것 같아요. 좀 어색하고 이상하긴 한데, 계속 나를 바라보고 내가 하는 것을 알아보아 주고 나한테만 집중해 주는 것이 참 신기한 일인 것 같아요. 내가 저 선생님에게 중요한 사람이 된 것 같아요. 오! 여기에는 모래가 담겨 있는 상자도 있네요. 이게 좀 궁금한데, 만져 봐도 되겠죠? 선생님을 슬쩍 쳐다보니까 "이게 궁금했구나. 이건 모래상자야. 저기에 있는 놀잇감 중에서 네가 원하는 걸 이 모래상자에 초대해서 놀이할 수 있어."라고 소개해 줬어요. 바다에 갔을 때 봤던 모래인 것 같아요. 여기에 돌이랑 조개를 놓고 싶어서 다시 물어봤어요. "이거 넣어도 돼요?" 선생님이 대답해요. "네가 선택할 수 있어." 이것도 내가 선택할 수 있나 봐요. 여긴 내가 뭐든 선택할 수 있는 공간인 것 같아요. 저렇게 이야기해 주는 선생님도 좋고, 이 공간이 점점 마음에 들어요.

모래상자에 구슬이랑 조개를 가지고 왔어요. 근데 이 구슬은 엄청나게 좋은 보석이에요. 아무도 못 찾게 숨겨 놓을 거예요. 바닥을 파 보니까 파란색이네요. 깊이 파서 아무도 못 찾게 할 거예요. 내 모습을 보고 선생님은 내가 선택한 걸 안 보이게 모래 안에 열심히 넣고 있다고 말하네요. 이건 구슬이지만 사실 나만 아는 보석인데, 그냥 구슬이라고 이야기하지 않네요. 이제 아무도 모르게 꼭꼭 숨겨 놓고, 여러 가지 것들을 모래상자에 데리고 왔어요. 인디언 사람들도 보석을 찾고, 포크레인도 보석을 찾고, 새도 보석을 찾지만 다 못 찾았어요. 오늘은 보석을 찾을 수 있는 사람이 없어요. 이렇게 놓고 다른 놀이를 하러 갈 거예요. 이 선생님은 아무도 보석을 못 찾게 할 거라는 걸 알아차린 것 같아요. 나에게 관심이 정말 많아 보여요. 내가 하는 걸 정말 잘 알아차리고 있는 것 같아요. 내가 무슨 생각을 하는지, 내가 무슨 행동을 하는지 알아주고, 지켜 봐 주네요. 집에서는 동생 때문에 나한테는 다들 조금 관심이 없는 것 같은데, 특별한 사람이 된 것 같아서 좋아요. 이제 다 놀았으니까 조개를 제자리에 놓으려고요. 다 놀고 나서 정리를 해야 한다고 했거든요. 그런데 저 선생님은 정리를 하려고 하는 내 행동을 보고, 정리를 하지 않아도 된다고 하네요. 그래서 다른 놀이를 하려고 정리하지 않았어요. 내가 원하면 정리를 해도 되지만, 원하지 않으면 하지 않아도 되나 봐요. 이상한 공간이에요.

여기에는 내가 좋아하는 풍선도 있어요. 풍선을 불어 본 적은 있는데 조금 자신이 없어요. 불어 보니까 풍선이 조금 커지는 것 같았는데 잘 안 될 것 같아요. 이 선생님한테 부탁해야겠어요. "선생님 도와주세요." 그랬더니 선생님이 바로 도와주지 않고 "내가 도와주기를 바라는구나. 어떻게 도와주면 될까?"라고 대답해요. 음, 풍선을 주고 도와 달라고 하면 다들 그냥 불어 주던데…… 풍선을 불어 달라고 대답했더니 얼마만큼 불고 싶은지도 말해 달래요. 내가 얼마만큼 불고 싶은지 알고 싶어 하는 어른이라니…… 신기하고 이상하지만 내 생각을 중요하게 생각하는 사람인가 봐요. 너무 크게 불면 터질까 봐 무서워서 조금만 크게 불어 달라고 이야기했어요. 딱 내가 좋아하는 만큼 불어졌어요! 다 불고 나한테 풍선을 묶어 줄지, 안 묶어 줄지 물어보네요. 저는 이걸 사실 묶고 싶지 않았거든요. 이 선생님은 내 말을 주의 깊게 들어 주는 어른 같아요. 정말 이 사람한테는 내가 결정하고 선택하는 게 중요한가 봐요. 풍선을 그냥 손으로 잡고 시원하게 날렸어요. 슝~ 엄청 빠르게 날아가는 풍선을 보니까 재밌고 기분이 좋아져서 웃음이 나와요. 선생님이 즐거운 목소리로 내가 신나 보인다고 말하네요. 내 감정을 잘 알아주고 같이 신난 것 같아서 더 신나는 것 같아요. 점점 놀이시간이 재밌어지고 있어요. 이제 풍선을 한번 혼자 불어 보려고요. 그랬더니 선생님이 나 혼자 풍선을 불기로 한 것을 알아줘요. 저 선생님은 내가 할 수 있을 거라고 생각하는 것 같아요. 왠지 해낼 수 있을 것 같아요. 풍선을 불다가 손에 힘이 빠져서 풍선이 날아가 버렸어요. 그래도 크게 불었었는데…… 선생님이 나를 보고 풍선을 열심히 불었는데 바람이 빠져 버려서 아쉬워 보인다고 이야기해요. 맞아요. 너무 아쉬웠어요. 말로 이야기하지 않았는데 내 마음을 어떻게 알았을까요? 내가 놀잇감을 선택하는 걸 중요하게 보고 있는 것처럼 내 마음도 중요하게 생각해 주는 것 같아요.

선생님이 시계를 보더니 이제 놀이시간이 5분 남았대요. 조금밖에 시간이 남지 않았나 봐요. 풍선을 한 번 더 날릴 수는 있을 것 같아요. 시간이 왜 이렇게 빨리 지나간 것 같죠? 여기는 어린이집이나 놀이터랑은 정말 다른 곳인 것 같아요. 풍선을 한 번 더 불고 날리고 가야겠어요. 다음 주에는 무얼 가지고 놀지 기대돼요. 이 선생님은 내가 결정하는 것이 중요하다고 생각하고 내 마음을 알아주고 나한테 집중하는 사람인 것 같아요. 이 공간도 이 선생님도 점점 좋아질 것 같아요!

2. 부모

영유아에게 부모는 절대적인 존재로 부모의 양육태도, 의사소통 방법, 훈육 등은 영유아의 인격과 성격 형성 및 발달에 큰 영향을 준다. 특히 영유아기는 그 어느 때

보다도 부모의 모습에 대한 폭넓은 모방이 이루어지며, 부모에 대한 영유아의 모델 링은 아동 자신의 발달을 조형해 나가게 한다. 영유아기가 이후 발달을 조형하는 중 요한 시기가 되는 만큼, 영유아기 부모는 자녀 양육에 대해 크고 작은 염려를 갖는 다. 보육놀이치료에 참여하기를 원하는 내담 아동의 부모 또한 자신의 역할과 자녀 에 대해 각기 다양한 염려와 불안을 가지고 있다.

보육놀이치료의 참여는 아동이 가진 어려움을 중재하는 데 효과적이기도 하지 만, 동시에 내담 아동의 부모가 부모 역할에 대해 충분한 자신감과 효능감을 갖게 하는 데에도 매우 효과적인 개입이 된다. 또한 보육놀이치료에 대한 부모의 적극적 인 협력과 참여는 보육놀이치료의 효과를 높이는 데 가장 큰 기여 요인이 된다.

다음의 내용을 통해 보육놀이치료에 참여하는 부모의 특성, 보육놀이치료에서의 부모의 역할 및 부모가 참여하게 되는 과정에 대해 논의해 보고자 한다.

1) 보육놀이치료와 부모

아동의 세계에서 부모는 빠질 수 없는 주요한 대상이듯, 보육놀이치료는 내담 아 동과 놀이치료사뿐 아니라 부모가 함께 참여하는 과정이다. 보육놀이치료 과정에 서 내담 아동은 치료사와의 관계 및 놀이를 통해 자신의 발달을 조형해 나가고, 내 담 아동의 부모는 특히 부모상담 시간을 통해 자녀에 대한 이해와 통찰 및 자신의 양육에 대한 인식과 변화를 경험하게 된다.

발달의 모든 단계에서 자녀 양육은 부모에게 큰 어려움이자 도전이며, 주변 사람 및 환경의 협력과 도움을 크게 필요로 한다. 보육기관은 특히 영유아기 부모가 도움 을 구할 수 있는 가장 접근 용이한 환경이자, 신뢰할 수 있는 전문 기관이다. 이러한 보육기관에서 이루어지는 보육놀이치료는 아동뿐 아니라 부모에게도 물리적·심 리적 거리감이 가까워 접근에 대한 부담이 적으며, 경제적인 이점 또한 가질 수 있 다는 장점이 있다.

보육놀이치료의 준비 단계, 실행 단계, 평가 단계 동안 부모가 참여하게 되는 과 정을 보다 자세하게 확인하며 보육놀이치료에 참여하게 되는 부모의 역할과 경험 에 대해 이해해 보고자 한다.

(1) 준비 단계

준비 단계에서 부모는 개인적인 동기 또는 기관의 추천에 따라 보육놀이치료에 참여할 의사를 결정하고 참여를 신청한다. 내담 아동을 선정하고, 보육놀이치료를 위한 부모 오리엔테이션이 진행되며 부모는 본격적으로 보육놀이치료 진행을 위한 준비를 하게 된다. 영유아의 개인적인 이슈와 부모 역할에서 힘든 점이 있는 부모는 보육놀이치료의 참여 의지가 높은 반면, 보육기관의 추천으로 참여를 하게 된 부모는 보육놀이치료에 대한 요구도가 높지 않아 부모상담을 포함한 보육놀이치료 과정 동안 참여도가 낮거나 저항적인 모습이 나타날 수도 있다.

의뢰 과정 동안 부모는 보육기관의 원장 및 담당 교사와의 소통을 통해 보육놀이치료 및 영유아의 발달을 조력하는 것에 대한 그 필요성을 이해하는 과정이 필요하다. 준비 단계에서의 충분한 소통은 부모가 보육놀이치료를 신뢰하고 적극적으로 참여할 수 있도록 동기화되는 데 도움을 제공한다.

(2) 실행 단계

부모는 보육놀이치료가 본격적으로 이루어지는 실행 단계 동안 초기 상담 및 10분 부모상담 과정에 참여하게 된다. 보육놀이치료사와 라포가 형성되기 이전의 초기 단계에서 부모는 저항하는 모습과 방어하는 모습을 보일 수도 있다. 그러나 이후 형성되는 관계를 통해 부모는 보육놀이치료사에게 자녀를 이해하기 위해 다양한 상황들과 관련된 궁금한 부분을 물어보거나 해결되지 않은 부모-자녀 간 문제에 대한 자문을 구하며 도움을 얻게 된다. 이후 보육놀이치료사와 함께 효과적인 양육 방법을 함께 탐색하고 일상에서 적용해 보거나, 자신의 양육 행동에서 반복되는 패턴을 인식하며 통찰을 얻기도 하는 등 양육에 대한 새로운 학습이 이루어진다.

실행 단계에서 부모의 능동적 태도는 치료의 효과적인 진전과 직결된다. 내담 아동에 대해 누구보다도 많은 정보를 가지고 있는 부모는 초기 상담 과정을 통해 보육놀이치료사에게 내담 아동을 시간 효율적으로 파악할 수 있게 하는 충분한 정보를 제공할 수 있다. 또한 매 회기 10분의 상담시간에 참여하여 일주일 동안 있었던 자녀의 경험 및 변화에 대하여 나누거나 부모의 양육 방식에 대해 점검해 보는 시간을 갖는 것은 내담 아동의 변화를 촉진한다. 보육놀이치료사와의 관계를 통해 부모가 지속적으로 자녀에 대한 이해를 높이며, 변화를 위한 능동적인 태도를 보일 때, 내담 아동 또한 변화에 대한 시너지를 얻게 될 수 있다.

(3) 평가 단계

보육놀이치료 종결 이후, 부모는 보육놀이치료 과정을 통한 아동과 부모 자신의 변화를 인식하고 평가할 수 있는 기회를 갖게 된다. 보육놀이치료 실행 단계에서 자녀와 부모 자신에 대한 새로운 이해를 형성하며 부모-자녀 관계에서 발생하는 이슈들에 대해 충분히 다룰 시간을 가질 수 있었다면, 평가 단계에서의 부모는 이후 자녀의 발달과정을 적절히 조력하거나 발생 가능한 어려움을 잘 다룰 수 있을 것이라는 양육효능감을 갖게 된다.

객관적인 도구를 통해 보육놀이치료 경험 이후의 변화 과정을 측정할 경우, 부모는 자녀의 주호소 문제가 얼마나 변화했는지에 대해 더욱 쉽고 요약적으로 인식할 수 있게 된다. 평가 과정이 질적인 접근을 통해 이루어질 경우, 부모는 보육놀이치료 경험에 대한 의미와 변화의 과정을 더욱 잘 인식할 수 있게 된다.

평가 과정은 부모가 보육놀이치료의 과정을 돌아보며 종결 이후에도 긍정적인 변화를 지속하게 하는 데 기여하는 동시에 차년도 보육놀이치료 운영 과정 보완에 유용한 자료로 활용될 수 있기에 실행 단계만큼이나 중요하게 이루어져야 한다.

2) 보육놀이치료와 부모의 역할

내담 아동의 변화를 조력하며 보육놀이치료의 효과를 더욱 높일 수 있는 협력의 과정 안에서 부모의 역할은 매우 중요한 비중을 갖게 된다. 보육놀이치료에 참여하는 내담 아동의 부모는 보육놀이치료사를 돕는 조력자이며, 새로운 이해와 통찰을 얻고 변화를 조형하는 학습자이자, 실제적으로 내담 아동의 치료과정을 가능하게 하는 보호자가 된다. 누구보다도 가까운 자리에서 내담 아동의 건강한 발달과 행복을 바라며, 아동의 세계에 함께하기를 원하는 내담 아동 부모가 변화를 위해 조력할 수 있는 역할에 대해 보다 자세히 논의하고자 한다.

(1) 조력자로서의 부모

보육놀이치료에서 보육놀이치료사와 내담 아동의 관계만큼 중요한 또 하나의 관계는 보육놀이치료사와 부모의 관계이다. 부모가 보육놀이치료사를 내담 아동의 성장을 위하여 만난 '하나의 팀'이라는 생각으로 조력 관계를 이루는 것은, 내담 아동의 성장을 무엇보다도 적극적으로 촉진할 수 있는 요인이 된다.

부모는 자녀에 대한 정보를 누구보다도 잘 알고 있는 한 명의 전문가로서, 내담 아동에 대한 기존의 지식을 보육놀이치료사에게 제공할 수 있다. 보육놀이치료사가 미처 알 수 없는 내담 아동의 과거 발달력, 한 주간의 일상 등에 대한 정보를 제공하는 것은 보육놀이치료사가 내담 아동을 깊이 있게 이해하게 한다. 이는 궁극적으로 부모 또한 아동을 더욱 심도 있게 이해하며 자녀에게 적합한 양육의 방법들을 시도하거나 훈습할 수 있게 한다.

(2) 학습자로서의 부모

내담 아동의 부모가 보육놀이치료사에게 궁금한 것을 적극적으로 질문하거나 부모 자신이 생각하고 느낀 것에 대해 나누는 것은, 제한된 회기로 이루어지는 보육놀이치료 과정에서 효과적으로 아동과 부모 자신을 이해하며 변화를 촉진하는 데 매우 중요한 부모 요인이 된다.

부모가 보육놀이치료 과정에서 경험하는 자신의 느낌이나 의문, 자녀와 부모 자신에 대한 궁금증을 솔직하게 표현할 때, 보육놀이치료사는 부모의 경험과 필요를 더욱 깊이 있게 이해하며, 내담 아동과 부모의 상황에 적합한 도움을 다차원적으로 모색할 수 있게 된다.

이와 같이 부모가 보육놀이치료사와 소통하고 의논하고 문제를 해결하고자 하는 학습자로서의 태도를 가질 때, 부모는 자녀의 기질과 성격 및 발달적 이해를 형성해 나가고 자녀와 부모 자신의 개별적 상황에 적합한 방식으로 도움이 되는 양육 방법을 익혀 나갈 수 있게 된다.

(3) 보호자로서의 부모

아직 자신의 환경을 스스로 조정하거나 결정할 수 없는 영유아를 위해 부모는 아동의 보호자로서 역할을 하게 된다. 특히 보육놀이치료 과정에서 내담 아동이 매주 치료과정에 참여할 수 있도록 아동의 등원을 도와 일관성을 지키는 치료적 구조를 가능하게 하는 것은 부모의 몫이 된다.

만약 예기치 못한 사유로 인해 약속된 회기보다 빠른 종결이 필요하게 되는 경우 보호자로서의 부모는 내담 아동이 최소한의 종결 기간을 갖고 보육놀이치료 경험을 의미 있게 마무리할 수 있도록 보육기관 및 보육놀이치료사에게 해당 사안을 전달하고, 3~4회기의 종결과정을 가질 수 있도록 해야 한다.

3) 보육놀이치료와 부모상담 유형

부모상담의 유형은 보육놀이치료의 준비 단계에서 실시되는 부모 오리엔테이션과 보육놀이치료의 실행 단계에서 시행되는 초기 상담 및 10분 부모상담이 있다. 또한 준비 단계나 실행 단계에서 집중적인 부모양육코칭을 진행하는 경우 내담 아동과 부모 자신에 대한 통찰과 이해를 높여 아동이 나타내는 어려움에 대한 빠른 완화와 부모-자녀 관계의 긍정적 변화를 도모할 수 있다.

(1) 부모 오리엔테이션

보육놀이치료 준비 단계에서 내담 아동이 선정되고 나면, 보육놀이치료의 과정 및 구조를 안내하는 부모 오리엔테이션이 이루어진다. 보육놀이치료에서 부모 오리엔테이션이 필요한 이유는 다음과 같다.

첫째, 부모 오리엔테이션을 통해 보육놀이치료의 전반적 과정에 대한 부모의 이해를 높일 수 있다. 영유아 대상의 심리치료에 대해 알고 있거나 관심을 가지는 부모가 증가하고 있지만, 심리치료 과정에 대해 반드시 정확한 정보를 통해 제대로 이해하는 것은 아니다. 특히 보육놀이치료는 국내에서 진행하고 있는 사례가 많지 않아 보육놀이치료에 대한 정확한 정보를 부모에게 안내하고 사전에 부모의 궁금증 또한 해결할 수 있도록 하는 것은 보육놀이치료 과정을 부모가 더욱 신뢰하며 참여할 수 있게 한다.

둘째, 부모 오리엔테이션을 통해 부모와 보육놀이치료사의 초기 협력관계를 높일 수 있다. 보육놀이치료에서 내담 아동의 변화를 위해 부모와 보육놀이치료사가 조력하는 관계를 이루는 것은 매우 중요하기 때문에, 부모 오리엔테이션을 통해 보육놀이치료에서 부모의 역할 및 서로의 관계에 대해 중요성을 강조해야 한다. 치료적 효과와 관련하여 참여자들의 역할을 안내하는 것은 보육놀이치료에 대한 부모의 내적 동기를 강화하며 보육놀이치료사와 신뢰 관계를 형성하는 데 효과적인 과정이 된다.

셋째, 부모 오리엔테이션을 통해 부모는 자녀에 대한 기초적인 발달적 이해를 형성할 수 있다. 부모 오리엔테이션에 영유아의 발달단계 및 발달 특성에 대한 부모교육을 포함하는 것은 영유아 발달에 대한 보편적 이해를 증진시키며 자녀에 대한 이해를 용이하게 한다. 보편성에 대한 이해는 부모가 경험하는 스트레스를 일부 감소하게 하거나 자녀를 보다 쉽게 수용하게 하는 데 긍정적인 영향을 주어 보육놀이치료의 초기 과정을 조력한다.

부모 오리엔테이션은 해당 보육기관을 담당하는 코디네이터나 보육놀이치료를 제대로 이해하고 있는 놀이치료 전문가를 통해 진행할 수 있다. 부모 오리엔테이션의 시기는 보육놀이치료에 대한 부모의 이해를 증진하기 위해 보육놀이치료가 시작되기 전의 준비 단계에 진행하는 것이 효과적이다.

부모 오리엔테이션의 내용에는 다음의 사항이 포함될 수 있다. 보육놀이치료의 목적, 보육놀이치료사 및 코디네이터에 대한 이해, 일련의 보육놀이치료 진행 과정(사전교육, 초기 상담, 사전 평가, 치료과정, 종결과정, 사후 평가 등), 부모의 역할과 중요도(약속한 보육놀이치료 시간 및 부모상담 시간 지키기, 조기 종결 시 사전 논의하기, 부모의 적극적인 협조 및 자녀에게 어려움이 생겼을 경우 보육놀이치료사와 함께 나누기 등)와 같은 보육놀이치료를 시작하기에 앞선 전반적인 소개와 안내는 기본적인 사항에 해당한다. 또한 영유아기 자녀의 발달에 대한 이해를 도모하거나, 양육자로서 부모 자신을 이해하거나 돌볼 수 있는 부모교육적 내용이 추가적으로 포함될 수 있다. 보육놀이치료 평가 단계에서 이루어지는 조사는 실제적인 부모의 교육 요구도를 확인할 수 있게 하며, 이러한 조사 결과는 이듬해 보육놀이치료 준비 단계에서 검토 및 반영될 수 있다.

〈표 6-3〉 **부모 오리엔테이션 내용**

- 보육놀이치료 목적 및 효과에 대한 안내
- 보육놀이치료 과정 및 구조에 대한 안내
- 보육놀이치료 규칙에 대한 안내(일정, 종결과정 등)
- 보육놀이치료에서 부모의 역할과 중요성에 대한 안내
- 영유아 발달에 대한 부모교육
- 영유아기 부모역량에 대한 부모교육
- 사전 동의서 작성

한편, 부모 오리엔테이션은 교실과 같이 보육기관 내에 부모 집단 인원을 수용할 수 있는 규모의 공간에서 실시될 수 있다. 부모의 이해를 돕고 집중도를 높일 수 있는 교육 자료를 활용할 수 있도록 시청각 자료를 이용할 수 있는 환경이 갖추어진 곳은 부모 오리엔테이션 진행 환경으로 더욱 적절할 수 있다. 다양한 활동 자료를 통해 부모가 오리엔테이션에 적극적으로 참여할 수 있게 되면 부모 오리엔테이션의 효과 또한 높아질 수 있다. 부모들 간 의견을 교환하거나 정서적인 접촉을 높이는 집단 구성 또한 교육 효과를 증진하는 데 도움이 된다.

그러나 다수의 인원이 부모 오리엔테이션에 참여할 수 있는 공간 또는 시간을 조율하는 데 어려움이 따를 수도 있다. 이러한 경우 비대면 방식의 부모 오리엔테이션을 고려하여 선택의 폭을 넓히는 것은 하나의 대안이 될 수 있다. 많은 경우 자녀의 등·하원 시간에 부모가 함께 보육기관을 내방하기 때문에 이 시간을 통해 오리엔테이션과 관련한 활동 자료를 사전에 배부할 수 있으며, 다양한 활동 자료를 활용하여 부모들이 화상을 통해 일방적인 방식으로 부모 오리엔테이션을 청취하는 것이 아니라 직접 활동에 적극적으로 참석할 수 있도록 구조를 마련할 수도 있다.

(2) 초기 상담 및 10분 부모상담

보육놀이치료 실행 단계에 이루어지는 부모상담은 실행 단계의 초기에 진행되는 부모 초기 상담과 실행 단계 동안 지속적으로 진행되는 10분 부모상담으로 구분될 수 있다. 부모는 영유아의 삶에서 누구보다도 가까운 대상이며 강력한 영향을 주는 존재이기 때문에 부모상담은 영유아의 놀이치료 과정에 함께 수반되어야 하는 중요한 과정이다.

초기 상담 과정은 부모가 사전에 작성한 부모기록지를 바탕으로 약 60~90분 내외의 시간 동안 진행될 수 있으며, 이때 부모는 자녀에 대해 염려하는 호소 문제와 관련한 아동의 발달력을 보육놀이치료사에게 상세하게 전달하게 된다. 또한 부모는 놀이치료 진행과 관련한 보육놀이치료사의 안내를 받거나 목표를 나누며 치료 과정을 함께 준비해 나가게 된다. 초기 상담 이전에 일반적인 사항과 관련된 부모 오리엔테이션이 진행되지만, 부모는 자녀의 개별적인 상황에 대해 아직 충분히 다루지 못한 궁금증과 염려를 가지는 것이 일반적이다. 따라서 부모가 가진 의문과 고민 등을 보육놀이치료사와 구체적으로 나누는 것은 부모가 가진 개인적 욕구를 보육놀이치료사가 충분히 파악하고 고려할 수 있게 하며 현실적인 목표를 수립하는 것을 가능하게 한다.

부모가 초기 상담 과정에서 안내받게 되는 사항 중 비밀보장의 원칙 및 종결과정에 대한 준비는 치료 효과와 관련한 중요한 사안이 된다. 부모는 아동의 구체적인 놀이 및 회기 내용에 대한 비밀보장이 지켜지는 것의 중요성과 예상치 못한 종결 시에도 사전에 종결을 미리 준비할 수 있도록 해야 하는 것의 중요성을 반드시 숙지하고 있을 필요가 있다. 아동의 구체적인 행동 하나하나를 다루기보다 놀이 주제를 중심으로 아동의 발달에 관해 중요한 사안을 다룰 것이며, 비밀보장의 예외 원칙에 해당하는 사안이 발생할 때는 이를 부모와 반드시 나눌 것임을 제대로 이해하고 동의하는 것이 부모가 보육놀이치료의 과정을 충분히 신뢰하게 한다.

초기 상담 과정 이후, 보육놀이치료사와 부모는 매주 보육놀이치료를 진행하기전 혹은 진행한 후 10분간의 부모상담 시간을 가지며 내담 아동을 위한 협력적인 관계를 본격적으로 형성해 나가게 된다. 보육놀이치료에서의 10분 부모상담은 주로 놀잇감이 모두 정리된 상태의 보육놀이치료실에서 진행되지만, 따로 부모상담을 위한 공간이 독립적으로 마련될 수 있다면 더욱 적절할 수 있다. 10분 부모상담의 내용은 주로 내담 아동의 주호소와 관련된 한 주간의 일화 및 주요 사건, 놀이치료 회기에서의 주제 공유, 부모의 양육행동에 대한 점검 및 연습, 시도해 볼 수 있는 과제 등이 포함될 수 있다. 때때로 10분 부모상담 시간이 충분하지 않게 느껴질 때는 그 이유를 함께 탐색하거나, 독립된 부모상담 회기를 갖는 것이 효과적일 수 있다.

부모상담에서 매우 중요한 것 중 하나는 변화를 향해 조력할 수 있는 충분한 수준의 상호 신뢰 관계를 쌓아 나가는 것이다. 더욱이 초기에 부모는 내담 아동에 대한 걱정과 불안 등 다양한 감정을 가지고 보육놀이치료실을 방문하기 때문에 이러한 감정을 다루는 것은 중요한 초기 목표가 된다. 초기의 염려와 불안이 다루어지며 부모가 보육놀이치료사와 정서적으로 연결될 때 부모는 보육놀이치료 과정을 더욱 신뢰하게 되고 결과적으로 치료 효과는 증진되는 방향으로 나아간다.

부모와 보육놀이치료사의 관계가 아동을 위한 긴밀하고도 협력적인 관계로 나아가고, 10분의 부모상담 시간이 적극적이고 능동적인 소통의 시간으로 교류된다면 부모는 자녀에 대해 더욱 잘 이해하게 되고 자녀를 보다 수용할 수 있게 되며 부모 자신에 대해서도 이해와 수용을 이루어 나가게 된다. 부모는 양육태도의 변화를 이루게 되고, 기존에 비해 더욱 효과적인 부모 역할을 갖추어 나가며, 자녀의 발달을 위한 적절한 모델로서 나아가게 된다.

때때로 부모는 아동의 변화에 대한 조급한 마음을 가지게 될 수도 있는데, 이러한 마음이 드는 것은 자연스러운 과정의 일부이다. 그러나 부모는 자신의 느낌과 감정을 보육놀이치료사와 충분히 공유하는 과정을 통해, 아동의 변화 속도를 존중하며 인내하는 태도를 형성할 수 있게 된다. 보육놀이치료사가 부모를 지지하고 격려하는 과정을 통해 부모가 자신의 감정과 행동을 조절할 수 있게 되듯, 부모는 내담 아동이 자신을 온전히 믿어 주고 신뢰하는 부모의 마음을 느낄 때 자신의 변화를 스스로 조형해 나감을 경험하게 된다.

〈표 6-4〉 10분 부모 상담 실제의 예

[사례 A]
• 내담 아동 연령(성별): 만 3세(쌍둥이 남, 여)
• 내담 아동 주호소: 언어발달이 느려 의사소통에 어려움이 있어요.
• 내담 아동 변화: 초기에는 치료사의 눈치를 살피는 모습이 많았음. "이거 뭐야?" "이거 어떻게 해?" 등의 질문을 자주 하며, 언어적인 표현에 제약이 있었지만, 회기가 진행될수록 언어적인 표현이 증가하기 시작하여 16회기부터는 발음이 분명해지고, 스토리텔링이 시작됨. 놀잇감 조작이 뜻대로 되지 않을 때 다른 놀이로 전환되었으며 놀이 전환이 빠른 편이었지만, 회기가 진행되며 놀이에 대한 지속시간이 증가함.
• 부모상담 진행 과정: 시간이 매주 되지 않아 한 달에 한 번씩 모 상담 일정을 잡고 진행하였음. 내담 아동의 현 상태에 대한 이해와 언어적인 상호작용이 지속적으로 필요함을 말씀드림. 내담 아동의 마음을 읽고 감정적인 소통을 하는 것의 중요성을 말씀드림.
• 부모 변화: 초기에는 부모상담에 있어서 거부적인 태도를 보임. 하지만 치료사와 신뢰 관계가 형성되면서 자신의 마음을 적극적으로 표현하기 시작함. 쌍둥이 양육으로 많이 지친 상태이지만, 내담 아동의 변화를 확인하고 내담 아동의 입장에서 공감을 하려고 노력하는 모습을 보임.

[사례 B]
• 내담 아동 연령(성별): 만 4세(남)
• 내담 아동 주호소: 너무 소심하고 새로운 것을 시도할 때 긴장하여 잘 시도하려 하지 않아요. 자기주장을 잘 하지 못하고 행동도 느려서 답답해요.
• 내담 아동 변화: 자신감이 높아지면서 자신만의 방식으로 충분한 탐색을 하고 실패해도 탄력적인 모습으로 반응하며, 친구들에게 자신의 표현을 할 수 있게 되었음.
• 부모상담 진행 과정: 보육놀이치료 시간 40분에 뒤이어 10분 부모상담을 매주 대면으로 진행하였고 초기, 중기, 후기 과정에 맞는 내담 아동의 현재 상태와 현재 정서적인 수준에 대해 이야기를 나누었음. 또한 내담 아동의 타고난 기질과 그에 따른 강점에 대해 설명해 드리면서 자녀에 대한 이해를 촉진시켜 드림. 모 역시 몰랐던 자녀의 성향에 대해 알려드림.
• 부모 변화: 자신이 봐 왔던 자녀가 가지고 있던 성격적 특성과 타고난 기질에 대해 좀 더 잘 이해하는 모습을 보였고 그로 인해 내담 아동에 대한 이해가 깊어지면서 자녀에게 적절한 양육행동을 일관성 있게 하게 됨. 처음에는 긴가민가했던 모습으로 보육놀이치료에 참여하였지만 자녀가 차츰 변하는 모습이 관찰되면서 좀 더 놀이치료에 대해 신뢰를 보이고 치료사에 대해 신뢰를 보이는 모습이 나타남.

[사례 C]
- 내담 아동 연령(성별): 만 5세(여)
- 내담 아동 주호소: 감정표현이 적고 겁이 많음.
- 내담 아동 변화: 표정과 행동이 적고 내담 아동이 느끼는 감정을 그대로 표현하지 못하는 경우가 많았으나 치료 후반이 될 수록 표정과 리액션이 많아지고 목소리도 커짐. 또한 자신이 원하는 것을 무조건 양보하지 않고 얻어낼 수 있게 됨.
- 부모상담 진행 과정: 매주 전화상담으로 진행됨. 내담 아동에 대한 이해를 할 수 있도록 놀이 장면에서 나타나는 놀이 주제를 말씀드렸으며, 부모의 일상에서 감정과 관련된 일화를 공유할 수 있게 함. 부모님께 내담 아동의 성향을 안내하며 자녀의 생각과 감정을 읽어 주는 것의 필요성에 대해 말씀드림.
- 부모 변화: 관계에 대한 욕구와 감정 반영이 계속됨에 따라 내담 아동의 표정이 많아지고 친구들과의 관계에 집중하는 모습을 직접 관찰하게 되자 부모님 스스로 필요성을 인지하고, 감정에 대한 반영을 유지함.

(3) 부모양육코칭

부모양육코칭이란 부모가 자신의 현재 상황을 있는 그대로 인식하고 수용함으로써 건강한 부모의 모습을 갖추도록 돕는 과정이다. 부모양육코칭은 부모의 양육 스트레스를 감소하게 하고, 효능감을 증진시키며, 자녀와 상호작용할 수 있는 기술을 습득함으로써 부모 역할을 효과적으로 하도록 돕는다. 보육놀이치료 과정에서 부모양육코칭을 함께 진행하는 경우 보육놀이치료의 효과는 극대화될 수 있다.

일반적으로 부모양육코칭은 8회기부터 12회기, 한 회기 50분에서 90분까지 진행될 수 있으나, 코칭의 내용과 목표에 따라 보다 폭넓은 방식의 다양한 형태로 구성될 수 있다. 부모역량 강화를 위한 부모양육코칭, 부모−자녀의 상호작용 증진을 위한 부모코칭, 교류분석 이론에 기초한 부모코칭, 유아기 부모를 위한 감정코칭, 뇌 기반 양육코칭, 정신건강 중심 부모코칭 등 어떠한 주제로 부모코칭을 진행할 것인가에 따라 내용과 코칭의 목표가 달라진다. 부모코칭을 통해 부모는 자신의 잠재력을 확인하고 신뢰하며 자녀 양육에 있어 자신감을 갖게 된다.

부모양육코칭은 보육놀이치료가 진행되기 전에 이루어지거나 진행된 후에 이루어질 수 있으며, 부모 집단 또는 개별의 형태로 구조를 달리하여 진행할 수 있다. 유아기 부모역량 강화를 위한 부모코칭 프로그램의 목적은 유아기 부모의 부모역량을 강화하여 자녀와의 관계와 부모 역할에서의 어려움을 감소시키고, 주도적으로 어려움을 해결할 수 있도록 하는 데 있다. 보육놀이치료에서 활용할 수 있는 부모양육코칭의 예로 최윤정(2022)이 개발한 유아기 부모역량 강화를 위한 부모코칭 프로그램이 있으며, 자세한 내용은 〈표 6-5〉와 같다.

〈표 6-5〉 **부모코칭 프로그램의 목표**

(1) 부모의 양육역량 강화
• 유아기 자녀에 대하여 이해한다.
• 유아기 자녀에 대한 발달 지식을 안다.
• 유아기 자녀에게 활용될 수 있는 양육기술들을 안다.

(2) 부모의 자기관리역량 강화
• 부모 자신에 대하여 이해한다.
• 자신의 신체와 마음을 돌본다.
• 자신의 감정을 인식하고 조절한다.
• 자기 주도적으로 양육에서 발생하는 문제를 해결한다.

(3) 부모의 활용역량 강화
• 부모 자신에게 실제적으로 적용이 가능한 양육의 방법을 찾아본다.
• 부모 자신에게 실제적으로 적용이 가능한 자기관리의 방법을 찾아본다.
• 다양한 정보 가운데 자녀에게 효과적인 방법을 선택하고, 양육기술들을 연습하여 실제적으로 적용하고 활용한다.
• 다양한 자원을 효과적으로 활용한다.

회기	주제	회기 별 진행 내용
1회기	양육 어려움 탐색하기	• 프로그램 소개 및 구조화하기 • 자녀와의 관계에서 어려움 탐색하기 • 부모 역할의 어려움 탐색하기
2회기	우리 아이 바라보기	• 자녀와의 관계에서 고민 추가 탐색하기 • 자녀 발달사와 양육사 탐색하기
3회기	부모 자신 바라보기	• 부모가 경험한 양육 확인하기 • 부모의 성인 애착 유형 알아보기 • 자녀와의 관계에 적용하기
4회기	부모 자기돌봄 증진하기	• 부모의 현재 역할 확인하기 • 자기돌봄의 중요성 알기 • 자기돌봄 증진 방법 찾아보기 • 자기공감 소개하기

5회기	부모 감정 관리하기	• 감정 조절의 어려움 확인하기 • 감정을 다스리는 방법 찾아보기 • 분노 대처 방법 소개하기
6회기	우리 아이 수용하기	• 갈등 상황에 대한 자녀의 생각과 감정을 생각해 보고 공감하기 • 자녀의 감정을 수용하는 방법 찾아보기 • 정서적 공감하기 소개하기
7회기	효과적으로 놀이하기 (1)	• 부모-자녀 상호작용 탐색하기 • 놀이의 중요성 알아보기 • 자녀와 상호작용을 증진하는 방법 찾아보기 • 반영하기 놀이기술 소개하기
8회기	효과적으로 놀이하기 (2)	• 집중적인 놀이를 해 본 경험 나누기 • 놀이시간의 어려움을 해결하는 방법 찾기 • 효과적인 제한설정 기술 소개하기
9회기	도전 격려하기	• 지난주 생활 나누기, 과제 검토 • 자녀와 관계에서의 고민 탐색과 해결 방법 찾아보기 • 자녀의 도전을 격려하는 기술 소개하기
10회기	자원 활용하기	• 지지 체계와 부모 역할에 필요한 자원 확인하기 • 지지 체계와 자원 활용하기 • 자녀로 인해 성장한 부모의 모습 발견하기 • 소개했던 양육의 기술 정리하기 • 상장 전달하기

부모양육코칭은 부모의 지지, 합리적 지도, 자기돌봄, 자원 활용을 증진시키며, 부모의 양육 스트레스를 감소시킨다. 부모양육코칭을 통해 부모는 부모-자녀 관계를 파악하고 정서적인 통찰을 하게 되고, 문제 해결을 위한 자기 주도적인 태도가 나타나 이후에도 자녀의 문제를 주체적으로 해결하려는 시도를 하게 되며, 이를 통해 양육에 대한 효능감을 유지할 수 있게 된다. 또한 부모양육코칭은 부모 역할의 효능감, 사회적 효능감, 가족 효능감, 자아존중감을 증진하며 자기체계역량과 양육역량을 강화한다. 보육놀이치료 진행 시 부모가 부모상담에 적극적으로 참여할 수 있게 하며 자녀의 문제에 대해 주도적으로 해결하려는 태도를 갖게 한다.

〈표 6-6〉 **부모양육코칭의 실제**

[참여자 A]
"자신을 돌보고 나의 감정과 욕구를 알아 가는 게 흥미롭고 많은 도움이 되었어요. 평소 나 자신을 돌보며 살진 못했던 것을 이 프로그램을 통해서 알게 되어, 주신 거 보면서 저 자신의 감정도 알아보고 욕구도 찾아보고 했어요. 도움이 진짜 많이 된 것 같아요. 또 남편한테도 코칭받은 내용들을 알려 주면서 아이의 마음 알아주는 걸 함께 하려고 하고 있어요. 제가 어떻게 표현하면 좋을지 가르쳐 주기도 해요. 같이 하니까 효과가 더 좋은 것 같아요."

[참여자 B]
"아이의 상황에 대해서 부모가 어떻게 해야 하는지 함께 생각해 보고 방법을 찾아본 점이 도움이 되었어요. 아이와의 갈등이 이전보다 많이 해결되었어요. 시간이 걸려도 안 될 것 같았는데 제가 방법을 조금 바꾸니 아이의 행동도 바뀌었어요. 요 근래 들어 갈등이 좀 줄었어요. 이전에로 보면 서로 힘들었던 상황이었는데, 제가 먼저 아이에게 '도와줄게. 기다려.'라고 이야기하면 아이도 잘 기다려 주는 것 같아요."

[참여자 C]
"양육에 대한 방법들을 선생님과 함께 찾아보면서 실생활에서 유용하고 적절하게 활용할 수 있었어요. 아이들의 문제행동에 대해 놀이 형식으로 접근해 보니 오히려 좋은 방법이었던 것 같아요. 아이들도 웃고 저도 많이 웃었어요. 섣불리 실천이 잘 되지 않았던 양육의 방법들을 생활에서 사용해 볼 수 있었어요. 해 볼 수 있는 작은 방법을 찾고, 과제도 하면서 안 되는 것도 있었지만 일주일 동안 해 보려고 노력하였던 게 도움이 되었어요."

3. 성공적인 보육놀이치료를 위한 지침

1) 내담 아동이 경험하는 일반적 어려움과 조력 방안

내담 아동이 경험할 수 있는 일반적 어려움과 조력 방안에는 다음의 사항이 있다.

첫째, 보육놀이치료 참여 시간대에 따라 경험될 수 있는 어려움이다. 보육놀이치료는 일반적으로 한 시간에 한 명의 아동만이 참여할 수 있는 구조로 운영되는데, 각 내담 아동이 참여하는 시간대에 따라서 내담 아동의 참여 태도가 달라질 수도 있다. 예를 들어, 낮잠 시간, 간식 시간, 자유놀이시간 등은 개별 아동의 특성 및 욕구에 따라 보육놀이치료 참여 태도에 영향을 미칠 수 있는 요인이 된다. 아동이 해당 시간과 관련하여 신체적 혹은 심리적 컨디션에 영향을 받고 치료적 상황에 저항을 보일 때, 그 이유가 무엇인지 구체적으로 파악하여 해당 욕구를 다룰 수 있도록 도움을 제공하거나 시간대를 조정할 수 있도록 하는 것은 아동이 보육놀이치료 시간에 보다 몰두하게 하며 치료 효과를 높이게 한다.

둘째, 보육놀이치료실의 환경 구성 특성에 따라 경험될 수 있는 어려움이다. 예를 들어, 보육놀이치료실이 기관 외부에 있거나 다른 영유아의 접근이 쉬운 곳에 위치할 경우 외부 환경의 소음으로 인한 간섭이 발생할 수 있게 된다. 방음이 되는 공간은 환경에 대한 안전감을 형성하는 데 영향을 끼치는 요인인데, 특히 놀이치료 초기에 내담 아동은 외부 자극으로 인한 소음에 민감할 수 있는 상태에 있다. 따라서 외부 환경으로 인해 아동이 보육놀이치료 시간에 몰두하기 어려운 간섭이 자주 일어난다면 외부 자극을 최소화할 수 있는 방향으로 주변 환경을 관리하거나 구조적인 대안을 마련할 필요가 있다.

2) 부모가 경험하는 일반적 어려움과 조력 방안

내담 아동의 부모가 경험할 수 있는 일반적 어려움에 대한 조력을 위해 다음의 사항을 고려할 수 있다.

첫째, 보육놀이치료의 구조화와 관련하여 경험될 수 있는 어려움이다. 부모가 초기 과정에서 보육놀이치료에 대한 적합한 기대와 이해를 형성하는 것은 이후의 과정에 지속적으로 영향을 끼치는 요인이다. 그러나 때때로 부모 오리엔테이션과 초기 상담 과정 이후에도 보육놀이치료에 대한 기대 및 과정에 대한 이해가 충분히 전달되지 않을 수 있다. 이러한 경우 보육놀이치료의 과정, 아동의 변화를 위한 과정, 부모의 참여적 역할 등의 사항에 대해 다시금 구조화를 진행하는 것이 효과적일 수 있다. 초기에 서로의 이해나 견해에 차이가 있는 것은 너무도 자연스러운 과정이며, 서로의 이해를 같은 방향으로 좁혀 가는 것은 충분한 소통과 시간을 필요로 하는 과정이 된다. 때때로 발생할 수 있는 오해나 의사소통의 오류는 더욱 긴밀한 소통을 통해 극복될 수 있는 것으로 인식하고 지속적으로 소통을 시도해 나가는 노력은 이러한 어려움을 극복하게 한다.

둘째, 보육놀이치료를 위한 공간적 환경에 관해 경험될 수 있는 어려움이다. 각 기관의 환경에 따라 부모가 10분 부모상담 시간에 참여하기 직전에 잠시 대기할 수 있을 만한 환경이 따로 갖추어지지 않을 수 있다. 공간적 환경에 대한 조정이 어려운 경우 가급적 부모의 대기 시간을 줄일 수 있도록 놀이치료시간 이후 5~10분 정도의 사이 시간을 가진 뒤 부모상담 10분의 구조를 가지는 것이 효율적일 수 있으며, 가급적 약속된 시간에 맞추어 부모가 내방할 수 있도록 사전에 조율하는 것이 필요할 수 있다.

4. 장의 요약

이 장에서는 보육놀이치료 운영 목적의 중심에 있는 내담 아동과 부모에 대해 다루었다. 내담 아동과 부모는 보육놀이치료 모델에서 서비스를 제공받는 주체이며, 보육놀이치료는 내담 아동의 건강한 발달과 성장을 조력하기 위해 운영된다.

내담 아동은 기존의 보육기관에서 제공되지 않던 새로운 서비스에 참여하게 됨으로써 일련의 적응 과정을 겪게 된다. 보육놀이치료 과정은 내담 아동에게 일면 낯설지만, 궁극적으로 자신을 발견하고 수용하며 자아를 강화할 수 있는 경험이 된다.

내담 아동의 부모는 보육놀이치료 서비스의 의뢰자이자 협력자로, 각기 다른 욕구를 가지고 보육놀이치료에 참여하게 된다. 부모는 내담 아동의 일상을 가장 잘 파악하고 있는 관찰자로서 치료과정에 조력하며, 내담 아동과 부모 자신 및 적절한 양육 방법에 대해 학습하고, 내담 아동의 보호자로서 치료과정의 참여를 촉진하게 된다. 특히 부모상담 과정을 통해 내담 아동의 부모는 궁극적으로 내담 아동과 부모 자신에 대한 이해를 높이게 되며, 부모-자녀 관계는 서로의 발달을 긍정적으로 촉진하는 방향으로 나아가게 된다.

더욱 많은 내담 아동과 부모가 보육놀이치료에 참여할 수 있는 방향으로 보육놀이치료가 일반화될 수 있을 경우, 이는 영유아들의 건강한 발달 및 사회 적응을 촉진하는 동시에 부모역량을 증진할 수 있는 광범위한 정신건강 조기 개입 및 중재 프로그램이 될 것으로 기대된다.

Chapter 07

보육놀이치료사와
코디네이터

 보육놀이치료사와 보육놀이치료 코디네이터는 실제적으로 보육놀이치료를 실행하는 핵심적인 두 축의 수행 인력으로 최소한의 자격 기준을 갖춘 훈련된 예비 놀이치료사이자, 훈련된 예비 지도감독자로서 보육놀이치료를 실행하는 전문 인력으로 거듭나기 위한 준비 기간과 훈련 과정을 거치게 된다. 보육놀이치료사는 현장에서 내담 아동과 부모를 직접 만나며 놀이치료를 실시하는 임상 수행 인력으로서, 놀이치료에 대한 기초적인 교육을 모두 수료한 뒤 기관으로 파견되어 임상 실무를 수행하게 된다. 보육놀이치료 코디네이터는 현장에 파견되는 보육놀이치료사를 교육하고 사례 운영을 관리하는 지도감독자로서의 업무를 담당하며 보육놀이치료 운영 제반과 관련된 총괄적인 업무를 수행하게 된다. 이 장에서는 보육놀이치료 현장에서 실무를 수행하는 보육놀이치료사와 코디네이터의 역할, 자격 기준 및 훈련 과정에 대해 알아보고자 한다. 또한 보육놀이치료사와 코디네이터가 보육놀이치료 과정을 통해 경험하는 바, 어려움의 요인을 탐색함으로써 성공적인 보육놀이치료에 한발 더 다가갈 수 있는 조력 방안을 논의해 보고자 한다.

1. 보육놀이치료사

 보육놀이치료사는 보육놀이치료 실행 단계에서 내담 아동에게 놀이치료를 제공하고 부모와 상담하는 상담 실무의 주체가 된다. 전문적인 상담을 제공하기 위해 보육놀이치료사는 일정 기준의 교육을 수료한 대상으로 선발되며, 보육놀이치료 준비 단계 동안 집중적인 교육을 받고 훈련을 진행하며 임상 실무를 수행하기에 적합한 훈련된 놀이치료사로서의 준비를 하게 된다. 보육놀이치료사로서의 경험은 아이들의 주된 생활환경인 보육기관에 대한 이해도를 높이고 아동의 일상적인 삶을 이해하는 데 크게 도움이 되며, 기존의 심리치료 제공 환경과는 사뭇 다른 새로운 형태의 임상 경험이 되어 전문가로서의 성장에 일조하게 된다.

1) 보육놀이치료사의 역할

보육놀이치료사는 보육놀이치료 운영의 세 단계인 준비 단계, 실행 단계, 평가 단계에서 유사하면서도 차별적인 여러 가지 역할을 수행하게 된다. 보육놀이치료 준비 단계 및 평가 단계에서는 참여 대상을 위한 심리 평가자로서, 보육놀이치료 실행 단계에서는 놀이치료를 제공하는 상담 실무자로서, 보육놀이치료 실행 단계 및 평가 단계에서는 운영 보조자로서의 역할이 강조된다. 각각의 역할을 통해 보육놀이치료사는 임상현장 및 상담 실무에 대한 전문성을 쌓아 나가게 된다. 다음의 내용을 통해 보육놀이치료 운영 과정의 흐름에 따라 보육놀이치료사가 어떤 역할을 중점적으로 수행하게 되는지 알아보고자 한다.

(1) 보육놀이치료 대상을 위한 심리 평가자

보육놀이치료사는 보육놀이치료 참여 대상을 선별하기 위해 아동을 대상으로 심리평가를 진행하거나, 선별된 내담 아동 및 부모를 대상으로 치료 효과를 검증하기 위한 사전-사후 심리평가를 진행하게 된다.

보육놀이치료에 참여할 대상자를 선별하기 위해 보육기관의 추천 또는 부모의 신청을 받거나, 특정 연령 집단 전체를 대상으로 선별검사를 시행하게 된다. 보육놀이치료에 참여하는 아동을 선별하기 위한 평가는 기관에서 구비 가능한 도구, 검사 실시 환경 등에 따라 다양할 수 있다. 일반적인 학령기 전후 아동의 경우 지능검사, 투사검사, 신경심리검사가 모두 포함된 풀 배터리(Full-Battery) 검사를 실시할 수도 있으나 보육놀이치료에서는 몇 가지 이유로 간단한 평가 방식을 활용하는 것이 추천된다.

첫째, 대상 선별을 위한 심리평가의 경우 많은 수의 아동을 대상으로 시행하기 때문에 인원에 비례하는 만큼 오랜 시간이 요구된다. 보육기관의 환경 내에서 한 명의 아동당 수 시간을 요구하는 풀 배터리 검사를 실시하는 것은 현실적으로 어려움이 따르는 부분이며 이에 따라 시간 효율적인 접근이 강조된다. 둘째, 아동의 발달 특성에 따라 긴 시간의 검사 수행이 어려운 경우들이 빈번하며 검사 실시 시도에 비례하는 만큼의 평가적 의미를 얻지 못할 수 있다. 평가를 위해 많은 시간과 아동의 에너지를 주입해야 하는 만큼, 검사 수행의 결과가 의미 있게 활용될 수 있으리라 판단되지 않는다면 필요 이상의 평가 시도는 적절하지 않을 수 있다. 셋째, 어려움의 정도가 크지 않거나 주호소가 명확하지 않은 아동이 참여 신청자로서 선별 평가 명단에 포함될 경우, 이러한 아동을 대상으로 긴 시간의 검사를 수행하는 것은 아동을 위한 것이기보다 성인들의 욕구에 따른 것일 수 있다. 넷째, 보육기관의 일과 운영 및 환경 특성상 충분한 시간 동안 안정적으로 검사를 실시할 수 있는 단독 공간을 확보하기에 어려움이 있다.

다음과 같은 이유로 보육놀이치료 대상 선별을 위한 심리평가의 경우 평가에 들이는 시간 대비 다각적인 관찰 정보를 효과적으로 얻을 수 있는 평가 방식을 활용하는 것이 유용한 접근이 된다. 일반적으로 추천될 수 있는 보육놀이치료 대상 선별 평가에는 놀이평가 또는 HTP, KFD와 같은 그림 검사가 포함될 수 있다.

놀이평가는 아동에게 가장 자연스러운 활동인 놀이를 통해 평가를 진행하는 평가 방식이기 때문에 대부분의 아동에게 거부감, 불안감, 긴장감으로 인한 저항을 최소화하는 평가적 접근이 된다. 또한 HTP, KFD 그림 검사는 아동들에게도 익숙한 집, 나무, 사람 그림을 그리는 방식으로 진행되는 간단한 투사 검사로 종이와 연필이라는 간단한 준비물을 통해 짧은 시간 안에 진행될 수 있는 효과적인 평가 방식이된다.

보육놀이치료사는 대상 선별을 위한 심리평가를 진행하기 위해 보육놀이치료 준비 단계에서 선별 방식에 적합한 심리평가 실행에 대한 교육을 받고 평가를 진행하게 된다. 심리 평가자는 내담 아동과의 관계에서 평가적인 역할을 갖게 되기 때문에 상담자로서의 역할과는 구분되어야 한다. 때문에 평가 이후 참여자로 선별된 내담 아동과 치료사를 연계할 때는 직접 평가를 실시하지 않은 아동과 치료사가 연계될 수 있도록 고려하는 것이 필요하다.

보육놀이치료사는 내담 아동을 선별하기 위해 평가를 진행하기도 하지만, 보육 놀이치료의 효과를 확인하기 위한 목적에서 사전-사후 평가를 실시하게 되기도 한다. 사전 단계에서 실시되는 심리평가는 중재 이전 단계의 특성 및 기능 수준 등을 평가하는 것으로, 이는 상담 초기 과정에서 아동에 대한 이해를 높이는 보완적인 자료로 활용되기도 한다. 놀이치료 종결 이후 사후 단계에서 실시되는 심리평가는 사전 평가와의 비교를 통해 놀이치료 개입 이후 나타난 변화를 확인하고 보육놀이치료라는 중재의 효과성을 확인할 수 있게 하는 증거가 될 수 있다. 평가는 아동을 대상으로 직접적인 방식으로 실시될 수도 있으나, 부모 또는 교사의 관찰을 통해 평정할 수 있는 평가 도구를 이용하는 간접적인 방식으로도 이루어질 수도 있다.

(2) 보육놀이치료의 상담 실무자

보육놀이치료사의 핵심 업무는 내담 아동 및 부모에게 놀이치료를 통한 중재를 제공하는 것이다. 보육놀이치료 실행 단계에서 보육놀이치료사는 내담 아동과 본격적으로 지속적인 만남을 갖게 된다. 상담 초기 내담 아동 및 부모와 신뢰 관계를 구축하며 안전한 작업 동맹을 맺는 것은 상담 과정과 결과를 긍정적으로 이끄는 주요한 요인이 된다. 보육놀이치료는 보육기관 내에서 실시되는 특별한 유형의 상담 구조를 갖기 때문에, 치료자가 비밀보장에 대한 구조화를 더욱 유의하여 진행하는 것은 내담 아동 및 부모와의 관계에서 안전한 신뢰 관계를 형성하는 데 중요한 이슈가 된다.

보육놀이치료사는 정해진 회기 동안 내담 아동과 정기적인 상담 일정을 갖게 된다. 내담 아동은 보육놀이치료를 진행하는 동안 기존의 기관 일과와는 달라진 환경을 경험하게 되기 때문에, 보육놀이치료사는 기관의 일과 중에 진행되는 보육놀이치료 일정에 대해 아동에게 적절히 안내하고 구조화를 진행해야 한다. 보육기관은 많은 아동이 함께 재원하는 기관이기 때문에 내담 아동이 보육놀이치료실로 이동하는 과정 및 치료실에서의 놀이에 대해 또래들이 서로 의식하는 간섭이 발생하기도 한다. 보육놀이치료사는 보육기관에서 진행하는 놀이치료 세팅에서 일반적으로 발생할 수 있는 에피소드에 대해 미리 예측하고 준비함으로써 적절히 대처하며, 보육놀이치료 과정에서 발생할 수 있는 아동들의 자연스러운 반응이나 궁금증 등에 대해 보육기관 또한 준비될 수 있도록 관련한 사항을 미리 공유해야 한다.

보육놀이치료사는 내담 아동에 대한 정보를 얻기 위해 부모와 상담하기도 하지만 보육기관 담임교사와 상담을 진행하기도 한다. 보육교사는 내담 아동의 보육기관 생활에 대한 정보를 제공해 줄 수 있으며 내담 아동의 또래 관계, 또래와의 비교를 통한 발달적 정보를 제공할 수 있다. 보육기관은 아동의 가정을 제외하고 아동에게 제일 가까운 사회적 환경이 되기 때문에 아동의 사회성 발달에 대한 정보를 얻는데 유용한 공간이 된다.

놀이치료사는 부모상담 시간에 내담 아동의 치료적 진전을 전달하거나, 아동의 진보를 지원할 수 있는 적절한 과제 및 상호작용 방식을 부모에게 가르친다. 이를 통해 부모는 아동을 이전보다 더욱 잘 이해하게 되며 아동의 발달을 촉진하는 보다 향상된 상호작용 기술을 얻게 된다. 보육놀이치료는 일반적 놀이치료 구조에 비해 보다 확장된 체계를 가지는 만큼, 교사와의 상담 또한 아동의 진보를 돕는 양육상담의 한 유형이 될 수 있다. 보육놀이치료사는 비밀보장의 원칙을 지키면서도 아동의 성장을 조력할 수 있는 발달적 정보에 대해 담임교사에게 전달하며 교육적 정보를 제공해야 한다.

(3) 보육놀이치료 실행을 위한 운영 보조자

보육놀이치료사는 운영 보조자로서 보육놀이치료의 전반적 운영을 총괄하는 코디네이터를 조력하게 된다. 코디네이터가 보육놀이치료 운영 구조의 제반 사항에 대해 보육기관과 논의하고 소통하는 한편, 보육놀이치료사는 현장에서 직접 상담 실무를 수행하는 인력으로서 현장 상황에 따라 직접 보육기관과 소통하기도 한다. 근무일 동안 발생한 기관 내 특별한 상황이 있거나 상담과 관련하여 기관과 중요한 의사소통이 있었을 경우 보육놀이치료사는 이를 코디네이터와 나누게 된다. 보육놀이치료사와의 현장 환경 의사소통을 통해 코디네이터는 필요에 따라 해당 기관에 근무하는 보육놀이치료사 모두에게 필요 사항을 공지하기도 하고, 기관과의 의견 조율이 필요한 경우 직접 보육기관과 소통하기도 하며, 보육놀이치료 환경에 대한 구조적 수정이 필요한 경우 체계를 조정해 나가게 된다. 따라서 보육놀이치료사가 현장 환경을 공유하고 전달하는 것은 일관되며 신뢰 관계를 통해 안정적으로 보육놀이치료 체계를 유지하는 데 중요한 역할을 하며 운영에 협력하는 방식이 된다.

보육놀이치료사는 보육놀이치료 운영의 주요한 한 축인 동시에 보육놀이치료의 참여자가 되며, 더 나은 보육놀이치료 구조를 구축해 나가기 위해 자신의 생생한 참여 경험을 나누고 발전적인 의견을 제언할 수 있다. 보육놀이치료사는 상담의 구조 및 환경 등에 대해 내담 아동, 부모, 교사의 의견을 가장 최전선에서 청취하는 대상이 되기 때문에 보육놀이치료의 구조를 수정 및 보완해 나가는 작업에서 가장 실제적인 의견을 제공할 수 있다. 보육놀이치료는 기본적인 운영 원칙을 바탕으로 설계되지만 보육기관의 특성과 환경에 따라 개별적인 특성을 고려하여 유연한 방식으로 운영되기 때문에, 해당 기관에서 상담 실무를 담당하는 보육놀이치료사의 실제적인 의견은 보육놀이치료 구조의 안정성을 결정하는 데 매우 중요한 가치를 지닌다. 보육놀이치료사의 실제 경험 및 참여자들의 의견 청취를 통해 보육놀이치료 운영의 구조를 수정·보완해 나가며 보육놀이치료는 기관의 환경에 더욱 적합한 방식으로 발달해 나갈 수 있게 된다.

2) 보육놀이치료사의 자격

놀이치료는 아동 발달 및 놀이치료 이론을 습득하고 임상 훈련 경험을 가진 충분히 준비된 치료사에 의해 제공되어야 한다. 마찬가지로 보육놀이치료사는 보육놀이치료에 참여하는 내담 아동 및 부모에게 전문성 있는 심리치료 서비스를 제공하기 위해 기본적인 수련 요건을 갖춘 자에 한하여 선발되며, 추가적인 교육 및 훈련의 기회를 갖게 된다. 보육놀이치료를 실시하는 동안 보육놀이치료사의 임상 사례는 코디네이터의 수퍼비전 및 서비스-러닝 교과목을 통해 지도감독 받게 된다. 충분한 교육 및 지도감독의 과정을 바탕으로 보육놀이치료를 실행하는 동안 보육놀이치료사는 임상가로서 자신의 전문적 역량을 제고하게 된다.

(1) 보육놀이치료사의 자격 기준

독립적인 놀이치료를 수행할 수 있는 놀이치료사가 되기 위해서는 최소 놀이치료 관련 전공 석사에 해당하는 학력과 전문 학회의 자격 취득이 필요시된다. 예비 놀이치료사는 석사 과정 동안 아동 발달, 놀이치료 이론, 놀이치료 인턴십, 놀이치료 수퍼비전 등 놀이치료 수행에 요구되는 교과목을 이수하며 자격 취득을 위해 공인된 전문 학회의 수련 과정을 밟게 된다. 또한 놀이치료사는 개인분석을 받으며 상담자이기 이전에 한 명의 인간으로서 더욱 성숙한 사람이 되고자 노력하는 과정을 거치게 된다. 개인분석은 상담에 영향을 미칠 수 있는 상담자 개인의 심리적 어려움을 극복함으로써 개인의 이슈가 상담 과정에 미치는 영향을 최소화하는 과정이기도 하면서 내담자 입장이 되어 상담을 경험해 보며 내담자의 세계를 더욱 잘 이해하게 하는 기회가 된다.

보육놀이치료사를 선발하기 위한 기준은 놀이치료사로 성장하는 일반적인 자격 기준을 바탕으로 한다. 훈련받을 수 있는 보육놀이치료사로서 선발되기 위해서는 놀이치료 관련 전공 석사 과정에 재학 중으로 놀이치료 관련 이론 과목을 두 과목 이상 수강하여 인턴십 수업에 참여할 수 있으며, 10회기 이상의 개인분석 경험을 가지고, 공인된 전문 학회에서 훈련 중인 대상에 한하는 것을 최소한의 기준으로 한다.

그러나 다음의 사항은 보육놀이치료사로서 선발되기 위한 최소한의 기준에 부합하는 것일 뿐, 보육놀이치료사로서 보육기관에 파견되어 실제 내담 아동과 놀이치료를 실시하며 부모상담을 진행하기 위해서는 더 높은 수준의 교육과 훈련이 요구된다. 따라서 선발된 보육놀이치료사는 실제 임상 실무를 수행하기 위해 놀이치료에 대한 추가적인 훈련 과정을 경험하게 되며, 보육기관이라는 파견 현장에 대한 이해도를 갖추기 위해 교육받게 된다.

(2) 보육놀이치료사의 훈련 과정

자격 기준에 부합하여 선발된 보육놀이치료사는 보육놀이치료 실행 단계에서 놀이치료를 실시하기 전까지 직무와 관련한 사전교육을 이수하게 된다. 보육놀이치료사를 위한 사전교육은 치료사로서 지녀야 하는 전문적 기술과 태도에 대한 내용으로 구성된다.

보육놀이치료사는 보육놀이치료에 참여하는 내담 아동을 선별하는 심리 평가자로서 역할하기 때문에 아동을 만나는 태도, 놀이 관찰, 심리평가에 대한 교육을 이수해야 한다. 동시에 보육놀이치료사는 선별된 내담 아동과 부모를 만나는 상담 실무자로서 역할하기 때문에 사례개념화, 치료적 상호작용, 부모상담, 상담윤리에 대한 교육을 추가적으로 이수하게 된다.

보육놀이치료 실행 단계에서 가장 중요한 교육과 훈련의 일부는 놀이치료 사례에 대한 수퍼비전 과정이다. 보육놀이치료사는 코디네이터와의 사전에 예정된 정기적 면담을 통해 진행 중인 보육놀이치료 사례에 대한 지도감독을 받게 된다. 코디네이터와의 집단 수퍼비전은 보육놀이치료 실행 단계에서 지속적인 과정으로 이루어지는 교육으로, 보육놀이치료사 개인의 사례뿐 아니라 동료들의 다양한 사례를 통해 사례를 이해하는 시야를 넓히는 데 도움이 되며, 집단 안에서 지지를 경험하거나 자신의 경험을 타당화하는 데 효과적인 기회가 된다.

보육놀이치료사는 코디네이터와 진행하는 집단 수퍼비전 외에도 다른 형태의 수퍼비전을 진행할 수 있다. 집단 수퍼비전을 통해 다루기 어려운 사항에 대해 개인적으로 개별 수퍼비전을 진행할 수도 있으며, 치료사로서 발달수준이 비슷한 동료들과 함께 유사한 어려움을 나누는 방식의 피어 수퍼비전을 진행할 수도 있으며, 개인적인 회기 기록을 통해 회기를 회고하고 성찰적으로 검토하는 셀프 수퍼비전을 진행하는 등 다양한 유형의 수퍼비전이 동시에 이루어질 수 있다. 보육놀이치료 실행단계에서 이루어지는 지속적인 교육에는 대학원 과정의 놀이치료 인턴십, 수퍼비전 교과목을 통한 전공 연계 교육 및 공인된 학회를 통한 교육과 같은 기본적 형태의 교육 내용 또한 포함된다.

효과적인 교육과 훈련을 제공하기 위한 목적과 보육놀이치료사의 성장을 측정하기 위한 목적의 일환으로 사전교육 이전과 이후, 놀이치료 실시 이전과 이후 단계에서 여러 가지 척도 및 도구를 통해 치료사로서 발달하는 수준에 대한 평가를 진행하게 된다. 이러한 평가는 다양한 평가 도구를 통해 양적 자료를 수집하고 분석하는 방식으로 이루어지거나, 관찰 및 인터뷰를 통해 질적 자료를 수집하고 분석하는 방식으로 이루어질 수도 있다.

보육놀이치료사 훈련 프로그램과 훈련 과정에 활용할 수 있는 자료의 예는 〈표 7-1〉〈표 7-2〉〈표 7-3〉과 같다.

〈표 7-1〉 **보육놀이치료사 훈련 과정: 초보놀이치료사 훈련 프로그램의 예-1**

CPRT 모델을 활용한 초보놀이치료자 훈련 프로그램	
회기 1: 훈련 목표와 반영적 반응	회기 2: 놀이 회기의 기본 원칙
1. 인사 및 자기소개 2. 프로그램의 목적과 가장 중요한 개념 3. 훈련을 위한 아동 선정 안내 4. 반영적으로 반응하기(비디오 및 연습지) - 행동 트래킹 - 내용 반영하기 - 감정 반영하기 5. 시범 및 역할놀이 경험(반영적 청취와 반응하기) 6. 숙제(반영하기 연습문제지)	1. 숙제 검토 2. 선정된 아동의 특징에 대해 이야기하기 3. 놀이 회기의 기본 원칙 및 구조화하기 - 놀이 회기의 목표 - 놀잇감 선택하기 - 놀이 회기를 위한 시간과 장소 결정하기 4. 시범 및 역할놀이 경험(구조화하기) 5. 숙제(놀잇감 준비하기)

회기 3: 부모-자녀 놀이 회기 기술과 진행 과정	회기 4: 수퍼비전 형식과 제한 설정
1. 숙제 검토 2. 놀이 회기에서 해야 할 것과 하지 말아야 할 것 3. 치료자를 위한 놀이 회기의 목표 　- 해야 할 것과 하지 말아야 할 것 4. 시범 및 역할놀이 　- 해야 할 것과 하지 말아야 할 것 5. 놀이 회기 진행 과정 점검표 6. 숙제(놀이 회기 시작과 비디오 녹화)	1. 숙제 검토(놀이 회기 보고) 2. 놀이 회기 비디오 비평 3. 집단 역동과 지지해 주기 4. 제한설정 　- 3단계 ACT 방법 　- 왜 일관성 있는 제한설정을 해야 하는가 　- 언제 제한설정을 해야 하는가 　- 어떻게 제한설정을 해야 하는가 5. 시범 및 역할놀이 6. 숙제(제한설정 연습지, 강렬한 감정에 주목하기)
회기 5: 놀이 회기 기술 연습	**회기 6: 수퍼비전과 선택권 주기**
1. 숙제 검토 2. 놀이 회기 보고와 비디오 비평 3. 놀이 회기 기술 복습 및 역할놀이 4. 숙제(연습문제지)	1. 숙제 검토 2. 놀이 회기 보고와 비디오 비평 3. 선택권 주기, 의사 결정권과 책임감을 촉진하기 4. 놀이 회기 기술 복습 5. 시범 및 역할놀이(선택권 주기) 6. 숙제(선택권 주기 연습문제지)
회기 7: 수퍼비전과 자기존중감	**회기 8: 수퍼비전과 격려해 주기 대 칭찬하기**
1. 숙제 검토 2. 놀이 회기 보고와 비디오 비평 3. 자기존중감 형성하기 반응 4. 시범 및 역할놀이 (자기존중감 형성하기) 5. 숙제(자기존중감 형성하기 연습문제지)	1. 숙제 검토 2. 놀이 회기 보고와 비디오 비평 3. 격려해 주기 대 칭찬하기 4. 시범 및 역할놀이(격려하기) 5. 숙제(격려하기 연습문제지)
회기 9: 수퍼비전과 일반화하기 기술	**회기 10: 평가 및 요약**
1. 숙제 검토 2. 놀이 회기 보고와 비디오 비평 3. 진보된 제한설정: 순종하지 않은 결과에 따른 선택권 주기 4. 놀이 회기 기술 일반화하기 5. 숙제(만일 그러면 선택권 주기 연습문제지)	1. 숙제 검토 2. 놀이 회기 보고와 비디오 비평 3. 관심 사항 요약 4. 아동은 어떻게 변화하였는가 5. 치료자들은 어떻게 변화하였는가 6. 치료자들의 경험을 평가하기

〈표 7-2〉 **양선영(2013)의 보육놀이치료 인턴십 프로그램 훈련 내용**

회기	목표	훈련 내용	시간
		보육놀이치료 인턴십 프로그램	
1	보육놀이치료 모델의 오리엔테이션 및 인턴십 프로그램에 대한 이해와 동기 유발	• 참여자 소개 및 지도감독자 소개 • 인턴십 프로그램에 대한 안내 • 놀이치료 사례 경험 나누기 • 놀이치료사 윤리 서약서 작성 • 놀이치료사 시간 배정	2시간
2	보육놀이치료에 근거가 되는 아동중심 놀이치료에 대한 이론적 배경 습득	• 아동 놀이의 상징적 의미 파악하기 • 아동중심 놀이치료의 이론 • 놀이치료사로서의 역할	3시간
3	아동의 이해를 촉진하는 보육놀이치료 기술 습득 I	• 놀이치료 회기를 구조화하기 (일관되고 안정된 환경 조성하기) • 비언어적인 행동을 인정하기 • 반응 실습 및 역할 연습	3시간
4	아동의 이해를 촉진하는 보육놀이치료 기술 습득 II	• 내용 반영하기 • 감정 반영하기 • 반응 실습 및 역할 연습	3시간
5	아동의 이해를 촉진하는 보육놀이치료 기술 습득 III	• 의사 결정권과 책임감을 촉진하기 • 자아존중감과 격려를 촉진하기 • 반응 실습 및 역할 연습	3시간
6	아동의 이해를 촉진하는 보육놀이치료 기술 습득 IV	• 치료적 제한 설정하기 • 놀이치료의 종결 • 아동의 놀이 주제 • 반응 실습 및 역할 연습	3시간
7	아동의 이해를 촉진하는 보육놀이치료 기술 습득 V	• 놀이치료실에서 발생하는 다양한 문제의 대처 • 반응 실습 및 역할 연습	3시간

〈표 7-3〉 Ray(2004)의 놀이치료 기법 체크리스트와 이미경(2006)의 자아평가서 수정

▶ 보육놀이치료사 훈련 과정: 반성적 저널의 예

보육놀이치료 일지			
보육놀이치료사		아동 이름 / 연령	
회기		날짜	

[상담 시작 전의 자아평가]
상담하기 전 나의 감정적, 신체적, 정신적 상태는 어떠했는가?
상담 전에 내담자가 편안하게 상담에 임할 수 있는 안전한 상담 분위기를 마련하였는가?

(부)├─0────1────2────3────4────5────6────7────8────9────10─┤ (긍)

놀이치료 내용

부모상담 내용

[상담 중 자아평가]
상담 전반에서 나의 감정, 내담자가 긍정적인 감정을 표현할 때 나의 감정과 행동,
갈등과 긴장 상황에서 나의 감정과 행동, 내담자가 부정적인 감정을 표현할 때
나의 감정과 행동, 상담 과정에서 느낀 심리적인 불편감은 어떠한가?

(부)├─0────1────2────3────4────5────6────7────8────9────10─┤ (긍)

놀이치료사의 비언어적인 반응들	전혀 그렇지 않다	그렇지 않다	그렇다	매우 그렇다	치료사 반응
1. 앉은 자세가 아동에게 향해 있으며 팔과 다리가 아동에게 개방된 느낌을 전달한다.					
2. 아동에게 지속적으로 관심을 나타내었다.					
3. 아동과의 놀이치료 상황이 편안했다.					
4. 치료사의 반응 톤이 아동의 감정 수준과 일치하였다.					
5. 치료사의 표정이 치료사의 반응과 일치하였다.					
6. 치료사의 반응속도가 적절하였다.					
놀이치료사의 언어적인 촉진적 반응들	전혀 그렇지 않다	그렇지 않다	그렇다	매우 그렇다	치료사 반응
7. 아동의 행동을 언어적으로 표현하였다. (트래킹)					
8. 아동의 언어적인 대화 내용을 다른 말로 반영하였다. (내용 반영)					
9. 아동이 표현하는 감정을 언어적으로 반영하였다. (감정 반영)					
10. 아동에게 칭찬이 아닌 자아존중감과 격려를 촉진하는 반응을 하였다.					
11. 아동을 위해 의사 결정을 하거나 그에 대한 책임을 지지 않고, 아동이 스스로 의사 결정을 하고 책임감을 행사하도록 권한을 부여하였다.					
12. 아동의 놀이 상황에서 제한설정해야 할 시기에 적절한 방법으로 제한을 설정하였다. (ACT방법으로)					
13. 아동이 불안해하지 않도록 종료 시간을 적절하게 알려 주었다.					
놀이치료사의 비촉진적 반응들	전혀 그렇지 않다	그렇지 않다	그렇다	매우 그렇다	치료사 반응
14. 아동을 평가하는 반응을 하였다.					
15. 아동에게 질문하는 반응을 하였다.					
16. 아동이 놀잇감을 명명하기 전에 놀잇감의 이름을 말하는 반응을 하였다.					
17. 아동에게 놀이를 제안하는 반응을 하였다.					

2. 코디네이터

보육놀이치료 코디네이터는 보육기관에서 실시되는 보육놀이치료 운영과 관련한 제반 사항을 총괄적으로 관리하기 위해 다양한 역할을 수행하게 된다. 보육놀이치료 코디네이터는 보육놀이치료를 실행하기 위해 보육기관의 구조적·물리적 환경 및 일과 운영 구조를 탐색하고 기관 담당자와 논의하며 보육기관 특성에 적합한 보육놀이치료 환경을 구축하게 된다. 보육놀이치료 코디네이터는 보육놀이치료사의 놀이치료 사례를 지도감독할 수 있는 예비 수퍼바이저로서의 역량을 갖춘 자로서, 현장에 파견되는 보육놀이치료사를 가장 가까운 곳에서 지켜보며 교육 및 지도하게 된다. 원활한 보육놀이치료 실행을 위한 준비는 보육놀이치료사를 훈련하는 과정에서 그치지 않으며, 내담 아동의 부모 및 보육기관 종사자를 포함하여 보육놀이치료에 참여하게 되는 모든 대상자에 대한 사전교육과 관리까지 포함하게 된다.

1) 보육놀이치료 코디네이터의 역할

보육놀이치료 코디네이터는 보육기관, 보육놀이치료사, 대학을 연결하는 중심 인력으로서 보육놀이치료를 운영 및 관리하는 중추적 역할을 담당한다. 보육놀이치료 코디네이터는 보육놀이치료를 실시하기 이전 보육기관과 소통하며 기관 특성에 맞는 보육놀이치료 환경을 구축하게 된다. 또한 보육놀이치료에서 놀이치료를 제공하는 보육놀이치료사를 교육하게 되며, 실행 과정 동안 놀이치료 사례를 지도감독하게 된다. 보육놀이치료 코디네이터는 보육놀이치료 운영 과정에서 발생하는 어려움을 조율하거나 개선하는 과정의 중간 조율자로서 역할을 맡게 되기도 한다. 보육놀이치료 실행 이후에는 참여자들의 피드백을 수집하는 과정을 통해 내담 아동 및 부모, 보육놀이치료사의 변화와 성장을 확인하고 성공적인 보육놀이치료의 제공 여부를 검증하며, 이듬해의 보육놀이치료 실행을 위한 개선점을 검토하게 된다.

(1) 보육놀이치료 실행을 위한 운영 관리자

보육놀이치료 코디네이터는 보육놀이치료의 직접적인 운영 관리자로서 보육놀이치료 준비 단계, 실행 단계, 평가 단계에 대한 체계적인 운영 과정을 설계하고 보육놀이치료를 이끌어 나가며 전반적 과정을 검토하게 된다.

보육놀이치료 준비 단계에서, 보육놀이치료 코디네이터는 보육기관의 특성에 적합한 보육놀이치료 환경을 조성하기 위해 보육기관에 방문하여 현장 검토를 실시하고 보육놀이치료 실행 계획에 착수하게 된다. 보육놀이치료 코디네이터는 보육기관의 구조적 · 물리적 환경, 일과 운영, 재원 중인 영유아의 주요 특성, 연령, 인원 구성을 파악하여 보육기관의 환경에 적합한 보육놀이치료실을 기관 내부에 조성하고 보육놀이치료를 운영하기에 적합한 시간대를 검토 및 논의하게 된다.

보육놀이치료를 실시하기 위한 구조적 · 물리적 환경이 준비되고 사전 계획이 수립된 이후에는, 보육놀이치료 참여자를 선정하기 위해 해당 기관과 교사의 욕구를 탐색하며 보육놀이치료를 진행하게 될 내담 아동 및 부모 대상을 선별하게 된다. 보육놀이치료에 우선적으로 참여하게 될 내담자를 선정하는 과정은 보육기관의 아동 특성과 기관이 가진 도움의 욕구에 따라 개별적으로 검토될 수 있다.

보육놀이치료 실행을 위해 기관과 소통하는 한편, 보육놀이치료 코디네이터는 보육기관에 파견되어 치료를 진행할 보육놀이치료사를 선발하고 훈련 과정을 실시하게 된다. 보육놀이치료사는 일정 기준을 충족하여 놀이치료를 수행하기에 적합한 대상으로 선발하게 되며, 선발된 보육놀이치료사들은 보육놀이치료 실행 이전에 필요한 사전교육을 수료하게 된다.

보육놀이치료 실행 단계 동안 보육놀이치료 코디네이터는 보육놀이치료사에 의해 실시되는 놀이치료 사례에 대한 수퍼비전을 제공하게 된다. 보육놀이치료사가 진행하는 놀이치료 사례는 보육놀이치료 실행 기간 동안 매주 또는 격주를 기준으로 정기적으로 실시되며, 보육기관에서 놀이치료를 실시하는 보육놀이치료사와 코디네이터의 집단 수퍼비전 형태로 실시된다. 보육놀이치료 코디네이터의 역할은 사례에 대한 지도감독뿐 아니라, 보육놀이치료 실행 과정 동안 발생할 수 있는 기관 및 교사, 부모, 치료사의 일반적인 궁금증 또는 문의나 개선이 요구되는 이슈를 중재하는 중간 관리자이다.

보육놀이치료 평가 단계에서 보육놀이치료 코디네이터는 보육놀이치료 운영 과정에 대한 피드백을 수집하고 이를 검토하게 된다. 운영 과정에 대한 피드백 수집은 보육놀이치료사, 보육기관 종사자, 내담 아동의 부모 대상을 통해 이루어진다. 수집되는 피드백의 내용은 첫째, 보육놀이치료 운영 전반에 관한 항목으로 보육놀이치료 운영의 구조적 · 물리적 환경, 보육놀이치료 운영 과정에 대한 만족도, 보육놀이치료사의 서비스 제공에 대한 적절성, 내년도 보육놀이치료 실행을 위한 개선점 등이 포함된다. 둘째, 보육놀이치료를 제공받는 내담 아동 및 부모, 보육놀이치료를 제공하는 치료사의 변화 및 성장에 대한 항목으로 사전-사후 측정 및 비교를 통한 변화 검증의 내용으로 구성된다. 자료는 설문지를 통한 문항 조사 및 주관식 응답의 질문지 형태를 포괄하여 수집하게 된다. 탐색된 조사 내용을 바탕으로 보육놀이치료 코디네이터는 당해 연도 보육놀이치료 실행을 평가하게 되며 수정 및 개선할 점을 반영하여 다음 연도 보육놀이치료 실행 계획을 수립하게 된다.

(2) 보육놀이치료사의 지도감독자

전문적인 서비스의 형태를 갖춘 보육놀이치료 실행을 위해 보육놀이치료사를 대상으로 사전교육을 실시하고 보육놀이치료 실행 과정 동안 놀이치료 사례를 수퍼비전하는 것은 보육놀이치료 코디네이터의 핵심적인 수행 업무가 된다.

보육놀이치료 코디네이터는 보육놀이치료 준비 단계에서, 일정 기준을 통해 선발 · 구성된 보육놀이치료사를 대상으로 일반적인 놀이치료 서비스와는 차별적인 보육놀이치료의 특성을 안내하며, 파견되는 보육기관 환경에 대한 이해도를 높일 수 있는 사전교육을 제공하게 된다. 또한 단 회기 또는 수 회기로 구성된 놀이치료사 사전교육 프로그램을 계획하고 실시하며 교육 담당자로서의 역할을 맡게 된다. 보육놀이치료 실행을 통해 보육놀이치료사들의 변화를 평가하는 것 또한 보육놀이치료 코디네이터의 역할로서, 보육놀이치료사들의 변화와 성장을 검증할 수 있는 적합한 측정 도구를 선정하고 보육놀이치료 실행 이전, 이후 단계에서 자료를 수집하며 분석하게 된다.

보육놀이치료 실행 단계에서, 보육놀이치료사에 의해 기관에서 실시되는 놀이치료 사례에 대한 수퍼비전을 제공하는 지도감독자이자 보육놀이치료사의 자문가로서 역할을 수행하는 것은 무엇보다도 중요한 코디네이터의 주요 업무가 된다. 보육놀이치료 코디네이터는 보육놀이치료사의 주 수퍼바이저로서 내담 아동에 대한 적절한 이해, 내담 아동과의 치료적 상호작용, 부모상담 개입의 적절성 등을 지도감독하게 된다.

보육놀이치료 평가 단계에서 보육놀이치료 코디네이터는 보육놀이치료사의 놀이치료 수행에 대해 평가하기 위해 사후 조사를 진행하게 된다. 사후 탐색 과정은 보육놀이치료사의 변화를 검토할 수 있는 측정 도구 활용에 더해 보육놀이치료사의 참여 경험에 대한 면담 조사, 질문지 조사 등을 통해 이루어질 수 있다. 참여 과정에 대한 탐색 및 조사는 보육놀이치료를 통한 변화와 성장을 나누는 과정이 되며, 자료 분석 결과는 이듬해 실행되는 보육놀이치료를 위한 수정 및 개선할 사안의 객관적 자료로서 활용될 수 있다.

(3) 참여 대상자를 위한 교육 담당자

보육놀이치료 코디네이터는 보육놀이치료에 참여하는 모든 대상, 즉 보육놀이치료사를 포함하여 내담 아동의 부모, 보육기관 및 교사를 대상으로 보육놀이치료의 실행과 관련하여 요구되는 교육을 진행하는 담당자로서 역할을 수행하게 된다. 보육놀이치료 준비 단계에서 실시되는 보육놀이치료 코디네이터의 사전교육은 보육놀이치료 실행 과정에서 발생할 수 있는 여러 유형의 어려움을 예방하며 참여 대상자들이 치료과정에 안정적으로 들어갈 수 있도록 크게 기여하는 준비 과정이 된다.

교육 담당자로서의 보육놀이치료 코디네이터 역할은 보육놀이치료 준비 단계에서 주요하게 수행된다. 보육놀이치료 코디네이터는 보육놀이치료 실행 과정에 대해 이해를 높이기 위한 보육놀이치료사 대상의 사전교육뿐 아니라, 보육놀이치료에 참여하게 되는 내담 아동의 부모와 보육기관 종사자들을 위한 사전교육까지 담당하게 된다.

보육놀이치료 준비 단계에 실시되는 사전 부모교육은 크게 두 가지의 내용으로 구성될 수 있다. 첫째, 보육놀이치료의 절차 및 진행 과정에 대한 구조화에 해당한다. 보육놀이치료의 절차 및 진행 과정은 보육놀이치료의 목적 및 구조 안내, 참여 아동의 선별 과정, 보육놀이치료 기간과 회기, 보육놀이치료 참여 규칙에 대한 구조화, 부모상담 참여 과정 및 방식, 예외적으로 발생할 수 있는 상황에 대한 논의 등 치료과정을 안정적으로 운영 및 유지할 수 있도록 돕기 위한 세부 내용으로 구성된다. 둘째, 보육놀이치료 실행에 앞선 심리교육의 내용에 해당한다. 세부 내용으로는 규칙적인 등원을 바탕으로 한 보육놀이치료의 정기적이고 일관된 참여에 대한 중요성, 치료 기록 및 비밀보장에 대한 원칙, 예기치 못한 종결 가능성에 대한 준비, 놀이치료에 대해 부모님들이 갖는 일반적인 궁금증의 안내 등을 포함할 수 있다.

보육놀이치료 준비 단계에 실시되는 사전 교사교육 또한 크게 두 가지의 내용으로 이루어질 수 있으며 세부 내용은 부모교육 내용과 일부 상이할 수 있다. 첫째, 보육놀이치료의 절차 및 진행 과정에 대한 구조화의 경우, 기관 내에 위치하지만 독립적인 치료실 환경 구조의 보호, 내담 아동을 보육놀이치료실로 안내하거나 인계하는 방식, 긍정적 변화를 촉진하는 보육교사-보육놀이치료사의 소통 과정, 보육기관-보육놀이치료사-참여 부모 사이의 삼각관계에서 발생할 수 있는 문제, 보육놀이치료 세팅에서 발생하는 일반적인 어려움 등의 내용이 추가적으로 포함되어 다루어질 수 있다. 둘째, 보육놀이치료 실행에 앞선 놀이치료 심리교육의 경우, 아동의 치료적 변화에 대한 안내, 보육놀이치료 주제와 관련한 아동과의 상호작용 등의 내용이 추가적으로 포함되어 다루어질 수 있다.

2) 보육놀이치료 코디네이터의 자격

보육놀이치료 코디네이터에게는 보육기관에 파견되는 보육놀이치료사를 교육하며 놀이치료 사례에 대한 지도감독을 수행할 수 있는 역량이 요구된다. 이를 위해 보육놀이치료 코디네이터는 놀이 상담사 자격, 관련 전공 박사 재학 이상의 학력, 수퍼바이저로서의 교육 경험, 보육놀이치료 서비스 제공자로서의 경험 등 일정 기준 이상의 자격을 갖춘 자로 선정하게 되며, 선발된 보육놀이치료 코디네이터는 프로그램을 실행하기 이전과 실행 과정 동안 지속적인 훈련 과정에 참여하게 된다. 보육놀이치료 실행 과정 동안 보육놀이치료 코디네이터는 현장에서 놀이치료를 직접 실시하던 임상가로서의 역할을 넘어서 놀이치료를 제공하는 운영 관리자이며, 전문 지도감독자로서의 실무 역량을 연마하게 된다.

(1) 코디네이터의 자격 기준

최적의 보육놀이치료 실행을 위한 주요 핵심 인력으로서 보육놀이치료 코디네이터는 일정한 자격 기준을 갖춘 자로 다음의 사항을 만족할 수 있어야 한다.

첫째, 보육놀이치료 코디네이터는 놀이치료를 독립적으로 실시할 수 있는 공인된 학회 자격과 임상 경력을 갖추어야 한다. 보육놀이치료 코디네이터는 보육놀이치료사를 지도감독할 수 있는 역량을 갖춘 자로, 놀이치료 수행을 독립적으로 시행할 수 있는 자로서의 기본적 조건을 갖춘 자에 해당하여야 한다. 놀이치료를 독립적으로 수행하기 위해서는 놀이치료 관련 전공 석사 졸업 이상의 학력을 갖춘 자가 일정 기준의 수련 과정을 거친 뒤 최소 기준 및 자격시험 합격의 조건을 만족함으로써 공인된 학회의 자격을 취득하는 것을 기본으로 한다.

둘째, 보육놀이치료 코디네이터는 놀이치료 관련 전공 박사과정 재학 이상의 학력에 해당해야 한다. 놀이치료 관련 전공 석사과정생은 독립적인 놀이치료의 수행을 위해 수련하는 위치에 해당하는 자로, 놀이치료를 실시하는 임상 실무자에 적합한 대상이다. 놀이치료 관련 전공 박사과정에 해당하는 자는 독립적인 놀이치료를 수행하는 임상 실무자를 대상으로 수퍼비전을 제공할 수 있도록 수련하는 위치에 해당하는 자로, 보육놀이치료사를 지도감독하는 역할을 담당하는 보육놀이치료 코디네이터에게는 최소 놀이치료 관련 전공 박사과정 재학 이상의 학력 기준이 요구된다.

셋째, 보육놀이치료 코디네이터는 보육놀이치료 실무에 대한 현장 경험을 가지고 있어야 한다. 보육놀이치료 현장은 일반적인 놀이치료 제공 환경과 차별되는 특성을 가진 놀이치료 제공 기관으로, 현장에 대한 적합한 이해도를 바탕으로 보육놀이치료 계획을 수립하고 운영하기 위해서는 보육놀이치료 현장에서 보육놀이치료 제공자로서의 경험을 선행적으로 갖추어야 한다. 보육놀이치료 코디네이터는 실무 수행 인력으로서의 경험을 통해 보육놀이치료의 실행에 요구되는 전반적 운영 과정 및 목적에 대해 이해할 수 있게 된다.

(2) 코디네이터의 훈련 과정

보육놀이치료 코디네이터가 보육놀이치료의 운영 관리자로서, 보육놀이치료사들의 지도감독자로서, 보육놀이치료 참여 대상자들을 위한 교육 담당자로서의 역할을 수행하기 위해서는 체계적인 훈련 과정이 요구된다. 보육놀이치료 코디네이터의 훈련 과정은 크게 대학원 연계 과정을 통한 훈련(한유진, 정선희, 2018)과 개별적인 지도감독을 통한 훈련 과정의 두 가지 형태로 구분될 수 있으며 세부적인 훈련 내용은 다음과 같다.

첫째, 보육놀이치료 코디네이터는 대학원 수업 연계 과정을 통해 보육놀이치료사를 지도감독하며 독립적인 보육놀이치료 세팅을 관리할 수 있는 운영자로서의 역량을 쌓게 된다. 보육놀이치료 코디네이터는 놀이치료 관련 전공 박사과정에 재학하며 놀이치료 수퍼비전에 대한 이론 수업을 이수함으로써 놀이치료 수퍼비전의 바탕이 되는 전문적 지식을 갖추어야 한다. 놀이치료 수퍼비전에 대한 이론 수업을 수료한 뒤에는 놀이치료 수퍼비전 인턴십 수업을 이수하며 놀이치료 사례에 대한 수퍼비전을 직접 시행하고 지도감독 과정의 적절성에 대해 검토받는 훈련 과정을 경험하게 된다. 한편, 보육놀이치료 코디네이터는 대학과 지역사회가 연계하는 봉사-학습 과정으로서 운영되는 보육놀이치료에 대한 이해를 바탕으로 보육놀이치료를 효과적으로 운영 및 실행할 수 있도록 놀이치료 사회 서비스-러닝 교과목을 이수하여야 하며, 운영 제반 사항에 요구되는 사전 이론을 습득하고 실제 운영 과정에 대해 검토받게 된다.

둘째, 보육놀이치료 코디네이터는 공인된 학회의 전문 자격을 갖춘 지도감독자를 통해 보육놀이치료사에게 제공하는 놀이치료 수퍼비전에 대한 수퍼비전, 즉 상위 수퍼비전을 진행해야 한다. 보육놀이치료사는 대학원 수업 연계 과정을 통해 진행하는 훈련 과정과 별도로, 독립된 수퍼비전을 시행할 수 있는 전문 지도감독자로서의 역량을 함양하기 위해 수퍼비전 과정과 내용을 지도받아야 한다. 전문 지도감독자로서 독립적인 역할을 수행하기 위해서는 학회의 공인된 전문 지도감독자 자격 취득이 필요시된다. 독립적으로 놀이치료를 수행할 수 있는 인력에 해당하나, 전문 지도감독자 자격을 취득하기 이전 단계에 있는 예비 지도감독자로서의 보육놀이치료 코디네이터는 전문 지도감독자의 지도를 통해 자신의 수퍼비전에 대해 검토받으며 지도감독에 대한 수행 역량을 향상시킬 수 있다.

3. 성공적인 보육놀이치료를 위한 지침

보육놀이치료사와 코디네이터는 보육놀이치료라는 새로운 놀이치료 모델 안에서 마주하는 특별한 유형의 어려움을 경험하게 된다. 보육놀이치료 과정에서 보육놀이치료사가 경험하는 어려움이란 초심 놀이치료사가 경험할 수 있는 일반적 어려움뿐 아니라, 기존의 놀이치료 환경과 차별점을 갖는 보육기관과의 협력 체계와 관련하여 비롯되는 독특성에 대한 사항이 포함될 수 있다. 보육놀이치료사와 코디네이터가 경험하는 일반적 어려움을 이해하고 이에 대한 적절한 지침을 마련함으로써 보다 성공적인 보육놀이치료를 실행하는데 한 걸음 다가설 수 있을 것이다.

1) 보육놀이치료사와 코디네이터가 경험하는 일반적 어려움

다음의 내용은 보육놀이치료만의 특성과 구조로 인해 보육놀이치료사와 코디네이터가 경험하게 되는 일반적인 유형의 갈등과 어려움에 대한 내용이다. 보육놀이치료 환경이기 때문에 발생하거나 보다 부각되는 어려움에 대해 파악해 보고 적절한 대처 및 중재 방안에 대해 논의하고자 한다.

보육놀이치료에서 발생하는 이슈는 첫째, 보육놀이치료에 참여하는 내담 아동끼리의 간섭 문제이다. 보육놀이치료는 보육기관 내에서 실시되는 이유로 어떤 아동이 보육놀이치료실에 가는지에 대해 서로가 알고 있으며, 보육놀이치료실에 내방하는 아동 간의 사이가 가까운 경우가 많다. 이로 인해 보육놀이치료실에서 어떻게 놀았는지에 대해 교실에서 서로 뽐내듯 이야기를 나누거나 보육놀이치료실에 가지 않는 아동에게 부러움을 유발하기도 한다. 치료실에서는 다른 아동의 이름을 꺼내며 의식하는 질문을 치료사에게 던지기도 하고, 애정을 두고 경쟁하는 반응이 나타나기도 한다. 이러한 반응은 치료과정에서 신뢰 관계를 형성하기 위해 나타나기도 하는 일반적인 상황과 유사하며, 센터에 내방하는 다른 친구들을 의식하거나 치료사의 애정에 대해 확인받고 싶어 하는 반응을 보이는 경우에 해당한다. 그러나 보육놀이치료 환경에서는 초기 과정에서 이러한 과정이 조금 더 빈번하게 일어날 수 있기 때문에 치료사는 내담 아동의 질문과 반응에 담긴 의도에 대해 적절한 이해를 바탕으로 반응해야 한다. 또한 교실에서 서로 경쟁하듯 이야기를 하는 모습이 나타난다면, 교사는 이야기의 주제를 제한하기보다는 자연스럽게 다른 방향으로 주의를 전환할 수 있도록 이끄는 것이 도움이 될 수 있다.

둘째, 삼각관계에서 발생하는 어려움이다. 주요한 삼각관계의 유형은 부모-치료사-교사 간의 관계이다. 보육놀이치료사는 부모 또는 교사가 치료사를 사이에 두고 자신의 입장을 더 공감받길 원하거나 같은 편으로써 끌어들이고자 하는 상황을 겪게 될 수 있다. 치료사는 어느 한쪽의 편을 드는 것에 유의하며 객관적 상황에 대해 동의하는 반응을 나타내기보다 개별적이고 주관적인 입장에 대해 공감하고 타당화하는 방식으로 반응해야 한다.

또한 보육놀이치료사는 부모와 교사가 제공하는 정보 사이에서 불일치를 발견할 경우, 혼란스러움을 경험할 수 있다. 보육놀이치료사는 아동과 아동을 둘러싼 환경을 이해하거나 파악하는 부분에 있어 부모와 교사 사이에 차이가 발생할 수밖에 없음을 이해하고 상황적 맥락에 기반하여 정보를 판단해야 한다. 그러나 더욱 중요한 것은 치료사의 역할이 객관적 사실을 변별하는 형사나 판사가 아니라는 점을 상기하는 것이다.

부모-치료사-교사의 삼각관계에서 부모 또한 혼란스러움을 경험할 수 있다. 부모는 아동의 문제행동이나 문제 상황에 대해 치료사와 교사에게 의견을 묻는 경우가 흔한데, 치료사와 교사 간 대처의견이 다른 경우 혼란을 경험하기 쉽다. 아동의 성장과 발달을 조력한다는 점에서 치료사와 교사는 교집합이 있지만 치료사와 교사 사이에 일부 역할과 조력 지침에 차이가 있다는 점, 아동을 만나는 목적과 주변 환경이 다르다는 점 등을 치료사는 부모에게 안내할 수 있어야 하며 부모가 혼란을 경험하지 않고 일관적인 방식으로 아동을 대할 수 있도록 도움을 제공해야 한다.

셋째, 비밀보장의 문제와 관련한 어려움이다. 일반적으로 부모가 아동의 놀이에 대한 자세한 정보를 얻고자 하는 욕구를 나타내는 것은 아동상담 장면에서 흔하게 발생하는 이슈이다. 아동상담도 성인상담과 마찬가지로 내담자의 비밀보장은 상담에서의 신뢰 관계를 유지하는 데 중요한 요인이 되기 때문에, 놀이치료사는 아동의 놀이 행동에 대해 구체적으로 언급하지 않고 놀이 주제를 통해 비밀보장을 깨지 않으며 아동의 주요한 욕구에 대해 부모와 소통하게 된다. 보육놀이치료 환경에서는 부모뿐 아니라 보육 교직원 또한 내담 아동에 대해 이해하고자 하는 욕구가 크기 때문에 아동과 관련하여 구체적이고 자세한 정보를 얻고자 하는 욕구를 표현할 수 있다. 치료사는 내담 아동을 잘 알고자 하는 보육 교직원의 마음을 공감하며 비밀보장을 해치지 않는 선에서, 그리고 내담 아동 및 부모의 동의를 얻은 내용에 한해서 보육기관과 소통하며 협력적인 관계를 형성하고 유지할 수 있도록 노력해야 한다.

또한 보육기관 내부에서 상담이 이루어지기 때문에 내담 아동 및 부모가 자신의 놀이 행동, 또는 아동의 발달력, 양육사, 가족에 대한 이슈 등이 보육기관에 알려질까 봐 염려하고 초기 과정 동안 안전감을 형성하는 데 많은 시간을 필요로 하는 경우가 발생할 수 있다. 치료사는 보육놀이치료실이 기관 내부에 구성되어 있지만 독립적으로 기능한다는 부분에 대해 적절히 안내하며 구조화를 진행하고, 내담자의 불안한 마음에 대해 공감적으로 상호작용하며 부모와 충분한 신뢰 관계를 형성하고 협력하는 작업 동맹을 맺을 수 있도록 노력해야 한다.

넷째, 보육기관 일과 운영의 탄력성으로 발생하는 문제이다. 보육기관의 일과는 체계적으로 짜여 운영되지만, 아동은 짜여진 일과를 완벽하게 따라가는 데 있어 발달적으로 어려움이 따른다. 따라서 보육놀이치료사는 정확한 시간표대로 일과가 운영되고 지켜질 것을 기대하기보다 그날그날의 환경에 따라 일과가 유연하고 탄력적인 방식으로 운영될 수도 있음을 이해해야 한다. 따라서 아동의 입실 시간을 챙기는 것은 교사보다 보육놀이치료사가 담당하는 것이 보육놀이치료의 안정성을 위해 더 나은 방식이 될 수 있다. 일과 운영의 변동으로 인해 간식을 먹지 못하고 입실하는 경우 등에는 아동의 간식이 잘 보관될 수 있도록 이야기를 나누고 안전하게 관리될 수 있도록 하는 협력이 필요하다.

다섯째, 내담 아동의 선별 방식에 대한 중재이다. 보육놀이치료에 대한 욕구는 부모와 보육기관 모두가 가지고 있다. 따라서 부모의 욕구를 수용하는 방안과 보육기관의 욕구를 수용하는 방안 사이에서 중재가 필요할 수 있다. 보육기관에서 우선적으로 추천하고 싶은 아동이 보육놀이치료에 참여하고자 하는 부모의 욕구와 반드시 일치하지 않을 수 있다. 이러한 이유로 공급 가능한 서비스보다 수요가 많을 경우 내담 아동 선별과 관련하여 보육기관 특성에 맞는 기준을 세우고 이를 통해 중재할 필요가 있다.

일반적으로 제안될 수 있는 선별 방식은, 보육기관 추천과 부모의 신청을 통해 모집된 아동을 대상으로 검사를 실시하여 보육놀이치료의 필요가 더 요구되는 아동을 선별하는 것이다. 이러한 방식은 개입의 중요도가 보다 높은 아동에게 보육놀이치료의 혜택이 돌아갈 수 있다는 장점을 갖는다. 또 다른 방식으로는 졸업반 아동에게 우선순위를 제공하는 방식이 제안될 수 있다. 매년 안정적으로 보육놀이치료가 이루어질 수 있는 환경에 해당한다면, 선별검사를 실시하여 아동을 선정하기보다는 졸업반 아동에게 우선순위를 제공함으로써 중복된 대상에게 상담을 제공하기보다 더 많은 아동에게 보육놀이치료의 혜택이 제공될 수 있도록 할 수 있다.

여섯째, 구조적 환경과 관련된 어려움이다. 보육기관에서는 보육교사가 교실에서 자리를 비우기 어려운 경우가 일반적이다. 치료사와 교사 간 면담은 보육놀이치료의 큰 특징인 동시에 협력적인 보육놀이치료를 위해 필수적인 요소이다. 그러나 근무 시간이 길며, 운영 일과 중에 교실에서 자리를 비우기 어려운 보육교사 업무의 특성상 치료사-교사 사이의 면담 시간을 충분히 확보하는 데 어려움이 따른다. 퇴근 이후의 면담은 교사에게 추가적인 업무 부담이 될 수 있기 때문에 보육기관의 환경을 고려하여 내담 아동의 담임교사가 치료사와 면담할 수 있는 안정적인 시간을 확보해 줄 수 있도록 논의하는 것이 필요시된다.

보육놀이치료사는 상담 일정에 맞추어 보육기관을 방문하여 치료를 제공하며 보육기관에 상주하지 않기 때문에 보육기관에서 발생하는 상황을 적기에 전달받는 데 어려움이 따르는 경우도 발생한다. 예를 들어, 아동의 결석이나 조퇴로 치료에 내방 하지 못하는 사안 등을 보육기관 일과 운영에서 발생할 수 있는 여러 돌발 상황들의 이유로 미리 의사소통하기 어려운 경우들이 있다. 의사소통의 실수가 때때로 발생할 수 있는 보육 교직원의 업무 환경에 대해 치료사는 이해가 필요할 수 있으며, 동시에 실수를 줄이는 원활한 의사소통을 위해 어떤 방식으로 소통할 수 있을지에 대해 기관과 상의하는 것은 매우 중요한 문제가 된다.

구조적 환경과 관련된 또 다른 어려움은 놀이치료실의 일관성 유지에 대한 문제이다. 보육기관 내에 위치한 보육놀이치료실의 특성상, 상황에 따라 치료실이 다른 목적으로 잠시 이용될 수 있다. 그러나 놀이치료실의 일관성을 유지하는 것은 치료적으로 매우 중요한 의미를 지닌다. 따라서 보육놀이치료사는 치료 시작 전에 환경구조의 일관성을 살피는 시간을 갖는 것이 중요하다. 한편, 보육놀이치료실 환경과 구조가 달라지지 않을 수 있도록 지속적으로 보육기관과 소통하는 것 또한 중요하다. 혹시라도 기관 내에서 잠시라도 보육놀이치료실 공간을 방문하거나 이용하게 될 경우, 처음과 같이 환경을 복구하는 것은 반드시 이루어져야 한다.

2) 보육놀이치료사와 코디네이터를 위한 조력 방안

보육놀이치료 운영 과정에서 보육놀이치료사와 코디네이터에게는 다양한 역할이 부여되며, 여러 대상자와의 협력이 요구된다. 보육놀이치료 참여 과정은 치료사로서, 또 지도감독자로서 역량을 향상하고 성장할 수 있는 경험이 되는 만큼, 동시에 많은 학습을 요구하며 큰 체력 소모와 정서적 소진을 하는 업무 경험이 되기 때문에 주변 환경의 큰 조력과 지지 자원을 필요로 하게 된다. 보육놀이치료사와 코디네이터의 성공적 역할 수행을 촉진하기 위해서는 개인적 환경 및 유연한 업무 환경을 구축하는 것이 요구된다.

보육놀이치료사와 코디네이터의 심리적 소진을 예방하는 개인적 환경을 구축하기 위해 다음의 지침이 도움이 될 수 있다.

첫째, 보육놀이치료사와 코디네이터는 자기돌봄을 실천할 수 있다. 상담은 높은 심리적 소진을 불러오는 업무에 해당하며, 초심자는 전문성에 대한 낮은 자기 확신과 불안, 문제 상황에 대한 유연한 대처의 어려움 등의 이유로 높은 수준의 소진을 경험하게 된다(정솜이, 한유진, 박부진, 2017). 초심자가 경험하게 되는 이러한 종류의 어려움은 직업적 전문성 발달에 있어 자연스러운 과정에 해당하는 것으로, 보육놀이치료사와 코디네이터는 자기자비의 태도를 가지고 스스로의 어려움을 수용하며 돌보는 것이 필요하다. 또한 심리적 소진은 신체적 소진과의 상관이 높기 때문에 신체적 자기돌봄을 통해 건강한 신체를 유지할 수 있도록 노력하는 것 또한 중요하다.

둘째, 보육놀이치료사와 코디네이터는 지속적인 교육의 기회를 가질 수 있다. 초보 놀이치료사, 초보 지도감독자가 경험하는 자연스러운 불안의 감정은 시간과 경험을 통해 해결되기도 하지만, 결국 전문성을 높이는 과정을 통해 근본적으로 다루어질 수 있다. 따라서 전문가로서 성장하기 위해 끊임없이 배움의 자세로 공부하며 자신의 전문성을 제고하고 이를 통해 초심자로서의 어려움, 두려움의 정서에 대처할 수 있다.

셋째, 보육놀이치료사와 코디네이터는 비슷한 경험을 가지는 동료 집단과의 자조 모임을 가질 수 있다. 유사한 환경에 있는 대상과의 만남은 자신의 경험을 타당화하며 편안하게 수용하고 스스로를 격려하는 데 효과적이다. 자신의 경험을 안전히 나눌 수 있는 동료들과의 관계를 구축하는 것은 자기돌봄 실천의 일환이 되기도 하며, 경험에 대한 시야를 넓이는 교육이 장이 되기도 하며 보육놀이치료사와 코디네이터의 발달 및 성장에도 도움이 될 수 있다.

보육놀이치료사와 코디네이터가 보육기관과 소통하고 협력적인 관계를 구축하며 유연한 업무 환경을 만들 수 있도록 돕기 위해서는 다음의 지침이 고려될 수 있다.

첫째, 상호 역할에 대해 적절한 이해 갖기이다. 보육놀이치료사와 코디네이터는 각각 운영 보조자와 운영 관리자로서 보육기관과 대면하고 소통하게 된다. 보육놀이치료사와 코디네이터는 보육기관의 환경, 보육기관의 일과, 보육교사의 역할 등에 대해 파악해야 하며, 보육기관 또한 보육놀이치료사와 코디네이터의 역할과 환경을 이해할 수 있도록 안내해야 한다. 서로의 환경에 대해 명확히 아는 만큼 이해하게 되며, 이는 서로를 존중하는 관계를 맺고 발전적인 의사소통을 하기 위한 바탕이 된다.

둘째, 상호 존중의 태도를 바탕으로 한 관계 맺음이다. 보육놀이치료사와 코디네이터, 보육기관은 서로의 역할과 환경에 대한 이해를 바탕으로 서로의 입장을 고려하며 상호 존중의 태도로 협력해야 한다. 아동을 만나고 성장을 조력한다는 입장에서 업무의 유사점도 존재하지만, 역할과 환경의 차이로 업무의 차별점 또한 많이 존재한다. 서로의 역할에 대한 존중의 태도를 가지고 이러한 존중을 나타낼 때, 아동의 성장과 발달을 조력하는 방향으로 보다 협력적이며 상호 보완적인 관계를 맺을 수 있게 될 것이다.

셋째, 개방적인 의사소통의 촉진이다. 보육기관의 특성에 맞는 보육놀이치료 환경을 구축해 나가는 과정은 많은 의사소통을 요구하는 과정이다. 서로에 대한 이해와 존중이 바탕이 될지라도 충분한 의사소통 과정을 거쳐야만 최적의 보육놀이치료 환경을 구성할 수 있게 된다. 보육놀이치료사와 코디네이터는 보육기관과의 상호작용에서 개방적인 형태의 의사소통 방식을 취할 수 있도록 노력해야 하며, 이는 상호 신뢰의 관계로 발전을 이끌며 효율적인 소통을 이끌어 더 나은 환경을 구성하게 할 것이다.

3) 보육놀이치료사와 코디네이터의 참여 경험 이해하기

보육놀이치료의 전체 운영 과정 동안 보육놀이치료사는 치료사로서 한 뼘 더 성장하는 경험을 하게 된다. 전문적인 놀이치료사로서 성장하는 것은 아동 발달의 이해, 치료 이론의 습득과 같은 전문적 역량뿐 아니라 인격적 성숙, 자기실현 등의 개인적 역량을 갖추는 것을 필요로 한다. 보육놀이치료 운영의 참여 과정에서 보육놀이치료사가 어떠한 경험을 하며 어떠한 성장을 이루게 되는지에 대한 생생한 경험을 탐색하는 것은, 보다 발전적인 방향으로 보육놀이치료를 실행하며 내담 아동과 치료사 모두가 함께 성장하는 환경을 구축하는 데 커다란 유익을 제공할 것이다.

[보육놀이치료사 A]

보육놀이치료는 개인 상담소, 복지센터, 병원 등 어떤 현장의 상담 세팅보다도 특별한 구조를 지니고 치료적으로 강력한 중재 효과를 지닌 상담 현장으로서 나에게 경험되었다. 보육기관 안에서의 상담이라는 독특한 구조로 인해 경험하게 되는 여러 가지 어려움도 있었지만, 이러한 구조이기에 현장의 모두가 아동의 건강한 성장과 발달을 향해 힘을 그러모으고 더 효과적으로 조력할 수 있었기 때문이다. 또한 대학과 코디네이터가 함께하는 체계적인 구조하에 안전감을 바탕에 두고 치료사로서 성장할 수 있었던 경험이기도 하였다. 특히 보육기관의 협력과 지원을 통해 상담 초기 과정에서부터 부모님들과의 관계를 신뢰할 수 있고 안전하게 형성해 나갈 수 있었기에 더더욱 보육놀이치료라는 모델이 안전한 상담 구조로서 경험될 수 있었다. 보육놀이치료 모델을 실행한 참여자로서, 이러한 모델의 필요성과 유용성을 강력하게 절감하기도 하였다. 내담자의 연령이 어릴수록 변화에 유연하며 사회 서비스의 중재 효과가 클 수 있기 때문에, 보육놀이치료 모델이 많은 현장에 보급될수록 우리나라 사람들의 정신건강이 높은 수준에서 회복될 수 있으리라 보여졌다. 보육놀이치료 참여 경험을 통해 예방적 접근의 사회 서비스에 대한 관심 또한 높아질 수 있었다. 앞으로도 한 명의 정신건강 전문가로서 보육놀이치료 모델 또는 유사한 모델을 통해 우리에게 익숙한 공간 또는 지역사회 가까운 공간 안에서 사람들이 심리지원 서비스를 제공받을 수 있도록 고민해 보고자 한다.

[보육놀이치료사 B]

치료사로서 성장하기 위해 임상 사례에 대한 경험은 필수적인데, 개인적으로 진행하는 것이 아니라 학교와 연계되어 있기 때문에 치료사로서 안전하고 편하게 접근할 수 있었던 것 같습니다. 초보로 첫 사례를 진행하는 것이 불안하기도 하였지만 나와 비슷한 걱정을 가진 동료들과 함께 꾸준히 이야기를 나눌 수 있는 팀이 형성된 점과 박사 코디네이터 선생님과 교수님께 지속적으로 수퍼비전을 받을 수 있는 점도 사례를 좋은 방향으로 이끌 수 있는 직접적인 교육이 된 것 같습니다. 또한 아동마다 주호소를 가지고 신청하였지만 또래와 비슷하게 발달하고 있는 일반적인 범주 안에 있는 아이들이 대부분이었기에 각 연령에 맞는 발달수준과 놀이수준을 관찰할 수 있었던 것도 좋았습니다. 정상 발달의 범주를 완전하게 이해하고 있어야 느린 발달을 하는 아이들을 빨리 체크할 수 있기 때문입니다. 하지만 아동의 양육자와 일정 등에 대해 직접 소통하는 것이 아니다 보니 종종 스케줄의 갑작스러운 변동이 있을 때도 있었습니다. 아동이 아프거나 휴가를 가서 갑자기 어린이집에 오지 못했는데 어린이집 담당자께서 연락을 늦게 주실 때도 있어 이러한 부분은 미리 보완이 필요할 것으로 보입니다.

[보육놀이치료사 C]

놀이치료에 대해 자신이 없던 초심자 시절, 보육놀이치료 참여 경험을 통해 많은 것들을 배울 수 있었다. 지속적으로 교육을 받으며 놀이치료를 실시함으로써, 놀이치료 이론을 실제 경험과 긴밀히 연결시키도록 도움을 받을 수 있었다. 코디네이터와의 주기적인 수퍼비전은 특히나 가장 큰 도움이 되었던 경험이었다. 놀이치료 실시 전에 진행된 사전교육 역시 초보 놀이치료사에게 너무도 필요한 교육들이었다. 보육기관과 함께하는 환경에서 따라오는 애로사항도 있었으나, 보육기관의 조력과 교사들의 도움 덕분에 더 수월할 수 있었던 좋은 점들이 더욱 많이 있었다. 보육놀이치료 참여 과정을 마치고 난 뒤, 전문가로서 더욱 성장한 나를 발견할 수 있었고 놀이치료사로서 한 단계 성숙해진 내 모습에 대한 뿌듯함도 느낄 수 있었다.

[보육놀이치료사 D]

석사과정 중에는 배운 이론을 사용하여 실제로 놀이치료를 할 수 있는 곳이 극히 드문데, 보육놀이치료 참여를 통해 놀이치료를 직접 진행해 볼 수 있어 가장 큰 도움이 되었습니다. 한 요일에 4명의 아동과 보육놀이치료를 진행하였는데, 초반에는 놀이치료를 한다는 것이 어려웠지만 학교 수업에서 수퍼비전을 받거나 코디네이터 선생님께 도움을 받으며 놀이치료를 진행했던 기억이 납니다. 안전한 환경에서 사례를 진행하는 경험을 한다는 것 자체로도 좋은 경험이었다는 생각이 들고, 보육놀이치료를 했던 어린이집 또한 필요한 물품에 대한 지원이나 원하는 경우 간식이나 점심도 제공해 주셔서 든든하게 보육놀이치료를 진행할 수 있었습니다. 같이 보육놀이치료를 진행했던 동료 선생님들과 공간을 깨끗하게 사용하기 위해 서로 소통하며 놀이치료실에 대한 관리도 잘 이루어졌던 것 같습니다.

　　숙련된 놀이치료사는 임상 경력을 쌓고 지속적인 교육을 받으며 수퍼비전을 제공할 수 있는 지도감독자로 성장해 나가게 된다. 지도감독자는 자신의 임상적 전문성을 갖출 뿐 아니라, 개별성을 가진 독특한 사례와 치료자에 대해 전체적으로 조망하며 치료의 과정 및 방향성을 지도할 수 있어야 한다. 수퍼비전에 대한 이론적 교육은 있지만, 지도감독자로 성장하는 과정에 대한 실제적인 훈련 과정은 부재한 심리치료 현장에서, 보육놀이치료 코디네이터로서의 경험은 서비스-러닝이라는 안전한 구조적 환경에서 지도감독자로서 훈련받을 수 있는 기회가 된다. 숙련된 놀이치료사들이 보육놀이치료 운영을 통해 코디네이터 역할을 맡으며 어떠한 경험을 갖고, 어떠한 전문적·개인내적 성장을 하게 되는지 탐색해 보고자 한다.

[코디네이터 A]

보육놀이치료 코디네이터로서의 경험은 치료사로서의 정체성을 전문가로서의 정체성으로 변환하며 한 차원 더 진보하고 나아갈 수 있도록 이끌어 준 경험이었다. 치료사로서도 전문성을 가지고 독립적인 활동을 할 수 있어야 하지만, 치료사로서의 정체성은 나의 상담 수행에 대해 수퍼바이저와의 관계를 통해 의지하거나 의존하는 측면도 있었다는 생각이 든다. 그러나 코디네이터로서의 경험을 통해 지도감독자 역할을 맡으면서 내 정체성을 전문가로 확장해 나가게 되었으며 한층 더 높은 책임감을 경험할 수 있었다. 코디네이터로서 업무를 담당하는 기간은, 그 책임의 무게만큼 여느 기간보다도 공부에 집중하게 되는 기간이었으며, 그만큼 치료사로서도 전문가로서도 많은 성장과 발달을 이룰 수 있었던 시간이었다. 코디네이터로서는 개인의 사례만 조망하던 때보다 더 거시적인 관점과 전체적인 관점을 가지고 사례를 조망할 수 있는 역량이 요구되었다. 또한 내담 아동에 대한 책임감만 가지던 때와 달리, 치료사에 대한 책임감과 운영 구조 및 체계 부분까지 책임감의 영역이 확장되어야 했다. 보육놀이치료의 운영 관리자이자 책임자로서의 역할을 수행하며 치료사로서 가지고 있던 상담에 대한 미시적 관점을 확장시키고 개인의 역량 또한 확장시킬 수 있었던 배움을 가질 수 있었다.

[코디네이터 B]

치료사의 첫 사례를 함께 준비한다는 것이 설레면서도 걱정스러웠고, 보육기관에 학교와 학과의 타이틀을 가지고 파견이 되기 때문에 부담이 되기도 하였습니다. 학교와 보육기관 사이의 전반적인 일정이나 필요한 서류 같은 것을 챙기는 행정적인 업무를 하면서도 보육놀이치료사들을 교육하는 업무도 함께 해야 했기 때문입니다. 특히 코로나가 시작되고 나서는 보육 방침이나 출입에 대한 방침이 계속 바뀌어 치료 일정의 변동이 많았습니다. 보육놀이치료가 갑자기 4~5개월 동안 잠정적으로 중단이 되기도 하고 2주간 재개되었다가 다시 중단이 되기도 하는 등 사례를 이어 나가기가 쉽지 않았습니다. 보육놀이치료사들도 당황스러웠겠지만 돌발적인 상황을 처음 맞닥뜨리는 코디네이터 역시 어떠한 방향으로 문제를 해결해 나가야 할지 고민스러웠습니다. 여러 고민 끝에 아동상담을 제외한 부모상담, 치료사 교육 및 수퍼비전을 전면 비대면으로 전환하여 진행하는 방식으로 상황에 맞추어 계획을 수정함으로써 어려움을 해결하였습니다. 보육놀이치료사들과 사례를 전체적으로 같이 공부하고, 그들의 불안과 걱정을 함께 고민하기 때문에 다시 공부하는 기회가 되기도 했고 서로 다독이며 치유하는 집단치료적인 부분도 있었습니다.

[코디네이터 C]

코디네이터로서 가장 먼저 걱정이 되었던 것은 기관과의 소통에 대한 문제였다. 원활한 보육놀이치료를 진행하기 위해서는 학교와 보육놀이치료사들의 노력뿐 아니라 기관의 도움과 협력이 필요한 부분이 많았기 때문이다. 실제로 보육놀이치료에 적극적이고 우호적인 기관장과 교사들을 만나고 협력 관계를 잘 맺었을 때는 보육놀이치료가 보다 원활히 진행되며 더 좋은 결과를 가져온다는 것을 경험하였다. 코디네이터로서 보육놀이치료사들을 한 명 한 명 섬세하게 케어해 주고 수퍼비전을 해 줘야 했던 일 역시도 큰 부담감으로 다가왔다. 그렇지만 과거 보육놀이치료사로서 내가 직접 경험해 왔던 실제와, 박사과정에서의 배움을 토대로 하여 보육놀이치료사들에게 도움이 되는 조언을 제공할 수 있었다. 보육놀이치료를 진행하는 동안 보육놀이치료사들이 성장하는 모습을 보는 것은 가장 뿌듯했던 일이었다. 보육놀이치료를 진행한 이후 내담 아동, 아동의 부모님, 기관장 그리고 교사들 또한 많이 달라졌으며, 보육놀이치료 덕분에 해당 기관이 더 유명해졌다는 기관장님의 소식은 이후 뿌듯함을 크게 더해 주는 소식이었다. 비록 코디네이터로서의 업무는 신체적 · 심리적으로 큰 부담이 되기도 하였으나, 보육놀이치료 과정 동안 경험할 수 있었던 이러한 뿌듯함은 그간의 어려움을 모두 잊게 하는 힘이 되었다.

[코디네이터 D]
보육놀이치료사들을 교육하고 수퍼비전하는 과정이 쉽지는 않았지만, 매주 혹은 격주로 만나 함께 놀이치료 사례에 대해 이야기를 나눈 시간들은 매우 도움이 되는 시간이었습니다. 필요한 주제의 교육을 진행하거나 수퍼비전을 하는 시간 동안 오히려 제가 더 많이 공부하고 알게 되는 시간들이었습니다. 보육놀이치료사 선생님들도 자료를 정리하느라 힘들었겠지만, 자료를 정리하며 아동을 이해하고 보육놀이치료와 부모상담을 진행에 대한 방향을 잡는 등 보육놀이치료를 진행하는 데 있어 도움이 많이 되었던 것으로 보입니다. 어린이집 원장님과 모든 선생님들이 함께 있는 단체 채팅방을 통해 서로 원활한 소통이 가능하였고, 한동안 코로나로 인해 진행이 어렵기도 했지만, 보육놀이치료를 진행할 수 있도록 방역에 힘쓰며 도움을 주신 담당 선생님과 원장님께도 감사한 마음이 듭니다.

4. 장의 요약

이 장에서는 보육놀이치료 실행의 핵심 수행 인력이 되는 보육놀이치료사와 코디네이터의 역할, 자격 기준 및 훈련 과정에 대해 다루었다. 보육놀이치료사의 훈련과 코디네이터의 사례 관리는 성공적인 보육놀이치료의 실행을 위한 전제조건이 된다. 보육놀이치료사는 대학원에서의 수업 이수를 통해 놀이치료 수행을 위한 기초적인 이론을 습득하고 보육놀이치료를 실행하기 이전에 특별하게 고안된 놀이치료사 훈련 프로그램에 참여하며 실제 현장에 파견되어 치료를 수행할 수 있는 실무 인력으로서 준비하게 된다. 보육놀이치료 코디네이터는 보육놀이치료사를 교육하고 놀이치료 사례를 수퍼비전할 수 있는 지도감독자로서의 역량을 갖춘 훈련된 예비 전문 수퍼바이저로서 보육놀이치료 사례를 관리할 뿐 아니라 운영의 제반 사항을 관리감독하는 총체적인 역할을 수행하게 된다. 보육놀이치료의 성공적인 실행은 충분히 훈련된 보육놀이치료사의 파견 및 보육놀이치료 코디네이터의 운영 관리를 통해 이루어질 수 있으며, 참여자들과의 소통과 피드백 과정을 통해 기관의 개별적 특성에 맞춘 형태로 발전하게 된다.

Chapter 08

보육기관과
교사

놀이치료의 새로운 모델인 보육놀이치료는 기관 내에서 시행되는 특별한 특성을 가지고 있기에 보육기관과 교사의 참여와 협력은 성공적인 보육놀이치료의 실행으로 이어진다. 보육기관과 교사의 적극적 관심은 또한 보육놀이치료의 실행이 가져올 효과에 대한 보육기관과 교사의 기대를 충분히 충족시킬 수 있게 한다.

보육놀이치료를 통해 보육기관과 교사가 경험할 수 있는 이점에는 여러 가지가 있지만, 보육놀이치료의 효과적인 실행을 위해 요구되는 역할과 책임 또한 존재한다. 특히 참여 체계 간 상호호혜적 관계를 위해 효율적으로 의사소통하거나 행정적인 업무를 처리하는 것은 보육기관과 교사의 주요한 역할이 된다.

이 장에서는 실제적인 보육놀이치료의 실행 과정에서 보육기관의 기관장과 교사에게 요구되는 역할과 보육놀이치료가 보육기관과 교사에게 제공할 수 있는 이점 및 협력 과정에서 발생할 수 있는 어려움과 지침에 대해 논의해 보고자 한다.

1. 보육기관

보육놀이치료를 실행함에 있어서 보육기관은 각 체계의 협력을 이끄는 중요한 요소 중 하나이다. 보육놀이치료를 통해 보육기관은 적응에 어려움을 겪는 아동에 대한 지도에 도움을 얻고 보육 서비스의 질을 향상할 수 있게 된다. 이러한 이점을 극대화할 수 있는 보육놀이치료의 방향과 질적 수준은 보육기관장의 철학과 정책이 지향하는 바가 무엇인지, 보육놀이치료사 및 코디네이터와 어떻게 조율할 수 있는지에 따라 좌우된다. 따라서 기관장의 자문과 협조적인 소통으로 적절한 도움을 요청하며 환경적 조건을 마련하는 긴밀한 협력적 관계가 이루어져야 한다. 이러한 협력적 관계는 행정업무, 환경의 구성, 내담 아동 추천 등 많은 단계에서 요구된다. 보육기관은 일회적 접근이 아닌 장기적이며 체계적인 계획을 바탕에 두고 안정적으로 진행되는 보육놀이치료를 제공할 수 있게 됨으로써 기관 운영의 질을 높일 수 있는 여러 의미 있는 효과를 얻게 된다.

1) 보육놀이치료와 보육기관

보육기관은 기관, 가정, 지역사회 간의 연계를 통한 협력적이며 전문적인 접근인 보육놀이치료를 통해 기관 내에서 보육에 대한 목적을 원만하게 수행하도록 도움을 얻게 된다. 보육놀이치료는 기관에서 어려움을 경험하는 아동 개인이 가진 부적응과 관련된 문제에 대한 이슈를 다룸으로써 아동을 효과적으로 지도하고 기관에 적응하게 하며, 아동의 신체적·정서적 성장 및 발달과 가정환경에서 채워 주지 못하는 부분을 보완할 수 있게 해 줌으로써 보다 효과적인 보육 서비스를 제공할 수 있게 한다. 더 나아가 아동의 건강하고 안정적인 적응은 중간 퇴소율을 감소시키며 기관 이용에 대한 아동과 부모의 만족도를 높일 수 있는 기회를 제공해 준다. 더불어 보육기관은 아동의 가정환경에서의 경제적인 어려움 및 내면으로 정서가 약화되어 있는 부모의 상황을 지원해 주는 기회를 제공하는 이점을 가진다. 이러한 효과적인 지원 서비스를 통해 기관은 보육 서비스 질의 향상을 도모하며 보육기관이 아동들에게 기본 보육과정 이외에 제공되는 서비스로 보육기관의 특별한 특성을 갖게 해준다. 보육놀이치료를 통해 보육기관은 아동들의 정신건강과 기관 적응을 위한 예방적 차원과 함께 전문적인 심리치료를 제공할 수 있는 특별한 장소가 될 수 있다. 이는 보육놀이치료를 실행하지 않는 다른 기관과의 차별성과 보육서비스 질의 향상으로 기관만의 독특한 특색을 갖게 하며, 기관을 홍보하고 아동을 모집하는 데 있어서 긍정적인 영향을 얻게 된다.

2) 보육놀이치료와 보육기관의 역할

보육놀이치료를 위해서 보육기관의 역할은 단계에 따라 나눌 수 있다. 보육놀이치료를 준비하는 준비 단계와 실제적으로 실행하는 실행 단계 그리고 마지막으로 보육놀이치료의 전반적인 프로그램에 대한 평가 단계가 있다. 보육기관은 보육놀이치료의 실행 단계에 따라 몇 가지 행정업무를 수행하게 되며 이러한 행정적 과정을 통해 공식적인 절차로 보육놀이치료를 진행함으로써 보육놀이치료의 긍정적인 효과를 얻고 각 참여자들의 욕구를 충족시킬 수 있게 된다.

한편, 보육놀이치료의 원활한 실행을 위해 적절한 보육놀이치료실 환경을 구성하는 것은 매우 중요한 준비 과정이 된다. 대부분 기관 내에 위치해 있는 보육놀이치료실 환경 조성은 보육놀이치료의 실행과 지속적인 운영을 가능하게 하는 과정 중 하나이다. 보육놀이치료가 필요한 아동을 관찰하고 추천하는 역할 또한 보육기관과 교사에게 요구되는 주요 업무로, 보육기관의 입장에서 아동을 선별하는 기준을 명확하게 가지고 있어야 한다.

또한 원활하게 보육놀이치료가 진행되기 위해서는 협력적 태도를 기반으로 참여체계들과 소통하는 과정이 요구된다. 코디네이터 및 보육놀이치료사, 대학 및 수퍼바이저와의 관계에서 서로 간의 존중을 기반으로 의사소통할 수 있도록 힘쓰는 과정을 통해 보육기관과 교사가 얻을 수 있는 보육놀이치료의 부가적 효과는 더욱 커질 수 있다.

(1) 행정업무

보육놀이치료에 대한 사전 논의 및 MOU 체결은 초기 단계의 주요한 행정업무가 된다. 보육놀이치료의 실행을 위해 각 기관과의 협력을 요청해야 하는데 이를 위한 공식적인 절차가 필요하다. MOU 체결은 그 공식적인 절차로 가장 먼저 이루어져야 하는 업무로 MOU 체결을 하면서 공식적인 보육놀이치료의 사전 준비, 실행 그리고 평가를 위한 각 기관들과의 사전 논의 및 협의가 이루어지게 된다. 기관장들과 협약서를 주고받으며 각자의 위치에 맞는 역할에 대해 이해하고 따르며 숙지해야 하는 과정이다. 협약서 안에는 각자의 역할과 책임에 대한 내용, 업무, 보육놀이치료의 기간 등이 포함되어 있다. 각 기관이 지향하는 가치관과 방향성에 따라 보육놀이치료의 목표 및 운영 방안은 다를 수 있으며 이는 보육놀이치료의 파견 시점, 회기 수,

스케줄 등에 크고 작은 영향을 미치게 되므로 상호 간의 운영 방안 결정 및 일정 조율이 필요하게 된다.

보육놀이치료의 전체적인 운영 방안 및 일정이 잡히면 보육기관에서는 관련 서류를 구비하여 보육놀이치료의 실행을 준비하게 된다. 각 보육기관에서는 보육놀이치료가 실시되기 전 보육놀이치료에 대한 구체적이며 명확한 내용을 포함한 서류들을 마련한 후 부모님과 아동들 또는 담임교사들에게 안내해야 한다. 동의서는 추후 행정적인 문제가 일어났을 시 대비할 수 있도록 반드시 보육놀이치료에 참여할 아동의 부모에게 동의서를 받은 후 보육놀이치료가 진행되어야 한다. 또한 보육놀이치료가 진행될 동안 코디네이터와 지속적인 소통을 통해 행적적인 부분에서 필요한 것들을 논의해야 한다. 더불어 보육놀이치료실과 관련하여 생겨날 수 있는 문제들에 대해 미리 이야기하고 요구될 수 있는 관련 서류들을 미리 준비해 두어야 한다. 보육놀이치료가 시행되고 모든 프로그램이 종료된 후에도 기관에서는 다른 체계에서 요구하는 서류들을 제공하거나 피드백 설문지를 받는 과정이 필요한데, 이는 후속적으로 보다 질 높은 보육놀이치료를 제공하기 위해서 반드시 필요한 과정이 된다.

다음은 보육놀이치료 사전 안내문과 내담 아동 신청서의 예시이다.

〈표 8-1〉 **보육놀이치료 사전 안내문과 내담 아동 신청서 예시**

보육놀이치료 안내문

안녕하세요. 새 학기가 시작되면서 어린이집과 새로운 반에 적응하는 아이들의 모습을 보면 앞으로 행복한 웃음을 지니고 더욱 성장할 모습이 기대가 됩니다. 아이들은 가정에서, 어린이집에서 혹은 보다 넓은 사회에서 여러 사람들과 상호작용하면서 관계를 맺게 됩니다. 어른들도 그렇듯이 아이들도 관계형성 과정에서 즐거움과 좌절 등 다양한 감정을 느낍니다. 슬픔, 아픔과 같은 감정이 생겼을 때 어른들은 감정을 해소하는 방법을 각자 개발할 수 있지만, 아이들은 자신의 감정, 정서를 명확하게 인식하기 어려우며 이를 언어적으로 쉽게 표현하지 못해 주변 사람들의 공감을 얻지 못한 상태로 속병을 앓게 되는 경우가 많습니다. 이런 해결되지 못한 정서들이 계속 마음속에 쌓이게 되면 어른들이 보기에 이해하기 힘든 다양한 행동들이 나타나기도 합니다.

본 기관에서는 아이들이 자신의 마음, 감정, 정서를 쉽게 그리고 마음껏 표현하는 것을 도움으로써 심리·정서적 안정을 도모하며 초등학교 새로운 환경과 친구들과도 안정적인 관계를 맺는 데 도움을 주는 보육놀이치료 프로그램을 준비하였습니다. 보육놀이치료 프로그램은 명지대학교 아동학과와 협력하여 진행됩니다. 놀이 및 놀이치료와 관련하여 훈련을 받으셨고 현장에서 실제 아이들과 함께한 경력이 있는 전문가 선생님(아동학과 석사)들이 도움을 주십니다.

더불어 명지대학교 일반대학원 아동가족심리치료 분야의 박사 선생님과 교수님께서 직접 수퍼비전을 해 주십니다.

> **보육놀이치료란?**
>
> "유아들의 생각, 사고, 감정, 느낌들이 모두 엉켜 있게 유아가 모래, 물, 소품을 가지고 노는 것이 엉켜 있는 자신의 생각을 객관화할 수 있는 이상적인 방법이다." −Lowenfeld
>
> 보육놀이치료는 훈련된 전문가를 통해 유아가 경험한 것, 경험한 것에 대한 반응, 감정, 유아의 소원, 욕구, 자각을 찾아내고 유아들이 해결할 수 있도록 도와주는 과정입니다.

▶ 보육놀이치료 진행 과정

보육놀이치료는 유아 개인별로 인지 · 심리 · 정서적 상황을 파악하여 적절한 개입이 이루어지도록 유아와 부모의 심리검사 과정을 거쳐 진행됩니다.

> **1. 심리검사**
> - 유아: 투사검사(HTP, KFD, KSD), 지능검사(K-WIPPSI-IV), 놀이평가
> - 부모: 초기 상담 면접지, 아동 관련 설문지

> **2. 보육놀이치료**
> - 주 1회 아동놀이치료 40분, 부모상담 10분

★ 신청 전에 꼭 지켜야 할 사항 ★

1) 정해진 놀이 시간과 부모상담 시간을 꼭 지켜 주세요(아동놀이치료 40분 / 부모상담 10분). 맞벌이 부모님들은 전화로 부모상담이 가능합니다.
   하지만 대면상담이 아동의 놀이치료에 임상적으로 유의미하게 효과적이므로 대면상담이 가능하신 부모님들은 꼭 대면상담으로 진행 바랍니다.
2) 반드시 2021년 예정된 1년의 보육놀이치료 기간을 빠짐없이, 끝까지 참석하실 수 있는 경우에만 보육놀이 신청이 가능합니다.
3) 치료 종결은 계획된 보육놀이치료 기간(2021년 4월~2022년 1월)에 맞추어 이루어집니다.
4) 유아의 문제를 치료사에게만 맡긴다는 생각이 아닌, 부모님의 적극적인 협조가 중요합니다.
5) 보육놀이치료 과정 중 가족 및 유아에게 문제가 생긴 경우 부모 혼자 해결하기보다 치료사와 함께 나누는 것이 중요합니다.
6) 2021년에는 보육놀이치료와 함께 부모님의 양육역량을 증진시키고자 부모 개인 양육코칭 프로그램이 진행될 예정입니다.
7) 보육놀이치료 대상 인원: 열매반 10명
   (단, 통합반 및 놀이치료, 언어치료 등 경험이 있는 유아는 제외 대상임.)

*놀이치료에 참여하지 못한 유아들이 참여할 수 있도록
학부모님들께서는 협조 부딕드리겠습니다.*

▶ 보육놀이치료 진행 일정

신청서 접수 및 아동 선정	3월 2일(월)~3월 12일(금) (신청 인원이 많을 시 추첨을 통해 선정되며, 희망하는 시간도 선착순으로 진행될 예정입니다.)
부모코칭	4월 5일(월)~5월 28일(금) - 주 1회, 8회기, 비대면 줌 화상회의 형태로 코디네이터인 아동상담 전문가와 1:1로 진행 (*예정. 일정 조율하여 확정)
사전검사	5월 10일(월)~5월 21일(금) * 검사자와 아동 일정 조율 후 확정 - 아동: 사전 검사 진행(지능검사, 투사검사, 놀이평가) - 부모 및 교사: 초기 상담 면담지, 아동 관련 설문지
사전교육	3월 22일(월), 3월 23일(화) / 3월 29일(월), 3월 30일(화) - 부모교육(*일정 조율하여 확정) 1회 - 교사교육(*일정 조율하여 확정) 1회
부모 초기접수면접 기간	5월 24일(월)~5월 28일(금) (담당 치료사와 부모님이 따로 만나 50분 진행)
보육놀이치료 기간	2021년 5월 31일(월)~ 2022년 1월 28일(금) - 총 35주 중 30회기 진행 - 35주 안에서 아동의 병결, 기관방학, 공휴일 등의 사유로 30회기를 채우지 못하게 되는 경우 최소 25~30회기 내로 진행될 수 있음.

▶ 보육놀이치료 예정 시간표

	월	화	수	금
3:30~4:20	가능	가능	가능	가능
4:30~5:20	가능	가능	가능	가능
5:30~6:20		가능		가능

• 예정되어 있는 시간표를 참고해 주세요. 아래 보육놀이치료신청서에 희망하는 요일·시간(다중선택 가능), 참여가 어려운 요일과 시간을 작성하여 주세요.

--------------------------------✄✄✄--------------------------------

보육놀이치료 신청서

_____개월 _____반 이름: _____ 부모님 성함: _____ (인)

보육놀이치료를 신청합니다. (   )　　　　보육놀이치료를 신청하지 않습니다. (   )

희망하는 요일	
희망하는 시간	
참여가 어려운 요일	

참여가 어려운 요일	
신청하시는 이유를 간단하게 적어 주세요. 	

* 참여 신청서는 3월 12일(금)까지 어린이집으로 회신 바랍니다.

다음은 보육시설에서 보육놀이치료 진행 시 활용할 수 있는 이용규정 동의서의 예시이다.

〈표 8-2〉 **어린이집 보육놀이치료 이용규정 동의서 예시**

어린이집 보육놀이치료 이용규정 동의서

1. 보육놀이치료 시간
◆ 상담시간은 1회기 아동놀이상담 40분, 부모상담 10분(총 50분)으로 진행됩니다.
◆ 병결, 원내 행사 이외에 사전 안내 없는 당일 결석이 3회 이상일 경우, 자동 종결이 적용됩니다. (아동 및 부모 상담 포함)
◆ 불가피한 사정으로 당일 결석하게 될 경우, 담임교사 및 어린이집, 또는 담당 보육놀이치료 선생님께 당일 오전 11시 전까지는 연락을 주시면 됩니다.
◆ 결석으로 인한 보육놀이치료의 보강은 진행하지 않습니다.
◆ 부모상담은 매 회기 면대면상담이 가장 좋으며, 불가피한 상황으로 부모상담 진행이 어려우신 경우, 미리 담당 보육놀이치료사와 일정을 협의하시기 바랍니다.

2. 보육놀이치료 진행
◆ 보육놀이치료의 종결은 계획된 놀이치료기간(2021년 5월~2022년 1월)에 맞추어 이루어집니다. 불가피한 사정(이사 등)으로 종결이 이루어져야 할 경우, 최소 4주 전에는 담당 보육놀이치료사에게 공지해 주시기 바랍니다.

3. 개인정보수집 및 이용목적
◆ 아동이 표현하는 내용을 정리하고 기록하기 위해 녹음 및 녹화가 이루어지거나 회기 이후의 사진으로 기록될 수 있습니다.
◆ 보육놀이 과정에 대한 기록은 보육놀이치료사가 진행 과정을 이해하기 위한 목적과 지도감독 및 연구를 위한 목적으로 사용되며, 공유되거나 제공되진 않습니다.
◆ 심리검사 및 설문지로 수집된 개인정보는 정보주체의 동의 없이 수집한 목적 외에 사용되

거나 절대 제3자에게 제공되지 않습니다.

보다 폭넓고 전문적인 과정을 제공하기 위해 최선을 다하겠습니다.
감사합니다.

20 　 년 　 월 　 일

보호자(부모님) : 　　　　　　 (인)

다음은 연구 촬영 동의서의 예시이다.

〈표 8-3〉 **촬영 동의서**

촬영 동의서

본인 ＿＿＿＿＿＿＿＿은(는) ○○ 어린이집에 보육놀이 프로그램에서 본인이 만든 미술작품이나 이외의 창작물들에 대해 상담실에서 보관, 소장할 수 있음을 동의합니다.

또한 상담연구, 상담사례 자문 및 발표교육의 목적하에 상담 장면의 비디오 촬영 및 녹음, 본인이 만든 모래상자의 사진 촬영을 할 수 있으며 동일한 목적을 위한 프레젠테이션에서 위의 원본들을 제시할 수 있음을 허락합니다.

단, 본인에 대한 개인정보는 절대 공개하지 않는 것과 어떠한 경우에도 본인의 인권이 최대한 고려되어야 함을 담당 치료사와 기관으로부터 확인, 약속 받았습니다.

20 　 년 　 월 　 일

내담자(보호자) : 　　　　 (서명)

치료사 : 　　　　 (서명)

(2) 환경 구성

보육기관 내 보육놀이치료실의 환경 조성을 위해 몇 가지 고려되어야 하는 중요한 사항들이 있다. 보육기관 내에 자리 잡고 있는 보육놀이치료실의 위치, 크기, 특징 그리고 놀잇감과 놀잇감의 배치에 대해 명확한 기준을 가지고 적절한 환경의 구성을 통해 질 높은 보육놀이치료를 제공할 수 있게 된다.

먼저, 환경 구성의 첫 번째 고려사항은 보육놀이치료를 실시할 수 있는 기관 내 공간 확보이다. 실제적으로 기관에서 보육놀이치료가 진행될 수 있는 적절한 공간이 확보되지 못한다면 보육놀이치료를 진행할 수 있는 장소가 없으므로 보육놀이치료의 실행이 불가능하게 될 것이다. 보육놀이치료실은 기관 내에 위치하는 것이 바람직하며, 보육놀이치료를 목적으로 조성된 동일한 방을 일관되게 이용하는 것이 가장 바람직할 것이다. 또한 되도록 교사 또는 부모나 다른 아동의 소리가 들리지 않는 곳으로, 아동의 비밀보장을 위해 충분히 방음이 가능하고 독립된 곳에 위치해 있어야 한다. 또한 다른 아동들이나 직원에게 방해가 되지 않는 곳이 바람직할 것이다. 하지만 기관의 여건과 사정에 맞춰서 보육놀이치료가 진행되는 동안 사용하지 않는 정규교실, 작업실 등과 같은 곳에서 진행될 수도 있다. 이러한 경우, 놀이영역을 명확히 구분함으로써 아동이 정해진 영역 외의 방 전체를 다니지 않도록 해야 한다.

환경 구성의 두 번째 고려사항은 보육놀이치료실의 크기이다. 일반적인 보육놀이치료실 크기는 각 기관의 사정과 여건에 맞춰서 이뤄지는 것이 바람직하나, 놀이치료에서 가장 지향하는 크기인 가로 3.5m와 세로 4.5m의 공간이 확보되면 가장 좋을 것이다. 보육놀이치료실의 크기는 아동이 편안하게 움직이기에 적당하며 보육놀이치료사가 아동을 계속 따라다니지 않고 아동과 함께할 정도로 작으면 좋을 것이다. 보육놀이치료실로 꾸며진 기관의 예시는 [그림 8-2]를 참조하면 된다.

환경 구성을 위해 세 번째로 고려되어야 하는 사항은 보육놀이치료실 내 환경 조성이다. 보육놀이치료실은 벽에 창문이 없어 비밀이 보장되어야 한다. 만약 창문이 있다면 반드시 블라인드를 설치해야 한다. 바닥은 쉽게 청소가 가능하도록 손쉽게 닦을 수 있는 아동용 매트를 깔아 놓으면 바람직하다. 만약 청소하기 힘든 카펫으로 되어 있다면 그 위에 다른 실용적인 매트를 깔 수 있으면 좋다. 꾸며진 보육놀이치료실에 싱크대가 있다면 차가운 물이 나오는 싱크대가 적합하며 뜨거운 물은 아동들에게 위험할 수 있으니 잠가 두는 것이 좋다.

환경 구성의 네 번째 고려사항은 놀잇감 구비다. 보육놀이치료에서 사용될 수 있는 놀잇감은 일반적인 놀이치료실에서 사용될 수 있는 놀잇감과 동일하지만, 보육기관 환경과 구분되는 독립적인 정체성을 형성하기 위해 되도록 기관에서 교구로 사용하고 있는 놀잇감을 동일하게 배치하는 것은 지양하는 것이 좋다. 또한 놀잇감들은 일관성 있고 조직적으로 정리해서 아동들이 매주 익숙한 장소에 가서 놀잇감들을 찾거나 갖다 놓을 수 있도록 배치해야 한다.

다음은 보육놀이치료실의 기본적인 배치도이며 기관 내 공간 위치와 교실의 구조에 따라 상이할 수 있다([그림 8-1] 참조).

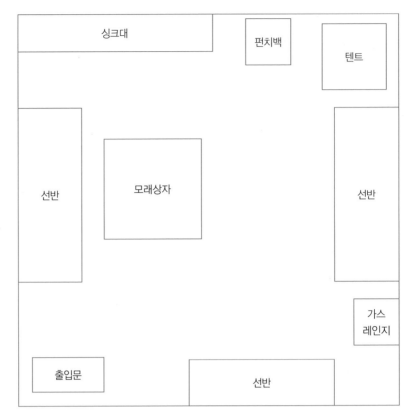

[그림 8-1] **보육놀이치료실 배치도**

다음은 기관 내 보육놀이치료실 세팅을 위한 안내문의 예시이다.

〈표 8-4〉 **기관 내 보육놀이치료실 세팅을 위한 안내문 예시**

[○○○ 어린이집 내 놀이치료실 세팅 안내]

1. 놀이치료실의 위치
놀이치료실에서 내담 아동들은 생각하는 것보다 더 큰 소리를 내며 놀이를 하기도 합니다. 따라서 유치원의 직원들의 사무에 방해되지 않는 곳이 적합합니다. 또한 내담 아동의 놀이내용과 놀이치료실에서 있었던 일들이 다른 아동이나 부모, 직원들이 듣는다면, 아동의 사생활을 침범하는 일이 되기에 방음이 가능한 독립된 공간으로 준비되길 권유 드립니다. 다만, 보육시설과 같은 교육기관에서는 놀이치료가 진행되는 동안 사용하고 있지 않은 정규교실을 사용하기도 합니다. 이러한 경우라면, 놀이영역의 신체적 한계점이 표시됨으로써 아동이 방 전체를 다니지 않도록 해야 합니다. 또한 문이나 벽에 창문이 없도록 비밀보장이 가능해야 합니다(창문이 있다면 블라인드 설치 요함).

2. 필요한 놀잇감의 범주

- 가족인형(몸을 굽힐 수 있는 것이면 더 좋음), 얼굴 없는 인형, 인형 집, 인형가구, 손인형
- 고무 젖꼭지, 플라스틱 우유병, 아기 인형, 아기 옷, 비누, 빗 등
- 지갑과 보석, 장난감 돈, 장난감 계산기, 전화기, 시계
- 주방놀이세트(접시, 프라이팬, 냄비, 주전자, 플라스틱 음식, 과일, 야채, 캔, 수저, 칼, 냉장고 등)
- 자동차, 트럭, 버스, 주차타워, 견인차, 공사 관련 차, 비행기, 보트, 헬기
- 동물놀잇감(야생동물, 농장동물), 동물 인형, 악어 손인형
- 군인, 의사, 간호사, 경찰 등의 인형, 병원놀이 세트, 장난감 공사도구(망치, 못 등)
- 장난감 총, 다트 총, 고무 칼, 다트, 다트 판, 만화주인공 가면, 펀치백, 수갑, 무전기
- 빗자루, 장난감 청소기, 휴지통
- 블록(다양한 크기), 공, 풍선, 풍선 부는 기구(펌프)
- 보드, 보드마카, 물감, 신문지, 종이, 붓, 찰흙(클레이), 색연필, 색종이, 크레파스, 가위, 풀, 스카치테이프
- 실로폰, 심벌즈, 드럼
- 접이식 텐트
- + (가능하면, 모래상자, 모래상자를 올려 둘 탁자)

※ 가능한 모든 유형의 놀잇감을 구비하여 주세요. (필요한 경우 추가적인 놀잇감의 구비가 요구될 수 있습니다.)

서울 OOO 어린이집

서울 ○○ 유치원

서울 ○○ ○○○ 보육원

부천 ○○○○ 어린이집

[그림 8-2] 보육기관별 보육놀이치료실 세팅 예시

(3) 내담 아동 추천

보육기관에서는 보육놀이치료가 필요한 내담 아동에 대한 추천을 하게 되는데, 기관 내에서 보육놀이치료를 권유하게 되는 아동들에 대해 선별할 수 있는 명확한 기준이 필요하게 된다. 어떤 아동을 우선순위로 선별할지에 대한 합리적인 근거와 기준은 서비스가 필요한 아동에게 보육놀이치료가 적절한 시기에 제공될 수 있도록 도와준다. 무엇보다도 보육놀이치료 서비스의 제공은 기관이 속해 있는 각 지역사회에 이바지하고자 하는 목적을 가지고 있기에 경제적인 부담으로 인해 시기에 적절한 서비스를 제공받지 못하는 아동을 추천할 수 있다면 바람직할 것이다. 보육기관과 교사는 아동을 추천하기 위한 기준을 정립할 때 다음의 사항들을 고려할 수 있다.

① 아동의 문제행동에 대한 명확한 정의

- 아동의 행동과 그 행동에 반응하는 사회적인 맥락을 고려해야 한다. 아동의 특성, 양육행동, 가족환경, 사회적 맥락의 요인이 아동의 문제발달에 상호작용하여 영향을 미친다.
- 아동을 둘러싼 환경과 주변의 성인 및 또래들의 기대와 상호작용을 고려해야 한다. 부모나 교사가 아동의 행동을 어떠한 관점에서 이해하고 행동의 문제로 판단하고 있는가에 대한 것을 고려하지 않을 경우 주관적인 관점이 개입되어 아동의 문제행동에 대해 확대 또는 축소하여 판단할 수 있다.
- 아동의 행동과 아동을 따로 떼어 판단해야 한다. 이는 아동이 문제행동아로 낙인찍히는 낙인효과가 작용할 수 있기 때문에 아동의 행동과 아동을 따로 분리하여 판단하는 것이 필요하다.
- 객관적 기준에 따라 판단해야 한다. 정상적인 발달과정에서 나타나는 '연령의 특징적인 문제'와 '문제행동'은 그 양상이 유사하여 정확하게 구분하기 위해서 주의가 필요하다.

② 아동의 문제를 이해할 때 필요한 관점

- 문제행동에는 아동이 전하려는 메시지가 있음을 이해해야 한다. 아동이 보이는 행동 이면에 아동이 그러한 행동을 하게 된 갈등이나 욕구불만이 있음을 알아차리고 이해하는 것이 필요하다.
- 아동이 보이는 문제행동에는 성장과제를 포함한다는 것을 인식하고 있어야 한다. 아동은 성장 및 발달과정에 있으므로 발달과제라고 하는 역동적인 관점에서 아동의 행동을 이해하는 것이 필요하다.
- 아동을 둘러싸고 있는 관계에 대해 파악해야 한다.
- 아동을 둘러싼 부모나 형제, 조부모 등의 관계가 아동의 행동에 영향을 미치게 되므로 부모의 양육태도와 가족 전체의 관계 등을 고려해야 한다.

③ 아동의 행동 판단 시 유의할 점
- 교사 혼자 판단하는 것이 아닌 동료 교사, 원장과 함께 객관적인 판단이 이루어져야 한다.
- 아동에 대한 선입견을 가지지 않고 객관적으로 아동의 행동을 파악하는 것이 중요하다.
- 아동이 문제행동을 보일 때 그 아동을 명명하여 낙인찍히는 행동을 하지 않도록 하는 것이 필요하다.

④ 문제행동 판단의 준거
- 아동이 가지고 있는 여러 가지 문제행동을 동시에 보이는 것으로 여러 가지가 복합적으로 나타날 때 문제행동이라고 한다.
- 아동의 연령에 적합하지 않는 행동을 하는 경우이다.
- 아동의 문제행동이 잠깐 나타났다 사라지는 것이 아닌 장기간에 걸쳐 나타나는 경우이다.

⑤ 전문적인 도움이 필요한 문제행동에 대한 결정 요인
- 한 가지 이상의 맥락에서 동일 문제가 나타나야 하며, 그 문제가 아동이 가족과 또래 집단에 적응하는 데 필요한 능력에 방해가 됨이 분명해야 한다.
- '정상'과 '비정상'을 구별하는 특정 행동 문제의 존재 여부가 중요하다기보다는 빈도(frequency), 강도(intensity), 만성성(chronicity), 연합성(constellation) 그리고 사회적 맥락(social eontect)을 고려해야 한다.

(4) 협력적 소통

협력적 소통을 위한 첫 번째 요소는 지속적인 의사소통이다. 각 보육기관은 원활한 보육놀이치료의 준비, 실행, 평가 단계에서의 원활한 진행을 위해 보육기관의 기관장 및 교사, 대학 기관의 코디네이터 및 보육놀이치료사의 지속적인 의사소통을 필요로 한다. 기관장과 교사 그리고 코디네이터와 보육놀이치료사들이 정기적인 회의를 통해 현재 진행 상황 및 진행 과정에서의 어려움을 점검하거나 보육놀이치료에 참여하고 있는 아동들에 대해서 의사소통을 할 수 있는 시간을 반드시 가져야 한다. 또한 보육기관장은 보육놀이치료와 관련된 전반적인 부분에서 코디네이터의 자문을 구하고 도움을 요청하기도 하면서 상호 간의 긴밀한 협조 관계를 맺고자 노력할 수 있다.

두 번째 요소는 상호 간의 책임과 존중을 바탕으로 하는 소통이다. 보육놀이치료의 모든 과정에는 서로에 대한 역할을 이해하고 이를 존중하는 것이 요구되는데, 같은 이해와 책임을 공유한 양측이 긴밀하게 협력함으로써 단순히 각 체계의 합 이상을 넘어서는 효과를 창조해 내는 작업을 이룰 수 있기 때문이다. 따라서 서로의 장점을 기반으로 더 나은 방향으로 발전해 가도록 준비 단계에서부터 서로의 욕구와 장점에 책임감과 존중을 바탕으로 민감하게 반응해야 한다. 이는 기관이 바라는 욕구 충족과 보육놀이치료사들의 학습 능력 발달이 균형 있게 이루어져 모두의 유익과 성장을 획득할 수 있는 기회가 될 수 있게 해 준다. 보육놀이치료의 참여자는 누구든 서비스 제공자임과 동시에 수혜자가 된다는 것을 기억할 때, 상호 간의 책임과 존중을 기반으로 기관과 대학 그리고 보육놀이치료사 모두가 win-win이 되는 상황을 만들어 낼 수 있게 된다.

2. 교사

아동의 심리 · 정서 지원을 위해 보육기관과 지역사회 전문 인력이 체계적으로 연계하며 아동의 문제행동을 조기에 발견하고 적극적으로 개입하는 보육놀이치료 모델의 실행에서 보육기관 및 교사들의 협력은 매우 중요한 부분 중 하나이다. 보육놀이치료 실행 과정에서 교사는 문제행동이 관찰되는 아동이 조기에 적극적인 중재를 받을 수 있도록 관찰 및 추천을 하는 역할을 맡게 되며, 아동이 보육놀이치료에 참여하는 과정 중에서 아동의 보육기관 생활을 지속적으로 관찰하며 안정적으로 참여할 수 있도록 치료의 조력자로서 역할을 하게 된다. 보육놀이치료는 여러 체계 간의 협력적 접근을 통해 교사 개인의 체계로는 원활하게 지도하기 어려운 아동이 보다 쉽게 기관 생활에 적응하고 즐겁게 생활할 수 있도록 도움을 준다. 보육놀이치료의 효과적 적용은 보육의 질을 높이며 아동 지도에 대한 교사의 업무 부담을 일정 부분 감소시킨다. 보육놀이치료 모델의 한 체계인 교사에게 부여되는 책임과 역할은 무엇인지 다음의 내용을 통해 조금 더 자세히 알아보고자 한다.

1) 보육놀이치료와 교사

보육교사는 아동을 둘러싼 환경으로서 중요한 영향력을 가지며, 그만큼 교사의 조력과 참여는 보육놀이치료의 모델에서 중요한 부분이 된다. 보육놀이치료의 참여를 통해 교사는 적응에 어려움을 경험하는 아동을 지도하는 데 보다 전문적으로 조력 받게 되며, 보육기관 내의 더욱 많은 아동과 긴밀하게 관계 맺고 영유아를 효과적으로 지도할 수 있게 된다. 코디네이터 및 보육놀이치료사와 소통하며 아동에 대한 전문적 지식을 공유하는 것은 아동이 현재 기관 내에서 보이고 있는 행동에 대한 이해의 폭을 넓혀 주며, 원활한 학부모상담을 돕기도 한다.

그러나 보육놀이치료사가 아동에 대한 충분한 이해를 형성하기까지, 보육기관에서 일정 기간 동안 내담 아동 및 부모와 함께해 온 교사들의 지식과 도움이 반드시 필요하게 된다. 서로에게 도움이 되는 보육놀이치료의 효과를 얻기 위해, 보육놀이치료의 운영 단계별로 요구되는 교사들의 역할 및 책임에 대해 논의해 보고자 한다.

(1) 준비 단계

보육놀이치료를 진행하기 위한 준비 단계에서 교사는 보육놀이치료 진행의 자세한 일정을 조율하고 보육놀이치료가 필요한 아동을 추천하며 부모와 면담을 진행하기도 한다. 또한 아동 및 부모에게 제공되어야 하는 설문지 배부에 도움을 주거나 교사들에게 제공되는 설문지를 작성하기도 하며 코디네이터와 함께 놀이치료실을 구성하는 작업을 진행하기도 한다.

(2) 실행 단계

보육놀이치료 프로그램의 실행 단계에서는 선정된 참여 아동의 부모들을 대상으로 코디네이터와 일정을 조율하여 함께 부모교육을 준비해야 한다. 또한 교사가 해야 할 일로는 아동의 출결, 스케줄, 프로그램 지속 관리 그리고 놀이치료실 유지 및 관리 등이 포함되며 정기적인 회의 또는 간담회를 통한 의사소통의 시간을 갖도록 해야 한다. 이러한 주기적인 면담을 통해 교사는 아동의 변화하는 모습을 지켜보고 필요한 사항들에 대해 파악하고 있는 것이 바람직하다.

(3) 평가 단계

평가 단계에서 교사는 사후 설문지를 배부하거나 참여 아동 및 보육놀이치료의 사후 평가 결과를 수집하는 데 도움을 제공할 수 있다.

〈표 8–5〉 진행 단계에 따른 교사의 역할

준비 단계	놀이치료실 구성, 일정 조율, 참여자 추천 및 선정, 설문 작성, 부모교육 준비
실행 단계	• 스케줄 관리(출결 관리, 프로그램 지속 관리, 부모상담 관리), 보육놀이치료사와의 상담 • 보육놀이치료 실행 과정 동안 아동이 변화하는 모습을 지켜보면서 보육놀이치료사 또는 코디네이터와 지속적인 소통 • 기관의 정규수업과 보육놀이치료 시간에 대한 배려 • 참여아동의 비밀보장에 대한 원칙 지키기 • 보육놀이치료사와의 적절한 의사소통으로 참여 아동의 현재 상태에 대해 인지하고 적절한 방식으로 대처하기 • 보육놀이치료 수업이 없는 날의 전반적인 놀이치료실의 유지 및 관리
평가 단계	설문 작성, 기관 결과 보고

　　다음은 보육놀이치료에 의뢰된 아동의 담임교사에게 제공되는 아동에 관한 질문지의 예시이다.

〈표 8–6〉 담임교사 질문지 예시

담임교사 질문지
○○ 어린이집–보육놀이치료

안녕하세요.
본 질문지는 아동이 보육시설에서의 생활을 좀 더 이해하기 위한 자료로서 아동의 부모님들에게는 내용이 전달되지 않음을 알려드립니다.
본 질문지 내용을 토대로 놀이치료사와 간단한 상담이 진행될 예정입니다.
본 원에서 보육놀이치료를 진행하는데 협조해 주서서 감사합니다.

• 아동 이름 :
• 아동 나이 :
• 소속 반 :

1. 선생님이 보시기에 아동은 평소에 어떤 아동인가요?
☞

2. 평소 반에서 아동의 놀이는 어떤가요?

놀이의 양상(친구들 관찰, 혼자놀이, 협동놀이)

☞

아동이 자주 하는 놀이(실내놀이, 실외놀이 등 상황에 따라)

☞

3. 선생님께서 바라보는 아동의 어려움에는 어떤 것이 있나요? (예: 친구 관계가 잘 안 돼요, 감
　정조절이 안 돼요 등 자세히 기술해 주세요.)

☞

4. 위(3번 문항)의 원인은 무엇이라고 생각하시나요?

☞

5. 선생님께서 보시기에 아동의 또래 관계는 어떠한가요?

☞

6. 부모님과 선생님의 관계는 어떠신가요?

☞

7. 놀이치료를 통해 아동에게 바라는 것은 무엇인가요? (예: 밝아졌으면 좋겠어요 등)

☞

2) 보육놀이치료와 교사의 역할

보육놀이치료를 위한 교사들의 역할을 몇 가지로 분류할 수 있다. 첫째는 관찰자로서의 역할로, 관찰자로서의 교사에게는 교실에서 아동의 모습에 대해 관심을 가지고 관찰하는 역할이 강조된다. 둘째는 협력자로서의 역할로, 교사는 보육놀이치료 과정 동안 보육놀이치료사와 긴밀하게 소통하며 의견을 교류하는 역할과 책임이 요구된다. 이는 보육놀이치료 효과에 영향을 미치는 요소 중 하나가 된다. 셋째는 평가자로서의 역할로, 이는 교실에서의 아동의 행동관찰을 바탕으로 보육놀이치료에 추천하거나 전문적인 도움이 필요한 아동에 대한 선별적 의뢰를 하는 것을 의미한다. 보다 질 높은 보육놀이치료를 제공하는 데 도움이 될 수 있는 각 역할에 대해 알아보고자 한다.

(1) 관찰차로서의 교사

보육기관 내 아동의 일상생활 및 놀이에 대한 교사의 관찰은 아동이 가진 어려움에 대한 조기 개입을 가능하게 한다. 유치원이나 어린이집과 같은 교육 현장은 일부 아동이 가정에서보다 더 많은 시간을 보내는 장소로, 일상적인 생활 속에서의 아동을 관찰하고 살펴보면서 아동의 문제를 조기에 발견할 수 있는 기회를 제공한다. 더 나아가 부모와 함께 교사가 아동의 문제행동의 중재자로서 성공적인 역할을 하는 것은 아동들의 문제행동을 예방하거나 감소시키는 데 기여하기 때문에 아동의 현재 상태에 대한 평가를 위한 관찰자로서의 교사 역할은 그 중요성이 강조된다. 이에 단체생활 속에서 목격되는 아동의 문제행동들에 대해 보편적인 기준을 가지고 아동을 관찰하며 도움이 필요한 아동에 대해 보육놀이치료에 의뢰할 수 있게 된다. 특별히 발달지연을 보이는 아동들은 보육교사에 의해 의뢰되는 비율이 꽤 높은 편으로 관찰자로서의 교사 역할이 매우 중요하다. 교사는 기관 생활 안에서 적응에 어려움을 보이거나 개입이 힘든 아동에 대해 부모를 통해 보육놀이치료를 권유하거나 기관장에게 보고할 수 있다.

(2) 협력자로서의 교사

보육놀이치료를 진행할 때에 준비, 실행, 평가 단계 모두에서 교사는 협력자로서의 역할을 가지고 있다. 특히 보육놀이치료에 의뢰된 아동이 속해 있는 반의 담임교사와의 협력은 매우 중요하다. 주호소로 접수된 다양한 행동 문제가 원에서 어떻게 발생되는지 현장에서 제일 생생하게 목격하게 되는 담임교사의 보고는 치료 방향을 정하고, 치료과정을 점검하는 중요한 정보가 된다. 따라서 보육놀이치료사와 담임교사의 협력은 행정적인 지원뿐만 아니라 아동의 발달적 과정이나, 보육현장에서의 일반화를 위해 중요한 역할이라 할 수 있다. 협력을 통해 교사와 보육놀이치료사는 아동에게 더욱 적절하고 알맞은 방식의 보육과 심리·정서적 지원을 제공할 수 있기 때문이다. 교사와 보육놀이치료사에게는 소통을 위해 충분한 대화시간이 필요하지만 각 보육시설마다 환경 구성이 다르고, 특히 보육놀이치료가 진행되는 시간은 주로 아동 보육시간이기에 별도의 공간과 시간을 내어 서로가 소통하기에는 현실적인 어려움이 따른다. 따라서 때로는 보육교사가 교실 내에서 목격된 아동의 여러 모습들과 부적응 행동에 대한 정보 및 궁금증을 질문 또는 메모로 작성하여 담당 보육놀이치료사 또는 코디네이터와 교류함으로써 아동에 대해 소통할 수 있을 것이다.

(3) 평가자로서의 교사

교사는 아동에게 필요한 경우 부모와 함께 협력하여 아동에게 필요한 전문적인 도움을 받을 수 있도록 연계해야 한다. 이를 위해 교사에게는 먼저 아동의 현재 언어, 인지, 심리·정서의 발달상태를 포함한 일반적이고 평균적인 기준과 지식을 바탕으로 도움이 필요한 아동을 선별할 수 있는 평가자로서의 역할이 요구된다. 평가자로서의 교사의 역할은 아동의 문제행동에 대해 시기에 적절하게 개입이 이루어질 수 있도록 도와주며 아동의 부모에게도 보육현장에서 보여지는 아동의 현재 상태에 대해 정확한 정보를 전달해 줄 수 있게 된다.

또한 보육놀이치료가 진행되는 과정에서 변화하는 아동의 모습에 대한 교사의 민감한 알아차림과 평가는 중요한 정보가 될 수 있다. 아동의 변화된 부분에 대해 보육현장에서의 아동의 행동, 또래와의 상호작용, 생활양식의 변화 등에 대한 관찰평가를 통해 근거를 발견하고, 이를 아동의 부모와 기관장에게 전달하는 평가자로서의 역할을 통해 보육놀이치료의 효과를 명확히 확인하고 경험하게 될 수 있다.

3) 보육놀이치료와 교사교육

더욱 효과적이고 질 높은 보육놀이치료의 실행을 위해서는 보육놀이치료 과정과 관련해 교사들에게 적절한 교육이 제공되어야 한다. 보육놀이치료의 목적과 목표에 대한 전반적인 이해를 바탕으로 진행하게 된다면 교사들 역시도 코디네이터 및 보육놀이치료사들의 협력을 통해 더 수월한 업무처리와 바람직한 방향으로 역할을 감당할 수 있게 된다. 이는 보육놀이치료의 질과 효과에도 직접적으로 영향을 미치게 되며 성공적인 보육놀이치료를 경험할 수 있도록 도와줄 것이다. 또한 보육놀이치료를 진행하는 과정에서 교사들이 경험할 수 있게 되는 여러 이슈들에 대해 적절한 대처방식을 미리 숙지하고 의연하게 대처할 수 있도록 교사들에게 필요한 교육이 실시되어야 한다. 일반적으로 보육놀이치료를 실행하는 과정에서의 교사들은 스케줄 관리, 보육놀이치료실 관리, 비밀보장과 관련한 문제를 경험할 수 있게 되며 이에 대한 바람직한 대처 방안은 교사들에 대한 사전교육 과정에서 제공될 수 있다.

(1) 스케줄 관리

보육놀이치료를 진행하면서 교사가 어려움을 경험하고 많은 협력이 필요한 부분으로 스케줄 관리를 들 수 있다. 그중 첫 번째는 보육놀이치료 스케줄 관리이다. 보육놀이치료의 회기 시작 시간과 종료 시간은 사전에 명확하게 논의되어야 한다. 예를 들어, 기관의 평가인증이나 감사 기간 또는 외부 체험 활동이 잦을 시기가 겹치게 되는 시점 등은 일관된 시간에 진행되어야 하는 보육놀이치료 일정에 영향을 미칠 수 있다. 이를 해결하기 위한 방법으로는 사전에 미리 한 해 동안에 이루어지는 기관의 행사나 지역 감사 등에 대한 파악이 명확하게 이루어지면 수월하게 해결될 수 있을 것이다. 하지만 각 기관의 사정과 여건이 다르고 보육놀이치료사의 파견 시점에 따라 또 다를 수 있기에 상호 간 소통을 통해 적절하게 조율될 수 있어야 할 것이다.

그리고 다음으로 아동의 스케줄 관리가 있다. 무엇보다도 보육놀이치료를 진행할 때 자주 경험할 수 있는 이슈 중 하나는 참여하는 아동의 스케줄 관리이다. 이 역시 교사의 협력이 필요한 부분으로 참여하고 있는 아동의 담임교사는 보육놀이치료가 예정되어 있는 날에 아동의 등원여부를 확인하고 담당 코디네이터 또는 보육놀이치료사에게 안내해 주어야 한다. 아동이 갑자기 아플 때도 있고 또 다른 어떠한 사정으로 당일에 나오지 못하는 경우 보육놀이치료사가 헛걸음을 하는 상황이 생기지 않도록 아동의 치료 일정에 대한 안내를 위해 교사의 세심한 협력이 필요하다.

(2) 보육놀이치료실 관리

두 번째로 교사가 경험할 수 있는 어려움 중 하나는 보육놀이치료실 관리인데 그 중 하나는 보육놀이치료실의 전반적인 유지 및 관리이다. 보육놀이치료실은 기관 내에 위치해 있는 경우가 대부분이고, 보육기관의 특성상 완벽하게 독립되거나 통제되어 있는 공간을 사용할 수 있는 경우는 흔치 않다. 보육놀이치료가 실시되는 날에 청소와 기본적인 관리는 보육놀이치료사가 할 수 있지만 보육놀이치료가 없는 날이거나 정규교실에 위치해 있는 보육놀이치료실은 부득이 하게 다른 용도로 사용해야 하는 경우가 생기게 될 수 있다. 사전에 보육놀이치료실 관리를 담당할 수 있는 교사나 보육기관 직원이 있으면 가장 바람직하지만, 기관의 상황과 여건에 맞는 적절한 방법으로 관리의 공백을 채우고 보육놀이치료실이 일관된 환경으로 안전하게 관리될 수 있도록 해야 한다.

더불어 필요한 관리 중 하나는 보육놀이치료실의 놀잇감 관리이다. 보육놀이치료실의 놀잇감은 기관에서 사용되는 교구나 놀잇감과는 구별되어야 하기에 특별한 관리가 필요할 수밖에 없게 된다. 종종 보육놀이치료를 하는 아동이 가지고 놀다 보면 부서지기도 하고 때로는 보육놀이치료실의 놀잇감을 기관의 정규 활동 시간이나 다른 교실에서 놀잇감으로 사용하다 파손되는 경우가 있다. 이러한 상황이 발생하지 않도록 사전에 기관에서 사용되는 놀잇감과 보육놀이치료실에서 사용되는 놀잇감과 관리에 대한 교육이 필요하고 특히 놀잇감 구비 그리고 파손에 대한 책임 및 후속 조치에 대한 협의가 치료가 시작되기 전에 미리 이루어져야 할 것이다.

(3) 비밀보장

보육놀이치료를 진행할 때에 보육놀이치료에 의뢰된 아동에 대한 기관장과 교사들의 비밀보장은 중요하다. 기관장이나 다른 교사들이 아이들이 보육놀이치료에 참여하게 된 이유나 주호소 등에 대해 궁금해할 수 있는 부분과 관련하여 발생할 수 있는 문제에 대한 주의가 필요하다. 보육놀이치료에서 아동과 가정의 치료과정에 대해 논의할 때는 기본적으로 비밀보장의 원칙과 예외 원칙을 따라야 함을 이해해야 한다.

한편, 일반적으로 보육놀이치료가 진행되는 시간은 아동 보육 시간이기에, 참여 아동이 보육놀이치료를 끝내고 돌아오는 시간이 다른 아동들에게 눈에 띌 수 있기 마련이다. 교사는 아동에 대한 지나친 관심보다는 현재 진행되는 정규 스케줄에 자연스럽게 참여할 수 있도록 도와주어야 한다. 또한 보육놀이치료를 끝마치고 나온 아동에게 "재밌게 놀았어?" "뭐하고 놀았어?" 등과 같은 질문은 하지 않도록 특별한 주의가 필요하다. 이는 아동상담에도 동일하게 적용되는 비밀보장으로 아동은 놀이로 자신의 정서를 표현하므로 보육놀이치료 시간이 반드시 재미있어야 할 이유도, 자신이 무엇을 하며 놀았는지에 대해 다른 사람에게 말할 이유도 없는 것이다. 참여 아동의 비밀보장에 대한 이슈는 사전 교육을 통해 충분히 숙지하게 된다면 수월하게 해결할 수 있을 것이다.

(4) 아동의 행동 변화에 대한 이슈

종종 아동들은 보육놀이치료를 하다 보면 보육놀이치료를 하기 전에는 기관에서 보이지 않았던 행동들을 하는 모습을 목격할 수 있게 된다. 떼가 심해졌다든지 담임 교사의 관심을 바라는 행동이 늘어나거나 늘 고분고분하던 아이가 갑자기 자기주장을 강하게 하는 모습 등을 볼 수 있다. 이에 바람직한 대처방식은 아동이 기존에 보이지 않던 행동을 하는 이유에 대해 아동의 담당 보육놀이치료사 또는 코디네이터와 소통하는 것이다. 아동의 현재 상태에 대해 이해하고자 하는 교사의 세심한 관심은 아동을 보다 깊이 이해하고 일관된 환경을 제공하게 하며 아동의 긍정적인 변화를 조력할 수 있다.

3. 성공적인 보육놀이치료를 위한 지침

보육놀이치료에서 기관장과 교사는 이를 준비하고 실행하고 마지막으로 평가하는 과정의 모든 단계에서 함께하게 되면서 기존의 보육 과정과 조금 다른 형태의 어려움과 마주하기 마련이다. 보육기관에서 기존에 실시되는 일반적인 특별활동과는 다른 구조가 있기에 보육놀이치료를 운영하는 동안 새로운 유형의 어려움이나 갈등이 발생할 수 있음을 이해할 필요가 있다. 이는 보육놀이치료를 실행하면서 경험하게 되는 일반적 어려움에 대한 이해와 이에 대한 적절한 대처 방안과 지침을 마련함으로써 모두에게 상호호혜적인 관계를 바탕으로 보다 성공적인 보육놀이치료를 실행할 수 있게 도울 것이다.

1) 기관과 교사가 경험하는 일반적 어려움

보육놀이치료를 운영하고 실행할 때에 비교적 흔하게 경험할 수 있는 어려움 중 하나는 보육놀이치료사와 기관장 및 교사의 관점과 입장의 차이이다. 보육놀이치료를 운영할 때에 보육놀이치료사와 기관 또는 교사의 입장은 분명히 다를 수 있다. 이는 각자의 위치와 역할이 다르기에 생겨날 수밖에 없는 관점의 차이이다. 이러한 차이로 인한 갈등을 마주하였을 때 서로의 입장에서 열린 대화를 통해 적절한 개입과 조율이 필요하다. 보육놀이치료사와 교사는 차이가 발생할 수 있는 입장을 충분히 심사숙고하면서 조율하여 각 아동에 따라 적절한 개입을 해야 한다.

이러한 보육놀이치료사와 기관장 및 교사의 관점의 차이를 수월하게 극복하기 위해서는 교사와 보육놀이치료사 간의 원활한 의사소통이 필요하게 된다. 이를 위해서 교사와 보육놀이치료사는 정기적으로 충분한 면담이 필요하지만 여러 이유로 인해 면담 시간이 부족하게 되기 마련인데, 이러한 상황이 발생할 시에는 교사의 시간 배분을 위한 기관장의 세심한 배려가 필요하다. 그러므로 보육놀이치료를 운영할 때에 교사 입장에서는 어쩔 수 없이 해야 하는 업무들과 역할이 생겨나기 마련이지만 교사의 업무적인 부담감을 덜어 주기 위해 보육놀이치료에 대한 기관장의 능동적이고 적극적인 태도가 필요하다.

또 경험하게 되는 흔한 어려움 중 하나는 아동을 선별하는 데에 있어서 기관과 부모의 욕구가 다를 때 보육놀이치료를 운영하는 데에 어려움이 따를 수 있다. 이를 위해 기관과 부모 사이에서 적절한 조율을 필요로 하며 기관은 우선적으로 보육놀이치료를 받을 아동에 대한 명확한 기준과 근거를 부모에게 안내하면서 부모와 함께 바람직한 방향으로 중재해야 한다. 또한 이러한 어려움을 마주하였을 때에 기관장과 교사는 담당 코디네이터와의 원활한 상의를 통해 적절한 중재로 바람직하게 대처할 수 있도록 해야 한다.

2) 기관과 교사를 위한 조력 방안

보육놀이치료를 운영하는 과정에서 기관과 교사에게는 단계에 따른 적절한 역할이 존재하고, 이는 분명 일반적인 보육 및 교육과는 다를 것이다. 경험하게 되는 다른 부분에 대해서도 명확한 이해가 필요하고 이를 바탕으로 기관과 교사들이 성공적으로 역할 수행을 할 수 있도록 보육놀이치료의 절차에 대한 이해와 적절한 교육의 제공을 통해 기관과 교사들을 도와야 한다.

(1) 보육놀이치료의 절차를 숙지하고 따르기

보육놀이치료의 형태와 구조 그리고 절차에 대해 인식하고 이를 위해 기관의 입장과 보육놀이치료사 및 대학의 입장에서 적절한 의사소통을 통해 보육놀이치료의 목적과 목표를 이해하고 이를 바탕으로 진행되는 보율놀이치료의 절차를 잘 지키는 것이 필요하다. 특히 보육놀이치료가 시작되면 교사들의 도움이 많이 필요해지는데 원활한 진행을 위해 교사들은 코디네이터와 긴밀한 의사소통을 하면서 필요한 부분을 적절히 상의하며 서로가 서로에게 도움이 될 수 있도록 도움과 자문을 주고받는 역할을 해야 할 것이다. 또한 코디네이터 및 보육놀이치료사들은 기관이 지향하는 목표와 요구를 적절하게 충족하면서 보육놀이치료사들의 능률적인 학습을 위해서도 이론과 실제가 잘 부합될 수 있도록 서로의 이해관계를 기본적인 절차 안에서 잘 조율하고 상호호혜적인 관계로 나아갈 수 있도록 하는 것이 중요하다.

(2) 적절한 시기에 알맞은 교육 제공

원활하게 보육놀이치료가 이뤄질 수 있도록 하기 위해서는 각 기관 및 교사들의 상황과 여건에 맞춘 교육을 제공하는 것이 필요하다. 이는 참여자 모두가 상호호혜적인 관계를 기반으로 이루어지는 보육놀이치료에서 중요한 부분이라고 할 수 있다. 그러므로 시기에 적절한 교육은 각 시기에 맞게 세심한 배려를 함으로써 보육놀이치료의 효과에 영향을 미칠 수 있게 되는 또 하나의 중요한 부분이다. 그러므로 교육을 제공받음으로 각 참여자들이 서로에게 필요한 목적, 목표 및 방향성 등을 확실히 인식할 수 있게 되고, 이는 보다 더 질 높은 보육놀이치료를 제공할 수 있게 해 준다. 또한 교육을 통해 각자의 자리와 위치에 맞는 윤리와 책임감을 갖도록 도와야 할 것이다. 교육은 보육놀이치료 준비 기간에 반드시 필요할 것이며 실행 및 평가 단계에서도 교육이 필요하다면 그 시기에 기관의 상황과 여건에 맞는 적절한 교육이 제공될 수 있다.

3) 기관장과 교사의 참여 경험 이해하기

보육놀이치료의 운영에 있어서 기관장과 교사는 기존의 교육과 보육에서 경험한 것과는 조금 다른 특별한 경험을 하게 된다. 이러한 특별한 경험이 기관장과 교사에게 있어서 교육자와 선생님의 경험 외에 또 다른 성장을 이루는 경험을 할 수 있게 해 주는 기회가 되기도 한다. 보육놀이치료의 과정에서 기관장과 교사는 어떠한 경험을 하며, 경험을 통해 얻게 되고 깨닫게 되는 것을 탐색하는 과정은 보육놀이치료의 실행에 있어서 모두가 함께 성장하는 환경을 만들어 갈 수 있는 건강한 기회를 제공할 것이다.

[기관장 A]
무엇보다도 보육놀이치료라는 원의 특별 프로그램 도입을 통해 기관에서 문제가 되었던 아동들의 행동들이 눈에 띄게 나아지고 해결되는 모습을 교사들과 부모들의 보고를 통해 듣고 또 직접 경험하게 되다 보니 확실한 보육놀이치료의 중재 효과를 몸소 체험할 수 있었던 좋은 기회가 되었다. 물론 진행할 때에 기관장 입장에서는 보육놀이치료사와 교사들을 배려해야 하는 부분과 코디네이터와 보육놀이치료사와 조율해야 했던 여러 가지 상황들이 있었는데, 처음에는 시간에 대한 배려, 장소에 대한 배려가 왜 필요한지에 대한 의문이 들어 조금 불만이 있기도 했었고 교사들에게 어떻게 업무를 지시해야 할지에 대해 많이 고민됐던 부분이 있었던 것도 사실이다. 하지만 좀 더 지나고 나서 보육놀이치료의 목적과 방향성에 대해 이해를 하면서 그런 부분이 많이 해소가 되었던 것 같다. 또한 보육놀이치료에 참여했던 교사들 역시도 말썽 부

리거나 적응에 어려움을 보이는 아이를 바라보는 시선이 많이 변화되는 모습을 보면서 색다른 경험을 한 것 같다. 이런 좋은 기회를 더 많은 기관이 받아들이고 더 많은 아이들이 제공받을 수 있으면 좋을 것 같다.

[기관장 B]
처음에는 보육놀이치료라는 단어부터 굉장히 낯설고 어색했던 것 같다. 사실 교육자로서만 20여 년을 지내고 경험하다 보니 원의 아이들을 바라보는 시선이 보육놀이치료사들이 바라보는 관점과는 많이 다르다는 것을 느끼게 되었다. 원에서 늘 말썽만 부리고 항상 걱정거리였던 아이들이 보육놀이치료를 받기 시작하면서 급격히 좋아지는 모습을 몸소 목격하고 경험하게 되면서 보육놀이치료와 관련된 업무들을 좀 더 적극적으로 교사들에게 지시했던 것 같다. 물론 기관장과 교사의 입장에서는 기존 업무에 또 다른 업무가 더 추가된 부분이 있었지만 그 정도는 기관이 감수해야 하는 부분이라고 생각되었다. 원의 아동들이 좋아질 수 있는 기회가 된다면 매년 보육놀이치료를 우리 원의 특별 프로그램으로 시행할 예정이다. 또한 생각지도 않았던 보육놀이치료라는 특별 프로그램의 존재가 우리 기관의 특색으로 자리매김하면서 어머니들 사이에서 기관에 대한 긍정적인 시각을 갖게 하였고 기관에 대한 홍보에도 만족할 만한 효과가 있었다. 최근까지도 부모님들이 너도나도 할 것 없이 보육놀이치료를 신청하고 싶어 하며 기다리는 모습에 뿌듯함을 느낀다.

보육기관에서 종사하고 있는 교사들은 보육놀이치료 과정을 운영하고 참여할 때 보육이나 교육 이외의 다른 업무들을 맡게 되며, 이에 따라 새로운 역할을 수행하게 되기도 한다. 영유아에게 돌봄과 교육을 제공하는 기존의 보육현장에서 경험했던 부분과는 조금 다른 경험을 하게 되는 보육놀이치료 참여 과정을 통해 교사들은 아동을 바라보는 관점에 대한 어떠한 이해와 변화를 얻게 되는지 탐색해 보고자 한다.

[교사 A]
사실 원장님이 보육놀이치료라는 것을 실시한다고 하실 때 또 어떤 일이 더 주어질까 하는 걱정에 그렇게 달갑지 않았던 것은 사실이다. 기존에 해 왔던 업무도 이미 많은데 그 외의 다른 업무가 가중되는 것에 대해 사실 불편한 마음에 소극적인 태도로 임하게 되었던 것 같다. 내가 잘 알지 못하는 영역이라서 생소하였지만 담임으로 맡고 있는 아동 중에 말썽을 부리는 아동을 위해서도 좋을 것 같았고, 사실 무엇보다도 말썽 부리는 힘든 아동에 대한 나의 힘듦을 덜고 싶다는 마음으로 참여하게 되었다. 처음 보육놀이치료를 시작할 때 생각지 못했던 여러 업무들

이 생겨나고 특히 아동의 출석 여부나 보육놀이치료 시간을 챙기는 부분이 익숙하지가 않아서 보육놀이치료 시간을 잊어버리기도 했었던 것 같다. 이러한 업무에 지쳐 가고 있을 때 보육놀이치료를 받고 난 후부터 나를 힘들게 했던 아동이 신기하게도 변화하는 모습이 관찰되기 시작하면서 보육놀이치료에 대한 중재 효과를 몸소 경험하게 되었고 이를 계기로 좀 더 적극적인 태도로 보육놀이치료사와 협력하게 되었던 것 같다. 또한 아동에 대한 심리·정서적 관점에서의 이해를 통해 아동을 이전보다 더 잘 알 수 있게 되었고, 아동을 지도하는 데 도움을 얻을 수 있었으며, 더불어 아동의 부모님과의 상담에도 많은 도움을 얻었던 것 같다.

[교사 B]

처음에는 전혀 경험도 없었고 들어 본 적도 없는 처음 접해 보는 보육놀이치료가 낯설고 생소하였지만, 한편으로는 좋은 프로그램일 것 같다는 생각을 했다. 사실 보육현장에서 여러 아이들을 만나게 될 때에 상담을 필요로 하는 아동들을 종종 접하게 되는 상황이 늘 있었던 것 같다. 그때마다 아동상담이나 놀이치료에 대해 궁금했었고 좀 더 알고 싶은 마음이 많이 있었기 때문에 보육놀이치료를 기관에서 실시한다고 했을 때 흥미로웠던 마음도 있었던 것 같다. 신기하게도 보육놀이치료를 받은 아동의 원 생활 모습을 지켜보면서 집단 활동 시 문제가 됐던 행동 또는 또래 관계에서 문제가 되었던 행동들이 눈에 띄게 좋아진 모습을 경험하여 보육놀이치료의 큰 효과를 알게 되었고, 이제 부모님들한테 확신을 갖고 보육놀이치료에 대해 권유 드릴 수 있을 것 같다. 또한 생각 외로 보육놀이치료사와 대화를 통해 얻은 아동에 대한 색다른 관점으로 부모님을 상담하는 데에 큰 도움을 받았다. 그냥 내가 단순히 아동을 보육시간에 관찰한 모습으로만 이야기할 때보다 보육놀이치료사를 통해 관찰한 아동에 대한 이야기를 할 때에 부모님들이 현재 아동의 문제되고 있는 행동에 대해 받아들이는 모습이 많이 보였고 부모 상담이 훨씬 수월해졌던 것 같다. 물론 교사로서 기관의 업무 외에 조금은 더 맡아야 하는 역할이 생긴 부분이 있기는 하지만 아동이 좋아지는 모습을 보면 내가 할애했던 시간들이 결코 헛되지 않았음을 느끼게 되는 것 같다.

4. 장의 요약

이 장에서는 보육기관과 교사의 역할 및 책임 그리고 교사교육에 대해 다루었다. 보육기관에서는 보육놀이치료를 제공하는 장소를 마련하고 코디네이터와 긴밀한 협력을 이루어야 한다. 또한 보육놀이치료의 준비 단계에서부터 평가 단계까지 필요한 서류 및 동의서를 구비하며 전반적인 행정업무를 관리해야 한다. 또한 교사들은 보육놀이치료의 단계별로 요구되는 관찰자, 협력자, 그리고 평가자로서의 역할을 책임감 있게 감당하는 자세가 필요하다. 교사교육은 보육놀이치료를 진행함에 있어서 중요한 부분이며 보육놀이치료의 효과를 극대화시키며 질 높은 보육놀이치료를 위해 중요한 부분이 된다. 각 단계별로 요구되는 각자의 역할과 적절한 교육을 통해 기관이 바라는 욕구를 충족하고 대학에서 파견되는 보육놀이치료사들의 학습능력 발달이 균형 있게 이루어지면서 모두의 유익과 성장을 획득할 수 있는 기회가 제공될 것이다.

Chapter 09

대학과
수퍼바이저

이 장에서는 보육놀이치료의 요소 중 체계의 큰 중심축 역할이 되는 네 번째 차원인 대학과 수퍼바이저를 다루고자 한다. 보육놀이치료의 환경을 구축하는 대학과 수퍼바이저는 서비스-러닝이라는 개념으로 설명할 수 있다. 2장의 보육놀이치료 이론적 배경에서 서비스-러닝에 대한 부분을 자세히 설명하였다. 대학과 지역사회의 협력적 시스템을 구축하여 대학과 지역사회가 함께 성장해 나가는 상호호혜적 서비스를 서비스-러닝이라 한다. 서비스-러닝은 봉사와 교육을 연계하는 경험 교육의 하나인 형태로(곽연정, 안혜리, 2017; 장경원, 2010; Jacoby, 2008), 전공교육을 실제 사회적 문제와 연결지어, 강의실에서 배운 내용을 현장에서 적용함으로써 실제적인 지식을 얻는 데 도움이 된다.

대학은 시대에 맞춘 교육과 연구를 진행하고 지역사회에 봉사하여야 하는 소명과 역할을 가지고 있다. 대학은 지역사회에서 전문가를 길러 내고, 이들이 사회구성원으로서 기여할 수 있도록 교육하여야 한다. 또한 지역사회와 대학 전공 과정이 연계하는 서비스-러닝을 통해 대학이 지역사회의 자원이 되고, 사회적 책임을 완수하여 지역사회의 발전에 이바지하는 것도 필요하다. 따라서 대학은 보육놀이치료의 실행에 필요한 인력에 해당하는 보육놀이치료사와 코디네이터를 교육하는 서비스-러닝 구성 체계를 전공 과정과 연계하여 만들고, 이들이 전문가로서 배출되어 지역사회의 구성원으로서 자신의 역할을 할 수 있도록 도와야 한다.

또한 이 모든 전문가들을 교육하고 평가하며, 자문해 줄 수 있는 수퍼바이저가 이 중심축에 존재하여 보육놀이치료사들의 교육을 전담하고 놀이치료 과정을 전반적으로 훈련하고 관리 운영하는 체계가 만들어져야 한다.

따라서 이 장에서 이러한 대학과 수퍼바이저에 대해 자세히 알아보고, 이들의 역할에 대해 이해해 보고자 한다.

1. 대학

보육놀이치료를 실행하는 데 있어 대학은 중요한 중심축의 구성 요소가 된다. 대학과 지역사회의 연계는 서비스-러닝이라는 개념으로 확장하여 볼 수 있는데, 이는 봉사와 학습을 통합함으로써 전공교육과 서비스 활동을 통해 학습이 이루어지도록 하고, 학습과 발달이 동시에 일어나게 하는 경험 교육의 한 형태이다(안혜리; 2011; 장경원; 2010; 정선희, 2019; Jacoby, 2018). 최근 대학과 지역사회 성과 간의 균형을 추구하는 방향으로 발전해 온 서비스-러닝은 대학과 지역 간 상호호혜성의 원리를 강조하고 있고, 학습과 결부된 서비스를 통해 대학과 지역사회 모두에게 도움이 되는 가치를 창출해 나간다는 큰 이점을 가지고 있다.

대학은 무엇보다 전문적 역량을 갖춘 학생들을 배출하기 위해 교육에 힘써 왔으며, 학술적 연구를 통해 지역사회에 간접적인 영향을 끼쳐 왔다. 최근에는 대학의 교육과 연구의 범위가 캠퍼스 내에서 지역사회까지 확장되어, 평생교육이나 지역사회 문화 연구에서도 주체가 되어 직접적인 영향을 끼치고 있다. 이에 따라 대학과 지역사회의 다양한 기관이 협력을 통해 지역문화 계승, 다문화 가정 지원, 생태 환경 보전, 위기가정 심리상담 등의 영역에서 지역 혁신의 새로운 역할을 담당하고 있다.

따라서 보육놀이치료를 실행하는 과정에서 대학이 어떠한 역할을 수행해 나가야 하는지에 대해서 좀 더 자세히 살펴보고자 한다.

1) 대학의 역할

(1) 교육 및 연구의 역할

한국의 현행「고등교육법」제28조에 의하면 "대학은 인격을 도야하고 국가와 인류사회 발전에 필요한 학술의 심오한 이론과 그 응용 방법을 교수 · 연구하며, 국가와 인류사회에 공헌함을 목적으로 하고 있다."고 명시하고 있다. 시대와 국가 및 지역에 따라 대학의 역할은 차이를 보이기도 하나, 대체적으로 교육과 연구의 역할은 전통적으로 대학의 중요한 사회적 역할 중 하나이다.

놀이치료 상담 서비스는 상담자 양성의 기반으로 과학자—실무자 모델(Scientist-practitioner model)을 따르며, 객관적 연구와 지식을 현장에서 실용화하는 '응용 학문'의 성격을 가진다. 따라서 대부분의 놀이치료사를 배출하는 대학에서는 다양한 심리학적 이론을 위한 수업과 더불어 놀이치료 관찰, 놀이치료 인턴십, 놀이치료 실습, 놀이치료 수퍼비전, 놀이치료 실습과 사례연구 등과 같이 실제적인 경험을 통한 실무 수업들이 병행되고 있다.

많은 대학에서 실습 교과목이 필수로 진행되고 있으나, 실제 대학 안에서 이러한 실습 교과목의 개설율은 낮은 실정으로 실습 수업의 강화를 통해 전문성 향상을 도모하는 것이 필요하다는 의견이 지속적으로 제기되고 있다.

놀이치료사가 되기 위한 훈련에는 실제 놀이치료를 진행하는 실습이 지도교수와 수퍼바이저의 지도하에 실시된다. 이러한 실습 과정을 통해 놀이치료 과정을 실제적으로 경험하고 놀이치료 장면에서 요구되는 치료적인 기술, 치료자로서의 태도를 습득하게 되는 것이다(김선혜, 2017; 송수경, 2017). 이처럼 놀이치료사들에게 실습 수업의 요구와 필요성이 매우 크지만, 현재 대학에서는 실습을 할 수 있는 공간의 부족과 실제 대상자를 찾기 어려워 사설 상담센터로 놀이치료사가 인턴 실습을 나가게 되는 경우가 많은 것이 현실이다. 또한 인턴 실습을 나갔을 경우에도 실제 상담사례를 진행해 보지 못하고, 대기하는 아동과 상호작용하거나 행정적으로 보조하는 것과 같은 업무가 주로 이루어지게 되어 실제적인 실습 경험을 채우지 못하는 경우도 발생된다.

대학에서 지역사회의 보육기관과의 행정적 협력을 통해 보육놀이치료 서비스가 시행될 때, 대학의 실습 교육을 더욱 확장할 수 있다는 이점이 생긴다. 대학의 놀이치료 실습은 교내 실습과 교외 현장 실습으로 구분되는데 교내 실습은 대학 내 상담실에서 이루어지게 되고, 교외 현장 실습은 주로 대학과 협력 관계를 맺은 지역사회 기관에 실습생을 파견하여 진행하게 된다. 교외 실습 과정은 예비놀이치료사가 일반적인 피교육자에서 전문가로 성장하는, 교실에서 현장으로의 전이 과정인 동시에 파견되는 지역사회와의 관계를 형성하는 복잡하고 입체적인 과정이 된다(정선희, 2019).

대학은 놀이치료를 배우고 있는 학생들에게 이론 교육과 연구에만 머무를 것이 아니라, 실제 이들이 학교를 졸업한 이후에 사회의 구성원, 상담자로서 역할을 수행할 수 있도록 가르쳐야 할 의무가 있다. 대학에서 지역사회와의 협력을 통한 서비스-러닝을 실시하게 될 때 이러한 교육을 받는 학생들은 지적인 성장과 상담에 대한 수행 능력을 향상시키며, 직업을 선택하는 데 있어서 자신의 적성과 능력을 시험해 볼 수 있는 장이 마련되는 것이다. 보육놀이치료를 기획하는 단계부터 학생들의 학습적 욕구를 고려하여 학생들의 수준에 맞는 교육이 대학 내의 수업 과정에서 연계되어 실시될 수 있도록 제공되어야 한다. 또한 이 수업과 연계된 지역사회의 기관에서 교실에서 배운 이론과 지식을 시험해 보면서 전공을 현실적으로 받아들이고 놀이치료 전문가로서 정체성을 확립해 나갈 수 있는 교육적 효과도 기대할 수 있다.

또한 대학은 지속적인 연구를 통해 실제적 기대 효과를 증명해야 하며, 이러한 연구의 축적은 대학이 사회발전에 이바지하기 위한 밑거름이 된다. 놀이치료에 대한 연구가 1950년대 이후로 축적되면서 놀이치료가 위기에 처한 아동들의 심리적인 어려움을 해결하기 위한 주된 치료 방법이 된 것은 놀이치료와 관련된 다양한 연구들이 증명해 주고 있다. 보육놀이치료 역시 학교놀이치료를 근간으로 하여 지속적으로 연구들이 축적되어 가는 과정 중에 있다. 보육놀이치료가 보육기관과 유아들에게 긍정적 영향을 미치고 있음이 연구들을 통해 나타나고 있고, 보육놀이치료사의 훈련 프로그램으로 전문적인 놀이치료사를 배출해 내는 성과를 입증해 나가고 있다. 끊임없는 교육과 연구를 해 나가는 것은 대학의 중요한 역할이며 대학이 사회적 가치와 필요성을 증명하는 길일 것이다.

(2) 지역사회를 위한 사회 봉사적 역할

대학의 교육과 연구는 학문의 성과이며, 대학 교육을 받은 전문가가 지적 교육을 통해 얻어진 결과이기도 하다. 따라서 대학의 교육은 국가와 사회를 이끌어 갈 인재 양성의 토대가 된다. 여기서 더 나아가 대학의 사회 봉사적 역할은 지역사회의 풍부한 인적자원을 활용하여 지역사회에 기여하고 사회에 공헌한다는 데 의의가 있다.

대학은 지역사회의 한 구성 요소이며 현대의 대학들은 끊임없이 새로운 연구를 창출하고 있으므로 대학이 지역사회의 발전에 적극 참여하는 상호 협력이 필요하다. 각 분야의 전문가를 배출해 내는 대학에서 배운 학습이 봉사의 역할로 진행되는 것은 지역사회가 갖는 실제적인 문제를 해결해 나갈 수 있는 실천적 행동으로 연결된다. 즉, 학습으로 시작되지만, 이것이 실제적인 봉사 경험을 만들어 내고 서비스를 제공함으로써 지역사회가 가진 문제를 해결하고 변화를 만들어 내는 과정을 만들 수 있다.

보육기관의 기관장들은 유아의 교육과 보육에 대한 전문가이지만, 유아들의 심리·행동적 문제에 대한 전문가는 아니다. 따라서 이들은 유아들을 보육하는 과정 안에서 심리·행동적 문제들이 발견되었을 때, 이에 대해 적절한 접근 방법을 잘 알지 못하는 것이 당연하다. 보육기관과 대학의 연계는 이러한 지역사회의 해결하지 못하는 욕구나 문제들을 해결할 수 있으며, 대학은 해결책과 아이디어를 제공하는 것만으로도 상당한 도움을 줄 수 있다. 즉, 보육과 교육에 중점을 둘 수밖에 없는 보육기관에서 놀이치료사 서비스-러닝이 실시될 때, 대학의 구성원들은 지역사회의 봉사적 역할로 활용될 수 있으며, 지역사회의 기관들은 실제적 임무를 수행하는 데 있어서 협업할 수 있는 파트너를 얻게 되는 것이다.

대학은 이러한 보육기관들의 실제적인 요구를 잘 다룰 수 있도록 기관의 조사를 충분히 해 나가야 하며, 지도교수와 전문가의 자문 및 회의를 통해 적절한 계획을 수립해야 한다. 도움이 필요한 보육기관에서의 어려움을 충분히 반영하고 일회적인 개입이 아닌 장기적이며 체계화된 계획을 가지고 안정적인 서비스를 제공하게 될 때 진정으로 의미 있는 봉사의 경험이 될 수 있다.

2) 대학과 보육기관과의 MOU 체결

대학의 학과에서는 지역사회의 어려움을 가진 보육기관을 탐색하고, 보육기관에게 보육놀이치료 서비스-러닝 프로그램을 홍보하게 된다. 많은 보육기관장들은 이러한 유아의 심리지원 프로그램에 대해 큰 관심을 보이는데 이는 보육기관 내에 문제행동을 보이는 유아들이 많이 존재하고 있으며, 이들에게 실질적으로 어떤 도움을 주어야 하는지에 대해 보육기관 종사자들이 잘 알지 못한다는 사실을 반영한다. 교사들은 유아의 심리적인 건강을 위한 중재와 치료적 개입에 대한 필요성은 인지하지만, 교사 교육과정에서 영유아의 정신건강에 관한 훈련 과정은 미비한 실정이다(이경숙, 정석진, 2016). 또한 교사가 다수의 아이들을 돌봐야 하는 유아교육 현장에서 문제행동을 보이는 영유아에 대한 실제적 개입은 어렵다(허계형, 노진아, 2012). 따라서 이러한 현실적 한계를 보완하고 유아의 심리·정서 지원을 제공하기 위해 보육기관이 지역사회 전문기관과의 연계를 통해 유아들이 보이는 문제행동을 조기에 발견하고 적극적으로 개입한다면 추후 더욱 큰 문제의 발생을 예방할 수 있게 된다.

보육놀이치료에 관심을 보이는 보육기관이 있다면, 보육놀이치료 서비스가 진행될 수 있도록 환경적 조건을 마련하는 것이 필요하다. MOU 체결이 되기 위해서 지역사회의 보육기관은 놀이치료를 할 수 있는 기관 내 공간을 현장 실습의 공간으로 활용하도록 서비스를 제공해야 한다. 또한 보육놀이치료의 기간이나 책임, 목표, 운영 방안 등을 기관장과 대학의 학과 지도교수가 함께 논의하게 되고 이러한 조건들이 서로 조율될 때 MOU 협력을 체결하게 된다. 보육놀이치료 기관으로 선정되면, 대학과 기관은 공식적인 MOU 체결을 맺게 됨으로써 대학의 학과와 지역사회 기반 기관의 두 교육기관이 연계를 맺게 되는 것이다. 협약은 대학에서 요구하는 서류와 보육기관에서 필요한 서류를 함께 나누고 협약서를 작성함으로써 계약을 체결하는 과정으로 이루어진다.

3) 보육놀이치료와 대학의 전공 연계 과정

보육놀이치료 서비스-러닝에서의 교육은 교육적 원칙에 기초하여 교과의 목표를 담고 대학의 교육과정과 연계되어서 전공을 폭넓고 깊이 있게 이해할 수 있는 내용으로 구성되어야 한다(정선희, 2019; Bringle & Hatcher, 1996). 체계적으로 계획된 서비스-러닝은 학생들이 교실에서 배운 지식과 이론 기능을 지역사회에 연결하는 매개체 역할을 담당하게 된다(조용하, 2002).

보육놀이치료는 놀이치료를 근거로 하기 때문에 대학 내에서의 이론 교육 중 놀이치료와 관련된 기본 교과목들을 필수적으로 이수해야 한다. 놀이치료와 관련된 이론 과목은 〈표 9-1〉과 같으며, 기본적인 놀이치료 이론 과목과 더불어, 놀이를 통한 진단 및 평가, 다양한 이론적 배경을 가진 놀이치료들을 공부하게 된다. 또한 놀이치료의 주요 내담자인 영유아와 가족의 특성을 이해하기 위해 아동 발달, 성격 심리, 가족 및 부모 관련 과목, 심리평가 과목들을 추가적으로 이수하여야 한다. 대학마다 약간씩 다른 부분들이 존재하지만, 놀이치료사를 배출하고 있는 대부분의 대학은 놀이치료 이론에서 필수적인 과목을 이수한 이후여야만 놀이치료 실습 과목을 수강할 수 있도록 하고 있다. 이는 기본적인 이론적 학습의 기반 없이 실습을 진행할 수 없기 때문이다.

〈표 9-1〉 놀이치료 이론 과목과 실습 과목

놀이치료 이론 과목	놀이치료 실습 과목
놀이치료 이론과 실제 놀이 진단 및 평가 심리검사 및 평가 부모 상담 및 교육 아동중심 놀이치료 분석심리학적 놀이치료 아들러놀이치료 인지행동 놀이치료 애착놀이치료 대상관계놀이치료 보육놀이치료	놀이치료 관찰 및 실습 놀이치료 실습 및 수퍼비전 놀이치료 인턴십 놀이치료 사례연구

놀이치료 실습 과목의 경우 대표적으로 놀이치료 관찰 및 실습, 놀이치료 실습 및 수퍼비전, 놀이치료 인턴십, 놀이치료 사례연구와 같은 과목명으로 교과가 운영되며, 이러한 과목을 통해 실제 놀이치료 장면을 일방경으로 관찰하여 수퍼비전을 진행하거나, 영상으로 녹화된 자료를 관찰하여 놀이에 대한 전반적인 지도와 수퍼비전을 실시하게 된다.

보육놀이치료의 서비스-러닝 과정은 [그림 9-1]과 같이 진행될 때, 가장 효과적으로 학습이 가능하다. 우선, 실습 훈련이 있기 전에 다양한 놀이치료 이론 과목을 수강하는 것이 선행되어야 한다. 이론적 기반을 잘 닦아 놓은 후 코디네이터는 사전교육 훈련으로 보육놀이치료사를 대상으로 실제 놀이치료 기술 훈련 프로그램을 진행하게 되고, 보육놀이치료사는 사전교육을 이수해야만 실습 과정에 들어갈 수 있다.

보육놀이치료사는 지역사회의 보육기관에 있는 아동의 사례를 배정받으면서 실습 과정을 시작하게 되며 이후로는 복합적인 교육과정이 동시에 진행되게 된다. 1차적으로 실습을 진행하면서 자신을 담당하고 있는 코디네이터에게 훈련 및 지도를 받는 집단 수퍼비전이 실시된다. 2차적으로는 실습 교과 수업을 통해 수퍼바이저에게 자신의 상담 과정을 전체적으로 정리하여 이를 종합적으로 수퍼비전 받는 체계적인 교육이 이루어진다.

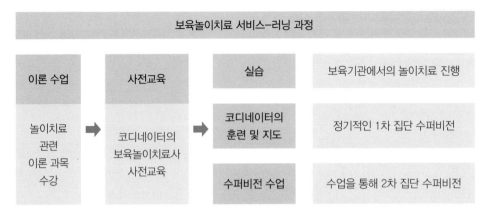

[그림 9-1] **보육놀이치료 서비스-러닝 과정**

2. 수퍼바이저

놀이치료의 수퍼바이저는 전반적인 영유아, 아동의 발달 및 상담에 대한 교육은 물론 놀이치료에 대한 체계적인 교육과 충분한 임상경험을 가진 사람이며, 수퍼비전에 대한 이론과 적용에 대한 전문적 훈련을 거친 사람을 의미한다. 보육놀이치료에서의 수퍼바이저 역시도 놀이치료에 대한 학문적인 교육과 훈련 및 임상적인 치료 경험이 많은 놀이치료 전문가이다. 보육놀이치료 수퍼바이저는 보육놀이치료사의 놀이치료 전 과정을 수퍼비전하며, 보육놀이치료의 목적과 목표가 달성되고 있는지를 파악하고, 전반적인 문제점들을 논의하며, 유아에게 도움이 될 수 있는 방향을 제시하는 역할을 수행하게 된다. 또한 보육놀이치료를 운영하고 관리하는 코디네이터들과 운영 방안을 함께 논의하고, 같은 교육적 목적을 가지고 시행할 수 있도록 자문하는 역할을 수행하기도 한다. 보육놀이치료 수퍼바이저는 일반적인 수퍼바이저들과는 다른 특수한 역할을 수행하기도 하는데, 보육놀이치료의 구성 요소인 보육놀이치료사와 코디네이터, 아동과 부모, 지역사회의 보육기관, 대학들이 모두 유기적으로 연결될 수 있도록 행정적 환경을 마련하는 것이 포함된다.

따라서 보육놀이치료를 실행하는 과정에서 수퍼바이저의 자격은 어떠하며, 어떤 역할을 수행해 나가야 하는지에 대해서 좀 더 자세히 살펴보고자 한다.

1) 수퍼바이저의 자격

수퍼바이저는 보육놀이치료사에게 효과적인 훈련과 수퍼비전을 제공하고, 보육
놀이치료사가 윤리적이고 전문적이며 역량 있는 놀이치료를 제공하도록 하는 책임
을 가지고 있다. 그러므로 수퍼바이저는 임상 수퍼비전에 대한 지식과 기술을 지녀
야 하며, 명확한 역할 및 책임지도를 통해 보육놀이치료사가 자신들의 책임이나 역
할에 대한 깊은 이해를 하도록 도와야 한다. 따라서 수퍼바이저는 개인적인 특성을
위한 훈련과 전문적인 놀이치료에 대한 교육과 더불어 임상 수퍼비전에 대해 교육
할 수 있는 전문성이 모두 필요하다.

최적의 보육놀이치료 실행을 위한 주요 핵심 인력으로서 보육놀이치료 수퍼바이
저는 일정한 자격 기준을 갖춘 자로 다음의 사항을 만족할 수 있어야 한다.

첫째, 보육놀이치료 수퍼바이저는 놀이치료 관련 전공 박사 졸업 이상의 학력과
임상 경력을 갖추어야 한다. 보통 10년 이상의 놀이치료 관련 경력이 요구되며 학
회마다 조금씩 다르지만, 일반적으로 500~1,000시간의 놀이치료 시간을 최소 임상
경력으로 요구하고 있다. 즉, 학문적인 훈련과 더불어 놀이치료와 관련한 풍부한 임
상경험이 요구된다.

둘째, 보육놀이치료 수퍼바이저는 놀이치료로 공인된 학회 자격을 갖추어야 한
다. 수퍼바이저는 보육놀이치료사와 코디네이터를 지도감독할 수 있는 역량을 갖
춘 자로, 일정 기준의 수련 과정을 거친 후 임상 경력과 자격시험 합격의 조건을 만
족하여 자격을 취득하게 된다. 학회마다 수퍼바이저의 이름은 다소 상이하지만, 놀
이치료 지도감독자, 놀이심리상담 지도감독자, 아동상담 지도감독 전문가 등으로
불린다. 보육놀이치료 수퍼바이저는 필수적으로 이러한 두 가지의 기준에 충족하
는 자격 요건을 갖추어야 한다.

그 외에 보육놀이치료 수퍼바이저에게 필요한 부분이 존재한다. 보육놀이치료가
일반적인 놀이치료와는 치료적 제반 환경이 다소 다른 모습을 띠기 때문에, 수퍼바
이저는 보육놀이치료에 대한 실무적 현장의 정보를 잘 알고 있는 것이 필요하다. 보
육놀이치료가 보육현장에서 이루어지기 때문에 지속적인 부모상담의 어려움이 있
을 수 있으며, 기관 안에서 제공되기 때문에 독립된 공간이 잘 마련되지 않아서 생
기는 고충들을 수퍼바이저가 이해할 수 있어야 한다. 또한 일반적으로 문제가 심각
하지 않은 예방적 차원에서 접근될 때, 특별한 발달적 이슈나 주호소 문제가 심각하

지 않을 수 있다는 것도 이해할 필요가 있다.

2) 수퍼바이저의 역할

보육놀이치료 수퍼바이저는 보육놀이치료의 중심체계로 대학과 보육기관, 보육놀이치료사, 코디네이터를 모두 포괄하고 이를 총체적으로 책임지고 운영 및 관리하는 중심 역할을 담당한다. 보육놀이치료를 실시하는 보육놀이치료사와 코디네이터는 대학원 과정의 석박사들이며, 이들을 교육하고 지도해야 하는 것이 수퍼바이저의 중요한 역할이다.

또한 서비스-러닝을 위한 환경을 구축하는 것이 필요하며, 지역사회의 놀이치료 서비스가 필요한 기관을 탐색하고, 대학과 MOU 관계를 구축하는 행정적인 관리의 총 책임자이기도 하다. 보육놀이치료사와 코디네이터가 실제 서비스-러닝을 통해 교육을 받을 수 있도록 행정상의 체계를 잡아 주는 역할도 필요하다. 또한 보육놀이치료사와 코디네이터가 처하는 어려움에 대해 자문가의 역할을 수행하기도 하며, 윤리적인 문제가 발생하였을 때 이를 검토하고 평가하는 역할을 담당해야 한다.

(1) 보육놀이치료사와 코디네이터를 위한 교육지도자

수퍼바이저의 주요한 역할 중 하나는 수퍼바이지를 교육하는 것이다. 보육놀이치료의 실행을 위해서 전공교육과 연계될 수 있도록 기획, 실행, 평가까지 다양한 역할을 수퍼바이저가 맡게 된다.

수퍼바이저는 보육놀이치료를 위해 필요한 교과목을 선정하고, 교과목 담당 교수와의 협의를 통해 서비스-러닝 보육놀이치료의 전공 교육 연계를 구축해 나가야 한다. 또한 수퍼바이저는 놀이치료사들의 발달단계에 맞게 효과적인 방법으로 그들을 교육해야 한다. 보육놀이치료사들은 초보 놀이치료사이기 때문에 경험이 적어 자신의 상담에 대해 확신하지 못하고 불안감을 갖는 경우가 많다. 또한 초보 놀이치료사들은 수퍼바이저가 어떻게 상담하는지에 대해 구체적인 정보를 주기를 바라며, 놀이치료 과정을 좀 더 구체적으로 파악하고 싶어 하고, 실제 기술적인 부분에 초점을 맞추는 경우가 많다. 따라서 보육놀이치료사들이 가지는 불안감에 대해 다루고, 놀이치료 과정을 구체적으로 안내하고, 자신이 해 나가는 상담 방향이 적절한지를 평가받음으로써 안심할 수 있도록 도와주어야 한다.

한편, 코디네이터가 보육놀이치료사의 상담 과정을 지도감독하고 있으나 총괄적인 수퍼바이저가 사례를 다시 한번 점검하는 과정이 필요하다. 따라서 수퍼바이저는 전공 실습 과정의 수업을 통해 보육놀이치료사의 사례에 대한 수퍼비전을 제공하고 보육놀이치료사가 전문적 능력을 발달시키도록 지원해야 한다. 보육놀이치료사는 자신의 상담 과정을 수퍼비전 받는 과정으로 보통 언어적인 사례 자료 및 상담 과정을 영상으로 녹화한 것을 관찰함으로써 이루어지게 된다. 전체적인 상담 과정을 언어적으로 볼 수 있도록 정리하여 수퍼바이저에게 제공하고, 수퍼바이저는 이를 검토하여 놀이치료의 진행 사항을 파악하며, 현재 상담의 목표와 사례에 대한 개념화가 적절한지를 파악하고 교육하게 된다. 수퍼비전 과정은 영상으로 녹화된 놀이치료 장면을 함께 보는 것도 포함한다. 놀이치료에서 내담 아동과 보육놀이치료사의 표정, 자세, 시선 등의 비언어적인 태도가 언어적인 메시지보다 훨씬 많은 정보들을 전달해 주기 때문에 이러한 수퍼비전 방식은 훈련 중인 보육놀이치료사들의 발달이나 그들이 내담 아동들에 대한 이해를 넓혀 줄 수 있다.

또한 수퍼바이저는 코디네이터들이 보육놀이치료사에게 해 주는 수퍼비전에 대한 수퍼비전을 제공해야 한다. 코디네이터에게는 수퍼비전에 대한 수퍼비전을 통해 적절하게 보육놀이치료가 진행되고 있는지에 대한 평가와 검증이 필요하다. 코디네이터들은 대학원 박사과정 중에 집중적인 훈련과 수퍼비전을 받고, 수퍼비전에 대한 이론과 실제 경험을 거친 수퍼바이저나 초보 수퍼바이저의 단계이다. 따라서 자신이 보육놀이치료사에게 준 수퍼비전에 대해 점검이 필요하며, 이를 통해 코디네이터가 수퍼바이저로서 정체감을 발달시키고 역량 있는 교육자로서 성장하도록 도와야 한다. 따라서 코디네이터를 위한 주기적인 사례 회의나 수퍼비전을 통해 실제 그들이 겪는 갈등이나 도전적인 문제들을 논의하고 효과적인 수퍼비전 개입에 대한 가능성을 모색하도록 해야 한다.

(2) 보육놀이치료 환경 구축을 위한 운영책임자

보육놀이치료는 네 가지의 구성 요소로 이루어지게 되는데, 수퍼바이저는 이 네 가지의 구성 요소들이 모두 맞물려 전체 시스템이 잘 운영될 수 있도록 책임진다. 지역사회와 대학, 보육놀이치료사와 코디네이터, 지역사회 내 심리적 도움이 필요한 유아와 부모까지 거시적인 관점에서 이를 바라보고 행정적인 시스템을 구축하도록 해야 한다.

수퍼바이저는 지역사회의 실제적인 요구를 다룰 수 있도록 현지의 조사, 전문가와의 자문 및 회의를 통해 정보를 파악하고 적절한 계획을 수립해야 한다. 도움이 필요한 지역사회의 목소리를 충분히 반영하고, 일회적인 접근이 아닌 장기적이면서 체계적인 계획하에 안정적이고 의미 있는 서비스를 제공해야 한다. 실제 보육놀이 치료를 실시하기 위한 환경을 구축하기 위해 연구를 시작하면서 지역사회의 요구를 조사했을 때, 많은 기관에서의 요청이 있었으며, 보육기관의 어려움을 해결해 주기를 호소하였다. 따라서 수퍼바이저는 지역사회와 대학이 MOU 협력 관계를 구축하여 보육놀이치료가 실시될 수 있도록 환경을 마련해 주는 역할을 크게 할 것이다.

지역사회의 요구를 탐색하고 지역사회와 대학의 협력 관계가 체결되었다면, 교육과정과의 연계를 통해 학습 과정이 잘 운영될 수 있도록 시스템을 구축하는 것에서도 중요한 역할을 한다. 서비스-러닝 프로그램이 잘 수행될 수 있도록 교육과정을 결정하고, 지역사회의 실제적인 요구를 반영하기 위한 교과과정의 목표와 지역사회의 보육기관이 가지는 쟁점을 인식하고 분석하여 실제적인 도움이 될 수 있도록 프로그램을 구성해야 한다. 보육놀이치료가 잘 운영될 수 있도록 인적·재정적·물리적·지적 욕구들을 결정하며, 필요한 자원을 제공하고, 지역사회 기반 보육기관을 선택하고 협력적 관계를 구축하는 것이 성공적인 보육놀이치료를 수행하는 데 있어 수퍼바이저가 운영책임자로서 가져야 할 역할이다.

(3) 보육놀이치료의 윤리감독자

수퍼바이저는 수퍼바이지의 전문적이고 윤리적인 행동들을 감독해야 할 책임이 있다. 그들이 상담자로서 윤리적인 지침과 기준을 잘 인식하고 있는지, 그 지침에 따라 의사결정을 할 수 있는지를 살펴보고 성장, 발달할 수 있도록 도와야 한다. 보육놀이치료사가 가지는 윤리적인 문제들은 제7장에서 자세히 다루고 있으므로 참고할 수 있다. 그들이 가지는 윤리적인 문제들은 스스로 판단하기 어려울 수 있으며, 어떠한 경우에는 윤리적인 문제에 대한 인식조차 하지 못할 수도 있다. 상담의 구조화가 적절하지 못한 경우, 교사나 부모와의 삼중관계나 아동상담에 대한 비밀보장의 원칙이 어긋나게 되는 경우들이 다수 발생할 수 있다. 이러한 경우, 수퍼바이저는 상담 관계에 대한 부분들을 다시 정립할 수 있도록 도와주어야 하며, 만약 환경적인 구축의 어려움으로 인해 발생되는 부분이라면, 최대한 문제를 해결할 수 있도록 운영적인 도움도 제공해야 한다.

또한 상담의 가장 기본적인 비밀보장의 원칙에 위배되지 않도록 교사나 부모에게 이를 교육하는 것이 필요하며, 상담자와 내담자 모두를 보호하기 위해 동의서나 비밀보장에 대한 서약서와 같은 공적인 문서를 통해 안전장치를 마련하는 것도 매우 중요하다. 수퍼바이저는 이러한 윤리적인 부분들을 점검하고 검토하는 역할을 수행해야 한다.

3. 성공적인 보육놀이치료를 위한 지침

1) 협력적인 MOU 체결을 위한 안내

성공적인 보육놀이치료를 위해 대학과 수퍼바이저는 협력적인 MOU 체결을 위한 기틀을 마련해야 한다. 이를 위해서 지역사회의 기관장들과의 주기적 회의가 필요하며, 이들이 대학에게 요구하는 것과 학생들이 요구하는 것을 흡수하여 적절한 시스템을 만들어야 한다. MOU 체결을 위해 대학 측에서 필요한 부분과 기관에서 요구되는 것들을 잘 조율할 필요가 있으며, 서로의 역할에 대한 이해와 협의가 필요할 것이다.

2) 보육놀이치료 연구를 통한 평가

대학과 수퍼바이저는 서비스-러닝 프로그램인 보육놀이치료가 실제 지역사회에서 수행될 때의 효과성에 대해 증명하여야 한다. 이러한 프로그램이 시행되었다 하더라도 질적인 효과를 가져오지 못한다면 프로그램에 대한 가치가 있다고 판단하기 어렵다. 평가 대상은 보육놀이치료의 구성 요소 모두가 될 수 있으며, 내담 아동과 부모의 변화에 대한 평가 및 보육놀이치료사와 코디네이터의 전문적 역량과 개인적 변화에 대한 평가도 이루어질 수 있다. 또한 지역사회 보육기관의 참여와 변화에 대한 평가도 함께 이루어질 수 있다. 연구를 통해 무엇이 효과적이었고, 어떠한 변화가 일어났는지를 살펴보고 실제적인 효과성을 증명하여야 한다. 차후에 개선되어야 할 내용에 대해 점검하고 더 나은 프로그램을 구성하여 질적인 성과를 이뤄 나갈 필요가 있다.

4. 장의 요약

이 장에서는 보육놀이치료의 구성 요소 중 하나인 대학과 수퍼바이저에 대해 다루었으며, 보육놀이치료 실행을 위해 대학이 해야 하는 역할과 수퍼바이저의 역할에 대해 살펴보았다. 교육과 연구, 지역사회에서의 봉사 역할을 수행해야 하는 대학에서는 놀이치료사를 배출하기 위해 다양한 교육과 연구를 진행해야 한다. 놀이치료라는 실제 경험적인 학문의 전문성 향상을 위해 서비스−러닝이라는 봉사와 교육이 통합된 학습 형태를 가지고 대학, 학생, 지역기관 모두에게 상호호혜적인 서비스를 마련하며 모두가 성장하는 데 도움이 될 수 있도록 프로그램을 구성하고 제공할 수 있다. 수퍼바이저는 보육놀이치료 실행에 필요한 보육놀이치료사와 코디네이터와 같은 놀이치료 전문가들을 교육 및 양성하고, 평가하며, 운영의 책임을 지고, 윤리적인 문제에 대한 자문가의 역할을 수행해 나가야 한다. 이러한 모든 요소들이 각각의 역할을 수행해 낼 때 보육놀이치료가 성공적으로 실행될 수 있으며, 효과성을 높일 수 있을 것이다.

근거기반 보육놀이치료: 사례와 최신 연구

제3부

영유아의 소아정신건강의학과 방문은 매년 급증하는 추세이다. 이는 정서, 행동에 어려움을 보이는 영유아가 많아졌다고 해석할 수도 있겠으나, 최근 다양한 미디어에서 영유아 정신건강에 대한 문제를 많이 다루게 되면서 생긴 사회적 분위기에 더 많이 기인하고 있는 것으로 보인다.

이런 시대적 흐름에 따라 정신과 치료나 심리치료적 접근에 대한 사회 인식이 변화하였고, 자녀의 어려움을 숨기기보다 적극적으로 치료받기 원하는 부모들이 늘어났다. 게다가 저출산으로 인해 아동 한 명이 소중한 시대이기에, 그 한 명이 건강한 삶을 살아갈 수 있도록 영유아시기의 작은 어려움을 소중히 다루어 더 큰 문제를 예방하는 데 집중하고자 하는 부모들도 많아졌다.

그럼에도 불구하고 여성의 경제활동 진출이나 맞벌이 가족, 아직까지 남아 있는 정신과나 심리치료에 대한 거부감 등으로 인해 영유아의 정신건강 서비스는 그 필요성 대비 실제 이용률의 격차가 여전히 큰 것이 현실이며, 이는 우리 사회의 중요한 숙제로 남아 있다.

이에 대한 해답으로 이 책에서는 영유아 정신건강 서비스를 확대하고 향상시키기 위해 보육놀이치료를 제안하였다. 특별히 제3부에서는 실제 진행된 사례를 기반하여 진행된 보육놀이치료 관련 최신 연구들을 살펴봄으로써 영유아 정신건강 서비스로서의 보육놀이치료를 일반화 · 전문화할 수 있는 과학적 근거를 마련하고자 한다.

Chapter 10

기본생활에 어려움을 보이는 아동

1. 등원을 거부하는 아동

학기 초에 보육기관에 가 보면 등원을 거부하는 아동들을 쉽게 찾아볼 수 있다. 보육기관은 영유아가 가정 이외의 새로운 환경에서 교사나 또래와 인간관계를 형성하는 곳이다. 영유아는 이곳에서 이전에 경험하지 못한 상황들을 만나게 되면서 다양한 도전을 요구받고 더 많은 스트레스를 경험한다. 영유아들이 분리에 어려움을 보이는 이유는 다양하며 분리의 상황에서 그들이 두려움과 불안함을 느끼는 것은 당연하다. 그러나 분리 상황에 대한 어려움이 너무 오랫동안 지속되거나 강도가 심해질 경우 발달에 부정적인 영향을 미칠 수 있기에 영유아의 상태나 부모와의 관계 등을 잘 살펴볼 필요가 있다.

1. 부모

어린이집에 처음 등원했을 때는 모든 게 새롭고 신기해서인지, 나와 헤어질 때 울지도 않고 잘 갔다. 그렇게 하루 이틀이 지나고 주말에 등원하지 않고 꼭 붙어 지낸 후, 아이의 모습은 180도 바뀌었다. 자기 전부터 어린이집을 안 가겠다고 울면서 잠들더니, 아침에 일어나고 등원 준비를 하는 내내 어린이집에 가지 않겠다고 버텼다. 아이가 가기 싫어해도 가야 한다고 이야기하며 어떻게든 데리고 나서는데, 매일 등원할 때마다 우는 아이를 보면서 마음이 아프고 이렇게까지 해서 보내는 게 맞는지, 내가 잘하고 있는 건지 의문이 든다. 게다가 아이가 아파서 어린이집을 며칠 쉬었다거나 휴일을 보내고 다시 가게 되는 날이면, 등원거부가 더욱 심해진다. 혹시 다른 기관을 보내면 좀 나아지려나 고민이 된다.

2. 교사

신학기 적응기간에는 등원을 거부하는 아이들을 종종 만날 수 있다. 네 살 수현이도 등원거부하는 아동 중 한 명이었다. 보통 2주 정도는 어린이집 적응기간으로 보기 때문에 등원을 거부하는 아이의 행동이 이해가 되고 견딜 만했다. 하지만 2주가 지나고, 한 달이 다 되어 가도록 수현이의 등원거부는 계속되었다. 어린이집 문 앞에서 엄마에게 매달려 들어가지 않겠다고 오열하며 위로해 주는 나의 손길이 닿는 것조차도 거부한다. 등원을 거부하는 강도도 점점 더 심해지니, 원장님 눈치도 보이고 어떻게 해야 할지 난감할 때가 많다. 마치 교사로서 나의 부족함을 널리 알리는 것 같아 수현이가 도착했다는 소리만 들어도 가슴이 쿵쾅거리기도 한다.

1) 등원거부 행동의 정의

'등원거부'란 유아가 부모와 분리되는 낯선 환경에 극도의 불안을 느껴 등원을 거부한 상태라고 정의할 수 있다. 학교에 가야 하는 것을 인식하고도 개인의 심리적 문제로 인해 결석을 거듭하거나 결석하는 '등교거부'와의 가장 큰 차이점은 나이 어린 유아가 기관에 가야 하는 것을 인식할 수 있는지에 관한 여부이다. 아동들이 경험하는 비슷한 어려움으로 '새 학기 증후군'도 있다. 이는 새로운 환경에 적응하지 못하고 불안을 느끼는 적응장애 중 하나로, 낯선 교실, 새로운 선생님과 친구 관계에 적응하는 과정에서 스트레스를 경험하는 것이다. 새 학기 증후군은 방학을 마치고 등교, 등원하는 아동들에게서도 일시적으로 자연스레 나타날 수도 있다.

2) 등원거부를 보이는 아동의 특징

(1) 수준 구분

① 일상적 수준

영유아는 자신을 돌보는 주 양육자, 특히 어머니와 애착이라는 강한 정서적 유대를 맺는다(조복희 외, 2017). 그리고 그들은 주로 보육기관에 등원을 하게 되면서 처음으로 애착을 맺은 대상과의 분리를 경험하게 된다. 보육기관이라는 낯선 환경에 적응하는 초기에 애착대상인 주 양육자로부터의 분리에 대한 일시적 두려움, 걱정, 불안 및 불편함을 느끼는 것은 발달과정상 정상적 수준의 행동으로 간주할 수 있다(배지숙, 2022). 영유아들은 과거의 경험과 현재 경험하는 사건들을 연결시키고 평가하여 그와 비슷한 상황과 경험 등에 대해 새로운 이해를 할 수 있는 정신적 이미지를 형성하는데, 경험의 부족으로 인해 쉽게 불안감과 불편함의 정서를 경험할 수 있기 때문이다(노희연, 2008). 엄마의 부재가 특별한 두려움과 위협이 되지 않는다는 것, 엄마와의 분리 이후에 재회가 반드시 있다는 것, 주위의 사람들도 의존할 만하다는 것이 반복해서 경험되고 나면 이러한 일반적 수준의 불안감은 사라지게 된다. 따라서 애착행동(주 양육자를 찾음, 헤어짐에 강한 저항, 매달림 등)을 막기 위하여 무서운 얼굴표정을 짓거나 목소리에 변화를 주어 단호하게 분리를 시도하는 것은 오히려 불안을 자극하여 더 심한 등원거부가 나타날 수 있기에 지양하는 것이 좋다.

② 우려할 수준

기관에서는 평균적으로 2주에서 한 달 정도의 기한을 두고 적응기간을 진행한다. 하지만 만 2세 이후에도, 그리고 한 달 이상의 적응기간을 충분히 가졌음에도 분리상황에 대한 부적응 행동이 지속되거나 그 강도가 더욱 심해진다면 등원거부의 원인을 찾아 해결해야 한다. 유아기에 경험한 분리에 대한 불안과 새로운 환경에 대한 부적응은 이후에 다양한 심리적인 문제의 원인이 되어 분리불안장애로 발전할 수 있으며(Jurbergs & Ledley, 2005; Peleg, Halaby, & Whaby, 2006), 학업수행, 사회적 기능(Strauss, Frame, & Forehand, 1987)과 같은 여러 가지 심리사회적 요인들에도 부정적인 영향을 줄 수 있기 때문이다.

(2) 행동 특징

① 가정에서의 모습

기관 적응을 위해 부모와의 분리를 비자발적으로 경험한 아동은 가정에서 주 양육자에게 더욱 집착하는 모습을 보일 수 있다. 같은 공간에서도 한시도 떨어지지 않으려 하고, 스스로 할 수 있던 행동들도 하지 않으려 하거나 무조건적인 의존적 행동 등을 보여, 마치 퇴행하는 것 같은 모습을 보이기도 한다. 주 양육자 외에 다른 가족구성원마저도 거부하는 모습을 보일 수 있다. 이러한 아동의 행동은 부모의 불안을 자극하여 부모로 하여금 자녀를 더욱 빨리 적응시키려고 과하게 노력을 하거나, 자녀가 가정의 일상생활에서 독립적으로 행동하길 강요하게 되기도 한다. 그리고 결국 불안한 상황을 견디다 못해 부모가 자녀의 기관 적응을 포기하는 경우도 있다. 이러한 부모의 태도는 오히려 아동의 불안을 자극하여 아동으로 하여금 부모에게 더 집착적으로 행동하도록 하기에, 부모는 아동의 불안함 마음을 이해해 주고, 함께 가정에 있는 시간 동안 충분히 함께하며, 순간마다의 작은 불안함을 해소할 수 있도록 도와주어야 한다.

② 기관에서의 모습

애착대상으로부터 분리될 때 떨어지지 않으려 온갖 노력을 다하며, 분리가 된 이후에도 쉽게 진정되지 않고 교사의 손길을 거부하며 불안 증세를 보이기도 한다. 그러다 곧 교사에게 의지하며 교사의 품에 안겨 있으려고만 하며, 환경을 탐색하거나 놀이를 하기까지 시간이 많이 걸린다. 이처럼 등원거부를 극복하기 위해서는 아동과 교사와의 질 높은 상호작용 관계의 경험이 필요하다. 따라서 부모는 교사를 신뢰하고 교사에 대한 긍정적 이미지를 아동에게 심어 주는 것이 중요하다. 아동이 엄마와의 분리과정에서 느낀 불안함을 교사와의 관계에서 안정감을 찾음으로써 해소하는 경험이 쌓여야 한다. 교사는 자신을 거부하는 아동의 행동에 교사로서의 신념을 붙잡고 끝까지 품에 안고 아동을 위로해 주어, 교사의 품에서 아동이 쉴 수 있도록 도와주어야 한다.

3) 등원거부 행동을 보이는 아동을 위한 보육놀이치료 사례

(1) 내담 아동 소개

① 인적사항 및 주호소

수정이는 만 4세 여아이다. 한 달 정도 적응기간을 통해 어린이집에 곧잘 적응하며 다니는 듯했다. 그러나 감기로 인해 일주일 동안 가정에서 보육한 이후, 어린이집 현관에 들어서면서부터 울기 시작하여 등원거부를 심하게 보이고 있다. 등원거부를 처음 보였을 땐 너무 당황하기도 했고, 너무 심하게 울고 불며 스트레스 받는 것이 안쓰러워서 다시 집으로 데리고 가기도 했다. 그러나 엄마와 분리가 되어 입실한 후에는 잘 지낸다는 교사의 이야기를 듣고 일관적 태도로 아동을 등원시키고자 노력하고 있다. 하지만 등원거부의 정도가 좋아지지 않고 있으며, 최근에는 등원거부뿐 아니라 낮잠까지 거부하며 또래와 어울리려는 모습보다는 교사의 옆에만 붙어 있으려는 모습이 너무 오랜 시간 지속되어 어린이집에의 적응을 위해 보육놀이치료에 의뢰되었다.

② 가족관계

아동의 부는 가부장적이고, 아들을 더 선호한다. 아침 일찍 출근하고, 집에 늦게 들어오며, 주말에 집에 있으나 아이들과 함께 시간을 보내기보다는 텔레비전을 보면서 시간을 보낼 때가 많다. 내담 아동이 아빠에게 놀자고 다가오면 아들에게 아동과 놀아 주라고 하는 편이다. 큰아이가 놀아 줄 수 없는 상황일 때는 아동과 함께 시간을 보낸다.

아동의 모는 꼼꼼하고 계획을 세우는 것을 좋아하며, 일을 완벽하게 수행하는 것을 좋아한다. 대체로 아동의 욕구에 수용적이나 생활습관과 관련된 부분에 있어서는 단호한 편이다. 가족 중 아동과 함께 있는 시간이 많으나, 아동과 같이 놀이하기보다는 아동이 엄마의 가사를 돕는 방식으로 시간을 보낸다.

아동의 오빠는 집에서 서열이 낮은 편이다. 아동과의 관계에서 갈등이 생기면 부모는 주로 아동의 입장에서 이야기를 한다고 한다.

③ 발달력

아동의 모는 아동을 임신했을 당시 노산으로 인한 위험이 많았으며, 기간 내내 임신중독증까지 겪으며 힘들었다고 한다. 그럼에도 출산 과정에서는 큰 어려움 없이 내담 아동을 출생하였다. 아동의 수면상태는 양호한 수준이었고 모유 수유에 어려움이 있어 바로 분유를 먹기 시작했다. 식사는 편식 없이 잘 먹는 편이었으며 신체발달, 언어발달도 정상 수준이었다. 대소변 훈련은 28개월 즈음에 시작하였는데, 밤에 실수하는 것 없이 2주만에 쉽게 떼었다고 한다. 가정 외에 낯설거나 새로운 환경에서는 긴장하는 모습이 자주 관찰되는데, 자신의 감정을 언어로 표현하지 못하고 주로 눈물을 흘리는 방식 등 비언어적인 방식으로 표현한다. 어린이집에서도 요구사항이나 어려웠던 부분을 교사에게 이야기하지 못하고 집에 가서 모에게 이야기하여 해결하곤 한다. 또한 친구와 함께 놀이를 하고 싶어 하지만 놀이하는 방법이나 놀이의 맥락을 잘 이해하지 못해 겉도는 모습도 종종 보인다고 한다.

④ 사례개념화

아동은 평소 새롭고 낯선 상황에서 탐색하는 시간이 긴 편이고, 외부 환경(특히 소리)에 예민하게 반응하는 모습을 보이는 등, 민감한 기질의 소유자이다. 하지만 발달력과 관련하여 모의 보고를 살펴보면 잘 기억나지 않는다고 말하거나 '보통, 정상'이라고 답변한 것으로 보아, 아동의 기질과는 달리 모는 민감하게 알아차려 반응해 주지 못했던 것으로 예측된다. 이처럼 양육과정에서 모-자녀 간의 기질의 조화가 잘 이루어지지 못했으며, 이러한 양육은 아동이 온전히 수용되는 경험의 부족으로 이어져 아동의 기질적 예민함이 더욱 가중되었을 것이다. 게다가 코로나로 인해 격일로 등원하는 경우가 많았고, 감기가 걸리면 일주일 이상 결석하게 되는 등 일상의 스케줄이 안정되지 않은 상황은 내면의 불안감을 상승시켰을 것이다. 이로 인해 아동은 예측할 수 없는 상황에 대한 불안으로 등원거부를 나타냈을 것이며, 어린이집 현관에서 큰 소리로 울고 강하게 거부하면 결국 집으로 다시 되돌아가는 부정적 상황이 등원거부를 더욱 강화시켰을 것으로 예상된다. 따라서 보육놀이치료를 통해 정서적으로 지지를 받는 수용적인 분위기 속에서 아동이 치료사와 친밀한 관계를 형성하고 애착을 재경험함으로써 심리적 안정감을 증진시키고자 한다. 또한 아동은 자신을 자유롭게 표현해 보는 경험을 통해서 손상된 자아를 회복하고 내면의 다양한 욕구와 감정을 인식할 수 있으며, 부정적인 감정을 적절하게 표출함으로써 정서적인 해소감을 경험하고 불안감을 감소시킬 수 있게 된다. 더불어 부모상담을 통해 부모에게 아동의 기질적 특성을 이해시켜 아동의 욕구를 민감하게 알아차리고 상황에 적절한 반응과 양육을 제공할 수 있도록 돕고자 한다.

(2) 보육놀이치료 진행 과정

① 초기 단계

• 놀이 진행 요약: 아동은 놀잇감이 있는 선반에 조심스럽게 다가가 탐색하는 모습을 보였다. 주로 '아기, 뱀, 거미' 등의 놀잇감을 선택하였는데, 놀잇감을 다

룰 때 '무서워'라는 표현을 자주 사용하였다. 특히 아기 인형의 눈이 깜빡이는 것을 보고 무서워하였으며, 이 과정에서 내면의 불안, 긴장, 두려움을 만나고 있는 듯했다. 하지만 3회기 이후부터는 놀잇감에 대한 두려움이 감소되고 적극적으로 탐색하는 모습이 관찰되기 시작하였다. 매 회기마다 자신이 무서워하던 것을 만져 보려고 도전하고, 눈을 깜빡여서 무섭다고 하던 인형의 머리를 쓰다듬으며 발전된 모습을 보이는데, 내면의 불안, 두려움 등과 같은 부정적인 감정을 감당해 낼 수 있는 내적 힘이 있음을 확인할 수 있다.

- 아동의 상태: 아동은 아직 등원거부하는 모습을 보이고 있긴 하나, 회기가 지날수록 등원거부 횟수와 강도가 줄고 있는 상황이다. 아동은 놀이실에 처음 입실했을 때 표정과 행동에서 긴장감이 역력하였고, 놀잇감을 탐색할 때 치료사의 눈치를 살피며 바로 꺼내기보다 손가락으로 가리키는 모습을 보였다. 이때 치료사가 아동의 긴장되는 마음을 알아주며, 아동이 원하는 것을 자유롭게 꺼낼 수 있다는 것을 안내하자 그때부터 스스로 놀잇감을 꺼내고 다루기 시작하였다. 아동은 주로 내면의 불안과 관련된 놀잇감을 선택하였는데 자신이 무서워하던 것을 용기 내어 만져 보면서 내면의 부정적인 감정을 만나고 다루려고 시도하는 모습을 보였다.

- 부모상담: 아동이 어린이집에서 경험했던 일들이나 친구들과 관련된 이야기를 하는 모습이 증가했다고 한다. 부모는 평소 아동이 의존하려는 모습을 보일 때 많은 것들을 대신 해 줬었는데, 이제부터는 아동이 스스로 해 볼 수 있도록 권유하고 도움을 요청할 때까지 기다려 줄 계획이라고 한다. 또한 아동의 감정에 관심을 갖고 수용하며, 아동과 함께 활동하고 이야기 나누는 시간을 늘리기 위해 노력해 보겠다고 했다.

- 교사 보고: 아동이 어린이집 생활을 하다가 곤란한 일이 생기면 교사에게 직접 이야기하기보다 부모에게 이야기해서 해결하려는 모습을 보인다는 이야기를 들었다. 아동이 어떠한 점에서 어려움을 느끼는지 세심하게 살펴서 반응해 줄 생각이다. 또한 아동이 스스로 해낼 수 있는 문제라고 판단되면 아동이 직접 문제를 해결해 볼 수 있도록 기회를 주고, 자신의 뜻대로 되지 않아 아동이 속상함을 느낄 경우 그 감정까지 챙겨서 반응해 줄 계획이라고 했다.

② 중기 단계

- 놀이 진행 요약: 아동은 놀잇감을 다룰 때 "할 수 있어" "할 수 있을 것 같은데"라고 말하며 자신의 능력에 대해 긍정적으로 표현하는 모습을 보였다. 자신이 무서워했던 피규어(데스노트 캐릭터)를 만지면서 검과 총을 꺼내 휘두르며 마치 무찌르는 것과 같은 장면으로 놀이하였다. 놀이하다가 자신의 뜻대로 되지 않는다고 느껴졌을 때 치료사에게 직접적으로 표현하여 자신이 필요한 도움이 무엇인지 이야기하는 모습을 보였다. 도블 카드 게임을 꺼냈으며, 게임에서 이기고 싶은 마음을 드러내기도 하고 자신이 이기고 있을 때 큰 소리로 웃으며 자신의 감정을 자유롭게 표현하는 모습을 보였다. 다만, 자신이 질 것 같다고 생각되면 다른 놀이로 전환하였다. 아동은 바니모험 토끼 게임을 꺼내 당근을 돌려 구멍이 바뀔 때마다 바라보면서 "여기 빠지면 어떻게 해요?"라고 물어보았다. 이때 치료사가 "수정이가 여기 구멍에 빠질까 봐 걱정되는구나."라고 말하자 아동의 감정을 인정하며 웃음을 보였다. 이후에도 대결 구도의 놀잇감을 선택하여 치료사와 함께 놀이하려는 모습을 보이며, 자신이 지고 있는 상황 속에서 어떻게 표현하면 좋을지 주저하였다. 치료사가 이기고 싶은 욕구와 이기지 못해 속상했을 마음을 알아주자 자신의 감정을 인정하였다. 그러자 아동은 감정을 가다듬고 다시 놀이에 집중하는 모습을 보였다.

- 아동의 상태: 아동의 등원거부 행동이 거의 나타나지 않고 있다. 놀이 과정을 살펴보면 아동은 자신에 대해 긍정적으로 표현하고 있으며, 아동이 다루는 놀잇감의 범위가 확대되고 평소 두려움을 느꼈던 놀잇감도 서슴없이 만지고 다루는 모습이 관찰되었다. 이처럼 아동 내면에 긍정적인 자아상이 형성되고 있으며 내면의 힘 또한 상승하고 있음을 알 수 있었다. 또한 아동은 자신이 느낀 감정 중 부정적인 감정에 대해서도 직접적으로 표현하며, 자신이 원하는 대로 되지 않는 상황에서 속상해하나, 그 마음을 알아주면 이전보다 쉽게 감정을 조절하는 모습을 보였다.

- 부모상담: 자신의 주관이 뚜렷해지며 모가 이야기하는 것을 잘 안 듣고 잘 안 따르려는 모습을 보여 가끔 힘들다고 하였다. 아동에게 선택권을 주고 결정할 수 있도록 하지만 안 될 때가 더 많다고 하였다. 치료사는 모의 노력을 알아주면서, 현재 아동의 자아가 성장하고 있으나 외부 대상과 어떻게 소통해야 하는지 경험 속에서 터득해 나가야 하는 부분임을 안내하였다. 또한 모가 아동에게 화

를 내거나 인상을 찡그리면 "엄마 지금 화났어? 왜 아까 나한테 짜증 내면서 말했어?"라고 말하면서, 감정에 대한 이야기를 자주 하여 놀랍기도 하고 당황스러울 때도 있다고 하였다. 이때 치료사는 아동의 감정을 인정해 주되 모의 상황과 감정이 어떠했는지 전달해 주면 자신뿐만 아니라 타인의 감정을 인식하고 이해하는 데 도움이 될 것임을 안내하였다. 더불어 치료사는 아동이 놀이치료 중간에 대변을 위해 화장실에 다녀온 것에 대해 말씀드리자, 모는 아동이 어린이집에서 대변을 보지 않는데 본 것이 매우 신기하다고 하였다.

- 교사 보고: 아동이 통합반(4, 5세반)으로 진급하면서 담임교사가 바뀌었다. 기관 내 교사들이 많이 바뀌어서 분위기가 어수선하지만 아동은 등원거부 없이 잘 등원하고 있다. 다만, 모르는 선생님들을 보면 경계하는 모습은 여전하며, 혹시 다시 등원거부를 하지 않을까 하는 걱정되는 마음이 있다. 그래도 작년보다 반에 적응하고 생활하는 데 어려움 없이 잘 적응하는 것 같아 다행이라고 하였다.

③ 후기 단계

- 놀이 진행 요약: 아동은 자신이 일상에서 경험한 일을 치료사에게 공유하고 그 당시에 느꼈던 감정(속상함 등)을 치료사에게 이야기하는 모습을 보였다. 어린이집에서 있었던 일, 집에서 가족관계에서 있었던 일, 친구네 집에 놀러 가서 속상했던 일 등 상황별로 자신의 감정을 인식하고 표현하였다. 아동은 보드 게임을 꺼내 놀이하기도 했는데, 자신이 이길 것 같다고 느낄 땐 기뻐하다가 질 것 같다고 느낄 땐 그만하고 싶다고 말했다. 치료사는 아동의 잘 해내고 싶은 마음과 그러지 못해 속상했을 마음을 알아주었고, 아동은 "저도 알아요. 게임하는 거 힘든 거."라고 말했다. 아동은 바닥에 누워 마음을 안정시키는 듯 보였고 잠시 후 일어나서 다시 놀이하고 싶다고 표현했다. 종결 회기 때는 치료사의 감정에 대해 궁금해하며 물어보는 모습을 보였으며 자신의 감정뿐만 아니라 타인의 감정을 인식하려는 모습을 보였다.

- 아동의 상태: 아동은 자신의 다양한 감정(긍정, 부정)을 인식하고 표현하는 모습을 보였으며, 부득이하게 중간에 어린이집을 쉬게 되는 상황이 생겼음에도 불구하고 다시 등원하였을 때 별다른 거부 없이 다니는 모습을 보였다. 놀이치료 상황에서도 치료사를 참여시켜 함께 놀이하려는 모습도 증가하였고, 또래와

관계 맺고 상호작용을 하려는 모습도 증가하였다.

- 부모상담: 아동이 중간에 등원거부 없이 잘 다니고 있는 것을 보고 놀랐다고 하였으며, 또래 관계에 있어서도 학기 초보다 관심이 높아졌다고 했다. 반 친구의 이름을 몰랐었는데 궁금해하고, 새로운 친구에게도 관심을 보이며 같이 놀고 싶어 하며, 어린이집에서 친구와 있었던 일에 대해 이야기하는 모습도 증가했다고 하였다. 자신의 욕구나 감정 표현에 있어서도 이전보다 구체적이고 유창하게 표현하는 모습을 보여(예: "엄마 지금 화났어?" "왜 아까 나한테 짜증 내면서 말했어?" 등), 많이 성장했다고 느꼈다고 하였다.
- 교사 보고: 기관에서도 아동이 또래 관계에 어려움이 있었을 때는 주로 교사에게 의존하거나 밀착되어 있었고 자신의 불편함을 언어로 표현하는 것에 어려움이 있었는데, 현재는 좋아하는 친구들과 어울려 놀고 교사에게 자신의 의사를 분명하게 표현하는 모습을 보인다고 하였다. 원내 활동도 즐거운 감정으로 적극적으로 참여하고 있다.

4) 등원거부 행동을 보이는 아동을 위한 보육놀이치료의 의의

보육기관은 아동이 가정을 떠나서 최초로 접하게 되는 낯선 환경으로 아동의 성장에 중요한 역할을 한다. 기관 적응에 대한 어려움은 아동기라는 특정 시기에만 나타나는 것이 아니며 기관을 포함한 학교, 학교를 포함한 사회 등, 향후 학교생활과 사회생활에서의 문제로까지 연결될 수 있기 때문에, 아동이 가정 외에 최초로 접하게 되는 사회적 환경인 보육기관에 적응하는 것은 한 아동의 삶을 두고 보았을 때 매우 중요한 이슈라 할 수 있다.

그러나 영유아들이 또래와 선생님, 그리고 새로운 환경에 즐겁게 성공적으로 적응하게 되면, 이후 상위 기관인 학교에서의 생활을 즐겁게 하고 주어진 일들을 잘 수행할 수 있는 자신감과 자아존중감 등을 향상시킬 수 있다(김상미, 2014; 송진숙, 2004). 따라서 보육기관에 적응하고 생활할 기회조차 갖지 못하는 등원거부 아이들에게 보육놀이치료를 제공한다면, 등원거부의 원인을 찾아 해결하여 새로운 환경에 적응 가능하도록 도움을 줌으로써 연령에 적합한 성장과 발달에 필요한 도움을 제공할 수 있을 것이다.

Tip **등원거부 행동을 보이는 아동을 대하는 부모와 교사를 위한 팁**

● **아이와 대화하는 것이 중요해요.**

가기 싫어하는 아이에게 괜히 어린이집에 관한 이야기를 꺼냈다가 아이 입에서 가기 싫다는 말이 나올까 봐 아예 이야기를 꺼내지 않거나, 아이의 부정적 감정을 어떻게 다룰지 몰라 어린이집에 관해 좋은 이야기만 하려는 회피형 부모들이 있습니다. 가정에서 이렇게 아이의 부정적 감정을 다뤄 주지 않은 채 계속 등원만 시키는 것은 전혀 도움이 되지 않습니다. 만약 아침에 아이를 억지로 등원시켰다면 오후에는 집에 돌아온 아이와 대화를 나눠 보세요. '어린이집 가기 싫었는데 억지로 가서 얼마나 속상했는지, 억지로 보낸 엄마가 얼마나 미웠는지, 어린이집에서 종일 버티느라 얼마나 힘들었는지, 그리고 엄마도 네가 너무 보고 싶었고, 매일 같이 있다가 떨어져 있으니 어색했고, 울면서 헤어져서 너무 엄마 마음이 아팠다' 등과 관련된 서로의 마음에 대한 대화를 나눠 주세요. 아이는 본인만 힘든 것이 아닌 엄마도 같은 마음이었다는 것에서 위로가 되기도 할 것입니다. 그리고 '가기 싫은 원에 보내서 미안하고, 그래도 잘 지내다 와서 기특하다'고 말해 주세요. 무엇보다도 아이의 힘들었을 마음을 잘 보듬어 주는 과정이 가장 중요합니다.

● **아이가 안정감을 느끼는 대상을 챙겨 주세요.**

평소 아동이 안정감을 느끼는 대상(예: 애착 인형, 가족사진 등)을 손에 쥐어 주면서 언제나 너와 함께하고 있다는 의미를 전달해 주는 것도 하나의 방법입니다. 무엇보다도 주 양육자가 많이 생각나는 식사시간이나 낮잠시간에 위로가 될 만한 물건들을 아이와 같이 이야기하면서 정해 보는 것도 좋은 방법입니다. 그리고 아이의 손바닥에 뽀뽀를 해 주고, 그 손바닥을 아이의 가슴에 갖다 대며 사랑한다고 말해 주며, "엄마의 마음이 너의 마음과 같이 있네."라고 행동과 함께 말해 주는 등의 분리 시 하는 일정한 의식을 갖는다면 더욱 도움이 될 것입니다.

등원거부 행동을 보이는 아동을 위한 추천 놀이와 놀잇감

◎ 미술놀이 도구(예: 스케치북, 물감, 크레파스, 색연필 등)

가족과 함께 하는 미술놀이는 부모가 함께 참여하는 과정에서 미술재료를 다루고 다양한 방식으로 놀이하면서 기관 생활에서 불안하고 긴장했던 아이의 마음을 다스리고 심리적 안정을 갖도록 하는 데 도움이 될 수 있습니다.

✎ **양초를 활용한 비밀그림 그리기**

– 준비물: 양초, 도화지, 물감

활동하기 전에 아동에게 특별한 그림을 그려 볼 거라고 안내합니다. 양초와 도화지를 꺼내고 아동이 그리고 싶은 그림을 자유롭게 표현할 수 있도록 분위기를 조성해 줍니다. 무엇을 그려야 할지 주저하는 경우, 현재 아동이 느끼고 있는 감정, 생각을 표현해도 좋고 주제를 정해서 아동에게 그려 보도록 안내해도 좋습니다. 그림보다 글로 표현하는 것을 선호할 경우, 특별한 편지를 써 보는 것도 가능하다고 이야기해 줍니다. 양초를 활용해서 도화지에 그림을 다 그렸다면 그 위를 물감으로 덧칠합니다(물감이 진하면 양초까지 색이 들어가서 잘 보이지 않을 수 있으니 물감에 물을 조금 더 넣어 묽게 만들어 주세요). 이후 도화지에 표현된 그림에 대해 이야기를 나눕니다. 이때 아동이 느끼고 있는 내용들을 있는 그대로 수용해 주는 반응을 합니다. 이 과정에서 아동은 자신의 감정과 생각을 인식하고 수용할 수 있게 됩니다.

🖊 다양한 재료를 활용하여 자신의 신체 표현하기

– 준비물: 도화지, 다양한 색칠도구, 다양한 꾸미기 재료(예: 돌, 꽃, 나뭇잎, 끈 등)

활동하기 전에 아동이 어떤 신체 부분을 그리고 싶은지, 어떤 신체 움직임을 표현하고 싶은지에 대해 이야기를 나눕니다. 이후 도화지 위에 아동의 신체를 그려 봅니다. 손바닥, 발바닥 등과 같이 신체의 일부분이라면 아동이 직접 그려 보게 해도 좋고, 머리부터 발끝까지 신체 모든 부분을 표현하고 싶어 한다면 보호자가 대신 그려 줍니다. 만약 아동이 자신의 신체보다 다른 가족구성원의 신체를 표현하고 싶어 한다면 바꾸어 진행해도 좋습니다. 그림을 다 그렸다면 신체 각 부분을 생각하면서 어떤 색깔을 입히고 싶은지 이야기를 나누고 표현하도록 합니다. 다양한 꾸미기 재료를 활용해서 표현할 수 있다는 것도 함께 안내합니다. 이후 도화지에 표현된 그림을 바탕으로 어떤 것을 표현하고 싶었는지 이야기를 나눕니다. 이 과정을 통해 아동 자신에 대해 생각하는 시간을 가질 수 있고, 보다 자세하고 풍부하게 스스로를 표현해 보면서 자기표현력 증진에도 도움이 됩니다.

2. 규칙 지키기가 어려운 아동

아동은 자신이 속한 사회에서 사회적으로 통용되는 태도나 행동 등을 학습하며 세상을 살아갈 수 있는 방법을 알아 간다. 그러나 여전히 자기중심적 사고에서 자신보다 더 큰 힘이 있다는 것을 받아들이지 못하고 자신만 옳다고 생각하며 교사의 지시나 집단 활동을 위한 규칙을 지키기 어려워한다. 그리고 사소한 일에도 쉽게 좌절하거나 적대적인 감정을 자주 느껴 사회적 통념으로 이해되지 못하는 수준의 울음이나 떼쓰는 방법으로 자신의 정서나 행동을 표현함으로써 또래의 분위기를 망치거나 교사를 힘들게 하기도 한다.

1. 부모

오늘도 아이에게 "안 돼, 하지 마." "장난 그만 치고 빨리 해."를 백 번도 넘게 한 것 같다. 매번 좋게 이야기하고 싶고 아이 눈높이에 맞게 설명해서 이해시키고 싶은데 불가능하다. 어린이집에 갈 준비를 할 때는 시간을 맞춰야 하기 때문에 빨리 준비해야 해서 놀 시간이 없다고 이야기하면 대답은 잘한다. 그런데 음식 가지고 장난을 쳐서 옷을 다시 갈아입어야 하거나 식사 준비 때문에 양말을 신고 있으라고 한 뒤 다녀오면 장난감을 가지고 놀고 있다. 그 행동을 보고 있으면 화가 나서 나도 모르게 큰소리를 치고 화를 낸다. 오늘 아침에도 나에게 혼이 나 눈물을 보이며 현관을 나섰다. 아이가 어린이집에 등원하고 화난 마음이 좀 가라앉으면 아이에게 미안해져 절대 큰소리 내지 말아야지 다짐해 본다. 다짐한 마음이 무색하게 아이가 하원하고 돌아오는 길에 앞에 있는 사람도 자전거도 보지 않고 길을 뛰어다녀 결국 또 큰소리로 아이의 이름을 부르고 만다. 일곱 살이면 스스로 등원 준비는 못하더라도 엄마 가 말하면 양말 정도는 혼자 신을 수도 있지 않나? 대체 언제쯤이면 아이를 쫓아다니며 일일이 살펴보지 않아도 되는 걸까?

2. 교사

하루 일과 시간에 아이들끼리 지내다 보면 간혹 교사인 나에게 친구를 이르러 오거나 장난 감을 더 오래 가지고 놀기 위해 큰 소리가 나는 것은 얼마든지 있을 수 있는 일이다. 하지만 아이들과 갈등이 생길 때마다 빠지지 않고 거론되는 아이가 있다. 친구를 때리거나 큰 소리를 내는 공격적인 아이는 아니다. 다만, 자신이 하고 싶은 장난감을 모두 꺼내 놓고 놀이를 해야 하고, 꺼내 놓은 장난감 중 놀이에 사용하지 않고 있는 장난감을 다른 친구가 만지면 "내가 필요해. 내가 먼저 하고 있었어."라며 가져가 버린다. 친구들이나 내가 "친구들과 같이 하는 거야."라고 중재해도 울며 소리를 지른다. 뿐만 아니라 집단 활동으로 게임을 할 때 자신이 실패해서 멈추거나 옆으로 빠져야 할 때에도 계속 이어 하거나 지키기 어려운 규칙은 무시해 버리기 일쑤다. 그 모습을 본 친구들은 나에게 와 이르기도 하고 불만을 표현하기도 한다. 중재를 하기 위해 내가 다가서면 듣기 싫다고 귀를 막아 버리거나 울며 떼를 쓴다. 규칙에서 자꾸 벗어난 행동을 하니 이제는 다른 친구들까지 규칙을 지키지 않으려 한다. 이런 상황이 반복되니 이제는 내가 혹시 제대로 설명하지 못한 것인지 걱정이 되기도 하고, 어떻게 해야 좋을지 고민스럽다.

1) 규칙 불이행의 정의

규칙은 여러 사람이 같이 지키기로 작정한 법칙으로 공동체를 이루고 있는 구성원들의 필요에 의해 만들어진다. 집단 안에 소속되어 있다면 누구든 지켜야 하므로 아동에게도 적용된다. 특히 아동은 가정이나 사회에서 지켜야 할 규칙, 관습, 가치 등을 배워야 하는 시기이며, 이후의 사회화에도 영향을 미친다. 사회적인 기술을 습득하는 시기이므로 상황이나 규칙, 어른의 처벌보다는 자신의 욕구를 더 표현하기도 한다. 아동이 양육자의 말은 듣는 둥 마는 둥 하며 소극적으로 거부감을 드러내며 놀이를 이어 가기도 하고, 가게 앞에서 원하는 장난감을 사 달라며 강하게 울고 떼쓰며 표현하기도 한다. 이러한 행동은 주로 다른 사람이 하고자 하는 행동을 거부할 때 또는 원하는 것을 얻어 내고자 할 때 나타난다. 이전까지는 양육자가 해 주는 대로 행동했지만 성장함에 따라 자신의 의사를 표현할 수 있게 되고, 양육자의 지시와는 다른 자신의 욕구를 더욱 강하게 표출하는 것이다. 따라서 유아 시기에 상황에 맞게 적절한 감정표현을 할 수 있도록 사회적 규범에 맞추어 자신의 욕구를 조절하는 방법을 학습하지 못하게 된다면 아동의 사회화 과정을 방해하여 여러 행동 문제의 원인이 되기도 한다. 따라서 유아 시기에 상황에 적합한 감정표현을 배워야 하며, 사회적 규범에 따라 자신의 욕구를 조절하는 방법을 학습함으로써 연령에 적합한 사회화가 이뤄지도록 도와야 한다.

2) 규칙 지키기가 어려운 아동의 특징

(1) 규칙 지키기가 어려운 아동의 수준 구분

① 일상적 수준

만 1~2세 아이들은 언어발달이 미숙하고 양육자의 도움 없이 혼자 걷고 몸을 움직여 독립심을 발달시킨다. 이때 아이들은 무조건적으로 "싫어." "안 해."를 외치며 엄마와 떨어지는 연습을 시작한다. 하지만 근육이 세밀하게 발달하지 못하여 마음대로 되지 않으니 속상하고 화가 나 고집과 떼쓰기가 강해지며, 이때 부모-자녀 관계에 암묵적으로 존재하는 모든 규칙을 부정하고 거부하는 반응을 보일 수 있다.

말을 하기 시작하는 만 3세가 되면 말을 하는 것에 비해 아직 논리적인 것이 덜 발달되어 있고 자기중심적으로 생각하여 "내 거야." "내가 할 거야."와 같은 말을 자주 한다. 이 시기까지는 옳고 그름의 기준이 명확하게 없어 사회적으로 용인되는 규칙에 맞는 행동을 하기 어려워 규칙 지키는 것에 어려움을 느낄 수 있다. 그러나 양육자나 교사의 훈육이 적용될 수 있으며, 반복적인 훈육을 통해 규칙 지키기가 가능해진다.

② 우려할 수준

만 3세 즈음이 되면 아동의 안전이나 집단의 유지를 위해 절대적으로 지켜야 할 규칙에 대해 양육자 또는 교사와 실랑이하는 시간이 점차 줄어들어야 한다. 물론 아직 어리기에 자신의 욕구를 충족하기 위해 울거나 떼쓰는 등의 방법을 사용할 수 있지만, 반복적으로 규칙을 정확히 알려 주어 본인 스스로 인지하였음에도 불구하고 지속적으로 위반, 타인의 관심을 받기 위한 규칙 무시, 언어적으로 표현할 수 있는 연령이 되었음에도 계속해서 고함치기, 울기와 같은 행동이 반복된다면 그 원인을 찾아 해결해야 한다.

(2) 행동 특징

① 가정에서의 모습

가정에서는 각 가정마다 지켜야 할 규칙이나 양육자가 자녀에게 알려 주어야 할 사회적 관습들이 포함되어 있다. 그 규칙의 영역에는 아동의 안전, 물건 보호, 식사 시간, 질서, 가족의 일상, 자조기술 등이 있다.

- 아동의 안전: 책장이나 선반에 기어 올라가기, 가구 위에 올라가 뛰어내리기 등 아동 신체에 부상이 생길 수 있는 직접적인 부분과 연관이 되어 있다.
- 물건 보호: 가구나 벽에 낙서(색칠)하기, 책을 찢거나 물건을 던지기 등 집안의 물건을 부수는 행동을 의미한다.
- 식사 시간: 식사 중에 식탁을 떠난다거나 음식을 가지고 장난치기, 음료수를 엎거나 컵을 밀어 버리기 등의 행동을 한다.
- 질서: 화가 나거나 속상할 때 고함을 치거나 늦은 시간까지 집 안에서 뛰어다니기와 같이 타인에게 피해를 줄 수도 있는 행동이나 자신의 순서를 기다리는 것을 어려워하기 등도 포함된다.
- 자조기술: 취침시간이 되었을 때 거부하며 잠에 들지 않거나 씻는 시간에 도망가기, 스스로 옷 입지 않고 장난치기와 같이 일상적이면서도 스스로 해야 하는 일들을 하지 않는다.

② 기관에서의 모습

가정에서와는 다르게 보육기관에서 아동에게는 사회적 · 관계적인 부분에서 지켜야 할 규칙들이 추가된다. 최근에는 자녀의 수가 적기 때문에 보통 가정에서는 장난감이 모두 자신의 것이고, 원하는 것은 바로바로 획득할 수 있는 아동중심의 가정환경이 구성되곤 한다. 이에 기관에서의 아동은 친구들과 서로 나누고 양보하며 배려해야 하는 단체생활에서 대인관계 부분의 규칙 지키기를 어려워하는 경우가 많다.

- 대인관계: 친구들에게 놀잇감을 양보하지 않거나 혼자 독차지하기, 친구들과 게임에서 자신에게 유리하게 규칙을 바꾸거나 원하는 대로 안 되면 취소해 버리기와 같은 행동을 보인다.
- 질서: 한정된 준비물을 모두 사용해 버리기, 자신의 차례를 기다리지 못하고 먼저 하기와 같은 행동을 보이기도 한다.
- 자조기술: 각 학급마다 정해진 자신의 옷이나 가방 정리하기, 가지고 놀았던 놀잇감 스스로 정리하기, 준비물 챙기기, 손 씻기 등과 같은 규칙을 지키지 못한다.

3) 규칙 지키기가 어려운 아동을 위한 보육모래놀이치료 사례

(1) 내담 아동 소개

① 인적사항 및 주호소

아동은 어린이집 6세반을 다니고 있는 만 4세의 남아로, 울며 떼쓰고, 밥을 스스로 먹으려 하지 않는 것으로 보육놀이치료에 의뢰되었다. 아동은 원하는 대로 되지 않으면 크게 울고 떼를 쓰며 고집을 부리는데 "밥 안 먹을 거야." "지금 안 씻을 거야."와 같이 일상적이면서도 사소한 부분에서 다양한 어려움을 나타내 모가 육아가 너무 막막하다고 느껴져 보육놀이치료에 의뢰하였다. 이러한 행동은 모가 집안일을 빨리 해결하기 위해 스스로 할 수 있을 때까지 기다려 주지 못하고 밥을 먹여 주는 것으로 시작되었으며, 여전히 혼자서 스스로 먹으려 하지 않고 1시간이고 2시간이고 엄마가 먹여 주기만을 기다린다. 그래서 '30분 안에 밥 먹기'라는 규칙을 세운 뒤 아동에게 설명하고 실천하기 시작했는데, 아동은 20분 내내 놀거나 딴짓을 하다가 10분이 남았을 때 빨리 몰아서 먹으려 하여 목이 메기도 하고 씹기도 힘들어 결국 눈물을 보이는 경우가 허다하다고 한다. 아동의 담임교사는 아동이 집단 활동시간에도 자기중심적으로 진행되지 않으면 울기도 하고, 식사 시간에도 선생님이 먹여 줄 때까지 기다린다고 보고하였다. 이로 인해 다른 친구들도 아동처럼 밥을 먹여 달라고 하며, 또래 친구들과 놀이할 때 소외되는 부분이 있어 아동을 보육하며 어떠한 도움을 주어야 할지 교사로서 고민이라고 하였다.

② 가족관계

아동의 가족은 부, 모, 여동생이다. 부는 일이 바빠 아동과 많은 시간을 보내지 못하고, 모가 정한 규칙에 대해 존중하고 맞춰 주려 한다고 한다. 아동이 잠들었을 때 퇴근하여 집으로 돌아오기 때문에 아침에만 아동과 시간을 보낼 수 있어 최대한 아동이 원하는 것인 핸드폰 게임을 하게 해 주며 놀아 준다고 한다. 모는 아동과 가장 많은 시간을 함께 보내며 스킨십과 애정표현을 많이 하지만 아동의 소리 지르기, 집에서 쿵쿵 뛰기와 같이 예의 없는 행동에는 엄하게 양육하고 있다. 아동이 씻어야 할 시간이 되었는데도 울며 거부할 때는 "우린 9시에 자야 하니까 지금은 씻어야 할 시간이야."라고 이성적으로 설명하며 이해시키려고 하는 편이며, 제한 시간을 정하여 그 안에 할 수 있도록 계속 이야기한다고 한다. 그럼에도 아동이 모의 말을 듣지 않으면 "지금 빨리 씻어야 주말에 놀 수 있어. 이 시간이 지나면 주말에 놀 수 없어."와 같이 회유도 많이 사용한다고 한다. 아동의 동생은 이제 한 살이라 아직 많이 어려 아동과 놀거나 함께 소통하지는 못한다. 아동의 집과 약 10분 거리에 살고 있는 친조부모는 아동을 굉장히 예뻐하고 모든 것을 해 주고 싶어 한다. 아동이 원하는 것이라면 뭐든지 들어 주시는데 그 내용은 TV 보여 주기, 핸드폰 보여 주기, 밥과 간식 떠먹여 주기와 같이 아동의 모가 들어주지 않는 것들이다. 아동은 자신이 하고 싶은 것을 마음껏 할 수 있기 때문에 친조부모와 시간 보내는 것을 좋아한다.

③ 발달력

아동은 기기, 걷기와 같은 신체발달이나 옹알이, 첫 단어 같은 언어발달 모두 또래와 비슷하거나 빨랐다. 다만, 식사 부분에서 돌까지 매우 잘 먹었으나 돌 이후에는 먹여 주어야만 잘 먹었으며, 원하는 것이 생기면 심하게 고집을 부리고 울었다. 아동이 만 2세 6개월이었을 즈음, 모가 10일 정도 외조모, 이모와 여행을 다녀왔는데 어린이집 갈 때마다 울었고 떼를 썼다. 여행 전에는 모와 따로 잤으나 후에는 같이 잤으며, 모와 떨어지는 것을 많이 힘들어했다. 점점 안정을 찾아가던 중 만 3세가 되었을 때 코로나19 팬데믹이 시작되었다. 가정보육을 할 수밖에 없는 상황에서 모가 동생을 출산하였다. 아동과 아동의 동생을 하루 종일 혼자 양육할 수 없었기 때문에 집 근처에 살고 있는 친조부모 댁에서 조부모님이 매주 3회 이상 1년 동안 돌보아 주셨으나, 최근 아동의 떼가 심해져 친조부모도 아동을 돌보는 것이 힘들다고 하여 주 1회 정도만 양육을 도와주신다.

④ 사례개념화

아동은 사회적 규칙을 습득해야 하는 만 3세 시기에 코로나19로 어린이집 등원이 어려워졌으며, 동생의 출생으로 인해 주 3회 이상 친조모부의 집에서 생활하였다. 친조모부는 규칙과 제지, 설명 위주의 훈육을 하는 아동의 모와는 다르게 무조건적으로 허용해 주는 양육스타일로 케어해 주셨다. 이러한 상반적인 양육환경은 대상에 따라 자신의 욕구가 수용되는 정도가 달라 아동으로 하여금 혼란을 경험케 하였을 것이다. 비일관된 양육자들의 반응으로 아동은 가족 내 합의된 어떠한 규칙을 지키는 것에 대한 즐거움을 경험하지 못했으며, 오히려 울고 떼쓰기를 통해 원하는 것을 획득해 내는 경험을 더 많이 하여 사회적 상황에서 감정과 행동을 조절하고 통제하는 것이 어려워졌을 것으로 예상한다.

이에 보육모래놀이치료에서는 아동에게 안전한 틀 안에서 자신의 선택을 존중받으며 욕구를 사회적으로 표현하고 통제감을 경험하게 하여 감정과 행동을 조절하여 규칙 지키기에 대한 즐거움을 경험하는 것을 목표로 삼고자 한다. 그리고 부모상담을 통해 일관된 양육환경을 조성하고 작은 규칙부터 정하여 아동이 심리적 안정감을 갖고 가족규칙을 지켜 나갈 수 있도록 돕고자 한다.

(2) 보육모래놀이치료 진행 과정

① 초기 단계

- 놀이 진행 요약: 아동은 치료실 입실과 탐색이 전혀 어렵지 않았고, 더 빨리 더 많은 피규어를 보기 위해 애쓰는 모습이었다. 초기의 놀이는 아동이 평소 좋아하던 중장비차(덤프트럭, 포클레인, 콤비롤러, 불도저 등)에 관심이 많았으며 공사하는 놀이가 주를 이루었다. 첫 회기 이후 나가는 시간이 정해져 있다는 것을 알게 된 아동은 그 이후부터 시계를 확인하는 횟수가 증가하였고, 가지고 놀던 놀잇감을 모두 정리하고 나가겠다는 퇴실 지연의 태도가 나타났다. 퇴실시간을 알리면 "이이잉! 놀 게 많은데!"라며 우는 소리를 냈다. 치료사는 아동의 더 놀고 싶은 감정을 온전하게 공감하고 감정이 가라앉을 때까지 기다려 주었다.

그러자 치료 회기가 진행될수록 퇴실 지연의 시간과 울음이 줄었고, 6회기가 되자 처음으로 퇴실 5분 전 시간을 아동이 먼저 확인하고 치료사와 정리한 뒤 아동 스스로 퇴실하였다.

- 아동의 상태: 아동은 여전히 자신이 원하는 것을 획득하기 위해 우는 소리와 떼 쓰는 모습이 자주 관찰되며 정해진 규칙을 수행하기가 어렵다고 한다. 자신이 원하는 대로 해야 하는 아동이기 때문에 모래놀이치료에서는 특히 퇴실시간에 어려움이 많이 관찰되었다. 모래놀이치료실에 더 있고 싶은 마음을 충족시키기 위해 떼쓰기를 했으나, 점차 피규어를 스스로 정리하는 모습으로 변화하였다.

- 부모상담: 부모는 자신이 아동에게 좋은 규칙이나 습관을 만들어 주고 싶었는 데 더 엇나가는 것 같고, 자신이 아동을 잘 양육하고 있는지에 대해 초조해하 고 있었다. 또한 아동의 모는 아동이 매일 해야 하는 일인 식사와 씻기, 등원 준 비에 대해 거부가 심해 스트레스가 많았다. 떼가 심한 아동을 양육하는 수고에 대해 격려하였고, 스트레스가 많고 고민스러울 것이라는 부분에 대해 공감하 였다. 그러나 1년 동안 아동이 느꼈을 상반된 양육환경과 갑작스러운 제한이 아동에게 어떠한 어려움으로 경험되었을지에 대해 전달하였고, 아동의 연령은 통제적이고 논리적인 설명이 바로 수용되는 것이 어렵다는 것을 설명하였다.

- 교사 보고: 교사는 아동이 어린이집 생활을 하면서 또래에 비해 유난히 규칙 에 대한 이행이 어렵고 거부적인 아이라고 하였다. 특히 스스로 밥을 잘 먹으 려 하지 않고 선생님이 먹여 달라며 기다렸다고 한다. 아동이 혼자 먹을 수 있 도록 격려하여도 장난만 치며 딴짓을 하였고 계속 교실을 돌아다니며 자리에 앉아 밥을 먹는 친구들에게 장난을 걸어 식사 분위기를 망치는 일이 잦다고 한 다. 다른 친구들이 다 먹고 자유롭게 놀이를 하면 그제서야 조급하게 먹으려 해 힘들어한다고 한다. 식사 시간뿐 아니라 집단 활동에서도 착석이나 규칙 이 행에 어려움을 보여, 반복하여 지도하지만 이것 또한 잘 따르지 않고 다른 친구 들까지 아동의 부정적인 행동을 따라 해 보육에 어려움이 있다고 한다.

② 중기 단계
- 놀이 진행 요약: 아동의 보육모래놀이치료 중기 단계의 주제는 제한이나 규칙 과 관련되었다. 레이싱카가 원하는 대로 빠르게 달리고 있는데 비가 왔다며 만 든 길을 엎어 레이싱카를 가두었다. 불도저가 와 길을 뚫었는데 길이 더 망가

져 더 높은 모래더미가 되었고, 레이싱카는 옴짝달싹 할 수 없었다. 트럭이 레이싱카를 구해 줘 다시 신나게 달려 즐거워하였으나 그 즐거움은 잠깐이었고, 바로 모래더미에 갇히는 제한적인 장면을 표현하였다. 그리고 중장비 차들을 통제하기 위한 표지판이 지속적으로 나타났다. 성 요새와 여러 집들 앞에 표지판, 깃발을 꽂아 주유소, 식당, 불이 난 곳 등을 표현하였고 중장비 차들이 표지판대로 행동해야 했다. 불이 났다는 표시의 깃발에는 소방차들이 출동하였고, 기름이 떨어지면 주유소 표시가 있는 곳으로 가 기름을 넣었다. 만약에 깃발대로 하지 않으면 답답한 모래더미에 갇혀 숨 쉬지 못한다고 말하였다. 자꾸 모래에 갇혀서 고통을 받았고, 다른 중장비 차들이 구해 주기 위해 노력하였으나 소용이 없는 놀이가 반복되었다. 그러다 원하는 차들을 가지고 와 모두 산에 묻어 버렸고, 일어나라는 경고 벨이 울렸지만 늦잠을 잤고, 해야 하는 일을 하지 않고 다른 일을 하였다. 다른 일을 하는 모습을 충분히 표현하다가 "이제 우리 할 일을 하러 가자."라고 하며 하던 일을 멈추고 한 장소로 모이게 하였다. 이러한 장면이 나온 이후에 소꿉놀이와 병원놀이를 선택하여 치료사에게 음식을 먹여 주기도 하고 자신도 먹으며 아픈 몸이 낫고 키가 크는 등의 놀이가 나타났다.

- 아동의 상태: 아동의 보육모래놀이치료 장면을 살펴보면 자신이 통제받는 상황에 대한 스트레스가 있는 것으로 보인다. 자기 마음대로 움직이고 싶은데 그렇게 하면 모래로 갇히는 벌을 받게 되며, 해야 하는 행동이 정해져 있는 표지판대로 움직이지 않으면 또 벌을 받는다. 아동은 스스로 자신이 느끼는 어려움을 그대로 반복 표현하며 해소한 것으로 보인다. 타인이 "그렇게 해!" "하지 마!"라고 하지 않았는데 아동 혼자 피규어를 통제하며 규칙을 지키게 한 것이다. 퇴실 시간임을 고지하면 중간중간 아쉬움을 표현하며 정리하는 퇴실 지연 행동을 보였지만 그 시간이 2~3분 정도로 짧고 "네가 더 놀고 싶은 마음이 드나 보다."라고 감정을 읽어 주면 아쉬운 감정을 갈무리하고 퇴실하는 모습이 보인다.

- 부모상담: 부모는 상담을 통해 자신의 양육태도가 아동에게 통제적이고 답답할 수 있겠다는 것을 이해하였다. 이전에 아동이 떼를 쓰거나 울면 어떻게 대처해야 하나 한숨부터 나왔는데 어느 날 아동이 "나는 아직 엄마가 말한 걸 지키는 게 너무 힘들단 말이야."라고 말한 것을 보고 아동이 자신의 말을 모두 이해하는 것처럼 보여도 완전하게 수용하기에는 어려울 수 있음을 파악하였다. 부모

는 가정보육 이후 아동이 떼쓰기가 심해지고 규칙 수용이 더 힘들어져 조급한 마음을 느꼈고, 빨리 나쁜 버릇을 고치고 싶은 마음에 아동을 너무 몰아친 것 같아 미안함을 느꼈다. 아동이 울고 소리를 지르면 이전에는 같이 부정적인 감정에 휩쓸리곤 했는데, 아동의 입장에서 생각하려 노력하고, 공감했다고 하였다. 또한 아동의 감정 해소를 위해 감정적 반영을 권유하려 노력했고, 그 뒤로 아동이 자조기술에 대한 의지가 생겨 혼자 밥을 먹거나 장난감을 정리하는 등 스스로 뭔가를 하려고 하는 행동이 증가했다고 한다.

- 교사 보고: 우선, 아동이 스스로 밥 먹는 행동을 늘리기 위해 가정과 기관에서 동일하게 작은 양이라도 혼자 먹고, 착석을 유지할 수 있도록 격려하는 방법을 권유하였다. 이러한 방법을 사용하고 초반에 아동은 여전히 교사와 함께 식사하기를 바랐으나, 점차적으로 장난을 치거나 돌아다니지 않고 착석하여 식사에 집중하는 시간이 증가하였다고 한다. 또한 보육모래놀이치료를 하며 아동은 다른 사람과 함께 놀이하는 것에 즐거움을 많이 느꼈고, 친구들과 함께 시간을 보내기 위해 협조적인 태도가 나타나기 시작했다고 한다.

③ 후기 단계

- 놀이 진행 요약: 치료가 종결에 가까워지자 문제가 해결되는 놀이가 나타났다. 초기와 중기에는 길이 무너지고 갇히는 놀이가 주로 진행되었다면, 후기가 되니 차들이 모래에 빠지면 구해지는 놀이가 반복되었고, 불이 나면 불을 꺼 주었다. 그리고 건설하는 놀이가 등장하였다. 아동은 덤프트럭과 크레인 등 중장비 차들을 가져와 정성스럽게 길을 만들었고 옆의 모래상자에까지 연결하여 더 넓은 길을 이동할 수 있게 하였다. 또한 마지막 회기에서는 공사 표지판을 가지고 와 공사 중이라고 표시한 뒤 말 없이 집중하여 집을 완성시켰고 만족하였다. 집이 완성된 뒤 퇴실 시간임을 알리자 "안녕히 계세요."라고 인사하며 스스로 문을 열고 기분 좋은 듯 퇴실하였다.

- 아동의 상태: 시간이 갈수록 아동은 자신이 부정적이라고 느낄 수 있는 상황을 어떻게 하면 좋을지에 대해 생각하고 스스로 주도하여 결정하고 실천하는 모습이 자주 관찰되었다. 일상생활에서도 자신감을 얻은 듯 "내가 스스로 먹을 수 있어요." "8시까지 다 정리할 수 있어요."라고 하며 행동하는 모습을 보인다고 한다. 점차적으로 자신이 정한 것을 지키며 성취감을 경험하고 있는 것으로

보인다.

- **부모상담**: 부모는 상담을 통해 아동의 감정조절 어려움을 이해하고 가정에서 아동에게 부모가 무조건적으로 지시하는 것이 아닌 함께 규칙을 정하며 규칙을 따르는 과정에서 힘들고 어려운 감정들이 표현될 수 있도록 격려하였다. '집에 오자마자 바로 엄마와 화장실 가서 함께 손 씻기'와 같은 작은 부분의 규칙을 만들고 놀이처럼 적용해 보며 즐겁게 규칙을 따르는 경험을 늘려 갔고, 성취감을 경험한 아동은 자신감도 많이 생기고 책임감도 생기는 것 같다고 보고하였다. 또한 욕구가 좌절되었을 경우에도 우는 소리로 자신을 표현하는 것이 아니라 자신의 의견을 좀 더 확실하게 이야기하는 모습을 보인다고 하였다.
- **교사 보고**: 교사는 최근에 아동이 식사 시간에 스스로 식사에 관심을 보이고 먹는 것뿐 아니라 친구들과 같은 속도로 먹으려는 노력도 관찰된다고 하였다. 자유놀이시간에 자신이 원하는 장난감을 차지해야 하고, 자기중심적으로 놀이가 진행되어야만 했는데 치료가 진행되면서 친구들과 함께 놀이하기 위해 장난감을 양보하고 순서를 기다리는 등 사회 기술이 향상되었다고 보고하였다.

4) 규칙 지키기가 어려운 아동을 위한 보육모래놀이치료의 의의

아동은 보육기관에서 가족이 아닌 타인과 관계를 맺으며 사회화되는 과정을 거친다. 자신의 요구가 우선시되던 가족의 울타리에서 벗어나 집단생활을 시작하면서 요구하기, 제안 받아들이기, 만족 지연하기, 자기 통제 등을 요구받게 된다. 처음에는 대부분의 아동이 이러한 사회적 규칙에 거부감을 느끼고 어려워하지만, 점차 자기중심적인 사고와 행동에서 벗어나 자신의 감정을 더 잘 조절할 수 있게 되고 또래 관계에서 원만한 상호작용을 할 수 있게 된다(이경노, 2017). 이런 규칙 지키기와 같은 자연적인 사회화의 과정에 부적응을 보이는 아동들은 주로 울거나 떼쓰기 등과 같은 적절하지 못한 방법으로 표현하고 그로 인해 사회적 행동을 실현해 볼 기회를 갖기 어렵다. 그리고 이러한 어려움은 일상생활에서 계속해서 걸림돌이 되기는 하지만 아직 어려서 규칙 지키는 것을 어려워하는 것이며 조금 더 나이가 들면 괜찮아질 것이라는 기대와 문제행동으로 규정하고 적극적인 대처를 할 만큼은 아니라는 생각에 내버려 두고 기다리는 경우가 많기 때문에 생긴다. 그러나 사회적 상황에 놓여 있는 아동이 사회적 행동을 실현해 볼 기회를 갖지 못한다면 아동은 반복적으로 좌절감을 경험하며 성취감을 얻지 못해 심리 성장에 어려움이 생긴다. 게다가 아동의 부적응적 행동을 통해 또래 친구들이나 교사에게 부정적인 피드백을 받을 가능성이 커져 아동의 문제행동을 증가 및 지속시키게 된다. 따라서 보육놀이치료를 통해 아동이 속한 사회에서 사회적 규칙을 지키며 살아가는 것이 얼마나 행복한 것인지 안정되고 일관된 치료적 환경에서 아동이 경험할 수 있는 기회를 제공해 준다면 보육놀이치료사와의 관계에서 경험한 감정조절이나 규칙 지키기 등의 성공 경험을 바로 또래친구들과의 놀이에서 접목할 수 있어 더 효과적일 것이며, 성장과정에서 경험할 수 있는 문제행동을 예방할 수 있을 것이다.

Tip **규칙 지키기가 어려운 아동을 대하는 부모와 교사를 위한 팁**

● **같이 규칙을 정해 보세요.**
가정이나 교실의 기본적인 규칙과 규칙의 필요성을 반복해서 알려 주세요. "우리 모두 안전하기 위해서야." "다치지 않고 즐겁게 놀이하기 위해 필요해."와 같이 정확한 이유를 알려 주세요. 그리고 같이 규칙을 정할 수 있는 부분에서는 아동의 참여를 적극 끌어내어 아동의 의견을 반영하여 규칙을 함께 정해 주시고, 그것을 꼭 이행할 수 있도록 도와주세요. 교사나 부모님은 절대 한 번에 규칙 이행이 어렵다는 것을 마음에 새기고 아동이 안 되는 것보다 해내는 것에 초점을 맞추고 바람직한 행동을 할 때 주저 없이 격려해 주세요.

● **아동에게 선택권을 주세요.**
규칙 지키는 것을 어려워하는 아동이 교사나 부모와 함께 만든 규칙을 지키려고 노력하고 있다면, 생활의 다른 부분에서는 가능한 범위 내에서 아동을 믿고 주도적으로 생활할 수 있도록 허용의 정도를 넓혀 주세요. 아동을 향한 통제가 어떤 상황에서나 항상 존재한다면 아동은 쉽게 좌절감을 느껴 화를 내거나 고집을 부리는 등의 부정적 표현으로 욕구를 표출하게 될 수 있습니다. 아동의 한계를 잘 활용하여 균형 있는 환경 구성을 해 주세요. 위험하지 않은 분명한 선을 정해 둔다면 아동 스스로 되는 것과 안 되는 것을 터득할 수 있을 것입니다.

규칙 지키기가 어려운 아동을 위한 추천 놀이와 놀잇감

✎ **시간 지키기 놀이**
시계는 어떤 상황에서도 일정하게 시간을 알려 줘요. 과제 수행을 위해 교사나 부모가 시계를 제공하였을지라도 시간 제한의 알람을 시계가 해 준다면 부정적인 감정이 줄어들 거예요.
처음은 아이가 할 수 있으면서 좋아하는 내용이 담긴 간단한 미션부터 시작해요. 예를 들면, 30초 안에 바구니 안의 상어 찾기나 1분 동안 레고로 집 만들기 같이 성공할 수 있으면서 기분 좋은 긴장감을 가질 정도로요. 아동이 시간(규칙) 지키기에 즐거움을 느끼면서 '나도 시간을 잘 지킬 수 있구나.'라는 생각이 들 거예요.

그다음은 1분 안에 책을 모두 책장에 넣기나 2분 안에 옷 갈아입기 같은 일상생활에 적용할 수 있는 것들을 추가해 봐요. 대신 이때는 아동 혼자서 하는 것이 아니라 한 팀이 되어 같이 하는 것이 좋아요.

🖊 비눗방울 만들기

비눗방울은 큰 규칙이 없고 자신의 호흡만 조절하면 되는 즐거운 놀이예요! 일상이 규칙 지키기로 긴장되어 있던 아이들에게 숨을 들이마시고 내쉬는 과정에서 안정을 찾을 수 있고, 비눗방울을 터트리며 스트레스도 해소할 수 있어요.

 아이와 서로 비눗방울을 크게 만들기, 오랫동안 만들기, 손가락이나 손바닥으로 비눗방울 터트리기와 같은 방법으로 놀이해 보세요.

Chapter 11

관계의 어려움을
보이는 아동

1. 교사에 집착하는 아동

보육기관에서 아동들은 또래 친구들, 선생님과 관계하며 사회적 기술을 습득한다. 아동은 처음으로 겪는 집단생활에서의 불안함, 낯섦, 긴장감을 스스로 해소하지 못하고 '엄마'를 대신할 자신의 안전기지로서 교실에서 가장 주도권을 갖고 있는 교사를 선택해 집착하는 모습을 보일 수 있다. 초기 적응을 위해서 교사가 아동이 심리적 안정감을 갖고 보육기관에 적응할 때까지 충분히 안전기지로서 아동에게 품을 내어 줄 수 있지만, 너무 오래 지속되어 교사에게 계속 매달리기만 한다면 불안함을 해소할 길이 없어 또래와 사회적 관계 맺기는 더 어려워지고, 사회적 기술을 습득할 기회를 놓칠 수 있어서 아동이 교사로부터 점차 분리되어 기관에 적응하도록 적극적으로 도와야 한다.

1. 부모
우리 아이는 낯가림이 심한 편이었다. 영아 때부터 주로 양육했던 부모나 외할머니가 있으면 애교도 많고 활발한 아이지만, 주변에 낯선 사람이 나타나면 그때부터 행동과 표정이 경직된다. 좋아하는 장난감이 있어도 놀지 못하고 나에게 안겨 있다. 내가 안아 줄 수 없는 상황이면 울거나 옷을 꼭 붙잡고 매달린다. 애기 때는 엘리베이터에 다른 사람이라도 타면 울며 매달렸는데 그래도 좀 크고 나니 울지는 않지만 얼음처럼 굳어 내 손을 꼭 붙잡는다. 이렇게나 낯가림이 심하고 새로운 환경에 적응하는 것을 어려워하는 아이인 것을 알기 때문에 어린이집을 처음 보낼 때 걱정을 많이 했다. 역시나 적응기간이 다른 아이들보다 배로 길었고 나와 떨어질 때 힘들어하였지만, 곧 선생님에게 안겨 잘 들어가게 되었다. 그렇게 안심하고 있었는데 한 6개월쯤 지났을까? 어린이집 담임 선생님에게 우리 아이가 선생님과 좀처럼 떨어지지 않는다는 연락을 받았다. 선생님이 화장실에 가도 쫓아가고 꼭 선생님 무릎 위에 앉아 생활한다고 하였다. 아이가 가정에서 나에게 하는 행동을 어린이집에서 담임 선생님에게 똑같이 하고 있었던 것이었다. 내가 어린이집을 함께 다닐 수도 없는 노릇이고, 전부 또래 친구들인데 대체 뭐가 무서워서 선생님에게서 몸을 떼지도 못하고 저리도 적응을 힘들어하는 것일까? 너무 걱정스럽다.

#2. 교사

매일 등원하자마자 바로 나에게 달려와 안기는 아이가 있다. 가방도 내려놓지 못한 채 뭐가 그리 급한지 나에게 안기고, 나를 선점하기라도 하듯이 다른 아이들이 오면 더욱 내 품에 깊이 안긴다. 내가 자신을 내려놓을까 봐 나의 행동을 계속 살핀다. 일과가 시작되면 내가 바쁘게 돌아다니니 나에게 안겨 있지 못하지만 내 뒤를 계속 졸졸 쫓아다닌다. 자유놀이시간에도 내 옆에만 있으려고 하고 다른 친구들과 놀지 않는다. 내가 일이 있어 출근을 하지 못하면 하루종일 기분이 좋지 않고 풀이 죽어 말도 잘 안 한다고 한다. 나에게는 돌봐야 할 많은 아이들이 있고, 한 아이에게만 집중할 수 없는 것이 당연한데도 이 아이에게 집중하지 못하면 괜한 죄책감이 들기도 하고, 내가 자신을 거부했다고 느낄까 봐 걱정스럽다.

1) 교사에 집착하는 아동의 정의

보육기관에 다니는 아동 중 담임교사에게만 매달리고 관심을 받기 위해 집착하는 경우가 있다. 양육자와 떨어져 새로운 환경이나 처음으로 겪는 집단생활에 대한 견디기 힘든 불안감으로 또래와 어울리지 못하고 교사에게만 매달리는 것이다. 생소한 환경이 어려워 엄마와 같은 보호자의 전이 대상으로 교사를 선택하는 것이다. 불안한 마음을 부모 대신의 존재에게 위안받고자 하는 것이다. 그래서 또래보다는 교사에게만 관심을 보이고 교사를 쫓아다닌다든지 딱 붙어 있으려고 하기도 한다.

2) 교사에 집착하는 아동의 특징

(1) 수준 구분

① 일상적 수준

아동은 생후 6~7개월이 되면 주 양육자를 알아보고 그 대상에게서 심리적인 안정을 찾으려고 한다. 이때 주 양육자와 떨어지는 것에 대해 불안을 느껴 잠시도 떨어지지 않으려고 하는 것이 분리불안이다. 분리불안은 생후 7~8개월 정도에 시작해 14~15개월에 가장 강해지고 3세까지는 지속되는데, 보통 아동들은 이 시기에 처음 보육기관에 방문한다. 주 양육자와 떨어져 낯선 장소와 낯선 사람들이 있는 곳에서 생활해야 하는 아동들은 적응하기 위해 한 대상에게 집착하는 행동이 나타날 수 있다. 또한 이전에 어린이집을 다니던 아이라도 반이 바뀌거나 생활하는 교실, 담임교사가 바뀌면 어려움을 겪을 수 있다. 이러한 정도의 교사를 향한 집착은 시간이 경과함에 따라 자연스레 소거될 수 있기에 아동의 불안이 감소하여 스스로 흥미를 가질 때까지 기다려 줄 필요가 있다.

또한 연령이 어린 유아일수록 의사표현이 서툴러 관계나 놀이를 지속하는 것이 어려워서 또래와 관계 맺기 어려울 수 있으며, 그 불편감으로 인해 보다 편한 교사를 선택하는 경우가 있다. 따라서 아동의 관심사로 출발하여 또래와 어울릴 수 있는 즐거운 놀이시간이 제공된다면 적응에 더 도움이 될 것이다.

② 우려할 수준

보육기관에 처음 다니는 어린 연령의 유아들은 자신에게 먼저 다가와 주고 안정감을 제공하며 자신에게 상황을 맞춰 주는 가정환경과 비슷한 교사와만 관계를 맺고자 할 수 있다. 물론 대부분의 유아들이 자신의 불안을 낮춰 줄 대상인 교사와의 관계를 통해 보육기관에 적응하지만, 이미 보통의 적응기간보다 더 오랜 시간이 지났거나 만 4세 이상 연령의 아동이 또래에겐 전혀 관심이 없고 교사에게만 집중하는 행동, 교사가 없으면 불안해하는 행동, 지속적으로 교사에게 스킨십을 하거나 애정을 확인하는 행동이 나타난다면 일상적 수준 이상의 어려움을 아동이 경험하고 있다는 신호이기에, 그 원인을 찾아 적극 해결해야 한다.

(2) 교사에 집착하는 아동이 보이는 특징

① 가정에서의 모습

자녀가 양육자와 떨어지려 하지 않고 타인을 경계하는 것은 발달상 자연스러운 모습이다. 영유아 시기는 소위 '엄마 껌딱지'라고 불리는 시기인데 모가 눈에 보이지 않으면 울며 찾고, 화장실까지 쫓아가기도 한다. 주 양육자와 안정적인 애착을 형성하지 못했을 경우, 정리해 놓은 빨랫감을 흐트러트리거나 규칙을 어기거나 무조건 싫다고 하는 등의 부정적인 방법을 사용해서라도 관심을 유도하고 사랑을 확인하고자 한다. 이때 양육자가 윽박지르거나 심하게 훈육을 하면 그저 눈치를 살피며 다가오지 못하고 우물쭈물하기도 한다. 이러한 끊임없는 애정욕구로 인해 주 양육자가 쉽게 지치기도 하고, 충분한 사랑을 제공하지 못하고 있는 것 같아 미안한 마음이 자주 들어 양육효능감도 쉽게 잘 떨어져 양육자와 자녀의 관계에 악순환이 반복된다.

② 기관에서의 모습

주로 교사의 주변을 맴돌거나 교사의 품에만 있으려 하고, 많은 영역에서 의존하려는 모습이 관찰된다. 가정에서 스스로 하는 것들도 잘 하려고 하지 않는다. 교사가 밀착되어 함께 있을 수 없는 상황에서는 또래와 어울리기보다는 혼자 놀이하는 것을 선호하는 모습이 자주 관찰된다.

3) 교사에 집착하는 아동을 위한 보육모래놀이치료 사례

(1) 내담 아동 소개

① 인적사항 및 주호소

아동은 만 5세 여아로 어린이집 6~7세 통합반에 재원 중이다. 부모는 이혼을 하여 친조모가 주 양육자이며 자폐스펙트럼 장애가 있는 언니와 함께 동거 중이다. 주 양육자의 보고에 의하면 아동은 감정기복이 심하고 눈치를 자주 살피는 편이다. 잘 놀다가도 할머니가 언니 손을 잡거나 짐을 들어 주는 것을 보면 "할머니는 언니만 사랑하잖아!"라며 크게 울기도 하고, 방에 혼자 들어가 숨죽여 운다고 한다. 어른이 보이지 않을 때에는 언니에게 심부름을 시키기도 하고 어른이 보이면 자신이 하고 있는 척을 하기도 하여 그 부분을 언급하면 경직되어 눈치를 살핀다고 한다. 기관에서는 등원하자마자 담임 선생님에게 안겨 "선생님은 저를 사랑해요?" "선생님은 제가 보고 싶었어요?"라며 매일같이 애정을 확인하고 하루를 시작한다. 선생님이 다른 친구를 도와주거나 가까이 가면 그 주변을 맴돌며 안절부절하는 모습을 보이기도 한다. 자유놀이시간에도 또래 친구들과 어울리지 않고 선생님을 끊임없이 살피고, 놀이를 권하면 혼자 색칠하기, 그림 그리기와 같은 정적인 놀이만 하여 다른 아이들과 똑같이 대하는데도 괜히 아이에게 더 못해 주는 것 같아 미안한 마음이 들고, 방치하는 것 같은 기분이 들 때도 있어서 어떻게 도움을 주면 좋을지 고민이 많다고 하였다.

② 가족관계

아동이 19개월 때 부모가 서로 외도하여 이혼하였고, 그 이후부터는 친할머니, 언니와 셋이 살고 있다. 부는 원래 육아에 무관심하였고, 현재는 외국에 살고 있으며 방학 때만 만나고 있다. 영아기에 아동의 모는 심한 우울증으로 무기력하고 잠만 잤으며 "너는 태어나지 말았어야 해."라는 말을 자주 했었다고 한다. 현재는 한 달에 두 번 정도 언니와 함께 외가로 가서 친모를 만나고 있다. 언니는 자폐스펙트럼 장애를 가지고 있어 조절이 어려워 아동을 자주 때리지만 또 없으면 서로 챙기는 사이라고 한다. 친조모는 아동을 바르게 키워야 한다는 마음 때문에 훈육하는 상황에서는 아주 단호하고 냉정하게 대할 뿐 아니라 "네가 언니를 도와줘야 해." "네가 그렇게 하면 할머니는 너무 힘들어."와 같이 가족의 여러 힘든 상황을 이야기하며 희생과 양보를 강조하고 있다고 한다.

③ 발달력

현재 주 양육자인 친조모는 아동의 영아기에 동거하고 있지 않은 상황이었기에 아동에 대한 친조모의 보고 내용은 충분하지 않으며, 그 보고의 진위여부를 파악하기는 어렵다. 아동은 고집이 매우 세고 까다로운 성격적 특징이 있지만 그 외의 전반적인 발달은 또래와 비슷한 수준으로 적절하게 이뤄졌다고 한다. 네 살 무렵, 아동의 고모가 같이 거주하게 되었고, 주로 아동을 도맡아 돌봐 주었는데, 등하원이나 식사 등 부모의 손을 필요로 하는 일상생활의 여러 부분을 애정적으로 대해 주었다고 한다. 아동은 집착적으로 고모를 졸졸 쫓아다녔으며, 이 시기에 아동은 가장 정서적으로 안정된 것처럼 느껴질 정도로 밝은 모습이었다고 한다. 그러나 1년 반 정도 이후에 고모가 결혼하여 지방으로 내려가 살게 되면서 이별을 경험했고, 그 당시 많이 울고 힘들어하였다고 한다. 고모와의 분리 이후 돌봄 선생님이 등원 준비, 저녁밥 먹기와 같은 기본적인 일과를 도와주고 있다.

④ 사례개념화

아동은 태어났을 때부터 부모에게 적절한 돌봄과 애정을 받지 못하고 방치되었으며, 부모, 친조모, 고모, 돌봄 선생님 등 주 양육자의 변화도 잦았다. 이러한 양육 환경 탓에 기본적인 자아를 형성하는 데 필요한 최소한의 애착경험을 하지 못했을 것으로 예상된다. 게다가 아동에겐 양육자들이 언제나 우선시할 수밖에 없는 자폐 스펙트럼 장애를 갖고 있는 언니가 있다. 이러한 가족관계로 인해 아동은 본인의 욕구나 의도를 존중받지 못하는 환경에서 성장하였으며 언제나 언니와의 관계에서 양보와 배려를 요구받으며 자랐다. 이러한 가정배경으로 아동은 애정욕구를 충족하지 못했을 뿐 아니라 반복적으로 소외감을 느껴 자신의 출생이나 존재에 대한 확신이 없는 의구심이 가득한 삶을 살아왔을 것이다. 이러한 성장배경이 아동으로 하여금 현재 교사로부터 끊임없이 애정을 확인하고 교사에게 집착하는 행동으로 표현되고 있는 것으로 예상된다. 현재 드러난 문제가 타인을 괴롭히거나 때리는 등의 외현적 행동 문제가 아니라 심각성이 높지 않아 보이지만, 현재 아동의 심리상태나 이후의 발달하는 과정에 끊임없이 악영향을 미칠 것이라 예상된다. 따라서 더 큰 문제가 드러나기 전, 지금 드러난 작은 문제에 개입하여 아동 내면의 심리적 안정성을 회복하는 것을 우선시해야 한다. 하지만 현재 아동은 기관을 방문하여 심리 서비스를 받는 것이 상당히 어려운 상황이다. 아동의 주 생활환경인 보육기관에서 이뤄지는 보육놀이치료는 주 양육자의 시간적·심리적·경제적 부담 없이 빠르게 아동의 어려움에 개입할 수 있는 적절한 접근이다. 보육놀이치료를 통해 아동은 놀이치료사와의 신뢰 관계를 경험하고 애착을 재경험함으로써 심리내적인 상처를 표현하고 정화하는 경험을 할 것이다. 이를 통해 거듭 버려지고 방치된 자아를 튼튼하게 만들어 타인의 사랑을 확인하는 것에 집착하는 것이 아닌 자신의 삶을 살아갈 수 있게 될 것이다. 또한 양육자 상담을 통해 언니처럼 드러난 어려움이 아닐지라도 아동 내면의 성장과 심리적 안정의 중요성에 대해 교육하여 아동에게 보다 더 애정적이고 일관된 양육환경이 조성될 수 있도록 하고자 한다.

(2) 보육모래놀이치료 진행 과정

① 초기 단계

- 놀이 진행 요약: 아동은 첫 회기에 모래놀이치료실에 입실하였을 때부터 부끄러운 듯 웃었으나 보육놀이치료사와 모래놀이치료실을 주의 깊게 바라보는 등 관심이 많아 보였다. 초기 단계부터 아동은 애정에 대한 욕구를 과감하게 드러냈다. 동물 피규어를 모래 속에 묻었고, 손으로 직접 만지지 않고 숟가락으로 동물들을 찾았다 묻었다를 반복하였다. 그 뒤에는 치료사에게 숨긴 동물들을 찾도록 지시하였고, 남은 동물들은 아픈 아이들이니 치료사에게 돌봐 달라고 하는 등 애정과 양육의 욕구가 놀이를 통해 표현되었다. 또 고양이 두 마리가 담긴 자동차가 모래 위를 달리다가 튕겨져 나갔고, 떨어진 고양이가 화가 나 운전한 강아지를 때리며 "날 흘리고 간 죄야! 너에게 복수 할 거야!"라고 하였다. 그렇게 고양이를 놓고 간 대상에게 복수하는 듯한 놀이가 진행된 이후에 침대에 누워 까꿍 놀이 하듯 캐노피를 내렸다 올렸다를 반복하거나 간지럼 태우기 같은 영아기의 신체놀이를 상징하는 듯한 놀이가 반복되었다.
- 아동의 상태: 아동은 보육모래놀이치료를 진행하며 내면에 가진 외상을 강력하게 표현했다. 피규어에 자신을 투사하여 치료사에게 아픈 동물들을 돌봐 달라고 하고, 피규어를 놓고 간 대상을 공격하는 등 직접적으로 묘사하였는데, 이는 자신이 성장하면서 양육자에게 느꼈던 거부감이나 좌절감, 애정 받지 못한 것에 대한 분노감이 표출된 것으로 보인다.
- 조모 상담: 조모는 아동의 자매를 양육함에 있어 잘 키우고 싶은 욕심과 체력적·심리적으로 한계를 함께 느끼는 것에 대해 어려움을 토로하였다. 아동에게 안쓰러운 마음을 가지고 있고, 항상 언니에게 치이는 모습 때문에 잘해 주고 싶지만 그럴 수 없음에 미안함을 가지고 있었다. 이에 치료사는 조모의 어려움을 공감하고 격려하였으며, 이번 보육모래놀이치료를 아동을 더 이해하기 위한 시간으로 활용해 보자고 하였다. 조모가 아동에 대한 애정적인 마음이 있음을 언급하고, 이러한 마음을 더 표현할 수 있는 방법에 대해 이야기하였다.
- 교사 보고: 교사는 아동이 친구들과 놀이를 하지 못하고 혼자 놀이하는 모습이 자주 관찰된다고 하였다. 아동은 친구들과 같이 하는 놀이에 관심이 잘 없고 놀이에서 성취감을 느끼지 못하는 경우에 모든 것을 포기할 정도로 무력감을

많이 느끼며 힘들어한다고 하였다. 아동은 교사 외에는 아무도 소통하려고 하지 않으며, 교사에게 항상 애정을 갈구한다고 하였다. 등원하자마자 교사에게 사랑을 표현하고 애정을 확인받은 뒤에 놀이나 일과를 시작한다. 이는 아동이 안정적이고 지속적인 애정을 받으려는 욕구 때문이라고 판단하였다.

② 중기 단계

• 놀이 진행 요약: 중기 단계에서 아동은 자신이 애정을 받지 못한 좌절과 슬픔을 보육놀이치료사에게 온전히 쏟아 내는 듯한 놀이가 나타났다. 아동은 혼자 뭔가를 먹는 시늉을 하다가 사레가 걸려 치료사가 걱정하자 자신은 아파도 된다고 하며 사랑받고 싶다고 말하였다. 아동이 사랑이 필요하고 사랑을 받기 위해서 아플 거라고 하는 등 자신을 해치는 부정적인 방법으로라도 애정을 갈구하였다. 치료사를 시험하듯 그릇 안에 도마뱀을 넣고 깜짝 놀라게 하거나 숟가락으로 모래를 먹도록 만들었다. 그리고 치료사에게 자신이 숨겨 놓은 동물을 찾게 하고 몰래 치료사 뒤로 가서 머리채를 잡고 뜯으며 "내가 얼마나 힘들었는지 알아?"라고 하기도 하고, 치료사에게 모래를 뿌리려고 하거나 매운 것을 먹게 하는 등 아동은 자신이 받은 상처와 함께 내재된 분노가 반영되었다. 한편, 초기 단계에서 튕겨져 나가 복수를 한 고양이가 다시 등장하였는데 함정에 빠져 모래에 계속 빠지며 위험이 반복되었다. 고양이는 성 요새에 갇혔는데 모래가 천장에서 계속 쏟아져 내리고 벌레도 같이 있어 탈출하기 어려울 거라고 하였다. 모래가 많아 숨을 못 쉬지만 죽지 않는 상황이 반복된 뒤 아동은 치료사의 품에 한참이나 안겨 있다 퇴실하였다. 그다음은 고양이가 함정에 빠졌지만 주변을 지나던 중장비 차들이 힘을 모아 구해 주는 놀이가 등장하였다.

• 아동의 상태: 아동은 보육모래놀이치료를 통해 자신이 과거에 받았던 양육에 대한 부정적인 감정을 죽음, 끝없는 좌절, 아픔, 매운 음식, 함정 등으로 표현하고 있다. 치료사에게 직접적으로 분노를 표출하기도 하고, 치료사를 시험하고 통제함으로써 부정적 양육경험을 통해 느꼈던 감정을 나타냈으며, 놀이한 뒤 치료사에게 조용히 안겨 감정을 해소하고 위로를 받는 과정을 거치기도 했다. 이 시기의 아동은 일상생활에서도 변화가 나타났는데, 여전히 언니에 대한 질투가 있지만 언니를 챙기는 모습이 늘어났다. 또한 가정에서 아동은 애정을 받기 위해 눈치를 많이 보고 나쁜 모습을 보이지 않기 위해 노력하였는데, 무조건

적으로 당하기보다는 자신의 주장을 언어로 표현하기도 하였다.

• 조모 상담: 조모는 상담 이후 아동에게 애정을 더 표현하기 위한 방법을 고민하였고, 일주일에 한 번이라도 둘만의 시간을 가지고 있다고 하였다. 조모는 언니를 함께 양육하기 때문에 많은 시간을 쓸 수 없다는 것에 아쉬움과 미안함을 느껴, 적은 시간이지만 아동을 위해 행동하는 것임을 격려하였다. 또한 많은 시간은 아니지만 아동이 만족감이 큰 것 같다는 부분을 언급하여 20~30분이라도 온전하게 둘이 소통하는 시간을 가질 수 있도록 하였다. 아동과 시간을 보내고 나니 속상한 일이 생겼을 때 혼자 조용히 방 안에 들어가 우는 것이 아니라 "할머니, 언니가 나 때려서 아팠어."라고 언어적으로 표현한다고 하였다.

• 교사 보고: 아동이 교사와만 소통하려고 하였기 때문에 친구들과 함께 놀이할 수 있도록 하는 환경을 점차적으로 늘렸다. 아동이 편안하게 생각하는 여자 친구들 한두 명과 함께 돌아가면서 원하는 색칠 도안을 선택하여 같이 색칠하게 하는 등 친구들과 어울리는 긍정적인 경험을 제공하였다. 그러자 점차 등원하여 교사에게 애정을 확인받는 횟수와 시간이 줄어들었고, 자연스럽게 친구들과 놀이하는 시간이 늘어났다고 하였다.

③ 후기 단계

• 놀이 진행 요약: 아동은 치료 후반이 되자 행동적·언어적으로 애정을 표현하였다. 아동에게 종결을 고지하자 치료사의 품에 안긴 뒤 아쉽다며 치료사의 머리카락을 만지는 등의 애정 표현을 하기도 하였다. 아동은 자신이 맡은 역할의 피규어를 모래 속에 숨기거나 치료사의 피규어가 쫓아오지 못하게 모래로 공격하고 막는 것을 여러 번 반복하였다. 그러나 치료사에게는 계속 자신을 쫓고 찾게 지시하였다. 그러다가 아동이 치료사에게 "너 왜 자꾸 나를 따라 다니는 거야?"라고 하여 치료사가 "나는 네가 좋아서 계속 함께하고 싶어."라고 대답하자 "꺄~" 하는 추임새를 하며 만족하였다. 그 뒤에는 자신을 공격하는 피규어를 치료사 피규어가 구해 주게 한 뒤 친구가 되었다. 아동과 치료사가 친구가 되니 모든 어려움을 해결할 수 있었고, 도움을 받아 괴물도 물리칠 수 있었다.

• 아동의 상태: 아동은 자신이 느꼈던 부정적 경험을 여과 없이 표현하고 위로받고 해소되는 치료적 작업이 진행되고 나서야 점차적으로 치료사를 향한 부정적인 전이와 투사가 줄어들었다. 놀이 내용도 아동과 치료사가 대립하거나 당

하는 구도에서 협력하고 통합하는 내용으로 변화하였다. 아동이 치료사를 대하는 태도 역시 긍정적으로 변화하였는데, 틱틱 거리며 이것저것 시키고 때리는 등 통제적인 모습에서 치료사의 머리카락을 만지거나 쓰다듬고 "선생님 좋아요. 예뻐요."와 같이 말하는 애정적인 모습을 보였다.

• 조모 상담: 조모는 아동에게 자꾸 엄하게 대하게 되고 더 기대하게 된다며 단순하게 미안한 감정만을 느꼈었는데, 보육모래놀이치료를 통해 아동에게 직접적으로 감정을 표현해야 한다는 것을 알게 되었다고 하였다. 그래서 일주일에 한 번은 아동과 둘만 마트를 가거나 하원을 하며 아이스크림을 사 먹는 등 시간을 보내게 되었고, 처음엔 무엇을 해야 할지 막막하였는데 이제는 아동이 원하는 것을 선택할 수 있게끔 기다려 준다고 하였다. 그래서인지 아동도 자신의 눈치를 덜 보고 편하게 대하는 것 같으며, 언니의 공격에 방어하며 자신을 지키려는 모습이 늘어났다고 하였다.

• 교사 보고: 교사는 아동이 친구들과 함께 놀이하는 것에 비중이 높아져 등원하면 자신과 서로 간단한 안부를 묻는 정도로 밝게 인사를 한 뒤 친구들 무리 속으로 들어가 친구들과 인사하며 자연스럽게 하루를 시작한다고 하였다. 색칠하기나 퍼즐 맞추기 등과 같이 비교적 정적인 놀이만 주로 하였었으나 점차적으로 소꿉놀이와 같은 역할놀이도 하고, 놀이에서 주도하는 경우도 증가하였다.

4) 교사에 집착하는 아동을 위한 보육모래놀이치료의 의의

담임교사에게 매달리거나 집착하는 모습은 기관 초기 적응 단계에서 많은 아동이 보일 수 있는 행동양상이다. 그러나 선생님을 너무 좋아하는 수준을 넘어선 집착적 행동이라면 아마도 애착과 관련된 심리적 어려움에 기인했을 것이다. 심리내적 모델을 형성하는 영유아기에 경험하는 이러한 관계적 어려움은 평생의 대인관계에 영향을 미칠 것이기에 기관 초기 적응의 어려움으로 치부할 것이 아닌 정확한 원인을 파악하고 중재를 해야 한다. 이러한 어려움을 겪는 아동에게 보육놀이치료의 경험은 교사 외에 기관에서 자신이 믿고 따를 수 있는 보육놀이치료사라는 안전한 애착대상이 생겼다는 것만으로도 치료적 효과를 볼 수 있다. 그리고 기관 내에 있는 치료실에서 아동이 자율적이고 자발적인 탐색과 놀이를 한 긍정적 경험이 교실에까지 확장되어 교사로부터 독립성을 갖고 활동하는 데 도움이 될 것이다.

Tip 교사에 집착하는 아동을 대하는 부모와 교사를 위한 팁

● 성인과의 관계가 너무 익숙한 아이라면 또래 관계가 형성되도록 도와주세요.

아동이 기관에서 교사에게 집착을 하는 이유가 또래와의 관계 경험이 부족해서일 수 있어요. 형제자매가 없는 외동인 경우, 특히 코로나19로 인해 많은 영유아들이 외부에서 활동하는 시간이 줄어들고 집에서 머무르는 시간이 많아지면서 사회적 경험이 거의 없다가 갑자기 기관에 적응해야 하는 것이 두려울 수 있어요. 가정 내 상호작용은 수직적 성향을 띠지만, 또래들 간의 상호작용은 수평적인 성향이 특징으로 경쟁과 배려 등의 경험을 통해 얻을 수 있는데, 그러한 경험 자체가 낯설고 어색해서 본인이 경험한 상호작용의 방식과 비슷한 성인과의 상호작용에서 안정감을 찾고자 하는 것일 수 있기에 교사에 의지해서라도 또래 관계에 익숙해지도록 도와주세요. 그리고 가정에서도 하원 후에 바깥놀이를 통해 또래와의 접촉을 늘리거나, 가정에서 역할놀이를 통해 기관 내 또래관계에 익숙해지고 점차 재미를 느낄 수 있도록 해 주세요.

● 또래와의 관계에서 좌절을 많이 경험한 아이라면 수준에 맞는 경험을 제공해 주세요.

부모와의 소통을 통해 아동이 평상시 잘하고 즐겨 하는 놀이를 기관에서도 할 수 있도록, 친구들 앞에서 자신감을 갖고 놀이에 임할 수 있도록 환경을 조성해 주세요. 또래와의 놀이 수준보다 늦다면, 더 어린 연령의 아동들과의 놀이를 통해 자신감을 얻고 점차 또래들과의 놀이를 경험하게 함으로써 단체 활동 자체에 익숙해질 수 있도록 도와주세요.

교사에 집착하는 아동을 위한 추천 놀이와 놀잇감

✏️ **까꿍놀이나 숨바꼭질**

까꿍놀이나 숨바꼭질은 상대방이 사라졌다 다시 나타나는 것을 반복하는 단순한 놀이예요. 이는 내 눈 앞에서 상대방이 사라지지만 실제로 사라지는 것이 아니라는 것을 알게 하여 심리적으로 연결되게 합니다. 자신에게 안정을 주는 대상이 당장 눈 앞에 보이지 않아도 사라진 것이 아니라 다시 만날 수 있음을 연습할 수 있어요.

처음은 문 뒤로 숨어 얼굴뿐 아니라 몸도 전부 가렸다가 다시 만나요. 그다음은 거실과 방, 안방과 놀이방 등 공간을 이동하였다 다시 만나고, 이동하는 것이 익숙해지면 가구 사이의 구석이나 장난감 뒤에 숨고 찾는 놀이를 해요. 이때 '못 찾겠다. 꾀꼬리'를 해 보고 눈에 안 보여도 아동이 원할 때 다시 만날 수 있음을 알려 줘요. 실내에서 하는 것에 능숙해지면 야외에서 숨바꼭질을 해 봐요. 일정한 구역을 정하는 것도 방법이에요.

📝 '나처럼 해 봐요' 놀이

타인의 표정과 행동을 최대한 똑같이 따라 하는 놀이는 서로 눈 맞추며 관찰하게 해요. 양육자와 교사뿐 아니라 친구들과 같이 하면 자연스럽게 유대감을 형성할 수 있어요.

먼저, 문제를 낼 사람과 맞출 사람을 정해요. 처음엔 한 가지 표정이나 한 가지 몸짓을 문제 내고 똑같이 하면 "딩동댕" 하며 하이파이브 해요. 점차적으로 표정과 몸짓, 표정, 몸짓 다시 표정 순처럼 점점 어렵게 하여 더욱 집중할 수 있도록 해 봐요.

2. 자위행동을 하는 아동

습관적 자위행동은 부모나 교사가 가장 다루기 어려워하는 아동의 정서행동 문제 중 하나이다. 자위행동은 아동이 자신의 신체에 대한 호기심을 갖고 탐색하다가 우연히 나타날 수 있으며, 아동들은 자위행동을 통해서 일상생활에서 경험하는 스트레스를 낮추려고 시도한다. 많은 경우 성인들은 아동이 자위행동을 보일 때 큰 불편감을 느끼며, 아동의 행동에 대해 부정적으로 인식하고 대응하게 되고, 이는 부모-자녀 관계 및 아동 발달뿐만 아니라 기관 적응에도 부정적인 영향을 미친다. 따라서 습관적 자위행동에 대해 어떠한 태도로 접근할 것인지에 대해 고민해 볼 필요가 있다.

1. 부모

안아 재우기, 토닥이기, 등 긁어 주기, 노래 불러 주기, 책 읽어 주기…… 별짓을 다 해 봐도 소용이 없다. 결국 이불을 가랑이 사이에 넣고 비비면서, 엉덩이랑 다리에 힘을 줬다 뺐다. 땀을 뻘뻘 흘리고 나서야 잔다. 옆에서 이러지도 저러지도 못하고 민망하기도 하고 화가 나기도 하고 대체 어떻게 해 줘야 할지 몰라서 너무 속상하다. 그러다 그렇게 잠든 아이를 보고 있으면 사랑을 준다고 주는데도 그게 부족해서 저러나 싶은 마음에 내가 너무 부족한 엄마인 것 같다. 이런 고민도 잠시 우리 아이가 보육기관에서도 그러면 어떡하지, 선생님께 미리 말씀을 드려야 하나 조금 더 지켜봐야 하나 너무 고민이 된다. 그리고 이 고민을 누구와도 나누기가 어려워 속이 답답하다.

2. 교사

낮잠시간이 되면 유독 지켜보는 아이가 있다. 혼자 끙끙거리면서 주변에 아무도 없는 것처럼 자위행동을 한다. 그럴 땐 아이를 꼭 안아서 다독이면서 재워 주려고 하는데, 긴장을 풀고 축 늘어져서 잠들어 주면 고마운데 끝까지 내 품도 손길도 거부하고 무작정 바닥에 성기를 대고 문지르려고 하면 너무 난감하다. 이제 막 잠들려는 주변 친구들의 수면을 방해할 수도 없고, 그렇다고 저렇게 낑낑거리는 아이를 그냥 보고 있기가 어렵다. 오늘은 도저히 주체가 안 되는지 놀이 중에도 자연스럽게 엎드린 뒤 주변을 전혀 의식하지 않고 자위행동을 하였다. 아이의 이름을 불러 주위를 환기시키니 깜짝 놀란 듯 벌떡 일어나 앉았다. 그러나 곧 나의 눈을 피해 다른 놀이 영역으로 가서 또다시 시도를 한다.

1) 아동 자위행동의 정의

아동의 자위행동은 1909년부터 인식되기 시작한 현상으로, 아동의 자위행동이란 사춘기 이전 아동이 성장하는 과정에서 자신의 신체에 대한 호기심을 바탕으로 신체를 탐색하는 과정에서 나타나는 자연스러운 현상으로, '생식기에 대한 자기자극'으로 정의된다(Frierdrich, Grambsch, Broughton, Kuiper, & Beilke, 1991; Leung &

Roberson, 1993). 특히 학령전기 아이들에게서 흔히 관찰되며, 이 시기의 아동들은 대부분 기저귀를 갈거나 대소변 이후 뒤처리를 하는 과정에서 우연히 성기를 만지는 경험을 통해 쾌감에 대한 본능적 충동으로 쾌감영역을 발견하게 된다. 이 즐거움은 성적 놀이의 한 형태로 드러나며, 6~12개월의 아동들은 자신의 성기를 부드러운 담요, 장난감 등에 문지르고, 손의 움직임을 조정할 수 있게 되면서 자신의 손으로 성기를 접촉하는 등, 즐거운 놀이의 하나로 자신의 신체에 대한 탐색과 자기자극에 몰두하게 된다(김현실, 2001; 박선미, 2004; 채규만, 2006; Gilmore & Meersand, 2013; Satterfield, 1975). 이러한 건강하고 자연스러운 성행동은 간헐적이고 자발적인 것을 전제로 한다(Frierdrich et al. 1991; Johnson, 2015).

2) 자위행동을 하는 아동의 특징

이처럼 아동의 자위행동은 지나치지만 않으면 정상적인 행동으로 간주되지만(이아현, 2018) 이러한 행동이 호기심을 넘어 집착하는 수준이 될 수도 있고, 아동의 자위행동은 정서결핍과 같은 심리적 요인, 가정 내 스트레스 상황에 의해 더 강화될 수 있기에 자위행동의 수준을 구별하고 그에 따라 대처할 수 있어야 한다. 행동의 수준은 일상적 수준, 우려할 수준, 위험한 수준으로 나눠지는데, 수준별 판단 기준은 주의전환이 가능한지, 지속성 및 반복성은 어떠한지, 은밀한 행동으로 나타나는지, 강요 및 폭력성이 있는지, 심신의 피해가 발생하는지 등이다(보건복지부, 중앙육아종합지원센터, 2020).

(1) 수준 구분

① 일상적 수준
정상적 발달 범주 내에서 행해지는 아동의 자위행동은 아동이 성장하면서 경험하는 자연스러운 과정으로 빈도는 하루 3회 미만으로 행해지며, 2년 이내에 대부분 끝이 난다(Unal, 2000). 이처럼 아동의 자위행동은 지나치지만 않으면 정상적인 행동으로 간주된다(이아현, 2018). 정상적 수준의 성행동은 주로 아동의 호기심에 근거한 탐색행동으로, 자연스러운 발달과정이기 때문에 아동의 행동을 지켜보며 교육할 수 있다. 아동이 자위행동을 하고 있는 상황에서 부모나 교사가 다른 놀이나 흥

미로 관심사를 끌어 주의전환이 가능하다면, 그리고 아동의 자위행동의 정도가 일
상생활에 크게 영향을 미치지 않고 행동전환이 빠르다면 일상적 수준의 성행동으
로 분류할 수 있다. 이러한 일상적 수준의 호기심과 탐색행동으로서의 자위행동에
대한 성인의 반응 및 태도는 상당히 중요한데(Pomeroy, 1976), 교사나 부모는 충격
을 받은 표정을 하지 않고 유연하게 대처하여, 아동이 당황하거나 수치심을 느끼지
않도록 배려해 주는 게 중요하다.

② 우려할 수준

일상적 수준이 지속되고, 반복되고 은밀해진다면 우려할 수준으로 분류해야 할
가능성이 높아진다. 다른 놀이나 자극으로 흥미를 끌어도 쉽게 전환이 어렵고, 성
기가 아픈데도 멈추지 않으며, 교사나 부모의 눈을 피해 자위행동을 반복하고, 땀
을 흘리고 거친 숨을 쉬며 표정 없이 자위행동을 지속한다면 우려할 수준으로 분류
하고 대처해야 한다. 이 수준의 행동은 부모나 교사가 곤란하다고 해서 못 본 척 무
시하고 지나쳐서는 안 되고, 부모와 교사는 이러한 아동의 상태를 서로 공유하여 관
심을 갖고 함께 지도하도록 해야 한다. 우선, 최근 영유아의 가정에서의 훈육방법이
나 미디어 사용 시간 및 노출 정도 등 가정 내 환경을 점검해 보고, 심리 변화를 경험
할 만한 사건이 있었는지, 가정 및 기관에서의 행동 변화가 있는지 등을 파악해 본
다. 그리고 자위행동을 하지 않는 상황에서의 아동의 관심사를 가정과 기관이 적극
적으로 공유하여 아동에게 보다 더 관심을 갖고 흥미를 보이는 놀이를 함께하며, 주
의전환이 가능한지를 지속적으로 확인하여 일상적 수준으로 완화되는지 관찰해야
한다. 그리고 아동의 행동을 멈추기 위해 과격한 표현이나 혐오감을 느낄 만한 지도
보다는 간단한 성교육 자료를 통해 정확히 알려 주는 것이 아동의 건강한 자아 형성
에 도움이 된다. 그리고 필요시에는 주저 없이 전문가의 도움을 받을 수 있도록 해
야 한다.

(2) 행동 특징

아동기 자위행동은 출생 후 3세까지 자신의 성기를 만지거나 자신의 성기를 노출
하는 행동 등으로 나타나며, 4~6세 정도에는 혼자 자위행동을 하는 데 몰두하거나
자신의 신체와 다른 사람의 것을 비교하려는 경향을 보인다. 아동의 자위행동의 특
징은 하체의 정형화된 자세를 보이며, 회음, 두덩이 부분에 물리적 압력을 가하며

이뤄진다. 자위행동이 진행되는 동안 불규칙한 호흡과 간헐적인 그르렁거림을 보이기도 하며, 안면홍조나 발한이 나타나기도 한다. 자위행동을 하는 시간은 몇 초에서 몇 시간까지도 가변적으로 나타나며, 빈도 또한 가끔에서 계속적으로 변하기도 한다. 자위행동을 하는 동안 멍하게 허공을 바라보는 것 같은 표정으로 의식의 변화가 없기도 하지만, 외부 자극으로 인해 방해받았을 경우 그 행위는 중단된다. 그리고 자위행동을 하는 아동들은 의학적인 진단검사에서 이상반응을 보이지 않는다(Wulff, Østergaard, & Storm, 1992; Yang, Fullwood, Goldstein, & Mink, 2005). 가정과 기관에서 모두 낮잠시간이나 혼자 놀이하는 시간에 주로 이뤄진다.

3) 습관적 자위행동을 하는 아동을 위한 보육놀이치료 사례

(1) 내담 아동 소개

① 인적사항 및 주호소

보육놀이치료에 참여한 아동은 만 4세로 어린이집 7세 반에 재학 중인 여아이다. 아동의 부모가 보육놀이치료에 지원한 이유는 1년 전부터 나타나는 자위행동으로 인해 전문가의 도움을 받고자 하였다. 1년 전, 6세 초반에 아동은 어린이집에서 자신의 성기를 누가 만졌다고 부모에게 이야기하여 확인해 보니 성기가 빨개져 있었고 아프다고 하였다. 가끔 성기를 만지는 행동이 보였으나 심한 정도는 아니었고, 하지 말라고만 하고 넘겼다고 한다. 그 후, 6개월 정도 후에 똑같은 내용의 이야기를 하여, 어린이집 CCTV를 확인해 보았으나 영상으로 확인되는 것은 없었다. 아동에게 CCTV에 나오는 게 없는데 어찌 된 일인지 묻자, 그제서야 자신이 거짓말을 한 것이라고 말했다고 한다. 아마 아이가 그렇게 이야기하기 전날 정도에 자위행동을 심하게 해서 성기가 아파서 그렇게 이야기했을 것이라 추측된다고 한다. 그러나 부모가 직접 확인한 바는 없어 넘겼으나, 최근 7세가 되어 자위행동이 눈에 띄게 나타났고, 만지지 말라고 크게 혼내기도 하였으나 그 순간만 알았다고 할 뿐 별 효과는 없었다고 한다. 아동에게 왜 그런 행동을 하는지 물어보자 "솔직히 기분이 좋아."라고 대답하며, 왜 하면 안 되는지 되묻기도 하여 부모가 당황스러웠다고 보고하였다. 청결의 문제가 있고, 남들 앞에서는 하면 안 되는 행동이라고 알려 주었더니, "엄마, 오늘 어린이집에서 참고 왔어." "나 노력하고 있어."라고 말하기도 하였다. 자위행동까지 하지 않더라도 잠자리에서는 습관적으로 성기를 만지기도 하며, 가끔은 잠자리에 들기 전 아빠가 옆에 있는데도 자위행동을 하여 못 본 체 기다려 주었는데, 기다리는 동안 눈물이 날 만큼 너무 속이 상하기도 하고, 신음소리를 내며 숨을 헐떡이기도 하는 모습에 어떻게 대처해야 할지 몰라 절망스러웠다고 한다. 그리고 점차 그 횟수가 늘어나 결국 어린이집에서도 자위행동이 시작되었고 상담에 의뢰하게 되었다고 한다.

② 가족관계

아동의 어머니는 언론사 기자로서 야근이 잦아 등원 시에만 아동과 시간을 보내고, 나머지 시간은 회사원인 아동의 부가 아동을 씻기고 먹이는 등의 전반적인 육아를 더 많이 하고 있다. 초등학교 2학년에 재학 중인 오빠가 있으며 언어지연으로 인해 발달센터에서 치료를 받고 있다. 아버지는 다정한 편으로 친구 같은 아빠가 되고자 많은 부분을 허용하며 노력하는 편이지만, 약간의 다혈질 성향으로 욱하고 갑작스럽게 감정을 표출하는 경우가 있다고 한다. 이로 인해 아동은 전반적으로 아빠를 무서워하는 것처럼 보인다고 어머니는 보고하였다. 어머니 또한 다혈질적인 기질이 강해 마음에 안 드는 것을 참지 못하고 표현해 버리는데, 특히 타인의 시선이나 주변의 반응에 예민하게 반응한다고 한다. 그래서인지 어머니는 아동이 그저 특출나지 않고 조신하고 평범하게 자라길 바라는데 아동이 그렇지 못한 행동을 하는 경우가 많으며, 그럴 때마다 아이들의 감정이 중요한 것은 알지만 자신을 매우 중요하게 생각해서 자신의 감정과 자신의 힘듦이 더 중요하게 느껴진다고 한다. 그래서 아동에게 "네가 그렇게 행동하면 엄마 창피해."라는 말을 자주 하고, 너무 말을 안 들으면 "엄마 집 나가 버린다."라고 협박을 하는 경우도 있다고 한다. 또한 첫째가 내담 아동 출생 이전부터 언어지연이 있어서 첫째를 챙기느라 상대적으로 아동을 잘 돌보지 못한 것 같아 신경이 쓰이기도 하지만, 어머니 본인 또한 맞벌이하는 부모 밑에서 독립적으로 잘 성장해 왔기에 그 정도 신경을 못 써 준 것은 별 문제 아니라는 생각이 든다고 한다. 아동의 돌발 행동이나 자위행동으로 인해 교사와 부모상담을 했을 때, 아이에게 더 많은 사랑과 관심을 주라는 이야기를 들었는데, 전혀 받아들일 수 없을 뿐 아니라 실제로 아동이 자신에게 더 많은 사랑을 요구하며 징징거리는 행동은 도저히 이해가 안 된다고 하였다.

③ 발달력

아동에 대한 어머니의 보고를 정리하면 다음과 같다. 아동은 계획된 임신이었으나 첫째의 임신, 출산, 육아 과정이 너무 힘들어 고민하던 중, 부의 설득으로 임신을 하게 되었다고 한다. 임신 이후에도 스트레스가 매우 심한 편이었고, 출산 이후에도 약 1년간 산후우울증이 있었으며, 그로 인해 소리를 자주 질렀다고 한다. 그때마다 아이는 크게 울음으로 반응하였다고 한다. 영아기의 내담 아동은 모유, 분유, 이유식도 전반적으로 잘 먹지 않았으며, 고집이 센 편이어서 한 번 울면 달래기가 쉽지 않았다. 그래도 전반적으로 워낙 애교가 많아 사랑스러웠다. 영아기 때부터 지금까지 수면은 한 번씩 깨서 엄마가 있는 것을 확인하나, 바로 다시 잘 자는 편이다. 유아기에 와서도 여전히 식사 관련해서는 식사량이 많지 않고 식사 시간도 오래 걸리는 편이지만 그래도 편식이나 식사 거부는 하지 않는다고 한다. 선천적으로 기관지가 약한 편이며, 또래에 비해 체격은 다소 왜소한 편이다. 어린이집은 어머니의 복직으로 인해 만 1세 때부터 오빠와 함께 다녔으며, 분리가 어렵긴 했으나 '내담 아동이 예쁘니까 누구라도 잘해 주겠지.'라는 생각으로 보냈다고 한다. 배변훈련은 정확한 개월 수는 기억나지 않지만, 도우미 이모가 첫째를 대소변 훈련시키면서 아동도 같이 시켜 대소변 훈련이 일찍 끝났으며, 첫째가 혼나는 모습을 봐서 그런지 스스로 잘 해냈다고 한다. 아동은 유아기가 되어 성격에 많은 변화를 보였는데, 어린이집 반이 바뀐 후부터 자주 우스꽝스러운 표정이나 행동들을 하고, 소리 지르며 뛰어다니기도 하는 등 예전에 보이지 않던 행동들을 하여 교사로부터 제지를 당하는 일도 생기고 부모상담까지 했다고 한다. 7세반이 되어 담임 선생님이 남자 선생님이 되면서 가끔 화장실을 참기도 하였고, 현관에서 반으로까지 들어가는 시간이 길어 선생님이 숨바꼭질처럼 아동을 잡아야 교실로 들어가지만, 등원거부가 나타나진 않는다고 한다.

④ 사례개념화

아동은 부모-자녀 관계에서 충분히 느끼지 못한 애정과 관심에 대한 욕구를 해소하기 위해 아동은 미성숙하고 의존적인 태도로 모에게 사랑을 갈구하며, 사회적 관계에서도 과도한 관심 끌기 행동으로 상호작용을 시도하는 모습을 보인다. 이러한 관계욕구의 좌절로 인해 아동은 불충분함, 외로움과 같은 부정적 정서를 경험하였을 것이며, 이러한 관계적 스트레스를 해소하기 위해 자위행동을 하게 되었고, 이것이 습관화되어 나타나는 것으로 보여진다. 이에 보육놀이치료를 통해 따뜻한 수용과 민감하고 반응적인 상호작용을 제공하는 놀이치료사와의 관계 경험을 제공함으로써 아동의 관심과 애정에 대해 좌절된 욕구를 회복시켜 안정적인 재애착을 경험하여 무너진 자아상을 회복해 가고자 한다. 그리고 부모상담을 통해 아동이 갖고 있는 관계욕구를 이해할 수 있도록 하고 자녀의 특성에 맞는 양육을 할 수 있도록 상담하고자 하며, 동시에 기관에서는 자위행동을 감소시키고 감각자극을 주는 데 도움이 될 만한 활동을 지원함으로써 아동이 건강하게 성장할 수 있도록 돕고자 한다.

(2) 보육놀이치료 진행 과정

① 초기 단계

- 놀이 진행 요약: 아동은 첫 회기부터 새로운 환경인 놀이치료실이나 보육놀이치료사를 전혀 낯설어하지 않았다. 치료실을 힐끗힐끗 곁눈으로 둘러보는 듯했지만 그 어떤 탐색행동도 나타나지 않았고, 두 눈과 몸이 모두 치료사를 향해 있었다. 그저 치료사와 빨리 친숙하고 좋은 관계를 맺고 싶다는 욕구만 가득해 보였다. 원하는 대로 놀이를 할 수 있다는 치료사의 안내에 바로 아동은 본인이 엄마, 치료사가 아기가 되는 역할놀이를 시작했고, 클레이로 맛있는 요리를 해 주거나, 선물을 사 주는 등의 놀이를 하였다. 놀이를 하는 동안 아동은 끊임없이 치료사와 관계 맺기를 시도했고, 치료사의 반응을 살피는 것에 몰두하는 듯했다.
- 아동의 상태: 아동의 자위행동은 여전히 진행되었다고 한다. 놀이치료를 진행하면서 아동의 관계에 대한 욕구가 얼마나 큰지 알 수 있었다. 일반적으로 대부분의 아동은 놀이치료의 초기 단계에서는 새로운 환경과 타인에 대해 어느 정도의 거리감을 두고 탐색하며 관계의 거리를 좁혀 가는데, 아동에게는 그러한 거리감이 전혀 느껴지지 않았고, 끊임없이 애정을 전하면서 동시에 요구하는 게 느껴졌다.
- 부모상담: 부모는 아동의 심각한 수준의 자위행동의 원인이 부모에게 있을 것이라 생각하며 자책하고 있었다. 그러면서 동시에 나름 최선을 다하고 있었음에 억울해하기도 하며 더 이상 무엇을 어떻게 해야 할지 몰라 답답함을 호소하였다. 그런 부모 마음을 공감하며 이렇게 보육놀이치료에 지원한 용기와 각오

를 지지하였다. 특히 모와는 다른 성향의 관계욕구가 상당히 높은 아이를 이해
시키는 것이 치료의 중요한 시작점이라 보여진다.

• 교사 보고: 교사는 터질 게 터진 것 같다고 하였다. 아동은 반에서도 유난스러
우리만큼 친구들과 교사로부터 인정과 애정의 욕구를 너무 많이 보여 감당이
안 될 정도였다고 한다. 자신의 애정이 온전히 받아들여지는 것 같지 않을 때
아동은 화를 낸다거나 징징거리기보다는 멍하게 있거나 혼자 책을 읽는 등 사
회적 관계로부터 자신을 고립시키는 것 같은 모습을 보여 곁에 가 있어 준 적이
많았다고 한다. 이러한 아동의 특성을 부모에게 전달할 때마다 부모는 알겠다
고는 했지만, 전혀 교사의 말을 수긍하고 아이의 양육에 적용하는 것 같지 않았
다. 교사는 아마도 자신의 애정이 받아들여지지 않을 때 자신을 위로하기 위한
수단으로 자위행동이 시작되었을 것이라 생각된다고 하였다.

② 중기 단계

• 놀이 진행 요약: 중기 단계의 아동 놀이의 주제는 주로 부정적인 양육과 관련되
어 있다. 엄마는 친구를 만나러 가거나 아기와 함께 있다가 갑자기 사라져 버
린다. 그러한 엄마에게 아기는 매달리며 가지 말라고 하지만, 엄마는 잘 기다
리면 예쁜 것, 맛있는 것을 사 주겠다고 보상을 이야기한다. 그러나 아기는 끊
임없이 매달리고, 결국 엄마는 협박을 하며 떼어 놓고 가 버린다. 그리고 아기
가 다치는 상황이 연출되고, 엄마는 아픈 아기를 돌봐 주다가도 의도적으로 또
다시 다치게 한다. 치료하기 위해 주사를 놓아 준다고 하면서도 상당히 아프게
놓거나 우는 아기에게 울지 말라고 무섭게 하고, 참으라고 화내기도 하며, 울음
을 그치지 않으면 혼을 내고 때리기도 하는 등 아픈 아기를 돌봐 주지만, 아주
무섭고 차갑고 냉정한 모성을 표현하였다. 그리고 배변에 관한 놀이도 등장하
는데, 화장실에 변기가 하나밖에 없어서 엄마가 볼일을 다 볼 때까지 아기는 참
아야 하며, 아기 차례가 되었는데 이모나 오빠가 등장해서 새치기를 하여 결국
아기는 소변을 실수하고, 그런 아기를 엄마는 호되게 혼을 낸다. 이러한 놀이
과정에서 아동은 놀잇감을 가져와 성기에 대고 힘을 주거나 의자에 앉아 몸을
비비기도 하였다. 이러한 부정적 양육이 급격하게 연출되는 놀이가 나오다가
아동이 클레이가 담긴 우유병을 발견하고 놀이가 급하게 바뀌었다. 우유병에
알록달록 클레이를 담아 예쁘다고 하며 자신이 아이가 되어 우유병을 빨기도

하는 등 퇴행 놀이가 나왔다. 아기 목소리를 내며 자신은 세 살 아가이니 옷을 입혀 달라고 하거나 신발을 신겨 달라고 하기도 하였다. 그 후로 다시 아기를 돌보는 놀이나 병원놀이가 나왔는데 이전같이 의도적으로 아프게 하거나 냉정한 양육은 거의 나오지 않았고 오히려 지극정성으로 간호하기도 하였다. 치료사에게 무한 물량공세를 펼치며 먹을 것을 일방적으로 가져다주고 먹여 주던 놀이에서 이제는 서로 한입씩 먹여 주고 나눠 먹고 무엇을 먹고 싶은지 물어보고 만들어 주는 등 상호작용이 이뤄지는 놀이로 진행되었다.

- 아동의 상태: 아동은 놀이를 통해 본인이 경험한 냉정하고 지시적이며 거부적인 부정적 양육을 표현하였다. 놀이에서의 부정적 양육은 주로 현실에서 돌봄 욕구가 결핍된 아동들에게서 나오는 놀이 패턴인데, 아동은 이러한 모에 대한 부정적 감정과 초기 양육 실패에 관해 반복적으로 놀이하였다. 또한 동시에 아동은 좌절된 애정욕구를 충족시키기 위한 시도로 자신의 미숙함을 앞세워 치료사에게 의존하는 등의 부적응적인 상호작용을 시도하였고, 치료사는 아동을 공감하며 스스로 해낼 수 있도록 지지하였다. 이러한 치료사의 반응에 아동은 마치 엄마에게 하고 싶었던 떼를 부리거나 부정적 감정을 폭발적으로 표현하는 행동을 하며 감정을 해소시켰다. 이때 치료사가 엄마와는 다르게 일관되게 지지적인 반응을 보이자 아동은 회기가 거듭될수록 감정을 조절해 보기도 하였고, 방법을 알려 달라고 하거나 시도해 봐도 안 될 경우 언어적으로 도움을 정확히 요청하는 등 자발적 행동을 거듭 시도하였고, 그러한 과정에서 성취감을 경험하기도 하였다. 이러한 중기 과정의 놀이가 진행되는 동안 실제 일상생활에서 아동은 초반에는 자위행동의 강도나 빈도가 높아져 놀이의 내용과 같이 아동의 내면에 상당한 갈등이 진행되고 있음을 알 수 있었고, 치료과정에서 감정이 폭발적으로 해소된 이후 중기 후반부로 갈수록 자위행동이 점차 줄어들어 정서적인 안정감이 증가하고 있는 모습을 보였다.

- 부모상담: 부모는 치료사와의 상담을 통해 아동이 갖고 있는 관계욕구에 대해 조금씩 이해하려고 노력하는 모습을 보였다. 이러한 노력에도 아동의 자위행동이 더욱 심해지자, 부모는 불안해하기도 하였고 병원을 가야 하는 것 아니냐며 큰 문제가 생긴 것처럼 느끼는 듯하였다. 치료의 과정과 그 과정에 따른 아동의 예상 반응들을 다시 설명하여 부모를 안심시켰다. 워낙 모의 성장배경이나 성향상 관계욕구가 많이 없는지라 아이의 마음이나 행동을 이해하려는 시

도조차 버겁게 느꼈지만, 서툴게 시도하는 모습에도 아동이 반응하는 것을 보고 정말 아이가 부모의 사랑을 필요로 한다는 것을 느꼈다고 하였다. 물론 여전히 결정적인 순간에는 외면하고 거절하게 되는 경우가 많지만 바로 감정을 가다듬고 기다려 주고 공감해 주려고 시도한다고 하였다. 그러고는 신기하게도 그렇게 아이와 마음이 만난 것 같은 날 이후로 며칠은 자위행동이 나오지 않는다고 하였다.

- 교사 보고: 아동이 보란 듯이 자위행동을 너무 많이 하여 당황스러웠지만 치료사가 그럴 수 있다고 미리 알려 주었기 때문에 아동의 관심을 돌리려 시도해 보고, 그래도 되지 않으면 오히려 다른 아이들을 다른 놀이 영역으로 이동시켰고, 자위행동이 다 끝나고 난 후 아이를 안아 주며 사람들 앞에서 할 수 없는 행동임을 거듭 알려 주었다고 한다. 아동은 알겠다고 다시는 안 하겠다고 하며 선생님을 꼭 안기도 하였다. 놀이치료가 진행될수록 아동의 자위행동 시도가 줄기보다는 아동이 자위행동을 시도할 때 치료사가 주의를 전환시키거나 놀이를 제안하면 받아들이는 횟수가 늘어났다고 하였다.

③ 후기 단계

- 놀이 진행 요약: 클레이로 음식과 관련한 먹을 것만 만들던 아동은 '예쁘게 만들고 싶다'는 말을 자주 하였고, 잘 안 되면 도움을 요청하기도 하였다. 그리고 자신이 만든 클레이 작품에 이름을 쓰기도 했는데, 클레이에 잘 써지지 않아 속상해하였고, 치료사가 종이를 제공하며 여기에 적어도 된다고 하자 자신의 이름을 적고 예쁘게 꾸며 주고 싶다고 하였다. 이후의 놀이가 자연스럽게 미술놀이로 전환되었고, 주로 치료사에게 자신의 이름을 알고 있는지 물어보고 치료사가 자신의 이름을 맞추면 정답이라고 하며 즐거운 기분으로 놀이가 시작되었다. 종이에 자신의 이름을 적고 예쁘게 꾸며 주었고, 치료사도 동참해서 같이 하길 원했다. 하트를 크게 그려 넣고 자신의 이름을 적거나, 다 예쁘게 꾸민 후 봉투 안에 담아 꼭 안기도 하고, 누구에게 선물하고 싶은지 이야기하기도 하였다. 종결을 준비하며 치료사에게 자신의 이름을 잊지 말라고 거듭 약속하기도 하였다.
- 아동의 상태: 아동의 자위행동은 눈에 띄게 감소하였다. 아동은 후기 단계에서 자신의 내면에 고요하게 집중하는 놀이를 진행하였는데, 이와 같은 놀이를 통

해서 자신이 어떠한 욕구를 갖고 있으며 어떠한 감정을 느끼고 있는지 등 내면을 깊이 있게 탐색할 수 있는 기회가 되었을 것으로 보인다. 다시 말해, 자신의 존재를 확고하게 세울 수 있게 되면서 독립적으로 생활하는 것이 가능해진 것으로 보인다. 또한 다른 사람과의 관계에서 갈등 상황이 발생할 때 외면하기보다 스스로 문제를 해결하려는 시도가 많아졌는데, 부정적인 감정을 감당해 낼 수 있는 힘이 상승하고 상황에 대처할 수 있는 자원이 풍부해지고 있는 것으로 보인다.

- 부모상담: 부모는 점차 아동과 소통이 되는 것 같다고 하였다. 자신의 욕구대로 되지 않을 때 떼를 쓰기는 하지만 과거의 모습처럼 심하지 않고, 모가 아동의 욕구를 알아주며 상황적인 것을 설명했을 때 대체로 욕구 조율이 잘 되었다고 하였다. 더불어 가정에서도 아동의 자위행동 빈도가 많이 줄어들었다고 하였다. 부모는 중기 단계 때 상담했던 내용과 같이 아동의 마음을 헤아리기 위해 노력했을 때 자위행동이 상당 부분 감소한다는 것을 더 확실하게 알게 되었고, 아동의 마음을 알아차리기 위해 노력을 기울였다고 하였다. 치료사는 부모의 노력에 긍정적인 반응을 하면서 앞으로도 부모의 역할을 잘 수행할 수 있도록 격려와 지지를 보냈으며, 부모도 아동의 마음을 공감할 수 있도록 꾸준히 노력해 보겠다고 하였다.

- 교사 보고: 기관에서도 아동의 자위행동이 거의 나타나지 않는다고 하였다. 언제나 교사의 감정과 상태, 상황들을 살피며 교사의 관심을 얻는 것이 유일한 목적인 것 같았던 아동이 점차 교사가 아닌 또래를 관찰하기 시작했으며, 자유놀이시간에도 멍하니 친구들의 놀이를 관찰했던 모습에서 이제는 조금씩 자신의 놀이가 시작되었다고 한다. 교사는 추후 아동의 자위행동이 나타나게 되더라도 중심을 잡고 일관적인 태도를 유지하면서, 아동의 주의를 전환시키거나 다른 놀이를 제안하는 등 최대한 아동에게 도움이 될 수 있도록 반응할 것이라고 하였다.

4) 습관적 자위행동을 하는 아동을 위한 보육놀이치료의 의의

아동기는 호기심을 바탕으로 성에 대한 기본적인 지식을 쌓으며 성정체성 및 성역할 개념을 형성하는 성적 발달과정에 있어 매우 중요한 시기이다. 이 시기에 이뤄지는 아동의 자위행동은 성인의 자위행동과는 달리 환경을 불문하고 타인을 별로 인식하지 않고 이뤄지기에 아동의 성 탐색행동에 대해 부모나 교사 등 주위 어른들의 반응과 태도, 대처 방법이 중요하다(Pomeroy, 1976). 아동은 주변 반응에 의해 수치심과 죄책감을 느껴 다른 곳으로 장소를 이동하거나 숨어서 하는 등의 모습이 나타나기도 한다. 하지만 발달연령상 욕구가 잘 조절되지 않아 환경을 구분해 가면서 자위행동을 하기는 쉽지 않을 뿐 아니라, 부모나 교사들로부터 금지당한 자위행동은 대부분 실제로 멈추지 않은 경우가 많다. 그래서 아동을 둘러싼 가정과 보육현장에서 자위행동에 대해 동일한 태도를 취하고, 동일한 반응을 보이며, 동일한 방법으로 문제를 해결해 가는 것이 필요하다. 이러한 환경의 일치는 아동으로 하여금 불안이나 혼란스러움을 줄여 주는 좋은 방법이 된다. 부모나 교사 모두 아동의 자위행동을 평가하고 개입해야 하는 기준이 개인마다 다를 수 있기 때문이다. 따라서 가정과 기관에서 아동의 상태에 대한 긴밀한 정보 공유를 바탕으로 아동에게 제공할 환경을 선택해서 동일한 반응을 보여 줄 수 있어야 한다.

그럼에도 불구하고 아동의 자위행동은 부모와 교사가 대처하기가 참 어렵고 불편한 영역이다. 우리나라 부모들은 여전히 자녀가 성기를 만지며 노는 행위에 대해 충격과 고민을 호소하는데, 이는 부모가 성장하면서 형성된 성의식 때문인 것으로 예상된다. 우리나라에서 아동의 성 추구행동은 도덕적 훈육의 대상이자 계몽의 대상으로 전개되는 경우가 많다(도기숙, 2013). 뿐만 아니라 유아교육기관에서 50% 이상의 유아들이 자위행동을 경험할 정도로 그들의 성적 호기심을 일상 속에서 직접 마주할 기회가 많은 교사들조차 그 교육 원칙과 방안을 갖지 못한 채 혼란스러워 한다. 더욱이 미혼에 교사경력이 적은 교사일수록 아동의 성과 관련된 놀이나 행위, 질문 등을 피하는 경향이 있다(김미경, 2004).

이처럼 부모와 교사들은 아동의 성을 애써 외면하거나 소극적으로 대처하며, 더 나아가 아동의 성 추구행동을 금기시하는 경향이 있는데, 아동의 세계에서 중요한 위치에 자리 잡고 있는 성인이 아동의 자위행동에 이와 같은 반응을 보여 근본적인 본능이 만족되지 않는다면, 아동은 정서적 불만과 결핍으로 혼란을 경험할 수 있다. 또한 성에 대해서도 이중적 태도를 갖게 되고, 성적 수치심을 내면화할 뿐 아니라 성인이 된 이후에 성도착증이나 강박증을 앓게 될 확률이 높아진다(도기숙, 2015). 따라서 아동들이 경험할 성적 수치심과 죄책감을 이해하고 아동의 성 탐색행동을 근본적으로 '만족을 위한 유희 본능'으로 인식 및 이해함으로써 아동들의 성이 음지의 영역으로 숨어드는 게 아니라 아동의 자위행동을 놀이로 지지해 주면서 동시에 혹시 있을지 모르는 아동의 심리적 어려움을 제거해 줄 수 있는 환경이 필요하며, 이때 보육놀이치료가 적합하다. 치료과정을 통해 아동상담 전문가가 아동의 상태를 파악하고, 그 행동 이면에 아동의 심리 · 정서적 어려움을 발견하여 부모, 교사, 치료사가 한 팀이 되어 아동의 자위행동과 관련한 어려움에 접근할 수 있다는 것은 보육놀이치료가 갖고 있는 장점이라 할 수 있다. 아동의 성에 대한 호기심과 놀이, 그리고 자위행동과 같은 성 추구는 단지 사각지대에 놓여 있어야 할 영역이 아니며 (도기숙, 2015), 보육놀이치료를 통해 아동의 성적 호기심을 건강하게 채우도록 놀이를 통해 지원하고 지지해 준다면 단순한 쾌락추구를 통한 만족을 넘어서 성장에 바람직한 정서적 안정감을 제공하여 보다 건강한 아동으로 성장할 수 있을 것이다.

Tip　습관적 자위행동을 하는 아동을 대하는 부모와 교사를 위한 팁

● 상황에 따라 못 본 척 넘어가거나 적절한 행동에 대해 차근차근 알려 주세요.
아동이 성기를 갖고 놀거나 자위를 한다고 야단을 친다면 자존감이 낮아지고 혼자 숨어서 자위행동을 더 많이 지속할 수 있습니다. 자위행동을 하는 아동을 발견했을 때 상황에 따라 못 본 척 넘어가거나 어떻게 행동하는 것이 적절한지에 대해 차분한 태도로 안내해 주는 과정이 필요합니다. 예를 들어, "유경아(가명), 소중이를 만지는 것은 혼자 있을 때 하는 거란다. 네가 소중이를 만지다가 엄마나 다른 사람이 나타나면 하던 것을 멈춰야 하는 거야."와 같이 안내해 주면서 자신의 행동을 조절할 수 있도록 도울 수 있습니다. 그리고 몸의 소중함을 이야기해 주며, 성기를 반복적으로 자극하는 행동은 더러운 세균에 감염될 수 있음을 이야기해 주세요. 너무 소중한 몸을 스스로 지켜야 함 또한 알려 주세요.

● 관심과 사랑에 대한 표현을 자주 해 주세요.
아동이 사랑받고 있음을 느낄 수 있도록 스킨십과 긍정적인 언어 표현을 자주 해 주는 것이 좋습니다. 평소보다 아동에게 관심을 갖고 더 많은 시간을 보내거나 따뜻하게 안아 주는 등의 애정 표현을 통해 아이의 마음을 다독여 준다면 아동이 자위행동에 집중하는 시간이 서서히 감소될 것입니다. 그리고 편하게 대화를 나누는 시간을 통해 혹시 아동이 성에 대해 궁금해한다면 자연스럽게 이야기할 수 있도록 대화를 유도해 주시면 좋습니다.

자위행동을 하는 아동을 위한 추천 놀이와 추천 놀잇감

자위행동하는 아이들과의 놀이는 목적을 두 개로 나눌 수 있습니다. 아이가 원하는 감각자극을 충족시켜 주기 위해 놀이를 할 수도 있고, 아동에게 자위행동할 때 얻는 그 이상의 즐거움을 경험시켜 주기 위해 놀이를 할 수 있습니다.

아동의 자위행동은 신체를 갖고 놀이하는 행동으로 볼 수 있는데, 평소 감각자극이 부족하고 환경적으로 지루함을 느낄 때 자위행동이 나타날 수 있습니다. 따라서 다양한 감각을 충족시킬 수 있는 놀이 도구를 제공하여 감각자극을 충족시킨다면 아동은 자위행동 대신 다른 활동을 통해서 성장과정에서 필요한 자극들을 채워 나갈 것입니다. 놀잇감은 물이나 모래놀이, 핑거페인팅, 물감놀이, 점토나 클레이, 슬라임 등이 있으며, 평소 내 아이가 어떠한 감각자극을 선호하는지 관찰한 후에 그 지점에서부터 출발하여 점차 놀이를 확장시켜 나가는 것을 추천합니다. 그리고 아동이 좋아하는 노래나 음악을 틀고 작업하는 것도 좋은 방법입니다. 촉감과 청각에 기분 좋은 자극을 동시에 주면 더욱 긴장이 빠르게 이완되고 안정감을 얻을 수 있을 것입니다.

🖎 쉐이빙 폼을 활용한 놀이

– 준비물 : 쉐이빙 폼, 투명 비닐 또는 큰 플라스틱 통, 물감, 방수 옷

활동하기 전에 쉐이빙 폼을 자유롭게 만져 보는 놀이를 할 거라고 안내합니다. 바닥에 투명 비닐을 깔거나 낮은 상 위에 큰 플라스틱 통을 올려놓고 그 안에 쉐이빙 폼을 충분히 담아 줍니다. 아동이 쉐이빙 폼을 담고 싶어 한다면 직접 쉐이빙 폼이 들어 있는 통을 흔들어서 뿌려 보게 합니다. 쉐이빙 폼을 이리저리 문질러 보면서 느낌을 느껴 보고 향기도 맡아 보면서 재료에 대해 충분히 탐색해 보는 시간을 갖습니다. 손가락으로 그림을 그려 보면서 신체 움직임에 따라 나타나는 흔적들을 살펴보기도 하고, 물건을 숨기고 찾는 놀이도 진행해 볼 수 있습니다. 또한 물감을 몇 방을 떨어뜨리고 쉐이빙 폼을 문지르면서 물감과 거품이 섞이는 것을 살펴봅니다. 부드러운 촉감을 만지는 과정에서 정서적으로 이완할 수 있고, 감각적인 자극을 통해 자연스럽고 자유롭게 표현력이 증진될 수 있습니다.

🖊 에너지 발산을 위한 신체놀이

자위행동을 하는 아동을 위한 놀이는 무엇보다도 즐거워야 합니다. 자위행동은 즉각적인 즐거움과 기분 좋은 경험을 아동에게 충족시켜 주기 때문에 짧게라도 아주 신나게 노는 시간을 갖는 것이 중요합니다. 실제로 야외활동이 많은 여름철보다 바깥놀이가 적은 겨울철에 자위행동이 더 자주 나타납니다. 이처럼 신체놀이가 도움이 되는데, 땀을 흠뻑 흘릴 만큼 운동을 하거나 에너지를 발산하는 놀이가 좋습니다. 신나게 몸을 움직일 때 발생하는 호르몬이 심리적 안정감을 형성시킬 뿐 아니라 주위를 환기시키는 데 도움이 되어 자위행동에 몰두되어 있는 아동의 감각을 분산시킬 수 있기 때문입니다.

Chapter 12

내재화 문제를
보이는 아동

1. 선택적 함구증을 보이는 아동

선택적 함구증 아동은 자신의 감정과 느낌을 말로 전달할 수 있는 능력이 있음에도 본인이 편하다고 느끼는 상대방 앞이나 집에서가 아니면 언어 대신 몸짓 혹은 단음절로만 표현하곤 한다. 이러한 행동은 타인과 관계 맺는 데 걸림돌이 되어 아동의 심리·사회적인 발달에 부정적으로 작용할 뿐 아니라 양육자와 교사를 힘들게 하기도 한다. 아동이 기능적 어려움이 없음에도 불구하고 이러한 행동을 지속하는 데에는 선택적으로 함구하는 행동으로 인해 얻는 1차적 이득(관심 끌기, 자신의 부족함을 드러내지 않기 등)이 있기 때문이다. 따라서 치료의 목표를 말을 하게 하는 것이 아닌 아동이 이 행동을 지속하는 원인을 파악하고 욕구를 해소시키는 것에 두어야 한다. 처음에는 기능적 어려움이 없는 상태에서 시작했다고 하더라도 너무 오랜 기간 지속이 되면, 언어발달, 학습장애, 또래관계의 어려움 등 2차, 3차적 어려움이 따를 수 있기 때문이다.

#1

오늘은 피아노학원 선생님이 주말 동안 무슨 일이 있었냐며 전화를 주셨다. 우리 아이가 원래 대답을 할 때 아주 작은 목소리로 "네." 정도는 했는데, 이제는 그마저도 하지 않고 고개를 끄덕인다고 한다. 집에서는 너무 밝고 씩씩하며 어떤 것을 하든 오빠를 이기려고 하고, 자기 의견대로 끌고 나가기 위해 큰 소리로 고집을 부리는 경우도 있다. 집에서는 너무 강력하게 자기 의견을 주장하기 때문에 처음 어린이집 선생님께 전화를 받았을 때는 믿을 수가 없었다. 하지만 선생님의 전화를 받고 나니 놀이터에 나가 친구들과 놀이할 때면 조용해졌던 것이 떠올랐다. 단순하게 처음 만나는 친구들이니 부끄러운가 보다 하고 넘겼는데 그게 아니었나 보다. 집에서는 여전히 잘 웃고 지내지만 밖에서는 말하지 않는 영역이 점점 더 늘어나고 있다. 말을 왜 하지 않는지 물어보기도 하고, 이야기하는 것이 왜 중요한지 설명하고 설득해 보거나 다그쳐 보지만 어떤 방법도 아이의 입을 열지는 못해 답답하기만 하다. 이렇게 말을 하지 않으면 친구들과 어울리지 못할까 봐 걱정이고, 나중에 학교에 가서도 계속 이럴 것 같아 고민이다.

2

분명히 집에서는 자신의 생각을 말로 잘 표현하고 크게 웃거나 장난도 친다고 한다. 하지만 어린이집에서 내가 보는 모습은 정반대다. 등원을 하면 친구들에게 쭈뼛거리며 다가가 친구들 사이에 자연스럽게 섞여 있는 듯하지만 이상하게도 이야기를 나누지는 않는다. 친구들을 따라 이동할 때에도 언어적인 상호작용은 나타나지 않는다. 친구들뿐 아니라 나에게도 짧게 고개를 끄덕이거나 눈짓으로만 표현한다. 특히 오후 일과 중 발표하는 시간이 되면 더욱 힘들어하는 것이 눈에 보인다. 여러 가지 이야기를 나누어 보려 시도하지만 전혀 대답하지 않고 고개만 숙이고 있다가 나중에는 눈물을 뚝뚝 흘리기까지 한다. 말을 거는 것 자체를 부담스러워하는 것 같아 더 다가가지 못하는데, 그냥 두면 소외감이 들까 봐 그것도 걱정이 된다. 어떻게 도와주면 좋을지, 뭐가 어렵고 힘든지 이야기를 해 주면 아이를 더 이해하기 쉬울 것 같은데, 오늘도 나는 아이의 목소리를 들을 수가 없다. 어떻게 해야 이 아이를 편안하게 해 주고 이야기를 나눌 수 있을지 늘 고민이다.

1) 선택적 함구증의 정의

선택적 함구증은 일정 상황에서는 말을 할 수 있음에도 불구하고, 특정 상황에서는 말을 하지 않는 모습을 보이는 특징을 가지며, DSM-5 진단 체계에서 불안장애의 하위 유형에 해당하는 문제이다. 선택적 함구증은 아동의 학습이나 성취, 사회적 소통을 방해하며 이러한 증상은 최소 1개월 이상의 기간 동안 지속되어 나타나게 되는데, 이러한 양상은 기관 또는 학교생활의 첫 적응기간 1개월에만 국한되지 않는다. 또한 사회적 상호작용에서 필요한 언어적 지식이 부족하거나 언어적 미숙함으로 인해 말을 하지 않는 것이 아니며, 의사소통장애 및 다른 기타 장애로 더 잘 설명되지 않는 경우에 해당한다. 선택적 함구증의 발병연령은 대부분 3~6세경이며, 발병시기의 평균 연령은 3.6세이다. 하지만 선택적 함구증을 가진 아동들은 보육기관에 다니거나 초등학교에 입학하는 시기가 지나도 여전히 그러한 경우, 진단을 받거나 치료를 시작한다. 선택적 함구증은 전체 아동의 약 0.5% 정도로 비교적 드물게 진단되며, 성인보다 어린아이들에게서 더 많이 발생한다. 선택적 함구증의 지속기간은 개인에 따라 다양하게 나타나는 것으로 확인된다.

2) 선택적 함구증을 보이는 아동의 특징

(1) 수준 구분

① 일상적 수준

주로 말이 없거나 수줍어 먼저 다가가지 못하는 내성적인 성향인 아이들과 선택적 함구증을 구분하는 데에는 어려움이 있다. 특히 내향적인 아이들은 새 학기 기간이 되면 더욱 말하기 어려워하고 부끄러워한다. 이들은 자신에게 호의적이고 익숙한 환경이 될 때까지 적응 과정에서 이러한 모습을 보이기도 한다. 흔히 있을 수 있는 일이다. 그래서 아동의 기질에 맞게 기다려 주거나 사회적 기술을 조금씩 알려주어 적용해 볼 수 있도록 잘 도와주어야 한다. 그리고 아동의 발달은 개개인마다 차이가 있는데, 사회적 관계에서 요구되는 언어에 대한 지식이 또래에 비해 적은 경우도 사회적 관계에서 말하는 것을 어려워할 수 있다. 이러한 경우에도 선택적 함구증으로 보기는 어렵다. 그러나 대부분 선택적 함구증으로 진단받은 아동의 보호자들은 내성적인 줄로만 알았다거나 부끄러워서 말을 못하는 줄 알았다고 보고한다. 따라서 부모의 각별한 주의가 필요하며 우리 아이에 대한 외부의 피드백에 관심을 두고 아이를 관찰해야 한다.

② 우려할 수준

선택적 함구증은 말에 대한 지식이 부족하거나 언어가 미숙해서 하지 않는 것이 아니라 말을 할 수 있음에도 불구하고 학교와 같은 특정 사회적 상황에서만 일관되게 말을 하지 않는 것이 1개월 이상 지속될 때 진단 내려진다. 언어는 개인의 의사를 표현하는 수단이고, 선택적 함구증 아동은 대개 학교나 유치원, 어린이집과 같은 장소에서 말을 하지 않는 것이기 때문에 학습이나 사회적 소통에도 방해가 된다. 보통 자신이 편안한 상황인 집이나 가족들이 함께 있을 때에는 언어적 의사소통을 잘 하기 때문에 초기 발견이 쉽지 않다. 다만, 어떠한 이유로든 이런 행동을 아동이 선택했다면 쉽게 고착될 수 있기 때문에 초기에 개입하는 것이 중요하다.

(2) 행동 특징

① 가정에서의 모습

선택적 함구증을 가진 아동은 대개 집이나 가족들 앞에서는 편안하게 일반적인 목소리로 말을 하지만 할아버지, 할머니나 사촌 같은 가까운 친척들 앞에서도 말을 하지 않는 경우가 있다. 오랜만에 친척들을 만나도 인사를 하지 않아 부모님이 인사를 시키면 고개를 푹 숙이고 바닥을 보거나 부끄러워 몸을 꼰다든지, 눈만 깜빡거리며 멍하게 있는다든지 등 불안한 모습을 보이기도 한다. 가족을 제외한 사람이 있을 때에는 언어 대신 몸짓, 고개 끄덕임, 흔들기, 잡아끌기 등으로 의사소통하거나 짤막한 발화, 단조로운 발화 또는 음성을 바꾸어서 사용하기도 한다(송영혜, 1996).

또 함묵을 가진 아동들은 대개 친밀함을 느끼는 가족구성원과 의사소통을 하는데, 주로 그 대상은 어머니일 가능성이 높다. 아동은 일반적으로 모에게 지나치게 의존하는 경향이 있고, 모가 없을 때에는 불안을 느낀다. 그리고 모와는 의사소통할 때 짜증이 섞인 지시하는 말투를 많이 사용하기도 한다. 이는 사회적 관계에서 해소되지 못한 욕구를 통제할 수 있는 대상인 모와의 관계에서 풀어내려는 시도이다.

② 기관에서의 모습

선택적 함구증을 가진 아동은 가정 또는 일상생활에서의 상호작용에는 어려움이 없으나, 보육기관에서 또래 유아 및 교사와 상호작용하는 데 있어 어려움을 경험한다. 아동은 자유놀이시간에 친구들 사이에서 머무르지만 언어적으로 상호작용하지 않으며 자신의 의사를 비언어적 방식을 통해 제한적으로만 표현한다. 또한 수업 시간 활동에 따라가며 참여하지만, 언어 사용에 대한 압박이 심해지는 수업에 참여하는 것에는 어려움을 나타낸다. 아동의 의사 표현에 제한이 있어 보육교사는 아동의 의사를 정확하게 파악하고 이해하는 것에 어려움을 갖기도 한다. 아동이 말을 하지 않음으로써 얻게 되는 관심과 편의 등으로 함묵의 증상이 익숙해질 수 있으며, 또래와 교사로부터 말을 하지 않는 아이로 인식이 된 후에는 주변을 의식하느라 말을 하는 것을 두려워하여 증상이 강화될 수 있다.

3) 선택적 함구증을 보이는 아동을 위한 보육놀이치료 사례

(1) 내담 아동 소개

① 인적사항 및 주호소

아동은 어린이집 6세반에 다니고 있는 만 4세 여아이다. 보육기관에서 언어적으로 상호작용하지 않아 보육놀이치료에 의뢰되었다. 담임선생님이 "어머니, 주희가 어린이집에서 말을 안 하는데 혹시 집에서 무슨 일이 있었나요?"라는 전화를 받았을 때 아동의 모는 깜짝 놀랐다고 하였다. 왜냐하면 아동은 집에서 명랑하고 밝으며 수다스럽기 때문이었다. 다만, 엘리베이터에서 사람을 마주치거나 놀이터에서 친구를 만나도 인사하지 않고 모의 등 뒤에 숨는 것은 계속 반복된다고 하였다.

어린이집 선생님은 아동이 자유놀이시간에 친구들 사이에 머무르지만 언어적으로 상호작용하지 않으며 자신의 의사를 비언어적 방식을 통해 제한적으로 표현하고 있다고 보고하였다. 또한 수업시간 활동을 따라가며 참여하지만, 영어 특별활동 시간 등 말로 해야 하는 수업에 참여하는 것은 어려워한다고 한다. 아동의 의사 표현에 제한이 있어 선생님은 아동의 의사를 정확하게 파악하고 이해하는 것에 어려움을 가지고 있으며, 아동의 욕구에 어떻게 따라 주어야 할지도 어려워한다.

② 가족관계

아동의 가족은 부, 모, 오빠이다. 아동의 부는 컴퓨터 프로그래머로 조용하고 말이 없는 성향이다. 아동이 원하는 것은 대부분 들어주는 편인데 감정적인 교류나 함께 놀이하는 것보다 장난감을 사 주거나 핸드폰을 쥐어 준다. 모는 아동에게 애정적인 표현도 많이 하고, 최대한 많은 시간을 함께 보내기 위해 노력한다. 아동이 뭔가를 잘못하거나 위험한 상황이 생기면 혼내지 않고 말로 설명하며, 또 그런 상황이 생기지 않도록 치워 둔다. 오빠는 의젓하고 얌전한 편으로 아동에게 양보도 많이 하고 같이 잘 놀아 준다. 그래서 아동도 오빠와 놀이하는 것을 좋아하는데 자신이 원하는 대로 되지 않으면 소리를 지르거나 짜증을 부린다. 오빠는 갈등이 생기는 것이 싫어 웬만하면 다 들어주고 있다. 아동의 외조모는 아동이 어린이집 하원 후 양육을 도와주시는데, 허용적으로 양육하며 밥이나 간식 먹기, 신발 신기, 외투 입기와 같은 자조능력 관련 영역을 대신 해 준다.

③ 발달력

아동은 발달과정에서 별 다른 특이사항 없이 성장하였다. 다만, 환경에 대한 예민함은 있었다. 예를 들어, 새로운 사람이 있으면 크게 울지는 않았으나 엄마 옆에 꼭 붙어 있거나 바짓가랑이를 잡고 쫓아다니는 등의 행동을 하였고, 친척집에서나 외부에서 낮잠 자는 것을 어려워하여 시간 맞춰 집에 들어가야 했다. 돌 즈음, 모의 복직으로 어린이집에 가게 되었고 하원 이후 모의 퇴근 전까지는 외조모가 주로 양육을 하였다. 외조모와 모, 아동 셋이서 외출하는 적이 많았는데 모와 분리되어서 외조모와 잠시 화장실을 다녀오거나 하는 등의 행동이 자연스러웠기에 문제의 심각성을 인지하지 못했는데, 아마도 아동이 외조모 또한 주 양육자로 인식해서였던 것 같다. 비교적 교류가 많았던 외가 식구들과 달리 친가 식구들을 만나면 가족임에도 불구하고 전혀 인사하지 못하고 모 옆에 딱 붙어 있는 등의 모습을 보여 낯가림이 좀 심한 편인 것 같다고 생각을 하게 되었다. 3세 6개월 무렵부터 친척들과 함께 있을 때부터 전혀 말을 하지 않고 다른 가족들이 보지 않을 때 모에게 와서 귓속말로 몰래 자신의 의사를 전하거나 집으로 돌아오는 길에 "아까 나도 아이스크림 먹고 싶었어요."라고 이야기를 하는 모습에 심각성을 느끼게 되었다고 한다.

④ 사례개념화

아동은 어렸을 때부터 낯선 환경과 낯선 사람을 불편해하였다. 경직되어 말을 못하거나 익숙하지 않은 곳에서는 수면에 어려움을 보이기도 했다. 이런 특징들로 미루어 보아 예민한 기질을 소유했음을 알 수 있다. 그래서인지 아동의 주 양육자인 모와 외조모는 아동이 원하는 것은 다 들어주려 하였고, 스스로 할 수 있는 그리고 연령상 해야 하는 부분들까지도 아동의 요구가 있기도 전에 대신해서 해 주는 과잉보호적인 양육을 제공하고 있다. 이러한 아동의 기질적 특성과 양육행동은 아동이 조금 편안하게 살아갈 수 있도록 하였을지는 몰라도 경험 부족으로 인한 불안과 사회적 위축을 강화시켰을 것으로 예측된다. 결과적으로 언어적·기술적 능력의 부족이 없어 언어적으로 의사 표현을 할 수 있음에도 과잉보호로 인한 시행착오의 경험 부족으로 인해 실패에 대한 두려움과 불안을 해소하기 위한 방법으로 사회적 상황에서의 함묵 행동을 선택한 것으로 예측된다. 이에 보육놀이치료를 통해 아동이 보육기관에서 경험하고 있는 긴장을 놀이를 통해 해소하고, 자신의 불안한 감정을 인식하도록 하였으며, 사회적 욕구를 표출함으로써 아동의 내면과 행동이 일치되도록 돕고자 한다. 그리고 부모상담과 담임교사상담을 통해 무엇보다도 아동이 말하는 것에 치료 목적을 두거나 집착하지 않도록 선택적 함묵에 대한 이해와 함묵을 선택한 아동에 대한 이해를 도와야 한다. 그리고 아동의 작은 행동이나 몸짓을 민감하게 알아차리고 공감하여 의사소통을 시도하고, 원하는 놀이에 자연스럽게 참여하여 자신의 생각을 행동이 아닌 말로 표현할 수 있도록 분위기를 조성해야 한다.

(2) 보육놀이치료 진행 과정

① 초기 단계

- 놀이 진행 요약: 아동은 첫 회기에 발을 끄는 것처럼 하며 느린 걸음으로 입실하였다. 적극적으로 거부 의사를 밝히지는 않았으나 어깨는 말려 있었고, 모든 움직임이 아주 느렸으며 표정 변화도 없었다. 놀이하는 동안 말을 전혀 하지 않았고 소리 없이 일어나 피규어들을 가지고 왔다. 그다음에도 소리 없이 입실하여 허락을 구하는 듯 치료사를 표정 없이 바라보기만 하였다. 회기가 지날수록 입실 후의 표정이 편안해졌고 3회기 후반이 되자 아주 작은 소리로 "저기서 소리가 났어."라고 혼잣말을 하듯이 말하였다. 아동의 놀이를 살펴보면 냉장고에는 조개를, 젖병에는 모래를 가득 채우는 놀이가 관찰되었다. 지속적으로 접시, 변기, 버스 등에 모래를 채웠고 모래를 채운 음식을 소녀에게 먹였다.
- 아동의 상태: 아동은 보육놀이치료실에서 조심스럽게 움직이고 행동하며 좁은 반경에서 움직임을 보였다. 모래를 탐색할 때에도 하나의 손가락에서 양 손가락, 여러 손가락, 손바닥으로 모래에 닿는 면이 증가하였고, 모래상자의 사용 범위도 점차 넓어졌다. 이를 통해 아동은 자신이 안전하다고 느끼고 편안해질 때까지 또래 아동들보다 보다 더 많은 시간이 필요하니 기다려 주어야 한다는 것을 확인하였다. 치료사가 시간에 맞추어 아동을 데리러 가면 아동은 수줍게 웃으며 보육놀이치료실로 향하였는데 치료사와 언어적으로 상호작용을 거

의 나누지는 않지만, 아동의 행동에 언어적으로 반영하는 치료사를 가끔씩 쳐
다보며 확인하였고, 고갯짓으로 소통을 하기도 하였다. 놀이치료를 하며 아동
은 놀잇감 안에 모래나 피규어를 가득 담는 놀이를 반복한다. 이를 통해 아동
의 에너지가 밖으로 분출되지 않으며 내면을 향해 있는 것을 알 수 있다.

- 부모상담: 부모는 집에서의 행동과 어린이집에서의 행동이 이렇게 다를 수 있
  는 것이냐며 답답해하였다. 또한 말하지 않는 장소가 더 많아지는 것 같으며
  앞으로도 계속 이러면 어떻게 해야 할지 모르겠다고 호소하였다. 우선, 아동의
  어려움을 빨리 파악하고 조기에 치료적 개입을 하였을 때 긍정적인 예후가 있
  다는 것을 설명하여 안심시켰다. 아동의 예민한 기질과 주 양육자가 알아서 다
  해 주는 과잉보호적인 양육태도가 아동 스스로 어려움을 해결할 수 있는 대처
  능력을 키우기 어렵게 한다는 것을 설명하였다. 아동은 친오빠가 자신한테 예
  쁘게 말하지 않았다고 느끼거나 자신의 말을 들어주지 않으면 울음을 터트리
  며 고집을 부리는데 이 역시 자신이 원하는 것을 획득하기 위한 행동으로 함구
  증과 같은 원인이라는 것을 이야기하였다.
- 교사 보고: 교사는 아동의 행동에 변화가 있진 않지만 보육모래놀이치료를 하
  러 가는 것에 대한 기대와 즐거움을 드러냈다고 하였다. 교사에게도 아동이 함
  구 증상을 보이는 것은 미숙한 대처능력과 원하는 것을 획득하기 위한 방법이
  라고 설명한 뒤, 억지로 말을 하게 하지 말고 충분히 편안한 상황을 제공해야
  하며 비언어적으로 소통할 수 있는 방법에 대해 이야기 나누었다.

② 중기 단계

- 놀이 진행 요약: 아동은 초기 단계와 마찬가지로 모래를 채우거나 뿌리는 놀이
  를 반복하였다. 다만, 중기에서는 피규어들을 밀어 버리거나 쿵쿵쿵 소리를 내
  며 치기도 하고, 인형을 모래로 던지는 등 부정적인 감정을 적극적으로 표출하
  였다. 집중하여 배치해 놓은 아기 피규어를 버스로 밀어서 쓰러트리거나 여자
  피규어가 발로 건물이나 아기, 사람들을 밟고 쿵쿵쿵 치고 지나 다녔으며, 요리
  사가 열심히 준비해 놓은 음식들에 눈이 내린다며 모래를 뿌리기도 하였다. 이
  런 공격적인 모습은 자신이 원하는 대로 되지 않았을 때 나타났다. 혼잣말 같은
  작은 목소리로 말을 하다가 점차적으로 목소리가 커졌고 발화량이 많아져 일주
  일 동안 있었던 일들을 이야기하기도 하였다. 언어로 자신에게 있었던 일들을

표현하기 시작하며 다른 피규어들을 쿵쿵 치거나 밀지 않고 아기에게 음식을 정성스럽게 만들거나 먹이는 등 양육적인 방법으로 돌보는 놀이가 나타났다.

• 아동의 상태: 아동은 모래상자에 피규어를 가져다 놓기 전, 모래를 탐색하는 시간을 오랫동안 가졌다. 아동이 모래에 접촉하는 강도와 세기는 회기의 흐름에 따라 점차 강해졌다. 손바닥, 손등, 팔등으로 범위가 넓어지기도 했고, 치료사의 손에도 모래를 뿌리는 등의 상호작용이 등장하였다. 모래상자를 꾸밀 때 역시 오랫동안 집중하여 꾸몄으며, 피규어나 모래가 자신의 마음대로 통제가 되지 않으면 밀치거나 넘어트리는 등의 공격적인 놀이가 나타났다. 이전에 단순히 모래를 가득 채우는 것에서 나아가 부정적인 감정을 행동으로 표현하게 되었다고 보인다. 또한 치료사에게 언어로 밝게 인사를 하거나 일주일 동안 있었던 특별한 일들에 대해 공유하기 시작하였다. 놀이에서도 혼잣말 같이 작은 목소리가 아닌 본래의 목소리 크기로 말하였다.

• 부모상담: 부모는 아동이 스스로 할 수 있게끔 기다려 주고 타인에게 억지로 인사를 시키는 것과 같이 부담을 느낄 만한 행동을 하지 않고 그 상황에 적응하고 편안함을 느낄 수 있도록 기다리려고 노력한다 하였다. 억지로 시키지 않으니 자주 봤던 동네 아주머니나 슈퍼 아저씨와 같은 성인에게 오히려 인사를 하고 싶어 하는 행동이 보인다고 하였다. 또한 보육기관에서 있었던 일에 대해서도 이야기하게 되었다고 한다. 아동은 원래 어린이집에서 있었던 일에 대해 물어도 대답하지 않거나 단답으로만 하였는데 "나 영어 시간에 너무 잘하고 싶어."라고 말하며 집에서 CD를 틀어 달라고 했다고 한다.

• 교사 보고: 교사는 아동이 친하게 지내는 친구 한 명하고만 교류하는데 점차적으로 다른 여자 친구들과도 어울리고 싶어 하며 관심을 갖기 시작했다고 한다. 여전히 남자애들은 좋아하지 않지만 여자 아이들에게는 짧지만 소리를 내어 언어적으로 상호작용을 시도한다고 하였으며, 친한 친구와 교사에게는 문장으로 이야기를 하기 시작하였다고 한다. 그리고 아동은 원래 영어 시간에 필수적으로 말을 해야 해서 힘들어 울곤 했는데 치료 중반이 되자 우는 행동이 모두 사라졌다고 하였다. 아동에게는 꼭 언어적으로 발표하지 않고 OX 퀴즈처럼 내어 행동으로 대답을 대체하게 하였다. 여전히 영어 시간에 언어적으로 말을 하지는 않지만 그래도 울지 않고 자신이 할 수 있는 것은 꼭 해내려고 하여 격려하고 있다고 하였다.

③ 후기 단계

- 놀이 진행 요약: 아동은 부정적인 감정에 대해 공격적인 표현을 하지만 아기 피규어를 때리거나 밀치는 등의 행동으로 공격하는 것이 아니라 아예 화난 모습의 피규어를 선택하여 부정적 감정을 표현하였다. 화난 표정을 짓는 피규어들을 선택하며 "얘네는 화가 났어요. 이 낫을 들고 싶은데 들 수가 없거든요."라며 아동이 원하는 대로 되지 않자 화가 났다고 말하였다. 또 양육적인 놀이가 나타났는데 젖병에 모래를 담아 아기에게 먹이는데 사실 이 모래는 마법의 가루이기 때문에 이것을 먹으면 요정이 된다고 하였다. 케이크와 신혼부부, 아이들을 가지고 와 요정으로 새로 태어난 아기의 생일 파티를 하였다. 맛있는 과일들을 정성스럽게 정리하여 준비하고 아이들에게 먹으라고 나누어 주었고, 배가 고픈 아이들은 먹고 싶은 것을 골라서 먹을 수 있는데 아무 때나 먹는 것이 아니라 허락을 구하기만 하면 먹을 수 있다고 하였다.

- 아동의 상태: 아동은 모래상자를 꾸미며 자신이 하고자 하는 말을 모두 쏟아 냈으며, 역할마다 다른 목소리를 내는 등 흉내를 내기도 하였다. 언어적으로 표현하는 것에 조금도 어려움을 보이지 않았으며 적극적으로 자신의 감정과 생각을 표현하였다. 놀이에서도 아동이 원하는 대로 움직이지 않았을 때보다 화난 피규어를 선택하거나 언어로 화난 이유를 설명하는 등 직접적으로 부정적인 감정을 표출하였다. 부정적인 감정뿐 아니라 긍정적인 감정이나 태도도 언어로 나타내고 있다.

- 부모상담: 부모는 치료사와 상담한 내용을 아동에게 적용하기 위해 적응할 때까지 기다려 주기, 감정 읽어 주기, 언어적으로 표현하는 법 배우도록 모델링하기 등을 하며 노력하였다. 하지만 부모는 여전히 매 순간 적용되지 않는 것에 매우 아쉽다고 하였다. 이에 치료사는 우선 한 번이라도 시도하고 성공한 것에 대해 격려하여 꾸준히 할 수 있도록 지지하였다. 부모는 가정에서 아동의 떼쓰기와 오빠를 휘두르거나 갈등을 빚는 장면이 현저히 감소하였다고 보고하였다. 놀이터에서 만난 친구에게 먼저 인사를 하거나 말을 걸기도 하고, 친척집에 가서 어른에게 고개를 꾸벅 숙이며 인사를 한다고 하였다. 아동에게 행동 변화가 나타나니 부모도 더 노력하게 된다고 하였다.

- 교사 보고: 아동은 보육기관에서 친구들과 어울리며 즐거운 상호작용을 나누는 시도가 더욱 증가하였고 한다. 또한 수행이 만족스럽지 않았을 때 크게 좌절하

여 경직되거나 눈물을 흘리는 과거와 달리 좌절되는 수행 상황에서 표현되는 실망과 아쉬움의 강도가 줄어들었으며, 이에 대한 감정이 "아쉬워요. 더 잘하고 싶었는데."와 같이 언어적으로 표현된다고 한다.

4) 선택적 함구증을 보이는 아동을 위한 보육놀이치료의 의의

보통 선택적 함구증은 만 3~4세경의 아동에게 주로 발생하며, 가정이 아닌 기관에서 증상이 나타나 교사의 보고에 의해 알게 되는 경우가 많다. 함묵 증상은 가정에서 별 다른 보고가 없으면 타인에게 직접적인 피해가 되는 것이 아니기에 교사가 주의를 기울이지 않으면 임상적 주목을 받지 못하고 가볍게 여겨지기도 하고, 연령이 증가하면서 자연스럽게 사라지는 경우도 많다. 그럼에도 불구하고 영유아기에 발병한 함묵 증상이 약 10세까지 회복이 되지 않을 경우 예후가 점점 나빠지고 건강한 정신발달의 저해 요인으로 작용하게 된다. 따라서 선택적 함구증의 치료는 증상이 발견되자마자 이루어지는 것이 좋으며 아동의 증상에 대한 환경의 반응이 일치가 될 때 더 효과적이다. 특히 선택적 함구 증상을 보이는 아동의 부모나 교사는 답답한 마음이 커서 아동을 재촉하게 되기도 한다. 그리고 아동은 함묵이란 증상을 통해 환경을 조절하기도 한다. 보육놀이치료는 이러한 아동의 증상에 대해 부모와 교사를 지속적·반복적으로 더욱 이해시켜 애매하고 예민한 아동과의 심리역동에 반응하지 않고 아동의 성장과 발달을 지원할 수 있도록 도울 수 있다. 이처럼 부모, 교사, 치료사가 합의된 양육환경을 제공한다면 아동은 선택적 함묵이 아닌 보다 적응적인 상호작용을 선택하게 될 것이다.

Tip　**선택적 함구증을 보이는 아동을 대하는 부모 및 교사를 위한 팁**

● **단기간의 변화를 기대하지 마세요.**
아동의 행동을 단시간에 고쳐 보려는 시도는 오히려 아동에게 더 심한 압박감을 줄 수 있습니다. 유아의 수줍어하고 말 못하는 행동을 다른 사람 앞에서 지적하거나 이야기하는 것은 오히려 이러한 행동을 강화시킬 수 있습니다.

● **말을 시키기 위해 억지로 설득하지 말고 기다려 주세요.**

선택적 함구증이 나타나는 아동에게 억지로 이야기를 하도록 설득하거나 압력을 가하는 것은 오히려 아동의 이러한 행동을 강화하며 지속하게 하는 계기가 되기도 합니다. 아동이 자신의 상황을 통제하고자 하는 욕구가 아동의 함구를 선택하는 데 일정 부분 기여하는 바가 있기 때문에, 아동에게 상호작용을 강요하는 것은 아동이 구축한 안전 거리를 위협하는 것이 됩니다. 따라서 아동이 경험하는 상황과 환경에 대해 반영해 주는 접근을 통해 아동의 세계를 조심스럽게 이해하고자 시도하는 것이 필요합니다.

● **비언어적 활동으로 친해져요.**

성인과의 비언어적인 활동을 격려해 주세요. 물론 말할 기회는 주어야 하지만 강요는 하지 말고, 교사나 부모는 아동에게 일상적으로 말을 걸어야 합니다. 교사-아동 간에 애착이 성립되면 교사는 조심스럽게 아동이 사적으로 말하도록 격려합니다. 처음에는 한 단어의 답이면 충분합니다. 아동이 언어적으로 표현하도록 재촉하지 않아야 하며 아동이 불안해하면 비언어적 활동을 계속합니다.

● **아동에게 선택권을 주세요.**

아동은 함구를 통해 자신이 원하는 것을 선택하고 통제하려 할 수 있습니다. 따라서 일상생활에서는 아동의 자율성을 존중하며 아동의 발달수준에 적합한 여러 선택권 및 결정의 기회를 제공함으로써 아동이 환경에 대한 통제감을 점차적으로 형성하고 자기에 대한 통제감 또한 회복할 수 있도록 하는 것이 도움이 될 것입니다.

선택적 함구증을 보이는 아동을 위한 추천 놀이와 놀잇감

 퍼펫

퍼펫은 '내'가 아닌 '인형'이 이야기를 하는 놀잇감이에요. 선택적 함구증을 보이는 아이들은 자신의 감정이나 생각을 직접적으로 표현하는 것에 어려움을 보이기 때문에 퍼펫을 통해 의사소통을 시도한다면, 더 편안하게 자신을 표현할 수 있을 것입니다.

각자 자신의 퍼펫을 정하고 인사를 해요. 아이가 말을 하지 않거나 소극적이라면 먼저 동물 피규어나 인형들과 함께 놀이하는 모습을 보여 주며 관심을 유발하며 긴장을 이완하도록 도와주세요. 아이가 흥미를 보인다면 놀이터, 어린이집, 편의점, 미용실 등 다양한 장소를 설정하여 역할놀이를 해 보세요. 익숙하게 말하게 되면 아이가 실제 어려워하는 상황들로 정해 대처하는 연습을 할 수 있게 해요.

✏️ **귓속말놀이**

귓속말은 비밀스럽게 말을 전달하고 큰 소리로 말하지 않아도 되기 때문에 보육기관에서 직접 표현하지 못했던 아이들이 자연스럽게 말을 할 수 있게 해 줘요. 같은 팀에게 귓속말을 전하며 유대감을 형성할 수도 있어요.

먼저, 편을 나누는데 아이가 귓속말을 하는 대상은 조금이라도 편안함을 느끼는 상대방으로 배치해요. 각 팀의 대표가 전달할 말을 쓴 쪽지를 읽고 그다음 사람에게 전달해요.

2. 사회적으로 위축된 아동

사회적 위축행동은 아동기에 나타날 수 있는 부적응 행동이다. 위축된 아동들은 자신의 욕구를 잘 드러내지 않기 때문에 공격적이고 충동적인 행동을 보이는 아동들보다 상대적으로 눈에 잘 띄지 않으며, 관심을 갖고 지켜보지 않으면 소외되기 쉽다. 위축된 아동들은 자기 자신에 대한 신뢰감이 낮아 일상생활에서 실패할 가능성이 높으며, 그로 인한 좌절감을 적절하게 다루지 못해 이후 여러 발달영역에 부정적인 영향을 미치게 된다. 더불어 보육기관에서 다른 아동들과 원만한 관계를 형성하지 못하여 기관 적응에 어려움을 경험하게 될 가능성이 높다.

1. 부모

집에서의 모습과 어린이집에서의 모습이 이렇게 다를 수 있을까. 집에서도 다른 애들에 비해서 행동이 크게 과격한 편은 아니지만, 불편한 것, 아픈 것은 절대 못 참고, 요구가 꽤나 많은 편이며, 그 요구를 하나하나 정확하게 말해서 자신의 욕구를 채워 가는 아이인데, 왜 어린이집만 가면 꿀 먹은 벙어리가 되는지…… 심지어 오늘 아이가 그림도 못 그리고 젓가락질도 못하고 색칠하기도 못하니, 소근육 발달에 신경 써 달라는 선생님의 메시지를 받았는데, 사실 우리 아이는 아기 때부터 언어도 빨랐고, 한글도 일찍 깨치고, 숫자와 간단한 연산도 잘하며, 소근육 발달도 잘되어 가위질, 그림 그리기, 색칠하기도 잘하는데. 그래서 하원하고 나면 집에서 그렇게 짜증이 많은 건지. 아이를 다그치자니 아이도 힘들어서 그러는 걸 텐데 내가 너무 몰아치면 안 되겠다 싶고, 그냥 두자니 점점 더 어울리지 못하고 사회성이 더 떨어지는 것 같아 걱정이다.

2. 교사

지민이는 별 문제 안 일으키고 조용한 편인데, 그 정도가 좀 심한 것 같아 걱정이다. 교사인 나도 자꾸만 너무 조심스러워진다. 대답도 주로 끄덕이거나 좌우로 흔드는 고갯짓으로 표현할 뿐이다. 심지어 넘어지거나 다쳐도, 쿵 소리가 나서 내가 깜짝 놀라 어디 다친 곳이 없는지 살피는데, 분명히 내가 보기엔 많이 아플 거 같은데 아무 일 없었다는 듯, 무표정으로 별 표현도 하지 않는다. 존재감이 다른 아이들에 비해 적어서인지 나도 모르게 바쁜 상황에서는 이 아이를 제일 늦게 챙기게 되기도 한다. 그러고 나면 혼자 덩그러니 있는 아이가 너무 안쓰럽고 미안해서 더 챙겨 주려 노력하는데도 마음의 문을 열지 않고, 곁을 주지도 않고, 각목처럼 뻣뻣하게 안기지도 않는다. 자유놀이시간에도 주로 혼자 놀거나 조금 떨어져 친구들을 관찰하기만 하고, 수업시간에도 소극적으로 참여한다. 벌써 몇 달째인데 계속 이러니 반 분위기도 자꾸만 도움이 필요한 아이로 인식이 되어 친구들이 동생 대하듯 한다. 집에서는 그렇지 않다고 하던데, 조금 전문적인 도움이 필요한 건 아닐까 하는 생각이 든다.

1) 사회적 위축행동의 정의

현대 사회는 또래 간 경쟁이 강조되며, 그 경쟁에서 살아남아 빠르게 성장하기를 재촉한다. 이러한 사회적 분위기일수록 위축된 아동들은 증가하고, 그들의 어려움은 더욱 커진다(Coie, Dodge, & Kupersmidt, 1990). 위축은 심리적 에너지가 원활하게 외부로 향하지 못하고 심리 내면에 정체되어 외부와 상호작용하는 것에 어려움을 느끼는 심리적 상태를 말한다. 즉, 내향적 성향의 유아일수록 위축된 유아로 성장할 가능성이 크다. 그러나 이러한 내향적인 성향과 사회적으로 위축된 아동을 잘 구분해야 한다. 단순히 내향적인 성향은 아이가 갖고 태어난 고유한 기질적인 부분으로서 문제시하지 않지만, 외향의 결여로 인한 위축 아동은 발달과정에서 심각한 적응적 어려움과 문제가 나타날 수 있다(Coie, Dodge, & Kupersmidt, 1990).

　사회적 상황에서 나타나는 위축은 사회적 관계를 두려워하고 불안해하는 행동으로, 대개 유아동기에 발생하는 부적응 행동 중 하나이다. 사회적 위축을 경험하는 아동은 스스로 또래 및 환경과의 사회적 상호작용을 억제한다(Coplan, Prakash, O'nell, & Armer, 2004). 사회적으로 위축된 아동들은 또래관계 및 교사와의 관계에 소극적인 태도를 보이거나, 또래나 교사의 교류 제안에도 거부적인 태도를 보이기도 하며, 자기 권리를 지키지 못하여 또래관계에서 쉽게 무시되는 등(Rubin, Coplan, & Bowker, 2009), 타인보다는 자신 스스로에게 고통을 주게 된다. 이처럼 익숙하지 않은 상황, 예측 불가능한 상황, 낯선 사람과의 만남을 피하기 위한 방어기제로서 위축행동이 사용되며(Freedman, Kaplan & Sadock, 1976), 이러한 관계 맺음은 사회적 상황에서 지속적·반복적으로 나타나 습관화되는 경향이다(송인숙, 1999).

　루빈과 밀스(Rubin & Mills, 1998)는 사회적 위축을 수동적 불안과 능동적 미성숙이라는 각기 다른 심리적 기반을 기초로 하여 구분하였다. 수동적 불안으로 인한 사회적 위축행동은 불안, 우울, 두려움, 외로움과 같은 내적 특성과 부정적 자아지각에 근거한 행동 유형이며, 능동적 미성숙으로 인한 위축행동은 인지적 미성숙, 난폭성, 공격적 행동, 극단적 자기중심성, 또래의 거부에 근거한 행동 유형이다. 수동적 불안은 다른 또래와 상호작용할 기회를 갖지 않고 집단으로부터 위축되는 경향이지만, 능동적 미성숙으로 인한 불안은 또래와 상호작용하기를 원하지만 거부당하는 경향이 있다. 그리고 수동적 불안으로 인한 사회적 위축은 연령이 증가하면서 점점 더 소극적으로 변화하거나 자기 세계에 갇히는 등(박지현, 최선남, 2011) 병리적 성향으로 굳어져 추후 문제가 될 소지가 큰 반면, 능동적 미성숙으로 인한 사회적 위축은 단기간 지속되며 자연적인 성숙에 의해 사라지는 경우가 많다(전우경, 1991; Rubin & Mills, 1988).

2) 사회적 위축행동을 보이는 아동의 특징

(1) 수준 구분

① 일상적 수준

아동들은 유아기를 지나면서 성취감에 대한 욕구가 점점 높아지게 된다. 스스로 무엇이든지 경험해 보고 완수하려는 행동이 강하게 나타난다는 것이다. 이는 아동들이 열등감을 극복하려는 시도로 나타나게 된 것으로, 자신의 내면에도 어떠한 상황을 해결해 나가기 위한 힘과 능력이 있음을 스스로 확인하고 다른 사람에게 인정을 받으려는 목적에서 이루어지는 것이다. 아동들은 가정, 보육기관 등 일상생활에서 이러한 가능성을 충분히 인정받게 되면 성취감을 느끼게 되고, 그렇지 못한 경우에는 위축행동으로 나타나게 된다(김영주, 2003). 기본적으로 이 시기의 아이들은 자주 좌절하고, 자주 위축되며, 더 많이 의존하는 듯하다. 그래서 이러한 아동의 모습을 문제행동으로 정의 내리기도 한다. 우려할 수준의 아이들과의 차이점은 주 양육자나 교사의 충분한 지지를 받는다면 아동이 반복해서 도전하는 등의 시행착오를 경험을 통해 성장한다는 것이다.

② 우려할 수준

사회적 위축행동을 보이는 아동은 신체적·지적·감각적 장애를 갖고 있지 않음에도 교사 또는 또래의 사회적 신호를 거부하고 도망가는 식으로 자신을 둘러싼 환경에 대해 부적절한 방법으로 대응함으로써 일상생활에서의 부적응을 자주 보인다. 이렇게 적극적으로 사회적 위축을 선택한 아동은 표면적으로 볼 때 아무것도 할수 없어서 아무것도 안 하고 있는 아이처럼 보이며, 결국 아동을 둘러싼 주변 환경은 아동이 갖고 있는 인지능력, 사회성, 정서발달, 신체적 능력까지도 부정적으로 인식하게 된다는 특징이 있다(Hymel, Bowker, & Woody, 1993).

(2) 행동 특징

① 무관심

사회적으로 위축을 경험하는 아동은 또래를 향한 접근 동기 자체가 약해 사회적 상황으로 접근하지 않고 스스로 자기 속으로 숨어드는 행동 특징을 보인다(Hymel, Bowker, & Woody, 1993). 그래서 위축된 아동의 특성은 친구를 쳐다보거나, 눈을 마주치거나, 대화를 시도하거나, 신체적으로 접촉해 보는 등 사회적 상호작용의 시작 또는 접근 행동이 거의 나타나지 않아 친구 없이 혼자 다니거나, 대부분 또래와 물리적 거리를 두고 떨어져 있다. 그들은 친구들의 말이나 놀이에 관심을 두지 않고 또래들과 어울리는 사회적 놀이보다는 사물을 갖고 노는 혼자 놀이를 더 선호하는 편이다. 주로 구석진 곳에 웅크리고 앉아 상호작용 없이 멍하니 작은 물건을 만지작거리거나, 혼자 책 읽기, 그림 그리기, 만들기를 하기도 하며, 때론 아무것도 하지 않는 모습을 보인다(Stormshak et al., 1999).

② 놀이 기능 미숙

아동에게 있어 놀이는 언어이고 그들의 삶인데, 사회적으로 위축된 아동들은 놀이영역에서도 일반 아동에 비해 많은 부분에 미숙함을 보이는 특징이 있다. 이들은 놀이 상황에서 생각하거나 말하는 수준이 낮아 놀이를 전개해 가는 데 단편적인 편이고, 놀이 상황에서 공격, 대응, 겨루기 등의 놀이를 피하는 등 놀이의 수준이 비교적 낮아 친구들로부터 놀이 대상자로 선택되지 못해 다른 아이들이 노는 것을 바라보기만 하는 것으로 많은 시간을 보내는 경우가 많다(Rubin & Mills, 1989). 낯선 사회적 상황에서는 놀이 자체에 더욱 흥미를 갖지 못하며, 또래와의 활동에 자발적으로 참여하지 않고, 혹 또래가 놀자고 권유하는 상황에도 응하는 일이 드물어 놀이 참여가 이뤄지지 않는다(Kauffman, 1981).

③ 의존적 행동

사회적 상황에서 위축행동을 보이는 아동은 사회적 상황에 대한 불안, 실패에 대한 좌절, 남의 비판에 매우 민감하고 비난에 대해 두려워함 등을 스스로 처리하지 못해 성인에게 의존적으로 행동하거나, 의존 대상이 마땅치 않은 경우에는 주변 또래가 하는 것을 무조건적으로 따라 하는 경향이 있다(Rubin, Hymel, & Mills, 1989). 그뿐만 아니라 자신보다 연령이 어리거나 신체적으로 작고 약한 아이에게도 대항하지 못하고 수동적·복종적으로 따르기까지 하는 특징을 보인다. 이처럼 이들이 보이는 의존적 행동은 자신과 의존 대상이 처한 사회적 상황을 잘 고려하지 못한 채 무조건적인 보살핌을 받기만 바라고, 조금만 어려운 일이 생기면 부탁하거나 들

러붙어 있으려고만 한다. 이러한 의존적 행동은 아동과 교사와의 관계에서도 의존
적·부적응적 패턴으로 나타나기도 한다.

④ 의사 표현 미숙

사회적으로 위축된 아동은 상황에 부적절한 말을 하거나, 본인의 생각으로만 행
동하는 미숙한 행동을 보이는데, 이는 낯선 사람이 있는 상황에서는 더욱 심해진다.
그리고 사회적 상황에서 자신감이 없는 태도로 말을 하지 않거나, 풀이 죽은 목소
리나 낮은 목소리, 부정확한 발음을 사용하기도 하며, 얼굴이 금세 붉어지거나, 얼
굴을 가리거나 숨는 등의 수동회피적 표현행동을 보이기도 한다. 또한 자신의 최소
한의 권리나 느낌조차 표현하지 않으려 하고, 다른 사람의 지시가 싫어도 따르거나
부당한 대우를 받아도 가만히 있는 등의 비주장적 행동으로 사회적 상황에서 언어
적·비언어적으로 의사를 표현함에 있어 상당한 미숙함을 보이는 특징이 있다(박지
현, 최선남, 2011).

(3) 정서적 특징

사회적으로 위축된 아동들의 정서적 특징은 주로 불안과 외로움이며(이은미,
1995), 일상생활에서 잦은 실패로 인해 두려움, 긴장, 부끄러움, 수줍음, 슬픔, 무
관심, 분노 등의 다양한 부정적 감정을 경험한다. 이처럼 사회적으로 위축된 아동
은 다른 아동에 비해 같은 상황에서도 더 괴로워하고, 쉽게 불만족을 느끼는 경향
이 있으며(Ladd & Burgess, 1999), 이러한 욕구 좌절의 누적은 늘 불행감을 경험하
게 한다(오경자, 배주미, 1991). 이렇게 사회적으로 위축된 아동은 다양한 부정적 정
서가 일상생활 전반에 걸쳐서 경험됨에도 불구하고 그 상황에서 자신의 정서에 대
해 이해하고 그 정서를 표현하는 데 어려움을 보이며, 이로 인해 아동은 지속적인
스트레스, 열등감, 우울감, 소심함 등을 경험하게 된다(배주미, 오경자, 1991; Hymel,
Bowker, & Woody, 1993). 그리고 이들은 특히 주변 환경의 변화에 민감하게 반응해
서 쉽게 불안해하거나 두려움을 느껴 다른 또래에 비해 낯선 환경이나 새로운 친구
들과의 관계에 적응하는 데 오랜 시간이 소요되는 경향이 있다.

(4) 성별에 따른 특징

사회적 위축을 경험하는 아동은 성차를 보이는데, 주로 여아에게서 남아보다 더

많은 위축행동이 나타난다(신혜영, 1994; Kim et al., 2013; Yang, 1997). 남아는 주로 또래로부터 더 많이 거부되고 배척되는 거부적 위축행동으로 나타나고, 여아는 소극적 위축행동으로 나타나 여아의 위축행동은 부정적 사회적 행동 특성으로 인식되는 경향이 낮아(Coplan et al., 2004; Gazelle & Ladd, 2003), 실제로 적응상의 어려움은 여아보다 남아가 더 많이 경험하고 있음을 알 수 있으며(Moon, 2005), 여아의 위축행동은 조금 더 관심을 갖고 지도가 필요함을 알 수 있다(박지숙, 임승현, 박성연, 2009).

그리고 아동의 위축행동에 대한 부모의 평가도 아동의 성에 따라 다르게 나타나는데, 여아의 위축행동은 긍정적으로 보상해 주는 반면, 남아의 위축행동은 더 부정적으로 인식해 수용하려 하지 않는 경향이 있다. 따라서 여아의 위축행동은 부모와의 긍정적인 상호작용을 유도하는 반면, 남아의 위축행동은 부모와 부정적인 상호작용을 일으키는 원인이 되기도 한다(Stevenson-Hinde, 1989). 이러한 아동의 위축행동에 대한 부모의 평가는 또다시 아동의 위축행동에 많은 영향을 미치게 된다.

3) 사회적 위축행동을 보이는 아동을 위한 집단보육놀이치료 사례

(1) 집단원 소개

"희선이는 주로 다른 친구들이 노는 것을 바라만 봐요. 그 시선을 느낀 친구들이 놀이에 초대를 해도 참여를 못하더라고요."

"서아는 친구들이 본인의 이름을 불러도 잘 대답을 안 해요. 분명 가까운 거리라 못 들었을 리가 없는데…… 못 들은 척이 아니라 정말로 못 들은 것 같아서 가끔은 진짜 안 들리나 싶을 정도예요."

"철이는 하루 종일 눈동자만 열심히 굴려요. 자기 주변에서 일어나는 모든 일에 관심을 갖고 가끔은 혼자 관찰하다가 웃기도 하고 인상을 찌푸리기도 해요. 그만큼 주의 깊게 보고 있다는 건데, 스스로 몸을 움직여 먼저 다가가는 법은 없어요."

"미연이는 완전 껌딱지예요. 엄마 품에서 제 품으로 오기까지도 워낙 오래 걸려서인지 제 품에라도 있어 주는 게 고맙기도 하고 사랑스럽기도 해요. 그런데 계속

미연이만 케어할 수 없으니, 품에서 떼어 놓기도 하는데, 그럴 때면 그대로 얼음처럼 굳어 버려요."

"우정이는 사실 조금 답답해요. 이래도 저래도 너무 반응이 없어서 무슨 생각을 하는지 알 수가 없고, 그러다 보니 가끔은 저도 모르게 우정이의 의견을 물어보지 못할 때도 있어요."

"지아는 집에 가서 엄마한테 '친구들이 나를 싫어해. 선생님도 나를 미워하는 것 같아. 엄마도 내가 싫어?' 이런 말들을 많이 한다고 해요. 그런 말을 어머님께 전해 들을 때마다 변명을 하게 되는 것 같고 가끔은 억울하고 그렇더라구요."

(2) 사회적 회피-내적 동기에 따른 치료

사회적 위축행동을 보이는 아동을 위한 보육놀이치료의 가장 큰 목표는 사회적 위축행동의 정도를 평가하고, 사회적 위축행동의 심리적 기저가 무엇인지 파악하는 것이다. 사회적 참여에 대한 내적 동기에 따라 사회적 위축행동은 다르게 나타나기에 그에 따른 치료적 접근이 필요하다. 사회적 참여에 대한 내면적인 동기는 또래에게 접근하고자 하는 접근동기와 또래를 회피하고자 하는 회피동기가 어떠한지에 따라 갈등적 수줍음, 사회적 무관심, 사회적 회피로 구분된다(Coplan, Ooi, Xiao & Rose-Krasnor, 2018). 갈등적 수줍음은 접근동기와 회피동기가 모두 높아 내적인 갈등이 일어나는 것으로 이 유형의 아동은 또래들과 함께 놀이를 하고 싶은 사회적 접근에 대한 동기는 어느 정도 있지만, 또래로부터 거부당하거나 놀이 상황에서 대처하지 못할까 염려하여 또래 주변을 맴돌거나 놀이를 구경하는 등 억제된 행동과 낮은 사회적 상호작용 행동을 보인다. 즉, 갈등적 수줍음의 형태로 나타나는 사회적 위축행동은 두려움, 외로움, 우울과 같은 내적인 특성, 부정적 자아지각 그리고 서툰 사회적 기술로 또래에게서 거부되는 경험이 누적된 결과이기에 아동중심 집단 보육놀이치료가 효과적이다. 집단으로 구성된 아동중심 집단놀이치료를 통해 위축된 아동은 진실함, 보살핌 및 수용, 민감한 이해를 제공하는 치료사가 존재하는 환경에서 아동 스스로가 주체적으로 놀이를 주도해 보는 경험과 그 과정에서 집단의 역동성도 경험함으로써 부정적 자아지각과 부적응적 사회성을 동시에 촉진시킬 수 있게 된다(이유선, 2014; 최민아, 한유진, 2012; Ginott, 1975).

사회적 무관심은 회피동기는 평균적으로 나타내지만, 접근동기가 낮아 또래와의 상호작용에 덜 참여하는 것으로 평가되며, 또래와 상호작용하며 놀이하기보다는 장난감과 같은 사물에 더 흥미를 보인다. 이러한 사회적 무관심의 형태로 사회적 위축을 경험하는 아동은 기질과 같은 개인내적 요인에 더 많이 영향을 받을 것으로 예측된다. 따라서 보육놀이치료를 통해 아동의 내적 세계를 있는 그대로 수용하고 존중하여 정서적 이완을 경험하게 하여 안전한 대상에게 내면의 감정을 표출해 보는 치료적 과정에서 자기탐색과 자아수용이 일어나도록 하여 긍정적인 자아상을 형성하는 데 초점을 두어야 한다. 또한 부모상담을 통해 이러한 기질적 아동에게 적합한 양육이 가정에서 이뤄지도록 하여 아동의 타고난 기질의 정도를 조절해 간다면 아동이 사회의 구성원으로서 최소한의 적응적인 행동을 나타내고자 노력하는 힘, 즉 접근 동기 또한 갖게 될 것이다.

사회적 회피는 접근동기는 낮고, 회피동기가 높아 사회적으로 상호작용이 이뤄져야 하는 상황을 적극적으로 회피하는 모습을 보인다. 가장 심각한 수준의 사회적 위축행동 유형으로 이러한 사회적 회피를 경험하는 유아에게는 신뢰감을 형성하고 발달에 긍정적인 영향을 줄 수 있는 새로운 환경적 경험이 필요하다(전숙영, 2007). 단순한 혼자 놀이에서 벗어나 유아가 주도하여 놀이를 이끌어 가고 치료사는 아동의 놀이를 따라가는 비지시적인 접근 방법인 아동중심 놀이치료를 통해 유아는 과거의 경험, 발달 자체의 교정을 촉진할 수 있을 것이며(Landreth, 2002), 그로 인해 건강한 자기표현과 자아의식을 회복할 수 있을 것이다(전숙영, 2007; O'conner, 1991). 또한 특별한 치료사와의 치료적 관계의 경험은 사회적으로 위축되고 불안정한 유아가 타인과의 관계를 안전하게 확립해 가는 데 시작점이 될 것이다.

(3) 집단보육놀이치료의 진행 과정

보육놀이치료 진행

담임교사에 의한 K-CBCL 행동평가 중 위축영역으로 포함된 9문항의 검사를 실시하여 65T 이상의 범위에 속한 위축된 아동을 선정하였다. 대부분의 부모가 집단 프로그램에 참여하길 희망하였으나 몇몇 부모는 단지 내성적인 성격을 갖고 있는 아이를 위축된 아이라고 단정 짓는 것 같다며 거부감을 표하기도 했다. 그러나 부모상담을 통해 일과 속에서 아동이 마주하는 어려움들에 대해 이야기를 나누며, 영유아 시기에 위축의 정도를 줄여 갔을 때의 이점을 설명하며 집단에 참여하길 권하였고, 이내 부모들은 수락하여 주 2회, 35분씩 총 12회에 걸쳐 집단놀이치료 프로그램을 진행하였다.

프로그램은 아동중심 집단놀이치료의 방식으로 진행되었다. 아동중심 집단놀이치료는 촉진 자로서의 치료사가 제공하는 진실함, 보살핌과 수용, 민감한 이해와 같은 치료적 태도를 통해 위축이라는 정서적 어려움을 겪고 있는 아동이 안정감을 갖고 주체적으로 놀이를 주도해 보는 경험을 제공한다. 또한 아동중심 집단놀이치료는 집단 내 관계에 초점을 두는 접근으로, 치료 과정에서 자연스럽게 출현되는 구성원 간의 관계 및 의사소통 과정 속에서 사회적으로 위축된 아동이 두렵고 회피하기만 하던 집단이라는 대상으로부터 도움을 받고 어려움을 해결해 보기도 하는 등 집단의 상호작용을 통해 또래관계의 부분을 촉진하도록 돕는다(이유선, 한유진, 2015).

첫 회기에서 참여 아동들에게 이 프로그램에 대해 소개하고 놀이치료실에서의 규칙과 시간에 대해 자세히 설명해 주었다. 아동중심 접근의 비구조화된 자유놀이로 진행하였고, 모든 아동에게 공평하게 치료적 반응이 전달될 수 있도록 전체의 분위기와 상황을 민감하게 살피며 놀이과 정 중 치료사가 민감하게 반응해야 하는 상황에서만 아동의 이름을 불러 주면서 일대일 관계로서 반응하였으며, 전체적인 놀이에는 치료사의 개입을 최소화하였다. 다만, 위축 성향으로 인해 아동이 소외될 시에는 자연스럽게 놀이에 참여할 수 있도록 독려해 주었으며, 이러한 상황에서도 치료사가 직접적·적극적으로 개입하기보다는 아동이 자발적으로 어울릴 수 있도록 안전하고 편안한 분위기와 공간을 유도하였다.

① 초기 단계: 1~3회기

초기 단계에서 아동들은 놀이치료실이라는 낯선 환경과 치료사, 보조치료사 등 낯선 사람에 대한 경계를 보이는 등 위축되고 소극적인 반응을 보였다. 주로 눈맞춤 없이 고개를 끄덕이거나 휘젓는 등으로 의사를 표현했고, 아주 작은 목소리 정도만 들리는 수준이었으며, 불편함과 긴장되는 기색을 많이 보여 주었다. 시간이 흐르고 치료사와 라포를 형성하면서 놀이실이 편안한 곳이라는 안정감을 경험해 가는 듯했고, 놀이가 조금씩 진행되었다. 놀이는 주로 눈으로 놀잇감을 탐색하는 것으로 시작되었다. 대부분의 아이들은 놀잇감을 꺼내어 탐색하기보다는 놀잇감이 세팅되어 있는 곳에서 협소하게 놀이하는 모습을 보였다. 치료사가 놀잇감을 꺼내어 원하는 공간에서 놀이를 할 수 있다고 알려 주니 조금씩 놀잇감을 꺼내어 바닥에 앉아 탐색하며 놀이를 진행하였다. 놀이에 대한 주도력이나 적응력이 많이 부족한 모습이었고 자연스럽게 관심사가 비슷한 친구들끼리 곁에 어울려 놀이를 하는 듯 보였으나 함께 놀이를 한다기보다는 병행놀이 수준이었다. 가끔씩 다른 집단원의 놀이에 관심을 갖는 아동들도 있었는데, 능동적으로 다가가 놀이에 함께하기보다는 그 놀이가 마치길 기다렸으며, 마치고 나서야 놀잇감을 가져와서 놀이를 하는 모습이 관찰되었다. 3회기 후반에는 몇몇 아동이 같은 장난감에 흥미를 보이는 모습이 관찰되었는데, 자기주장을 정확하게 하지 못한 채 혼잣말로 곁에서 맴돌았으며 그렇게 곁에 있는 아동을 적극적으로 초대하지 못한 채 신경만 쓰며 결국 혼자 놀이를 하였다. 또 다른 놀이가 진행되는 곳에서는 함께하는 놀이가 나타나기도 했지만, 협동이나 협조가 이뤄지지 않고 자신의 주장대로만 하려고 하는 등 긍정적 상호작용이 나타나지 않은 채 놀이가 빠르게 중단되는 모습을 보였다. 전반적으로 초기 단계에서는 또래와의 상호작용보다는 치료사와의 라포 형성이 더 비중 있게 나타났으며, 치료실 환경에 익숙해져 가는 모습이 관찰되었다.

② 중기 단계: 4~9회기

중기 단계에서는 전반적으로 또래와의 상호작용을 시도하는 움직임이 보이기 시작했다. 중기 단계의 초기 회기에서는 또래보다는 라포가 형성된 치료사와 상호작용을 하려는 모습들이 많이 관찰되어 치료사가 아동의 감정을 적절히 수용해 주면서 또래에게 관심이 옮겨 갈 수 있도록 개입을 줄여 나가고자 하였다. 예를 들어, A가 치료사와 놀이를 하는 동안 옆에서 놀이하는 B의 놀이에 함께 관심을 보이기도 하였으나, B가 방어적이고 회피적인 태도를 보이며 A가 관심 있어 하던 놀이를 멈추고 다른 놀이로 전환시켜 버리는 반응을 보여 함께하는 놀이가 성사되지 못했다. 또 한 예로, C가 총 놀이를 하면서 치료사에게 "빵!" 하고 총을 쏘면 치료사가 죽는 시늉을 하였는데, 이 놀이를 한참 동안 유심히 바라보던 D의 시선이 느껴져 D에게 치료사가 "빵!" 하고 총을 쐈지만 D는 관심이 없었다는 등 반응을 보이지 않고 회피하여 함께 놀이가 이뤄지지 않았다. 반면, 비눗방울 놀이에는 많은 아동이 동시에 관심을 보이기도 하였다. 비눗방울을 먼저 선택한 E가 비눗방울을 불자 몇몇 아동은 자연스럽게 비눗방울을 터뜨리러 잡으러 다니기도 했고, 눈으로만 관찰하고 잡으러 다니지 못하는 집단원들이 관찰되어 치료사가 비눗방울을 불고 있는 E에게 "A에게도 불어 주자." "저기 C도 있다. C에게도 불어 줘~" 하면 E가 뿌듯해하며 불어 주기도 하였다. A와 C는 자신의 앞에 있는 비눗방울만 조금씩 건드려 보면서도 즐거워하였다. 시간이 지날수록 다른 집단원들도 "나도 불고 싶다." 표현하기 시작하였으나 거칠게 행동하거나 나서서 빼앗는 등의 충동적인 행동을 보이는 집단원은 없었다. E는 비눗방울을 불고 싶다는 다른 집단원들의 요구를 듣고서도 능동적으로 누구에게 가서 비눗방울을 건네기보다는 치료사에게 의존하여 치료사에게 건네고 도망가는 듯한 모습을 보였다.

중기 단계가 중반~후반으로 넘어가면서부터는 초기 단계에서 치료사와 친밀하게 상호작용하며 경험한 사회적 기술을 집단 내 또래에게 일반화시키려 하는 행동들이 나타났다. 특히 먼저 말을 걸어 놀이에 초대하거나, 또래의 놀이 초대를 거부하지 않고 받아들이는 등의 사회적 상호작용의 시작 행동이 눈에 띄게 증가하였다. A의 놀이에 B가 관심을 갖자 A가 방어적으로 회피하고 거부하는 모습을 보였으나, B가 A의 상황을 잘 살피며 함께 놀이하기를 권하는 등 지속적인 의사소통을 시도하자 A도 B의 놀이에 관심을 갖고 서로 함께하는 놀이가 이뤄졌다. 그러나 놀이과정에서 서로 의견이 맞지 않을 경우도 있었는데 필요한 장난감을 빌려 달라고 했으나 빌려주지 않는 경우, 자신이 만든 장난감을 친구에게 나눠 주었으나 친구가 거절하는 경우 등 이런 상황에서는 긴장되고 위축되어 아무런 대처를 하지 못하는 모습도 관찰되었다. 그리고 여전히 친구의 놀이 초대에 응하지 않고 혼자 놀이를 하는 아동도 있었으나 친구들이 있는 곳으로 가서 친구들의 놀이를 관찰하며 혼자 놀이를 하는 등 자신만의 속도와 방법으로 사회적 상황에 참여하고 있는 것을 확인할 수 있었다.

또한 이 단계를 기점으로 아이들이 말이 많아지기도 하고 목소리가 커지고 웃음도 증가하는 모습을 보였으며, 놀이 속에서 아동들의 숨은 공격성이 표출되기도 하였다. 예를 들어, C 아동은 다른 구성원들이 함께하는 놀이에 관심만 보일 뿐 함께 참여하지 못하였는데(놀이에 초대하였으나 본인이 응하지 않음) 근처에 가서 구경하는 듯하더니 발로 놀잇감을 부수기도 하였다. 그리고 B와 C는 장난감으로 싸움 놀이를 하다가 거센 몸싸움으로 급격히 변하기도 하였는데 항상 수줍게 미소를 보이던 아이들이 평소와 다르게 진지함을 보이며 이기고자 하는 강한 의지를 드러내기도 하는 등 거친 모습으로 놀이에 임하는 것을 확인할 수 있었다. 그러다 C가 아프다는 비언어적인 표현으로 치료사에게 도움을 요청하여 치료사가 놀이를 중단시키고 놀이 속에서 지켜야 할 약속에 대해 다시 상기시킨 후 놀이를 재개하였다. 또한 이 단계에서는 구성원들의 실제 삶의 영역에서도 공격성이 생겼다는 교사의 의미 있는 보고도 있었다. 다른 일반 아동들에 비해서 여전히 그들의 공격성에는 위험성이 따르지 않는 편이었기에 우선 집단의 분위기를 많이 해치지 않거나 수업에 방해가 되지 않거나 다른 친구들을 위협하는 정도가 교사의 개입이 필요한 정도가 아니라면 조금은 지켜보기로 하였다. 아동은 그렇게 자신에게 생겨난 힘을 치료실 안팎

에서 보였으나 치료가 후반부로 넘어가면서부터 자연스럽게 소거되는 것을 확인할
수 있었다.

③ 후기 단계: 10~12회기

후기 단계에서는 또래와의 자연스러운 상호작용이 자주 관찰되었다. 중기 단계
에 또래와의 상호작용을 주고받는 정도이거나 사회적 기술이 서로 미흡하여 놀이
중단이 계속해서 일어났다면, 후기 단계에 이르러서는 규칙을 정해 놀이를 하는 모
습도 발견되었다. 놀이를 하다가 책상 밑에 갑자기 숨고 찾는 까꿍놀이 수준의 '숨
바꼭질'부터 '무궁화 꽃이 피었습니다'와 같이 큰 규칙이 존재하고 따라야 놀이가 진
행되는 사회적 놀이를 즐기기도 하였다. 그리고 치료사와만 상호작용을 하려는 시
도도 회기 초반에 입실해서만 보일 뿐, 전반적인 횟수도 현저히 줄어든 것을 알 수
있었다. 후기 단계에는 집단원 간의 친밀감이 고조됨에 따라 그동안 보이지 않았던
퇴실 거부를 보이기도 하였다. 이는 집단 내에서 유대감이 형성되고 그 속에서 즐거
운 상호작용을 경험하고 있다는 반증이기도 하였다. 이렇게 집단 간의 유대감이 종
결 단계에 이르러서 형성되는 것 또한 다른 집단과는 다른 양상임을 알 수 있었다.

(4) 치료를 통한 변화

집단보육놀이치료 프로그램은 참여한 아동들에게 기관에서의 긍정적인 정서를
경험할 수 있는 기회를 제공해 주었다. 긴장이 이완되고 스트레스를 잠시 내려놓는
경험은 일상의 관계에서 스트레스를 극복할 수 있는 기회를 제공해 주었다. 또래관
계에서 비난을 받거나 공격적 상황, 자존감이 상하는 상황에서 스트레스 수준이 감
소되어 위축행동이 줄어드는 모습이 관찰되었다. 또한 집단놀이치료에서의 아동의
행동이 자유롭게 허용된 경험은 위축된 아동들에게 기관에서 안전하고 편안한 느
낌을 경험하게 하여 불안을 해소하는 데 도움이 되었다. 불안도가 낮아진 아동들은
또래 상호작용에 유의한 변화가 있었는데 또래와의 관계를 부담스럽고 어렵다고만
느끼던 아동들이 또래와의 관계를 긍정적으로 인식하기 시작하였다. 이 프로그램
은 집단으로 운영되어 부모의 면담 및 보고는 포함되지 않아 가정에서의 변화를 파
악하지 못했다.

4) 사회적 위축행동을 보이는 아동을 위한 집단보육놀이치료의 의의

아동기는 성격적·정서적으로 아직 온전히 발달하지 않은 시기이다. 아동기에 사회적 위축을 너무 오랜 기간 경험하게 되면, 전반적 발달이 저해될 수 있으며(Hymel, Bowker, & Woody, 1993), 이로 인해 아동은 일상생활 속에서 자신감을 잃고 사회적 환경에 적절하게 대처하지 못해(La Greca & Stone, 1993) 또래관계에도 어려움을 겪게 된다. 이러한 일상생활에서의 반복되는 심리적 갈등과 부적응은 심리·사회적으로 건강하고 적응적인 경험을 할 수 있는 기회를 놓치게 하여 유아의 인격형성에 부정적 영향을 끼친다(문미영, 2000). 이러한 자기회의 및 부정적 자기개념으로 인한 사회적 고립의 경험은 이후의 성장과정에서 경험하는 심리적 어려움의 원인이 되기도 하며(Ladd, Kochenderfer, & Coleman, 1996), 반사회적 행동과 같은 청소년 범죄나 학교중퇴와 관련되며, 자살 및 정신병리 현상까지 심각한 문제를 야기할 수 있고(Mesman et al., 1996; Parker & Asher, 1987). 더 나아가 성인의 사회적 관계 유지와 형성에도 부정적인 영향을 미치는 특징이 있다(이정숙, 명신영, 2007; 최성희, 2016; 황옥경, 1990).

이렇게 아동기에 나타난 위축행동의 악순환은 성인기까지 장기화되는데도 불구하고, 위축행동이 갖고 있는 내면화의 성향상 외현화 행동에 비해 상대적 관심을 덜 받는다는 특징이 있다. 소극적이고 고립된 행동을 보이는 위축된 아동들은 눈에 잘 띄지 않아 소외되는 경향이 있으며, 품행이나 교사의 지시 따르기 등의 협조 면에서 다른 아동들보다 오히려 긍정적으로 지각되기도 하기에 교사나 부모가 관심 있게 보지 않으면 그들이 경험하는 어려움은 무시되고 방임되어 사회적 위축으로 나타나는 행동적 특징들은 습관처럼 굳어지고 폐쇄성이 증가하여 더 위험한 상황에 처할 수도 있게 된다(이은미, 1994; Parker & Asher, 1987).

따라서 아동의 사회적 위축을 수줍음이나 내향적인 성향, 겁이 많은 소심한 성격으로 단순히 치부할 것이 아닌 심리적 어려움으로 분류하고 접근해야 한다(김영주, 2003). 그러나 사회적으로 위축된 아동은 새로운 환경에 대한 두려움이 있어 상담기관에 방문하기까지도 많은 어려움을 경험할 수 있다. 따라서 치료실이 아닌 아동의 생활 세계라는 상황적 맥락에서 보육놀이치료는 위축을 경험하는 아동에게 보다 신속하게 접근할 수 있고, 보육기관 이외의 치료 상황에서 경험할 수 있는 위축감이 현저히 줄어들어 치료의 초기 단계를 보다 수월하게 경험하여 치료에 도움이 될 것이다. 그리고 전문가가 아동의 삶을 직접 관찰할 수 있기에 아동이 유달리 대인관계에서 위축행동을 하고 상호작용에 어려움을 겪는다면, 전문적인 평가를 통해 아동의 행동 원인을 파악해 볼 수 있고 즉시적으로 조기 개입하여 아동의 잠재적 어려움까지도 예방할 수 있다는 점에서 보육놀이치료는 사회적 위축행동을 보이는 아동에게 매우 유용한 접근이라 할 수 있다.

Tip　사회적 위축행동을 보이는 아동을 대하는 부모와 교사를 위한 팁

● **어떤 표현을 할지라도 수용해 주세요.**

아동이 일상생활 속에서 느끼고 표현하는 다양한 감정(긍정적인 감정, 부정적인 감정)을 수용해 주는 것이 중요합니다. 아동은 자신의 감정이 수용받았다고 느낄 때 스스로에 대해 확신을 갖고 생활할 수 있게 되며, 자신의 감정을 억압하지 않고 솔직하고 자유롭게 표현할 수 있게 됩니다. 이러한 과정을 경험한 아동은 성인이 되어서도 자신의 생각과 감정을 적절하게 표현하고 주장하면서 사회생활을 잘해 나갈 수 있게 됩니다.

● **아이가 끝까지 할 때까지 기다려 주세요.**

자신감은 자신이 직접 경험해 보는 과정을 통해서 만들어집니다. 사소한 것부터 아동이 직접 실천해 봄으로써 성공을 맛볼 수 있는 분위기를 만들어 주고, 서툴러도 아동이 끝까지 할 때까지 기다려 주는 것이 중요합니다. 이 과정을 반복함으로써 아동의 능력이 상승하고 성공할 수 있는 확률도 높아지게 되며, 아동은 '나도 할 수 있구나.'라고 생각하게 되면서 내면에 자신감이 점점 솟아오르게 됩니다.

● **칭찬보다는 격려를 해 주세요.**

과도한 칭찬은 아동에게 부담감으로 작용할 수 있습니다. 아동으로 하여금 마치 '자신이 잘해 내야만 사랑받을 수 있다'는 잘못된 사고의 틀이 형성될 수 있습니다. 아동이 잘하고 성공하는 것에만 초점을 맞추기보다 자신의 뜻대로 되지 않았고 실패했다고 느끼는 부분에 대해서도 응원해 줄 수 있어야 합니다. 즉, 결과보다는 과정에 초점을 두어야 하며 이것이 아동을 격려하는 과정입니다.

사회적 위축행동을 보이는 아동을 위한 추천 놀이와 놀잇감

위축감이 높은 아동들은 조용한 분위기 속에서 놀잇감을 갖고 놀면서 내면세계를 만들어 갈 수 있도록 돕는 과정이 필요합니다. 되도록 아동이 원하는 놀잇감을 선택할 수 있도록 기다려 주고, 선택한 놀잇감을 충분히 탐색할 수 있는 시간도 줘야 합니다. 더불어 사회적 위축행동을 보이는 아동들은 다른 아이들과 상호작용하며 소통하는 것에 어려움이 있으므로, 일대일의 상황에서 어느 정도 자신감이 생겼다면 집단 프로그램에 참여할 수 있는 기회를 마련해 주어야 합니다. 집단 프로그램에 직접 참여하면서 아동은 다른 아이들과 함께 하는 즐거움을 느끼고, 사회적인 상호작용에 대한 자신감을 갖게 되며, 사회성 발달을 촉진할 수 있습니다.

🖊 난화 그리기
– 준비물: 종이, 연필, 다양한 그리기 도구

난화는 '긁적거리기'라는 의미를 갖고 있으며 쉽게 말해서 '낙서'라고 생각하면 됩니다. 우선, 종이에 연필 등의 그리기 도구를 사용해서 자유롭게 선을 그립니다. 아동이 직접 선을 그려도 되고, 보호자가 그려서 아동에게 건네 줘도 되며, 눈을 감고 그려도 됩니다. 자유롭게 낙서를 한 뒤 종이에 그린 선들 속에서 떠오르는 이미지를 찾아봅니다. 찾은 이미지 위에 원하는 그림을 그리거나 색칠해 보도록 안내합니다. 그림을 다 그린 후에 어떤 것을 표현한 것인지에 대해 이야기를 나눕니다. 이 과정을 통해 아동은 자연스럽게 자신의 마음을 표현할 수 있게 되고 표현에 대한 자신감이 향상됩니다.

🖊 데칼코마니 그림 그리기
– 준비물: 도화지, 다양한 색깔의 물감

데칼코마니는 종이에 물감을 발라서 접은 뒤에 다시 종이를 펼쳤을 때 생긴 무늬나 모양을 이용해서 그림을 그리는 기법입니다. 우선, 도화지를 반을 접고 펼칩니다. 도화지 위에 다양한 색깔의 물감을 자유롭게 짭니다. 물감을 다 짜고 나서 다시 도화지를 반으로 접고 문지릅니다. 도화지를 펼치기 전에 어떤 모양이 나올지에 대해 이야기를 나누는 것도 좋습니다. 이후 접은 종이를 펼쳐서 나온 모양을 살펴보고 어떤 모양처럼 느껴지는지에 대해 이야기를 나눕니다. 데칼코마니는 표현할 때마다 계속 새로운 것을 만들어 낼 수 있습니다. 이 과정을 통해서 긴장감이 완화되고, 자신의 생각과 감정을 자유롭게 표현할 수 있게 되며, 성취감 향상에도 도움이 됩니다. 또한 정형화되지 않은 이미지를 다양하게 해석하는 여러 의견을 수용해 보는 경험도 하게 됩니다.

Chapter 13

외현화 문제를
보이는 아동

1. 과잉행동을 보이는 아동

보육현장에서는 영유아 시기의 발달적 특징으로 산만하고 과잉활동을 보이는 아동을 흔히 만나게 된다. 아동의 과잉행동적인 모습은 성장하면서 사라질 수 있지만 계속 유지된다면 자아발달 및 사회성 발달에 부정적인 영향을 미칠 수 있다. 그렇기에 아동의 과잉행동 원인을 다각적으로 이해해야 하며, 필요하다면 적극적으로 조기 개입하여 도움을 줄 필요가 있다.

1. 부모

놀이터에서 조금만 주의하면서 천천히 다니면 좋겠는데 영후는 차례를 못 지키고 급하게 올라가다가 또 계단에 부딪히고 넘어집니다. "조심해."라고 말하려고 하면 이미 저만큼 달려가고 있어요. 지난번에는 그네를 타고 있는 친구를 보지 못하고 미끄럼틀로 앞만 보고 달려가다가 세게 부딪혀서 큰 사고가 날 뻔한 적도 있고요. 한번은 영후가 집에서 놀이하다가 대체 어떻게 놀았는지 새로 산 텔레비전이 깨져서 망가진 적도 있습니다. 주변을 잘 못 살피고, 계속 움직이고, 높은 곳에 올라가서 다치는 일이 너무 많습니다. 몸은 또 어찌나 빠른지, 따라갈 수가 없어서 이젠 육아가 너무 지치고 놀이터에 나가는 게 겁이 납니다. 매 상황을 엄마인 제가 지켜볼 수도 없는데 이러다가 더 큰 사고라도 날까 봐 너무 걱정돼요. 그래서 늘 아이한테 "하지 마." "안 돼." "조심해."라는 말을 너무 많이 하고 있는 것 같고 아이와 관계도 나빠질 것 같아 그것도 속상합니다.

2. 교사

오늘은 유치원에서 발표회가 있는 날이었어요. 친구들이 한 명씩 나가서 발표를 하는데 지민이는 차분히 앉아서 친구들 발표를 보지 못해요. 자기 차례가 아닌데도 자꾸 의자에서 일어나서 돌아다니려고 하고, 조용히 해야 하는 상황에서 큰 소리로 떠들어 제가 지민에 옆에 앉아서 지도해야 합니다. 의자에 앉아서도 몸을 가만히 있지 못하고 계속 움직이면서 발로 앞 의자를 쾅쾅 차기도 하고 옆 친구를 밀기도 하는 행동을 계속 보여 주변 친구들에게 방해가 됩니다. 사실 지민이가 이런 행동을 하는 건 특별히 발표회라서가 아니고 일상에서도, 보육의 일과에 너무 많은 방해가 돼요.

1) 과잉행동의 정의

과잉행동은 주의력 결핍 과잉행동장애(Attention Deficit Hyperactivity Disorder: ADHD)의 가장 특징적인 증상이다. 주의력 결핍 과잉행동장애란 주의산만, 과잉행동, 충동성을 주 증상으로 하며, 초기 유아기에 발병하여 여러 기능 영역에서 지장을 초래하는 행동장애로 알려져 있다(Mercugliano, Power, & Blum, 1999).

DSM-V에서는 과잉행동을 ADHD의 진단 항목 중에서 충동성과 같이 보고 있으며, 손발을 가만히 두지 못하고 의자에 앉아서도 몸을 꿈틀거리기, 앉아 있도록 요구되는 상황에서 자리를 이탈하기, 부적절하게 지나치게 뛰어다니거나 높은 곳에 기어오르기, 조용히 여가활동에 참여하지 못하는 것, 끊임없이 활동하고 마치 태엽 풀린 자동차처럼 행동하기, 지나치게 수다스러움, 질문이 끝나기 전에 성급하게 대답함, 자신의 차례를 기다리지 못하고 다른 사람의 활동을 방해하거나 침해하는 행동 등을 진단 항목으로 두고 있다. 임상적 기준으로 진단을 내리는 것은 증상이 나타난 기간이나 심각도, 발달력 등을 고려하여야 하기에 전문가의 진단이 필요하다. 이러한 증상들은 유아기에 흔히 볼 수 있는 유아기 발달 특징과도 비슷한 면이 있어 임상적 진단을 내리는 데 어려움이 따른다. 그렇기 때문에 명확히 진단이 내려질 정도는 아니지만 일상생활에서 유사한 과잉행동을 보이는 아동들을 종종 만날 수 있다.

이러한 과잉행동은 연령이 올라가면서 대근육 운동에서 소근육 운동으로, 외적 행동에서 내적 행동으로 변화하는 경향이 있다. 학령기가 되면 말하기, 다른 아이에게 집적거리기, 연필을 입에 물기와 같은 행동 문제로 변화되어 나타난다. 하지만 청소년기가 되면 이 같은 과잉행동은 상당한 호전을 보여 대부분 크게 문제가 되지 않기도 한다(Mercugliano, Power, & Blum, 1999). 하지만 유아기에 나타나는 과잉행동은 또래관계 문제(DuPaul et al, 2001), 낮은 학업성취 문제(McGee & Share, 1988), 주변인으로부터의 부정적 피드백으로 인한 낮은 자아존중감과 부정적 정서 문제 등 사회적 적응에 부정적 영향을 미칠 수 있는 이차적 문제를 야기하는 것으로 알려져 있다(황진, 2011).

2) 과잉행동을 보이는 아동의 특징

(1) 수준 구분

과잉행동은 끊임없이 몸을 움직이는 행동으로 ADHD를 가장 잘 나타내는 특성 중 하나이다. 과잉행동을 보이는 많은 아동들을 대하는 어른들은 "몸을 가만히 있지 않는다." "마치 모터가 달린 것 같다." "지나치게 기어오른다."라고 호소한다. 특히 교사들은 과잉행동을 보이는 아동들을 자리를 벗어나 돌아다니고 팔다리를 가만히 두지 않고 흔들어 대거나 쓸데없는 소리를 낸다고 보고하기도 한다(서주은, 2005). 과잉행동 유형의 아동들은 쉴 새 없이 움직이면서 보편적이지 않은 지나친 행동을 보이며, 사물을 계속 두드리거나 몸을 가만히 두지 못하고 지나치게 이상한 소리를 내기도 하며 친구를 이유 없이 괴롭히거나 수업을 방해하는 행동, 원만하게 또래관계를 형성하지 못하고 지나치게 움직이는 행동 등 부정적인 활동 수준이 높은 경우를 보인다. 또 좌절, 기쁨, 슬픔 등의 정서적인 반응도 일반 아동들보다 더 빈번하고 강하게 표출되는 특성을 보이기도 한다(임혜숙, 송인섭, 1999; 황진, 2011).

이러한 과잉행동으로 인해 아동들은 기관 생활에서 적응이 순조롭지 못하고 때로는 또래들에게 거부당하며 주위로부터 문제아로 인식되어 스스로 낮은 자존감을 형성할 수 있다(임혜숙, 송인섭, 1999; Campbell, 1990). 또 많은 실패 경험으로 인해 낮은 자존감뿐만 아니라 우울 증상이 나타나기도 한다(정대영, 1996). 또 과잉행동은 학습부진과 공격적 행동, 감정조절 미숙 등으로 인한 또래 갈등으로 사회적 고립감과 소외감을 경험하기도 하며 이는 정서적 불안, 사회적 위축, 유능감 결여 등의 내재적 문제를 동반하기도 한다(송동호 외, 1993).

특히 유아기에 보육기관에 입소한 후 집단생활에서 요구되는 질서와 규칙, 지속적 주의 등을 수행하지 못하고 통제되지 않는 행동을 함으로써 부정적인 피드백을 받고, 정서조절의 미숙으로 인해 문제행동이 나타나게 되기도 하며, 사회적 기술 부족으로 친구를 잘 못 사귀고 갈등 상황이 생기는 경우도 많이 보여 보육교사들에게 보육의 어려움을 야기한다.

많은 부모들은 이러한 아동들에게서 걸음마기부터 과도한 운동 활동을 관찰하지만 4세 이전에는 일반적인 행동과 임상적 수준의 과잉행동을 구별해 내기가 어렵다. 특히 학령기 전, 유아기에는 ADHD의 주요 발현 양상이 과잉행동으로 나타나기에 더욱 구별하기 어려워 초등 입학 이후에 병원이나 상담센터를 찾는 경우도 많다.

아동의 과잉행동 수준은 연령에 따라 기대되는 행동 범위가 다르므로 또래들과의 행동을 비교해 보면서 살펴볼 수 있다. 교사나 부모의 제지나 지시에 순응하며 따르는 모습이 나타나지 않고 지속적인 과잉활동적인 행동이 나타난다면 주의 깊게 살펴볼 필요가 있다.

(2) 행동 특징

① 가정에서의 모습

과잉행동을 보이는 아동들은 어린 시절부터 다루기 까다로웠다고 부모가 보고하는 경우가 많다. 일상생활에서 기본생활습관을 형성하는 데도 덜 순종적이어서 많은 시간을 필요로 한다. 과제를 수행해야 하는 상황이나 자신의 뜻대로 잘 되지 않는 경우에는 더 많은 애정을 요구하기도 한다. 그로 인해 부모는 자녀의 충동을 통제하기 위해 다양한 방법을 제안하거나 격려를 하다가도 결국 야단을 치는 등 더 많은 통제와 지시 등의 부정적 상호작용을 하게 된다. 이러한 아동의 부정적인 태도는 가족 내 부부 역할갈등을 증폭시키게 되어 가족을 분리시키거나 부부의 친밀감에도 부정적 영향을 주는 존재가 된다. 결국 아동은 가족 내에서 사랑을 받지 못한다고 느끼고 부모 또한 양육효능감이 낮은 경우가 많다.

② 기관에서의 모습

과잉행동을 보이는 아동들은 대부분 자리에 차분히 앉아 있는 것 자체를 힘들어하고, 이유 없이 뛰어다니거나 계속해서 움직이며 안절부절못하는 등의 행동을 보인다. 또 부적절한 상황에서 말이 너무 많거나 또래의 놀이나 대화에 자주 끼어드는 모습들도 보인다. 이러한 모습이 수업의 방해요소로 작용하는 경우가 많다. 또한 가정에서 기본적인 생활습관 형성이 안 된 채로 기관에 온 경우가 많아 기관 적응을 어려워하기도 한다.

3) 과잉행동을 보이는 아동을 위한 보육놀이치료 사례

(1) 내담 아동 소개

① 인적사항 및 주호소
보육놀이치료에 의뢰한 내담 아동은 만 5세 남아로 유치원 7세반에 재학 중이다. 부모의 보고에 의하면 아동은 어릴 때부터 산만하고 반항적인 행동과 쉬지 않고 몸을 계속 움직이며 공공장소에서 함부로 물건을 만지면서 돌아다니는 행동을 많이 보였다고 하였다. 부모는 동생이 태어나면서 아동의 이러한 문제행동이 나타난 것 같다고 하였다. 아동이 어릴 때는 과잉행동이 심하게 나타나는 것 같아 걱정을 많이 했는데 언어발달이 되면서 조금 좋아지는 느낌이라고 하였지만, 여전히 또래들에 비해서 충동적인 부분이 많이 나타난다고 보고하였다. 7세인데 친구들과 계속 갈등 상황이 생기고 공감능력이 떨어지는지 잘 못 어울리는 것 같고 최근에는 화가 나니 폭력적인 행동을 보이기도 하는 것이 걱정이 되어서 보육놀이치료에 의뢰하였다.

다음으로 보육교사의 보고에 의하면 아동은 행동이 통제가 되지 않아서 모든 선생님들이 힘들어한다고 하였다. 특히 특별활동 시간에 통제가 안 되어 수업의 흐름을 방해하는 행동을 자주 하여 수업 진행이 어렵다고 하였다. 놀이 상황에서는 자기주장이 강하여 아동이 생각하는 대로 놀이를 하려 하고 친구들과 갈등 상황이 자주 생기며, 줄을 서서 계단을 다니거나 문을 닫는 상황에서 아동의 부주의로 뒤에 있는 친구를 다치게 하는 상황들이 자주 나타나서 보육하는 데 어려움을 많이 호소하였다.

② 가족관계
내담 아동의 가족은 부, 모, 아동, 남동생이다. 아동의 부는 책임감이 강하고 성실하지만 아동이 장난을 칠 때 엄하게 훈육하는 편이라 아동이 부를 무서워하고 부의 말은 그나마 잘 듣는 편이라고 한다. 모는 아동과 평소에는 잘 지내지만 아동이 말을 듣지 않을 때에는 감정조절이 어려워 짜증을 내고 화를 내는 상황이 많이 생긴다고 하였으며, 모가 눈치를 봐서 미안한 마음과 또 말을 안 들을 때 미운 마음이 같이 나타나서 아동을 양육하는 데 정서적으로 힘듦을 표현하였다. 남동생은 아동을 좋아해서 따라다니지만 아동이 동생에게 다소 과격하게 행동하는 경우가 잦아서 아동이 혼나는 경우가 자주 생긴다고 하였다. 그러다 보니 아동은 동생이 다가오면 밀어 버리는 상황도 자주 나타난다고 하였다. 부모는 서로 다른 양육태도와 훈육방법으로 부부싸움이 잦은 편이였으나 최근에는 아동을 위해서 변화하려고 노력하는 중이고 아동 앞에서는 부부싸움을 하지 않으려고 한다고 보고하였다.

③ 발달력

아동의 발달력을 살펴보면 모는 임신 중 직장 내 업무 강도가 심해서 신체적·정신적으로 스트레스가 많았다고 한다. 출산 과정에서 큰 문제는 없었으나 모의 건강이 빨리 회복되지 않아서 초기에 아동을 돌보는 게 많이 힘들었다고 하였다. 아동은 전반적으로 적절한 시기에 알맞은 발달과정을 보였으나 잘 먹지 않고 돌아다니는 행동이 영아 시기부터 나타났으며, 이로 인해 모는 육아가 힘들어서 감정적으로 아동을 혼낸 적이 많았다고 하였다. 아동은 놀이터에서 떨어져 골절이 되는 사고가 두 번 있을 정도로 에너지가 너무 많다고 보고하였다.

④ 사례개념화

아동은 권위적인 부와 감정기복이 심한 모에게 양육되면서 영아기부터 충분히 안정적인 애착경험을 하지 못했을 것으로 예측된다. 게다가 부모의 갈등 상황을 아동이 자주 목격하면서 영아기부터 심리적 불안감을 느꼈을 것이다. 한편, 아동이 어린 시절부터 호기심이 많고 행동 반경이 크며 에너지가 많아 충동적인 성향을 보이며 과잉행동을 보인 것은 아동의 타고난 기질적인 부분으로 이해할 수 있다. 그러나 부모가 이러한 아동의 기질을 이해하지 못하고 기질에 적합한 양육을 제공하지 못하여 아동의 과잉행동이 조절되지 못한 채 더 부각되어 아동은 사회적 관계에서 잦은 갈등 상황을 경험하였을 것이다. 이로 인해 부정적인 자기상과 낮은 자존감 및 자기 효능감이 내면에 자리 잡은 것으로 사료된다. 따라서 보육놀이치료를 통해 아동이 안정적인 애착을 재경험하고 긍정적인 자아상을 회복하여 자기 조절 능력을 키울 수 있도록 도우며 타인과의 관계 속에서 적절하게 자기를 표현하는 방법과 의사소통 기술을 배울 수 있도록 돕고자 한다. 또 아동의 기질을 이해하고 아동에게 맞는 적절한 양육을 제공할 수 있도록 부모상담을 병행할 것이다.

(2) 보육놀이치료 진행 과정

① 초기 단계

- 놀이 진행 요약: 아동은 첫 회기에 낯가림 없이 바로 놀이실로 뛰어들어와 놀잇감을 만져 보면서 탐색하였다. 치료사가 놀이치료에 대해서 설명하고 구조화하는 시간에도 놀잇감을 계속 만지고 있었고, 놀이시간 대부분 내담 아동은 놀잇감에 관련된 질문뿐만 아니라 일상에 관한 질문 또는 전혀 상관없는 질문 등 끊임없이 치료사에게 질문했으며, 질문에 대한 대답을 듣는 것은 크게 관여하지 않고 질문 후 바로 다른 놀잇감을 탐색하는 모습을 보였다. 선호하는 놀잇감 없이 놀이치료실에 있는 대부분의 놀잇감을 한 회기에 모두 탐색해 보거나 만져 보는 모습을 보이며 40분 동안 끊임없이 몸을 움직였다. 원하는 대로 놀잇감이 잘 작동되지 않으면 놀잇감을 과격하게 두드리거나 바닥에 던지는 행동이 나타나서 제한설정을 해야 하는 상황들이 자주 생겼으며, 놀이 중간에 치료사의 눈치를 살피는 모습과 치료사에게 좋게 보이고 싶어 하는 모습이 많이 나타났다. 퇴실시간을 고지하였지만 대답하지 않고 놀잇감을 탐색하는 등 초기 단계에서 지속적으로 퇴실 지연을 보였다.
- 아동의 상태: 아동은 기관과 가정에서 보이는 것과 마찬가지로 놀이치료 시간에도 과잉행동을 보였다. 놀잇감을 함부로 사용하거나 선반에 있는 놀잇감을 다 쓸어서 넘어트리는 행동을 하였으며, 끊임없이 치료사에게 말을 걸고 이야기를 하지만 대답을 듣지 않는 모습을 보였다. 제한설정 상황에서 눈치를 살피면서도 규칙을 지키지 않는 모습과 결국 퇴실시간을 지키지 못하는 모습이 초기 단계에 지속적으로 나타났다.
- 부모상담: 아동에게 늘 "하지 마, 안 돼."라고 혼내는 상황이 반복돼서 관계가 나빠지는 것 같다고 보고하였다. 어릴 때는 어리다고 그냥 넘어갔던 일들이 일곱 살이 되었는데도 지속적으로 나타나자 친구들과도 계속 싸우는 상황이 생기게 되고 선생님들한테 안 좋은 소리를 들으니 "이젠 이 아이를 어떻게 키워야 하는지, 내가 잘못 키웠는지 너무 지친다."고 표현하였다. 모는 부모로서 양육효능감이 많이 떨어진 상태였으며 양육 스트레스로 우울감도 보였다.

- 교사 보고: 교실에서 통제가 안 돼서 집단 활동 수업에 방해가 되는 행동을 많이 한다고 하였다. 놀이 상황에서 아동이 원하는 대로 놀이를 하려고 해서 갈등상황이 생기기도 하며, 주변을 잘 못 살펴서 친구들을 의도치 않게 다치게 하는 상황들도 생긴다고 하였다. 보육놀이치료 초기 단계라 교실에서 크게 변화가 보이지는 않지만 아동이 수업 중간에 보육놀이치료에 가는 시간을 기대하고 즐거워하는 모습을 보이며 특별한 시간으로 느끼는 것 같다고 하였다.

② 중기 단계

- 놀이 진행 요약: 중기 단계에 아동은 전쟁놀이와 힘의 욕구를 적극적으로 표현하였다. 공룡, 동물, 군인 등의 피규어로 전쟁과 투쟁의 장면을 만들면서 땀을 흘릴 만큼 열심히 놀이하였으며, 놀이는 특별한 주제로 이야기하기보다는 대부분 싸움과 투쟁의 놀이로 "다 죽었어."라며 놀이를 마무리 짓고 모래 속에 다양한 피규어를 묻는 놀이를 반복하였다. 싸움 장면을 표현할 때 "피슝" "꽉" "크아악" 등 다양한 소리를 끊임없이 내면서 놀이하고 놀이에 집중하면서 모래를 모래상자 밖으로 흘리는 경우가 많아 행동을 조절하는 데 다소 어려움을 보였다. 중기 단계 초반에 지속되던 전쟁놀이는 회기가 지날수록 포클레인과 트럭 등으로 묻었던 피규어를 꺼내 주는 놀이로 변화되었다. 반짝이는 보석 피규어를 가져와서 치료사와 함께 모래에 숨기고 찾는 놀이로 나타났으며, 이후 건설놀이로 변화하여 기찻길을 만들고 도시를 만들어 나갔다. 원하는 대로 잘 되지 않을 때 속상해하기도 하였지만 놀잇감을 던지거나 과격하게 다루는 것으로 인한 제한설정 상황은 현저히 줄어든 모습을 보였다.

  또 중기 단계에 아동은 화살 쏘기, 발차기, 다트 던지기 등의 경쟁놀이에서 원하는 만큼 결과가 잘 따르지 않자 "나 너무 못해." "완전 망했어." 등 화를 내고 스스로 비난하기도 하며 좌절하거나 갑자기 다른 놀이로 전환하기도 하였다. 이기기 위해서 규칙을 지키지 않고 반칙을 하는 모습들을 자주 보였다. 중기 단계 초반에 게임놀이는 연령에 맞지 않거나 너무 어려운 것을 선택해서 좌절하는 경우가 더 많았으나 회기가 거듭될수록 조금 더 쉽게 할 수 있는 규칙을 만들고 지키려는 시간이 더 길어지며 놀이를 갑자기 중단하는 횟수가 줄어들었다.

  특히 중기 단계에는 풍선, 클레이, 종이와 같은 비구조화된 놀잇감을 사용하며 클레이를 섞어 새로운 색을 만들거나 다양하게 종이를 오려 보는 등 승패나 평가가 없는 놀이를 자주 하였다. 치료사의 긍정적인 지지 속에서 스스로 자기 행동에 대해 자신감이 생기는 모습을 보였다.

- 아동의 상태: 중기 단계 초반에 아동은 자신의 행동이 어디까지 수용되는지에 대한 시험을 많이 하였다. 놀잇감을 던지려는 시늉이나 치료사에게 활을 쏘는 행동 등을 보였으며, 이로 인해 제한설정 상황이 자주 나타났으나 회기가 지날수록 일관된 제한설정 안에서 지켜 나가며 놀이하는 모습으로 변화됨이 나타났다. 또 아동은 놀이에 몰입하여 과잉행동이 나타나기도 하였지만 치료사와 안정적인 관계가 형성된 후에는 안전한 경계 안에서 행동하려고 조절하는 모습을 보였다. 또 놀이 상황에서 자기 감정을 표현할 때 공격적으로 표현하는 상황이 회기가 거듭될수록 줄어들었다. 중기 단계 초반에는 경쟁놀이에서 아동이 좌절경험과 스스로 부정적 자기상을 표현하였으나 회기가 거듭될수록 규칙을 조절하기도 하고 방법을 찾아가기도 하며 스스로 할 수 있는 연습 기회를 겪어 나가며 성취감을 경험하기도 하였다. 아동은 평가받지 않는 놀이치료 상황에서 치료사의 공감과 지지를 경험하며 "나는 못해."라는 표현에서 "선생님, 내가 이렇게 만들었어요, 짱이죠!"라며 스스로 긍정적인 자기상을 만들어 가는 경험을 하였다.

- 부모상담: 부모상담 시간을 통해서 모는 아동의 기질적인 특성에 대해서 이해하고자 노력하였으며, 일관되지 못한 양육태도에 일관성을 주기 위해 노력하는 모습을 보였다. 또 아동의 과잉행동으로 부정적 감정이 올라올 때 훈육하지 않고 모의 감정을 먼저 다뤄 나갈 수 있도록 양육 스트레스 관리방법과 아동에게 맞는 훈육법에 대해서 많은 이야기를 나눴다. 모는 부모상담을 통해 늘 부정적으로만 아동을 바라보던 시선을 긍정적으로 변화시킬 수 있도록 노력하는 모습을 보였으며, 부모의 변화로 가정 내에서 아동과의 관계가 좋아지고 있다고 보고하였다. 모는 아동에게 미안한 마음을 표현하면서 아동을 이해해 나가려고 노력하는 모습을 많이 보였으며, 자신의 노력이 아동에게 영향을 미치는 것을 경험하면서 더 열심히 부모상담에 참여하였다.

- 교사 보고: 아동은 담임교사에게 "놀이치료 시간에 이런 놀이 했어요."라고 자랑하면서 보육놀이치료 시간을 굉장히 특별하게 생각한다고 하였다. 치료사와 교사 상담에서 아동의 긍정적인 행동을 구체적으로 칭찬하고 격려하는 것에 대해서 꾸준히 이야기 나누었고, 이로 인해 아동과 조금씩 더 대화가 되는 느낌

이라고 표현하였다. 전에는 아동이 늘 억울해하며 담임교사의 말을 듣지 않고 일부러 더 반대로 행동하는 느낌이 들어서 교사로서 너무 힘들었는데 감정적으로 다루지 않으려고 노력한다고 하였으며, 아동도 교사의 긍정적인 피드백에 조금 더 바른 행동을 하려고 노력하는 모습이 보인다고 보고하였다. 하지만 또래들과의 관계에서 친구들은 어른만큼 아동을 이해해 주지 못하니 갈등 상황이 계속 생긴다고 아쉬움을 표현하였다.

③ 후기 단계

- 놀이 진행 요약: 후기 단계에는 치료사와 상호작용이 많이 나타나는 보드 게임을 자주 선택하였다. 아동은 이기고 싶어 하며 주사위를 던질 때 낮게 던지거나 살짝 높은 숫자로 바꾸는 모습도 가끔 나타나기도 하였지만, 초기에 비해서 순서나 규칙을 지켜 나가려는 모습이 보였다. 이겼을 때 방방 뛰면서 신나 하며 즐거운 감정을 표현하고 졌을 때는 "아, 졌어! 이기고 싶었는데."라고 말로 아쉬움을 표현하였지만, 초기에 나타나던 화를 내거나 치료사를 탓하는 등의 모습은 보이지 않았다. 공놀이를 할 때 공놀이의 규칙이나 방법에 대해서 먼저 이야기하고 놀이를 시작하는 모습이 보였으며, 치료사와 언어적 상호작용을 할 때 조금 천천히 이야기할 수 있도록 도와주면 치료사의 대답도 듣고 다시 자신의 이야기를 하는 모습도 많이 보여 아동과 핑퐁 대화가 되어 이야기를 나누는 데 치료사가 좀 더 편안함을 느낄 수 있었다. 놀이에 집중할 때 목소리가 커지고 행동이 과격해지는 상황은 계속 보였지만 제한설정을 하는 상황이 나타나지는 않았으며, 이미 정한 놀이실에서의 규칙을 지켜 나가려고 노력하는 모습을 보였다.

  퇴실에도 아쉬움은 표현하였지만 지연 없이 퇴실하였고, 종결이 몇 번 남지 않은 것에 대해서 속상함을 표현하기도 하고 종결 회기에는 아동이 마무리를 하는 느낌으로 놀이실의 놀잇감을 다 둘러보며 만져 보았으며, 초기에 보였던 공룡 놀이와 자동차 놀이를 잠깐씩 하기도 하면서 종결에 대한 아쉬움을 스스로 달래는 것으로 보였다. 종결 회기에서는 아쉬움에 "선생님, 빨리 빨리요."라고 하면서 더 많은 놀이를 하기 위해 서두르는 모습도 나타났다.

- 아동의 상태: 종결 시점에 아동은 여전히 행동이 크고 부산하긴 하지만 집단 활동에서 규칙을 인지하고 다시 한번 이야기하면 지키려고 하는 모습이 많이 나

타났다. 이는 치료실에서 아동이 자신의 감정과 행동을 스스로 조금씩 조율해 갔던 모습과 일치한다. 자유놀이시간에도 친구들과 규칙을 세우고 순서를 지키는 모습이 나타나서 친구들이 인지할 정도로 아동에게 변화가 나타났다. 여전히 목소리도 크고 에너지도 많고 부주의한 행동으로 인해 갈등 상황이 생기긴 하지만 자신의 감정을 말로 표현하기도 하고 규칙을 지키려는 모습을 보이며 다른 사람의 마음을 조금 더 이해하고자 하였다.

• 부모상담: 모는 부모상담 시간에 양육적인 도움을 받을 수 있어서 좋았다고 하였으며 구체적인 방법을 통해서 아동과의 관계에서 조금 자신감이 생긴 것 같다고 이야기하며 양육효능감이 높아짐을 표현하였다. 아동의 행동을 바로 지적하기보다는 아동의 마음을 이해해 주려고 노력한 것과 아동의 긍정적인 부분을 많이 찾아보려고 하는 것들은 아동과의 관계가 좋아지게 해 줬으며, 모는 아동이 여전히 에너지가 많고 몸을 가만히 두지 않긴 하지만 부모의 말을 수용하고 규칙을 지켜 나가는 것에서 초기와 다르게 노력하는 모습이 많이 나타난다고 하였다. 아동에게 칭찬과 사랑 표현을 많이 해 주자 가정 내에서 아동과 웃는 시간이 더 많아졌다고 하며 조금 더 아이를 키워 나가는 데 도움이 된 시간이라고 종결회기에 보고하였다.

• 교사 보고: 보육놀이치료 중간에 담임교사와의 지속적인 교사상담이 진행되며 아동에게 상황에 따라 개입할 수 있는 적절한 방법에 대해서 이야기 나눌 수 있어서 아동을 보육하는 데 협력자가 있는 것과 같은 든든함을 느꼈고, 아동을 이해하고 아동에게 맞는 적절한 개입 방법을 구체적으로 알 수 있어서 좋았다고 이야기하였다. 자신의 노력으로 아동 역시 조금씩 노력해 나가는 모습이 보이니 아동이 더 예뻐 보이고 관계가 좋아졌다고 하였다. 또래와의 관계에서도 갈등은 여전히 생기기는 하지만 아동이 예전만큼 자기 마음대로 하려는 모습이 많이 줄었고 친구들과의 규칙을 지켜 나가려는 모습을 보이면서 친구들과 함께 놀이하는 시간도 더 많아지고 있다고 하였다.

4) 과잉행동을 보이는 아동을 위한 보육놀이치료의 의의

아동의 과잉행동은 외현화 행동 문제로 연관되며 주의산만, 과잉행동, 충동성과 유사한 맥락으로 볼 수 있다. 과잉행동을 보이는 아동은 어린 시절부터 가만히 있지 못하고 행동이 크며 돌발적인 행동 특성을 많이 보인다. 이로 인해 아동은 부모나 주변인들로부터 부정적인 시각을 많이 경험하여 스스로 낮은 자존감을 갖게 되는 경우가 많고, 또 지속적인 훈육과 부모의 양육 스트레스로 인해 부모-아동의 관계가 원만하지 못한 경우들도 많이 볼 수 있다. 특히 아동의 사회적 관계가 시작되는 보육기관에서 부모가 아닌 선생님과 또래 친구들을 경험하면 아동의 과잉행동은 더 눈에 띄게 나타나기도 한다. 과잉행동을 보이는 아동은 자신이 속한 사회 관계망 속에서 잘 적응하지 못하고 사회적 유능감이 떨어지는 경우를 많이 경험하게 된다. 이러한 부적응 행동은 또래관계에서 긍정적인 관계를 맺지 못하게 되고 과잉행동으로 인한 돌발행동, 방해하는 행동 등은 교사들에게도 주의 받는 일이 많이 생기며, 이로 인해 위축, 의기소침, 낮은 자아존중감을 형성할 수 있다. 그러나 보육현장은 보육교사 한 명이 여러 명의 아동을 보육하므로 과잉행동을 보이는 아동에게만 집중해 줄 수 없는 환경이라 통제가 되지 않는 상황에서 훈육을 할 수밖에 없는 상황이다.

아동들이 많은 시간을 보내게 되는 보육기관에서 적절한 심리·정서적 개입이 들어간다면 기관에서 아동의 적응적인 변화를 바로 알아차릴 수 있어 아동의 긍정적인 행동 변화를 강화시킬 수 있다. 따라서 과잉행동을 보이는 아동의 심리적 어려움이나 행동 변화를 위해서는 보육기관에서의 보육놀이치료가 적합하다. 보육놀이치료를 통해 아동의 과잉행동 수준이 발달과정에서 나타나는 정상적인 범주인지, 아니면 좀 더 세밀한 검사가 필요한지 조기에 선별해서 아동에게 적절하게 개입할 수 있다. 또 보육놀이치료를 통해 아동을 보육하는 데 있어 어려움을 느끼는 보육교사들에게 아동에 대한 이해와 아동에게 적절히 보육할 수 있는 방법들을 같이 찾아보면서 아동의 적응적인 변화뿐만 아니라 교사로서의 효능감을 높일 수 있을 것이다.

> **Tip** **과잉행동을 보이는 아동을 돌보는 교사와 부모를 위한 팁**
>
> ● 일관성 있는 안정된 모습으로 양육(보육)해 주세요.
> 일관적이지 못한 어른의 태도는 아동에게 많은 혼란을 경험하게 합니다. 특히 과잉되어 있는 아이를 자극할 만한 불안정하고 예측 불가능한 양육과 보육은 아이로 하여금 더욱 과잉된 반응을 하게 합니다. 반면, 일관성 있는 양육환경은 아동이 안정감을 갖고 자신의 행동에 대한 결과를

예측할 수 있도록 하며, 예측된 결과에서 벗어나기 위해 스스로 조절하고 선택하려는 노력을 하게 합니다. 무엇보다도 일관성 있는 안정된 태도는 아동에게 좋은 모델링이 되어 아동의 과잉된 행동을 조절하는 데 도움이 될 수 있습니다.

● **예측 가능하고 눈에 보이는 한계를 설정해 주세요.**

과잉행동과 충동성을 보이는 아동에게 한계를 설정해 주는 것은 무엇보다 중요합니다. 감정은 수용하되 아이의 행동에 한계를 설정해 주어야 합니다. 한계가 없는 상황에서는 불안감을 느끼게 되며, 아동은 한계를 시험하기 위해 더 강한 강도의 과잉행동을 할 수 있습니다. 따라서 가능한 예측할 수 있고 눈에 보이는 한계를 설정해 주는 게 좋습니다. 예를 들어, 시간설정을 할 때에 컬러타이머를 통해 시간이 점차 줄어드는 것을 눈으로 보게 한다면 행동을 조율하는 데 더 도움이 될 것입니다.

물론 아동은 초반에는 제한을 쉽게 받아들이지 못할 것이며, 제한설정으로 인해 욕구가 좌절되었다고 느낄 시에는 더욱 강하게 행동하며 욕구를 해소하려는 모습을 보일 것입니다. 이때 아동의 과잉된 행동에도 일관성 있는 태도로 반복해서 제한설정을 해 줌으로써 아동이 스스로 참고 기다리고 멈추는 것 등 자기 조절력을 배울 수 있도록 해 주세요.

● **변화가 요구되는 행동을 하면 구체적으로 칭찬해 주세요.**

아동의 행동 변화를 위해서는 문제행동을 보일 때 혼내는 것보다는 변화가 요구되는 행동을 하였을 때 긍정적인 피드백을 더 많이 해 주세요. 대부분 성인은 아동이 바르게 행동하는 것을 당연한 것으로 받아들여 문제행동을 했을 때 훈육하는 경우가 많지요. 하지만 아동의 행동 변화를 위해서는 아동의 문제행동에 더 큰 반응을 보이기보다는 반대로 긍정적인 칭찬을 더 많이 할 필요가 있습니다.

과잉행동을 보이는 아동을 위한 추천 놀이와 놀잇감

🖋 **점핑몽키 보드게임**

점핑몽키 보드게임은 게임 방법이 간단해서 어린 유아들도 쉽게 할 수 있는 보드게임입니다. 놀이 방법은 점프대를 사용해서 원숭이 피규어를 나무 위에 많이 올리면 승리하는 게임입니다. 힘을 조절해야 하는 게임으로 자기 조절, 자기 통제력 향상에 도움을 줄 수 있는 요소가 있어 과잉행동 아동들에게 도움이 됩니다.

✎ **무궁화 꽃이 피었습니다 놀이**

무궁화 꽃이 피었습니다 놀이는 여러 명이 같이 할 수 있으며 대근육 움직임의 출력과 억제를 반복하는 활동입니다. 과잉행동을 보이는 아동들은 놀이를 통해 신체를 조절해 나가는 연습을 할 수도 있으며, 여러 또래와 함께 놀이를 하며 사회성 발달도 도모할 수 있습니다.

2. 공격적 행동을 보이는 아동

보육현장에서 아동의 공격성은 사회적인 관계를 형성하고 상호작용하는 것을 어렵게 만들며, 아동들의 싸움과 같이 갈등 상황을 일으키는 주요한 원인이라고 할 수 있다. 공격적인 행동으로 다양한 사건 사고를 일으키는 아동은 그렇지 않은 아동에 비해 제한을 많이 받게 되고, 또래로부터 거부당하기 쉬우며, 보육기관에 적응하는 것에도 어려움을 경험하게 된다. 무엇보다 이러한 공격성은 연령이 증가할수록 더욱 강화되고 이후 발달 시기에도 부정적인 영향을 미치므로 조기에 개입하여 아동이 기관에 잘 적응할 수 있도록 돕는 과정이 필요하다.

1. 부모

우리 아이는 어릴 때부터 친구들에 비해 말이 늦었어요. 그러다 보니 어린이집에서 의사 표현을 하거나 요구하는 상황에서 친구를 물거나 때리는 일이 많았고, 이런 상황으로 다른 친구 부모님께 연락을 받아 죄송하다고 사과하는 일이 일상이었어요. 지금은 전보다 말로 표현하는 게 늘어 친구들을 때리거나 하는 행동은 조금 줄어들었지만 여전히 말보다 몸이 먼저 나갈 때가 있고, 그러다 보니 친구들이 우리 아이를 좋아하지 않는 것 같아요.

이런 일이 잦다 보니 어린이집에서나 저한테나 지적을 많이 받아 괜히 위축되고 눈치도 많이 보는 것 같고, 감정표현을 잘 하지 않는 것 같아요. 놀이터에 가거나 키즈카페에 갔을 때 친구들과 어울리고 싶어 하는 모습이 보이는데 어떻게 해야 할지 몰라 물끄러미 쳐다보고 있는 모습을 볼 때마다 도와주긴 하는데, 매번 따라다니면서 도와줄 수도 없고 너무 속상합니다.

2. 교사

평소에는 너무 얌전하고, 친구들이랑 어울릴 때도 거부감 없이 잘 지내며 원만한 편이에요. 근데 가끔가다 친구들이 아이에게 실수를 하여 자신이 피해를 본다 생각하면 격하게 화내며 때리는데 그 행동이 너무 지나치고 예측이 어렵습니다. 한번은 아이가 마커펜으로 그림을 그리고 있었는데, 친구가 아동이 그린 그림을 지워서 격하게 화내며 마커펜으로 위협하다가 친구 눈을 찌를 뻔했습니다. 정말 이렇게 큰일날 뻔한 적이 한두 번이 아닙니다. 또 이렇게 한번 화를 내면 진정이 쉽지 않아 반 아이들과 다음 활동을 이어 가는 게 쉽지 않습니다. 진정될 때까지 다른 아이들을 그냥 두고 이 아이만 데리고 있을 수 있는 상황도 아니다 보니 아이가 또 언제 폭발하게 될지 몰라 조심스럽고, 부모님께도 계속 부정적 상황을 전달하게 되는 것도 마음이 어렵습니다.

아이가 계속해서 이런 행동을 하면 다른 친구들과 어울리는 것도 힘들고, 점점 더 난폭한 행동으로 발전하게 될 것 같아 전문가의 도움을 받아야 할 것 같습니다.

1) 공격적 행동의 정의

공격적 행동이란 공격적인 의도에 대한 합의가 있는 것으로 상처를 입히거나 위협할 의도를 가지고 특정한 다른 사람이나 물건을 향한 행동이라고 정의한다(Shaw, 2006).

주로 분노/과민한 기분을 나타내는 것으로 자주 욱하고 화를 내거나 과민하고 쉽게 짜증을 내는 행동, 자주 화를 내고 크게 분개하는 행동, 논쟁적/반항적 행동을 나타내는 것으로 권위자와의 잦은 논쟁, 권위자의 요구나 규칙을 무시하거나 거절하고 자주 고의적으로 타인을 귀찮게 하며 자주 자신의 실수나 잘못된 행동을 남의 탓으로 돌리는 행동, 또한 보복적 특성으로 악의에 차 있거나 앙심을 품고 있는 행동 등을 포함한다.

공격적 행동은 외현적 공격성과 관계적 공격성으로 나뉜다. 외현적 공격성은 공격하고자 하는 대상을 때리거나 미는 행동 및 발로 차는 행동 등과 같은 신체적 공격이나 타인에게 해를 가하겠다는 위협과 같은 언어적 공격, 즉 공격유발 대상에게 직접 신체적 공격과 언어적 공격을 행하는 것을 이야기하며, 관계적 공격성은 사회적 상호작용 속에서 맺는 개인 간의 관계에 초점을 두어 어느 집단에서 공격대상을 고의로 배제해 버리거나 나쁜 소문을 퍼트리는 등 전반적인 관계를 해하려는 행동, 다른 사람과의 관계를 조절하고 방해하는 행동, 집단의 힘이나 압력을 이용하여 개인의 감정이나 관계를 손상 또는 위협함으로써 남에게 해를 주는 간접적인 형태로 관계적인 측면인 수동적인 공격성향을 포함하는 행동을 말한다.

영유아기의 공격성은 주로 외현적으로 타인이나 대물에 대한 공격성으로 표출되다가 연령이 증가하면서 관계적 공격성으로 변하는 경우가 많다. 영유아 시기에 자아가 성장하는 과정에서 자신의 욕구가 좌절되어 원하는 것이 이뤄지지 않을 때, 격하게 울고 떼쓰는 등의 행동으로 감정을 표출하는 공격적 행동이 빈번하게 나타난다. 또래관계에서는 친구들을 할퀴고 무는 등의 행동을 하거나, 친구가 가지고 놀던 놀잇감을 마음대로 뺏어 가는 행동, 순서를 지키지 않거나 의도적으로 밀쳐서 다치게 하는 행동도 보인다. 이처럼 주로 영유아 시기에는 언어로 표현하기보다는 행동으로 표출하는 경우가 많다.

2) 공격적 행동을 보이는 아동의 특징

(1) 수준 구분

① 일상적 수준

일반적으로 영유아 시기의 공격적 행동은 발달과정에서 자연스럽게 나타날 수 있다. 그들의 행동이 과격하다 할지라도 남을 해칠 의도가 아닌 자신이 원하는 것을 얻기 위한 의지의 표명이다. 2~3세의 아동 중 특히 언어발달이 느린 아이들은 욕구가 좌절되거나, 또래와의 놀이 참여 상황 또는 갈등 상황 해결에 있어 공격적 행동으로 해결하려 한다. 공격적 행동 외에는 자신의 감정을 표현할 다른 방법을 몰라서 공격적 행동을 선택하는 것이다. 이러한 행동들은 부모나 교사의 훈육에 의해 조절되어 가며 점차 언어적으로 건강하게 자신의 욕구를 표현하고 성취하게 되며, 주로 4세 이후부터는 점차 감소하는 경향을 보인다(전은주, 2015; Alink et al., 2006; Suurland et al., 2016).

② 우려할 수준

연령이 증가하고 도덕적 개념이 생겨나는 시기에, 뇌의 성숙과 언어발달이 이루어져 어느 정도 자신의 감정을 언어로 표현할 수 있음에도 공격적 행동이 지속되고, 그 행동의 강도와 빈도가 점차 증가한다면 우려할 수준으로 판단하고 개입해야 한다. 이러한 수준의 아동들은 작은 좌절에도 너무 과격한 행동이 쉽게 표출되어 주위 사람들을 당황시키기도 하고, 공격적 행동으로 인해 또래관계에 어려움이 생기기도 한다. 아동의 공격적 행동을 부모나 교사가 진정시키는데도 쉽게 가라앉지 않고, 오히려 부모나 교사를 향해 공격적으로 소리 지르거나 때리는 행동, 물건을 던지는 행동을 보인다면 즉각적이고 적절한 훈육과 지도가 필요한 시점이다.

이러한 공격적 행동을 보이는 아동을 다루는 부모나 교사는 아동에 대한 염려와 걱정으로 인해 더 큰 힘으로 제압하거나 통제·지시적인 태도로 양육을 하게 되며, 부모나 교사의 감정조절이 실패하면 아동의 공격적 행동에 동일하게 공격적 행동을 보일 수 있게 된다. 이러한 잘못된 양육방식은 오히려 아동이 자신보다 힘이 센 대상에게는 쉽게 위축되지만 자신보다 힘이 약한 대상에게는 그 힘을 발휘하려 하는 문제행동으로 발전하기 쉬워 더 큰 문제가 발생하기도 한다. 따라서 가정이나 기

관에서 지도가 어렵다면, 전문가의 도움을 받아 공격적 행동의 원인을 찾아 해결해
야 한다.

(2) 행동 특징

① 가정에서의 모습

가정에서는 부모의 지시에 잘 따르지 않고 자신의 욕구를 해결해 주지 않는 부모
를 향해 비속어를 퍼붓거나 물건을 집어던지거나 때리기까지 하는 모습을 보인다.
즉, 부모를 향한 존중이나 존경이 전혀 없는 모습을 보이며 자신이 더 우위에 있다
고 생각하는 것처럼 행동한다. 형제자매와의 관계에서도 마찬가지로 출생순위와
상관없이 행동한다.

② 기관에서의 모습

가장 두드러지는 것은 말보다 행동이 먼저 나가는 것이다. 친구의 장난감을 마음
대로 뺏거나, 순서를 지키지 않고 다른 유아를 세게 밀쳐 다치게 하기도 한다. 다른
유아들이 가까이 오기만 하면 할퀴거나 물기도 하고, 마음대로 되지 않으면 물건을
던지거나 심한 경우 또래를 향해 물건을 던지기도 한다. 이처럼 아동은 무엇이 해서
되는 행동인지 안 되는 행동인지 전혀 모르는 것처럼 악의를 갖고 행동하는 경우가
있어 이러한 유아를 지도하는 교사는 당혹스럽다.

3) 공격적 행동을 보이는 아동을 위한 보육놀이치료 사례

(1) 내담 아동 소개

① 인적사항 및 주호소

주원이는 만 4세 남자아이로, 한부모 가정에서 성장한 외동아들이다. 부모의 이
혼으로 불안도가 높아졌으나 모가 아동에게 신경을 많이 못 썼다고 한다. 그러던 중
어린이집에서 친구들을 깨물거나 때리는 등의 공격적 행동이 나타나기 시작했다.
점차 기관 밖에서도 그러한 모습이 관찰되었는데, 키즈카페에서 형들이 아동의 앞
을 막았다고 과격하게 밀치기도 하고, 친구와 놀이과정에서도 자신이 피해를 보았

다고 생각이 드는 경우 친구를 물고, 꼬집고, 밀치기도 하였다. 이러한 아동의 공격
적 행동에 대해 모가 어떻게 훈육과 양육을 해야 할지 몰라서 보육놀이치료에 지원
하게 되었다.

② 가족관계
원하던 임신이었으나, 결혼기간 내내 경제적 어려움으로 부부간의 갈등이 심하
였고, 부부관계는 점점 어려워졌다. 이로 인해 아동 생활연령이 5세일 때 결국 부와
이혼을 하게 되었고, 모가 전적으로 아동을 양육하게 되었다.

③ 발달력
경제적 어려움으로 인해 모가 출산 후 100일 즈음부터 직장에 다녀야 했다. 아동
은 자연스레 어린이집에 가게 되었으며, 부, 모, 친조모 셋이서 시간과 상황이 되는
대로 아동을 양육했다. 주 양육자라고 할 만큼 한 사람과의 온전한 관계를 맺지 못
하였고, 이러한 가정 내 상황으로 인해 아동은 안전 애착을 형성하지 못했다.

유아기에 들어서면서 어린이집에서 유치원으로 옮겨지는 시기에 외가 근처로 갑
자기 이사를 하게 되어 어린 시절부터 꾸준히 아동을 돌봐 주던 친조모와 갑작스런
헤어짐을 경험해야 했다. 기관과 가족과의 갑작스런 분리를 경험한 아동을 이후에
외조모부가 주로 양육을 도맡아 하게 되었다.

④ 사례개념화
아동은 영아 시기부터 가정의 경제적 어려움과 부모의 불화를 경험하였고, 유아
시기에 부모의 이혼으로 가정환경의 큰 변화를 겪으며 성장했다. 주 양육자를 누구
로 특정할 수 없을 만큼 부, 모, 친조모 중 시간과 여건이 되는 사람이 아동을 돌보
았다. 게다가 유아 시기의 갑작스런 이사로 인해 친조모와 분리되고 외조모의 양육
을 받게 되는, 물리적 환경과 양육환경의 변화를 모두 경험하였다. 이런 가정환경에
서 성장한 아동은 세상에 대한 어떠한 신뢰도 경험하지 못하였을 것이며, 이러한 불
안한 세상에서 살아남아 자신을 스스로 지켜 내기 위한 의지로 공격적 행동이 나타
나는 것으로 예측된다. 이에 보육놀이치료에서 온전한 수용의 경험을 통해 아동의
존재를 인정해 준다. 구조화된 상황과 일관된 행동으로 아동이 상황을 인식하고 행
동할 때 예측 가능하게 하여 안정감을 제공함으로써 적응적 행동을 증진시키고 자

기 조절력 향상을 도와 공격적 행동을 감소시킨다. 또한 부모 상담 및 교육을 통해 가정에서 아동에게 안정감을 제공할 수 있도록 돕는다.

(2) 보육놀이치료 진행 과정

① 초기 단계

- 놀이 진행 요약: 초기의 놀이는 주로 자동차를 꺼내서 바닥에 굴리고 차 트럭에 다른 장난감을 집어넣거나 자동차 소리를 내는 등 자동차 위주놀이를 하였다. 아동은 초기에 놀이치료사와의 상호작용은 크게 보이지 않고 주로 혼잣말처럼 자신의 의사를 표현하였는데, 그조차 언어적 표현이 많지 않았다. 놀이치료실에 입실한 것을 좋아하였으나 그 정서표현이 크지 않았고, 주로 무표정하였지만 가끔 아동이 좋아하는 놀잇감을 가지고 놀 때 무의식적으로 노래를 부르기도 하였다. 놀잇감을 가지고 적극적으로 놀이를 하기보다는 눈으로 탐색하는 시간이 길었으며, 한 가지 놀잇감에 몰두하여 놀기보다는 여러 가지 놀잇감을 가지고 짧게 탐색하는 것으로 놀이하였고, 중간중간 치료사를 슬쩍 쳐다보았다가 눈이 마주치면 피하는 행동이 관찰되었다.
- 아동의 상태: 놀이치료에서 타인에 대한 경계심으로 자신이 하고 싶어 하는 것을 못하게 하진 않는지, 해도 되는 것인지 등 눈치를 많이 살피는 모습으로 조심스러운 행동을 보였고, 혼자서도 잘한다는 듯이 주변을 신경 쓰지 않고, 상호작용에 대한 욕구보다는 놀잇감에 집중하는 모습을 보였다.
- 부모상담: 아동에게 모가 할 수 있는 여러 가지 방법을 동원하면서 혼내고 달래는 등 훈육해 보았지만 공격적 행동이 개선되지 않고, 어린이집에서 계속되는 보고로 인해 심리적으로 소진되어 있는 상태였다. 이런 부모의 상태에 공감하면서 관찰을 통해 발견된 아동의 긍정적인 모습에 대해 이야기를 나누었다. 아동이 현재 지적을 많이 받고 있는 상태로 아동의 긍정적인 모습도 함께 봐 주면서 알아주는 것이 아이의 심리 성장에 도움이 됨을 전달하였다.
- 교사 보고: 공격적 행동 수준이 더 심해지고 있는 상황이었고, 아동이 잘못한 상황에서 훈육을 하여도 씩씩거리면서 분이 잘 가라앉지 않는 모습이 보인다고 하였다. 또래 친구들이 계속 맞고 울게 되어 다른 친구들의 부모님에게도 설명해야 하는 상황이 생겨 곤란해하였다. 모에게 이러한 상황을 전달하고 아

동과 시간을 보내면서 모가 따뜻하게 감싸 주고 놀아 주기 등을 요구하였지만, 모가 아이를 무섭게 혼내는 방법만을 사용하는 것에 안타까움을 표하였다.

② 중기 단계

- 놀이 진행 요약: 중기 단계에 들어서자 하나의 놀이를 집중하여 유지하는 시간이 길어졌다. 아동은 풍선을 불고 날리는 놀이나 음식 모형을 자르고 맞춰 보고 탐색한 후에 그 음식 모형을 다른 곳에 채우는 등의 놀이를 진행하였다. 아동의 놀이에서 아동이 가진 긴장감과 경직됨을 해소하려는 욕구가 나타났으며, 아동의 정서적 허기를 채우려고 하는 시도 또는 에너지를 축적하고자 하는 욕구가 놀이에 표현되었다. 건설놀이가 나타났고, 주로 기찻길을 만들고 연결하여 사람들을 건너가게 하는 등 단순하게 놀이를 시작하였으며, 이층집을 가지고 와 지진이 났다고 하면서 일부러 집을 엉망진창을 만들고 차 사고를 나게 하는 등 과격하게 놀잇감을 사용하면서 아동의 공격적 특성이 놀이에서 나타나기 시작하였다.

  중기 후기로 갈수록 아동이 펀치백을 타고 올라가거나 총을 치료사에게 겨누는 등 공격성 표출이 좀 더 직접적으로 나타났다. 치료사와의 상호작용에서도 진전을 보였다. 혼잣말처럼 하는 대화도 여전히 있었지만, 입실할 때 치료사에게 "오늘 시장놀이 했어요."라고 말하면서 유치원 교실에서 일어난 일에 대해 자연스럽게 이야기를 하기도 하였다. 놀이를 하다가 "이거 너무 신기해요." 등 아동의 감정표현이 시작되었고, "이거는 얼마나 크게 만들어야 할 것 같아요?" 등 놀이를 하면서 치료사의 눈을 맞추며 이야기하거나 질문하는 횟수도 늘어났다. 또 자신이 하기 어려운 것에 대해서는 치료사에게 부탁과 요구를 하는 등 점점 자신을 나타내게 되었다. 또한 부적절한 표현들도 지속적으로 나타나긴 하였지만 상황에 적절하게 치료사에게 부탁하는 사회적 태도가 많이 향상되었고, 자동차를 만들면서 "친구들에게 나눠 줄 거예요." 등 또래관계에서 친구와 잘 지내고자 하는 욕구가 많이 표출되었다.

- 아동의 상태: 놀이치료 중기 초기에 의미 있는 장면들이 있었다. 아동은 부러져 있는 선글라스를 집고 자신이 망가뜨렸다고 하면서 크게 좌절하는 모습을 보였다. 이에 치료사는 아동이 망가져 있는 놀잇감에 대한 속상한 마음을 공감하였고, 원래 망가져 있었던 것이라고 객관적 상황을 전달하였지만 아동은 계속

"내가 그랬어, 어떡해."라고 하면서 죄책감을 느꼈다. 또한 아동이 놀이에 집중하고 몰입하자 행동이 거칠어지고 위협적인 행동들이 나타나 제한설정을 하는 횟수가 많아졌다. 처음에 제한설정을 하였을 때 아동은 오히려 치료사에게 더욱 공격적인 행동을 보이거나 토라지며 놀이를 중단하기도 하였다. 치료사가 지속적으로 일관성 있는 제한설정을 하자 아동은 점차 "왜요?"라는 질문 없이 받아들이게 되었다.

- 부모상담: 아동의 공격적 행동이 크게 나타날까 봐 어린이집을 제외하고 또래와 상호작용할 수 있는 기회들을 회피하려고 하였고, 모나 외조모에게 공격적 행동을 보였을 때 모 스스로 감정을 조절하는 부분들이 아직 미숙하였다. 그렇지만 부모는 상담을 통해 아동의 긍정적인 모습을 많이 봐 주고 아동에게 전달하기 위해 노력하였고, 아동의 문제보다는 아동 자체에 대해 초점을 맞추는 것으로 많이 변화되고 있었다. 아동과의 시간에는 상호작용을 어떻게 해야 하는지 치료사에게 많은 조언을 구하였고, 직장으로 바쁜 와중에도 실천하려고 노력하는 모습이었다.

- 교사 보고: 또래관계에서 공격적 행동이 완전히 소거된 것은 아니었으나, 훈육할 때 아동이 인정하고 납득하는 시간은 빨라졌음을 보고하였다. 또한 또래와 상호작용을 하려는 욕구도 커졌으며, 상황에 맞게 적절하게 이야기하는 모습들도 전보다 많이 관찰되고 있다고 전달하였다. 다만, 아직도 본인이 원하는 욕구가 잘 이뤄지지 않을 경우에 특히 공격적 행동이 더 거세진다고 보고하였다.

③ 후기 단계

- 놀이 진행 요약: 아동은 종결 단계에서 주로 경쟁놀이를 하였다. 치료사와 경쟁하려고 하거나 자동차 대결을 하면서 이기려 노력하는 등 주도적이고 자신감이 있는 모습이었다. 또한 풍선을 불며 이완을 하는데 아동이 치료사와 같이 하자고 제안을 하고 풍선이 돌아다니면서 떨어지면 같이 웃는 등 타인과 함께하는 즐거움을 알아 갔다. 그리고 보석을 깊숙한 곳에 숨기고 꺼내는 놀이를 통해 아동의 긍정적 자아상의 확립이 표현되었다. 중기 초기에 나타난 음식을 자르고 채우는 놀이에서는 치료사와 음식을 만들어서 함께 나눠 먹는 놀이로 변화하였는데, 아동이 정서적으로 안정감을 찾는 모습이었다. 건설놀이에서도 아동이 집을 짓고 "집에 늑대가 있어요."라고 말하면서 아무도 못 들어가는 집

2. 공격적 행동을 보이는 아동

이라고 표현하였다가 집에 주방을 구체적으로 만들고, 함께 음식을 나누는 놀이를 하는 것으로 보아, 아동이 부모와의 관계에서도 전보다 신뢰를 더 쌓아 가고 있고 안전하다고 인식하는 것으로 예측된다.

- 아동의 상태: 놀이에 대한 변화를 보면 아동이 후기에는 유능감과 성취감을 많이 드러내고자 하고, 아동 스스로 놀이를 찾아 목표를 정하고 그것을 해내면서 아동이 필요로 하는 욕구들을 채워 가고자 한다. 또한 아동은 치료사의 제한을 잘 수용하였고, 본인이 원하는 대로 되지 않는 경우에도 화를 내거나 부적절한 방법으로 표현하는 횟수는 크게 줄었다. 가정에서나 또래와 있었던 개인적인 일을 치료사에게 이야기하면서 치료사가 하는 반응을 보며 정서적 표현도 초기보다 많이 나타났다.

- 부모상담: 어린이집에서 긍정적인 보고를 받기 시작한 후 모의 불안감이 많이 낮아졌고, 그로 인해 아동과도 좋은 영향이 주어지고 선순환이 되고 있다. 초기에 모는 아동의 문제행동의 완전한 소거가 목표였다면, 상담을 통해 아동의 발달상 나타날 수 있는 자연스러운 부분들에 대해 이해를 하였고, 이런 상황에서는 어떻게 하는 게 좋은지 아동의 행동에 대해 대처하는 방법들을 치료사와 지속적으로 나누었다. 모가 상황에 대처할 때 치료사에게 너무 의존적이지 않게 하기 위해 어떻게 반응했는지 물어보면서 모의 방법에 긍정적 칭찬을 해 주었다.

- 교사 보고: 아동의 공격적 행동이 눈에 띄게 줄어들었음을 보고하였고, 그로 인해 아동에게 긍정적 피드백을 많이 주게 되어 아동도 점점 또래와 활동하는 데 자신감을 많이 보인다고 보고하였다. 또 문제가 되는 상황에서뿐만 아니라 일상적 상황에서도 아동이 언어로 표현하는 빈도가 높아지고, 말수가 많아지고, 얼굴에서도 아동의 무표정했던 모습들이 생동감 있게 바뀌었음을 보고하였다.

4) 공격적 행동을 보이는 아동을 위한 보육놀이치료의 의의

공격성을 적절하게 통제하는 법을 배우는 것은 영유아기 사회성 발달에 매우 중요한 과제이다. 공격성은 하나의 에너지로서 살아가는 데 중요한 힘으로 작용하며, 누구나 욕구가 좌절되었을 때 화가 날 수 있기 때문에 사람이라면 누구나 공격성은 갖고 있다는 것을 인정하고, 공격성이 적절하게 발현되게 하는 데 목적을 둬야 하되, 사회적으로 통용되는 행동으로 나타나게 하는 것이 중요하다. 따라서 해도 되는 행동과 해서는 안 되는 행동에 대해 정확히 구분지어 알려 주고 올바른 방법으로 표현할 수 있도록 해야 한다. 따라서 유아기 공격성은 처음 발견했을 때부터 옳지 않은 행동임을 정확하게 알려 주어야 한다. 감정은 수용하되, 해서는 안 될 행동임을 명시하여 아동이 느끼는 감정에 있어 스스로 조절하는 능력을 키워 주어야 한다. 이러한 필수적인 훈육과 안내에 대한 학습을 통해 아동은 도덕적으로 올바른 행동이 무엇인지 판단을 할 수 있는 기회를 갖게 된다. 다만, 공격성에 숨겨진 아동의 욕구와 의도가 받아들여진 학습과정이어야 한다. 그리고 이러한 학습의 과정이 언어적·지시적으로 이뤄지는 것보다 놀이를 통해 자연스럽게 경험되도록 하는 것이 유아기 발달에 더 적합하다. 게다가 공격성은 부모-자녀 관계에서보다 사회적 상황에서 더 많이 표출되기 때문에 사회적 상황에서 다뤄질 때 더 효과적일 수 있다. 이에 보육놀이치료는 보육기관에서 놀이치료가 진행됨에 따라 아동이 치료실에서 경험한 긍정적, 적응적 결과를 즉각적으로 아동의 사회적 환경, 즉 또래와의 상호작용에서 적용하는 것에 매우 유리하며, 충분한 연습의 장이 될 수 있다. 아동이 아동의 사회관계에서 그동안 반복했던 공격적 행동 대신 적응적 행동을 보인다면 교사, 또래 등에게 받는 피드백은 아동에게 더 강력하고 긍정적으로 작용할 것이다.

> **Tip**   **공격적 행동을 보이는 아동을 대하는 부모와 교사를 위한 팁**
>
> ● **정확한 전제가 필요합니다.**
> "사람은 사람을 절대로 때릴 수 없어. 그 어떤 사람도 때릴 수 없고, 스스로도 때릴 수 없어."라는 대전제를 반복해서 알려 주세요.
>
> ● **부모부터 모델링을 보여 주세요.**
> 부모도 아이를 신체적·언어적 체벌로 양육하지 않습니다. 체벌 없이 양육을 통해 감정을 조절하고 행동을 조절하는 부모의 행동을 아이가 모델링할 수 있도록 해 주세요. "아무리 화가 나도 엄마(아빠)는 너를 때리지 않잖아."라고 알려 주시고, 공격적 행동 대신 좌절감, 공격성을 표출할 대안을 찾도록 안내해 주세요. 그리고 서툴고 낯설지라도, 아이가 찾아낸 행동을 실행해 보도록 허용해 주세요. 그리고 여러 번의 시행착오를 통해 적절한 방법을 찾도록 지지해 주세요.

● **공격적 행동을 보이는 즉시 훈육하세요.**

아동이 공격적 행동을 할 땐 반드시 그 즉시 해서는 안 되는 행동임을 알려 주세요. 아동이 장난으로 그랬다며 어물쩍 넘어가려고 할 때에도 그건 장난 어린 행동이 아니며, 공격적 행동을 당한 사람에게는 장난이 아닌 아픔이라고 정확히 알려 주세요. 또한 아동을 이해시키고 알려 주기 위해서 살짝 혹은 세게 때리면서 '너도 맞으면 아프잖아.'와 같이 간접적으로 공격성을 경험시키지 말아 주세요.

● **아동의 감정을 공감하고 아동의 숨은 욕구를 행동과 연결시켜 표현해 주세요.**

아동의 숨은 욕구를 공감할 때 드러난 행동과 연결시켜 주세요. "이렇게 소리를 지를 만큼 화가 났어?" "이렇게 발을 구를 만큼 속상했던 거야?" "○○이를 밀어 버린 것 보니까 마음이 불안했나 봐."와 같이 마음과 행동을 연결시켜 주어야 그 마음을 표현할 다른 행동을 선택할 수 있게 됩니다. "소리를 지르는 대신 이렇게 말할 수 있지." "발을 쾅쾅 하는 대신 눈에 힘을 주고 주먹을 불끈 쥐고 이렇게 이야기해 보면 어떨까?" "친구를 밀치는 대신 친구의 어깨를 살짝 다독여서 너를 보게 한 후 이야기하는 거야." 등 대안적인 방법을 제시하셔도 좋습니다.

● **평상시에 좋은 부모-자녀 관계를 유지하는 것이 핵심입니다.**

공격적 행동을 조절시키는 것에 너무 몰두되지 않도록 평상시에 아동과 좋은 관계를 유지하고 긍정적 행동에 더 많이 반응을 보여 주세요. 이런 평상시의 경험이 켜켜이 쌓여 공격적 행동에 대해 훈육할 때 부모나 교사의 말에 더 잘 따를 수 있게 됩니다.

공격적 행동을 보이는 아동을 위한 추천 놀이와 놀이감

🖊️ **총, 칼을 이용한 펀치백 놀이**

총, 칼은 아동들이 일상생활에서 경험하는 화, 짜증과 같은 부정적 감정들을 표출할 수 있는 좋은 놀잇감이 됩니다. 또한 자신의 정서를 표현함으로써 정서인식이 되고 조절할 수 있는 능력을 길러 줍니다. 총, 칼을 사용해서 펀치백을 때릴 때 그 펀치백은 간혹 아동이 느끼는 부정적 대상에 대한 투사가 되어 주기도 하여 감정해소에 큰 도움이 됩니다. 표현이 크고 거친 공격적인 아동들을 위하여 적절하고 안전하게 표출될 수 있도록 해 주세요.

단, 사람을 향해 사용하게 하지 마세요. 사람과 총, 칼, 활을 사용하여 놀이를 하다 보면 다칠 위험이 생기고, 감정조절이 더 어려워질 수 있으며, 현실에서 해서는 안 될 행동들은 놀이에서도 안 된다는 것을 알려 주세요.

✎ **공구놀이**

공구놀이는 긍정적인 힘을 사용하고, 그 능력을 기르는 데 도움을 주어 아동들의 문제 해결력을 키워 줍니다. 공격성은 에너지이기에 어떻게든 발현이 되어야 합니다. 그 힘이 스스로 완성한 결과물로 나타나 유능감과 성취감을 경험하도록 도와주세요. 아동이 만드는 것에 도전하여 실패해도 스스로 여러 번 다시 구상하고 만들기를 시도하면서 해결책을 찾게 하고, 끈기를 높여 줄 수 있습니다. 또한 손―눈―뇌의 조화를 발달시키는 데 도움이 되어 언어보다 행동이 앞서는 공격성 아동들이 생각하고 행동하며 그 행동의 결과를 스스로 볼 수 있어서 생각하고 행동하는 경험을 하게 합니다. 그리고 스스로 완성한 결과물로 아동은 유능감과 성취감을 느낄 수 있습니다.

Chapter 14

발달과정의 어려움을 보이는 아동

1. 발달지연 아동

영유아기는 인간 발달의 기초가 만들어지는 시기로, 전반적인 발달영역에서 급격한 변화가 나타난다. 이 시기에는 감각 기관을 통해 세상을 탐색하며, 신체발달이 이루어짐에 따라 활동 범위가 확장되면서 외부 환경과의 상호작용이 활발하게 이루어지는데, 이것이 영유아기의 발달과 성장을 이끈다. 따라서 이 시기의 발달지연은 일생 동안 영향을 미칠 수 있다. 지연된 발달영역에서 적절한 개입이 이루어지지 않을 경우, 영유아는 일상생활에서 적응의 어려움을 경험하게 되고 불안, 공격성, 위축 등 정서·행동 문제까지 이어지게 되므로 발달지연 아동을 위한 즉각적이고 예방적인 개입이 중요하다.

1. 부모

24개월이 된 아이를 키우고 있다. 또래에 비해 발달이 늦는 것 같아서 걱정이다. 표현할 수 있는 단어도 적고 신체발달도 늦는 것 같아 속상하다. 아이가 노는 모습을 지켜보면 하나에 집중해서 놀이하는 것이 아니라 그저 이리저리 왔다 갔다 하면서 텔레비전, 냉장고, 세탁기, 몇 가지 장난감에 관심을 보이는 정도이다. 집중하는 시간도 1~2분 내로 아주 짧다. 처음엔 어려서 그렇겠지, 우리 아이가 집중력이 별로 없나 보다라고만 생각했는데, 계속 보고 있으니 뭘 몰라서 못하는 것 같다는 생각이 든다. 자연스럽게 연령이 지나면서 알아지는 것들을 내 아이만 모르는 것 같은 느낌이 든다. 다른 아이들이랑은 조금 다르다는 걸 느낀다. 내 아이가 어디 아픈 건 아닌지 걱정스러운 마음이 크다. 따로 검사를 받아 봐야 하는 걸까?

2. 교사

우주는 어린이집 하루 일과에는 잘 참여하지만 만 3세가 되었는데도 배변훈련이 되지 않고, 말을 알아듣기가 너무 힘들다. 뜻대로 되지 않으면 떼를 쓰며 울어 버리고 그 자리에서 소변을 보기도 한다. 질문을 할 때 "응."이라고만 대답하거나 한정적인 한 단어 "줘." "싫어." 정도로만 표현한다. 사회성이나 신체적 기본생활습관도 다른 아이들에 비해서 너무 차이가 난다. 주변의 도움이 없으면 혼자 할 수 있는 부분들이 너무 적다. 아이가 해 보도록 안내하고 있지만 몇 번 해 보다가 안 되면 금세 포기해 버린다.

1) 발달지연의 정의

발달지연이란 특정 연령이 되었지만 대근육 운동/소근육 운동, 말/언어, 인지, 개인/사회성, 일상생활동작과 같은 발달영역 중 2개 이상의 영역에서 심각한 지연을 보이는 것이다. 심각한 지연이란 동일 연령군의 규준참조검사에서 평균보다 2 이상의 표준편차 이하의 실행능력을 보이거나 40% 이상의 지연을 보이는 것으로 정의된다(Shevell et al., 2003). Mack(2008)의 경우, 하나의 영역에서 40% 이상의 지연을 보이거나 둘 이상의 영역에서 25% 이상의 지연을 보일 때 발달지연이라 정의하였다.

DSM-5에 발달지연과 관련하여 전반적 발달지연(Global Developmental Delay)이라는 진단명이 있다. 이 진단은 5세 이하의 아동을 대상으로 임상적 심각도 수준을 확실하게 평가할 수 없을 때 사용하기 위한 것으로, 개인의 지적 기능이 발달 이정표에 도달하지 못할 때 진단된다. 또한 너무 연령이 어려서 지적 기능을 평가하기 위한 표준화된 검사를 시행할 수 없을 때에도 적용된다(American Psychiatric Association, 2013).

영유아기의 발달지연은 장기적인 예후가 불확실하며, 이후에 나타날 수 있는 지적장애, 자폐, 뇌성마비, 언어장애와 같은 발달장애의 진단과도 연관되어 있다(Sices, Feudtnet, McLaughlin, Drotat, & Williams, 2004). 또한 초기에 발달지연을 보이는 경우 아동·청소년기가 되었을 때, 공격성과 비행(Degnan, Calkins, Keane, & Hill-Soderlund, 2008; Frick & Marsee, 2006), 학업 문제(Tomblin, Zhang, Buckwaltet, & Catts 2000), 사회적 고립과 또래거부(Wood, Cowan, & Baker, 2002) 등 부적응적 행동 문제

를 많이 보였다. 따라서 이른 영유아 시기에 발달지연을 조기 발견하고 개입하는 것은 매우 중요하다.

2) 발달지연 아동의 특징

영유아가 평균적인 발달수준에 맞춰 성장하고 있다면 크게 문제가 될 부분은 없다. 다만, 평균적인 발달수준에서 뒤처지고 있는 상황이면 어떤 발달영역에서 지연이 나타나는지, 현재 아이의 발달수준과 평균적인 발달수준의 차이는 어느 정도인지 등 예의 주시해서 살펴봐야 한다. 영유아의 발달지연은 다음과 같이 영역을 나누어 살펴볼 수 있다.

(1) 지연된 운동 발달

발달지연 유아들은 미숙한 대근육 및 소근육 운동 발달로 빈번하게 넘어지고, 물건을 잘 떨어뜨리며, 주변의 청각적 · 시각적 자극에 의해 쉽게 산만해지기에 짧은 주의력을 보인다(이영례, 2004). 또한 발달지연 유아의 운동기능의 특성은 앞뒤와 좌우의 움직임, 뛰기, 받기, 던지기 등과 같은 기본적인 운동기능에서도 일반 유아보다 지연을 보이며, 유연성이 떨어지고 방향 및 위치 감각이 부족하다(김영희, 2005; Holland, 1987). 대근육 발달이 소근육 발달에 비하여 정상 범위가 훨씬 넓기 때문에 대근육 운동 발달에 심각한 지연이 의심될 경우에는 소근육 발달에도 지연이 있는지 확인해 봐야 한다(Illingworth, 1991).

(2) 감각처리 이상반응

발달지연 유아는 감각처리와 관련된 영역에서도 이상반응을 보였다. 구체적으로 36개월 미만 발달지연 영유아는 대체로 과다감각처리보다는 과소처리 문제로 나타났는데, 특히 청각을 처리하는 영역에서 62.2%로 가장 많은 문제를 보였다. 또한 정상 범주를 벗어난 진정처리 문제는 53.3%, 구강처리 문제는 42.2%, 시각처리 문제는 35.6%로 나타나 다양한 감각에서의 처리 이상성을 나타내고 있다. 36개월 이상 발달지연 유아 또한 60.8%가 과소반응/특정 자극을 찾는 행동, 맛 · 냄새 민감성 58.8%, 청각 여과하기 58.8%, 촉각 민감성 51% 순으로 이상성을 나타냈다. 따라서 발달지연에 대한 개입에 있어서 감각처리 이상성에 대한 중재가 제공되어야 한다

(이경숙, 정빛나래, 정석진, 박진아, 2016).

(3) 언어 및 인지 발달

대부분의 발달지연 유아에게서 가장 두드러지게 나타나는 증상은 언어발달 지연이다. 18~23개월에 10개 이하의 알아들을 수 있는 단어를 산출하거나, 24개월경의 영아가 50단어 이하를 사용하거나 두 단어 사용의 결함이 있을 경우 언어발달 지연이라 할 수 있다(Paul, 1991; Rescorla, 1989). 구체적으로 살펴보면 발달지연 유아는 구문에 적합하지 않은 낱말을 나열하고, 최소한의 단어를 사용하고, 문장의 길이가 짧으며(김종경, 2012), 상황에 대한 추론 능력의 부족으로 인해 상대방의 질문을 정확하게 이해하지 못해 상황에 적절한 반응을 보이지 못하는 것으로 나타났다(박진아, 2014). 또한 기계적이고 단조로운 구어를 구사하고, 빈약한 상호작용 기술, 의사소통의 결함 등과 같은 언어발달의 특징을 보인다(Fay & Schuler, 1980). 언어발달은 지능과 밀접한 관계가 있으며(Hammill, 1990), 추후 학업성취와 가장 밀접한 관련성을 가지기 때문에(Richard, Robert, & Hal, 2000) 발달지연의 주요 지표가 될 수 있다.

(4) 정서 및 사회성 발달

발달지연 유아들은 타인의 감정을 읽고 그에 따라 적절하게 반응하기 어려우며, 자신의 반응이 타인에게 미칠 영향에 대해 추론하는 인지기능도 지체되어 사회적인 상황에서 관계를 형성하는 데 어려움을 경험하고 있다. Honig과 McCarron(1988)의 연구에서는 같은 연령의 일반 유아들과 발달지연 유아들을 비교하였는데, 일반 유아들이 발달지연 유아들보다 두 배 더 많은 친사회적 행동을 보이는 것이 확인되었다. 발달지연 유아의 사회성을 살펴본 정희정(2004)의 연구에서는 발달지연 아동의 언어발달이 지연됨에 따라 다른 사람과 의사소통이 되지 않거나 눈을 맞추지 않는 등의 사회성 문제도 함께 나타나게 된다고 하였다. 더불어 정서 및 행동의 문제와 관련하여 이경숙 등(2016) 연구에서는 36개월 미만의 발달지연 영유아의 경우 일반 영유아에 비해 또래 공격성은 낮은 반면에 우울/위축 문제와 부정적 정서 문제가 더 많이 보였으며, 36개월 이상 영유아의 경우 일반 영유아에 비해 과잉행동, 위축, 주의집중 및 비전형 문제는 더 많이 보이는 반면에 불안은 더 적게 보이는 것으로 나타났다고 하였다. 따라서 발달지연 유아의 정서 및 행동, 더 나아가 사회성 영역의 발달을 증진시키는 개입은 무척이나 중요하다고 할 수 있다.

3) 발달지연 아동을 위한 보육놀이치료 사례

(1) 내담 아동 소개

① 인적사항 및 주호소

혜수는 만 3세 여아로 쌍둥이 중 한 명이다. 언어발달이 지연되어 언어치료를 받고 있으며, 어린이집에서 아동의 언어적 표현이 많지 않은 것이 염려되어 교사가 부모에게 보육놀이치료를 권유하여 진행하게 되었다. 아동은 15개월 즈음부터 언어표현을 거의 하지 않았고 부모는 단순히 아동의 말이 늦다고 생각하여 몇 개월 더 지켜보았다고 한다. 하지만 이후에도 연령 증가에 따른 언어 표현이 전혀 증가하지 않아 병원을 방문하였고 병원에서 발달지연 소견을 받아 치료를 받게 되었다고 한다. 부모는 아동의 언어발달 지연으로 인해 학습에 어려움이 생기거나, 또래관계를 형성하는 데 어려움이 있지 않을까 하는 걱정을 하고 있다.

② 가족관계

아동의 아버지는 회사의 업무량이 많아 매우 바쁜 상태이며 평소 육체적 피로감을 많이 느낀다. 그러다 보니 아동과 함께하는 시간이 상당히 적은 편인데, 그 시간만이라도 어떻게든 함께 보내려 노력하고 있다. 아동의 어머니는 아동이 어린이집을 등원한 후부터 복직하였는데, 복직 이전과 동일하게 아동의 주 양육을 모가 담당하고 있어 신체적·정서적으로 양육에 대한 부담감을 크게 느끼고 있는 상황이다. 그로 인해 아동에게 감정적으로 반응하게 되는 횟수가 늘어나는 것 같아 일관된 감정 상태를 유지하기 위해 노력하고 있다고 한다.

③ 발달력

아동은 시험관시술을 통해 어렵게 가진 아이로, 엄마는 임신 기간 동안 건강한 출산과 쌍둥이 육아에 대한 많은 걱정과 불안으로 정신적으로 힘든 시기를 보냈다고 한다. 또한 출산 초기에 타 지역으로 이사를 가게 되면서 연고가 없어 거의 엄마가 홀로 아이를 양육했는데, 그 당시 스트레스를 많이 받았고 우울감이 생겼다고 한다.

그래서 주로 집안에서 생활하였고 밖에는 잘 나가지 않았다고 한다.

아동의 수면상태는 대체로 양호한 수준이었고 편식 없이 잘 먹는 편이었으며 신체발달도 정상 수준이었다. 다만, 돌이 지난 뒤에도 옹알이 같은 특정 소리만 내다가 30개월 즈음 한 단어로 표현하기 시작했는데 표현할 수 있는 단어의 개수가 또래에 비해 확연히 적었다. 무엇보다 염려가 되는 부분은 아동이 말에 대한 흥미가 없어 보이는 점이다. 대소변은 모두 35개월 즈음에 가렸고 잘 때는 대소변 실수를 하여 기저귀를 다시 착용했다고 한다. 이사로 인해 어린이집은 한 번 이동하였고, 아동이 갖고 놀았던 물건은 스스로 정리하도록 안내하고 있다고 한다.

④ 사례개념화

아동은 언어발달이 지연되어 있으며 어린이집 적응에도 다소 어려움을 보이고 있다. 초기 성장과정에서는 별다른 발달에 지연이 있을 만한 어려움을 보이지 않았으나 모가 임신 시부터 시작된 정신 및 육체적 불안정함이 생애 초기 양육하는 시기까지 이어져 아동의 성장과 발달에 민감하게 반응하거나 그것을 파악하지 못했을 것으로 예측된다. 무엇보다 예민한 기질을 가진 쌍둥이 형제로 인해 아동은 엄마와 함께 있는 시간이 적었고, 함께하는 순간에는 책을 읽어 주거나 산책을 하는 등, 아동과 정서적 유대를 경험할 수 있는 상호작용을 제공하지 못하였다. 이로 인한 아동 내면의 불안과 자극의 부족은 발달지연의 원인이 되었을 것으로 예측된다. 게다가 아동의 발달이 느린 것을 인지한 순간에도 적극적인 개입을 하기보다는 연령의 증가에 따라 점차 발달할 것이라는 맹목적인 믿음으로 아동의 발달을 더욱 저해하였을 것으로 생각된다. 이에 보육놀이치료를 통해 무엇보다도 아동의 현재 전반적 발달상태를 면밀히 평가하고자 한다. 그리고 치료사와의 놀이 속에서 자신의 신체를 탐색하고 인식함으로써 자기개념을 발달시킬 수 있도록 돕고자 한다. 또한 다양한 놀이 경험을 통해 자신의 감정을 자유롭게 표현할 수 있도록 돕고 아동의 전반적인 발달영역을 촉진 및 확장시키며, 치료사와의 긍정적인 상호작용 경험을 통해서 소통의 즐거움을 경험하고 사회적 상호작용 기술을 증진시키고자 한다. 더불어 부모 상담을 통해 부모가 아동을 양육하는 과정에서 느꼈던 다양한 감정들을 표현할 수 있게 돕고, 아동의 욕구에 맞춰 적절한 양육을 제공할 수 있도록 지지와 격려를 보냄으로써 부모의 소진을 예방하고 양육에 대한 자신감을 향상시키고자 한다.

(2) 보육놀이치료 진행 과정

① 초기 단계

- **놀이 진행 요약:** 아동은 놀잇감을 꺼낼 때 치료사의 눈치를 살피는 모습을 보였으며, 치료사가 아동이 원하는 것을 자유롭게 꺼낼 수 있다고 안내하자 고개를 끄덕이며 다시 놀잇감을 탐색하기 시작했다. 아동은 놀이치료실과 어린이집 그리고 가정에서 대소변을 조절하지 못해 실수하는 모습을 보이기도 했다. 3회기에는 변기를 선택하여 그 안을 살피고 아기 인형을 옆에 두었다. 아동은 아기 인형을 유모차에 앉히고 끌고 다니거나, 욕조를 꺼내 목욕시키고 칫솔로 양치질을 시키는 등 아기를 양육하는 놀이를 하기도 했다. 이후 아동은 텐트 뒤에 숨었다가 나오는 행동을 반복했다. 아동은 치료사가 자신을 찾길 바라는 모습을 보이며, 치료사가 어디에 있는지 찾는 행동을 보이자 몸을 일으켜 자신의 위치를 알렸다. 초기에는 놀이가 자주 전환되었으며 내면의 혼란스러운 상태를 표현하는 것으로 보였다.

- **아동의 상태:** 아동은 놀잇감을 꺼내 탐색할 때 "이거 뭐야?" "이거 어떻게 해?" "선생님 해 줘." 등과 같은 질문을 반복하며 다소 긴장되고 자신 없는 마음을 내비쳤다. 하지만 회기가 지날수록 호기심 어린 눈빛으로 놀잇감을 꺼내 적극적으로 탐색 및 조작하는 모습을 보였으며, 언어 표현이 다양해지고 짧은 문장들을 많이 사용하였다. 아동은 대소변 가리는 것을 어려워하며 실수를 하는 모습을 보였는데, 변기 놀잇감에 인형을 앉히거나 양육 놀이를 통해 스스로를 돌봄으로써 내면을 성장시키려는 모습을 보이고 있다.

- **부모상담:** 첫 상담에서 모는 치료사를 경계하며 필요 이상의 말을 하지 않는 모습을 보였다. 하지만 회기가 지날수록 모는 그동안 아동의 발달지연으로 힘들었던 마음을 표현하기 시작하였다. 모는 아동의 언어발달을 증진시키기 위하여 아동이 말하는 것을 기다려 주기보다 주로 질문하는 방식으로 소통을 했다고 하였다. 치료사는 모의 불안과 조급한 마음을 알아주면서 아동의 입장에서 생각하고 아동의 메시지에 귀를 기울여 주어야 발달이 촉진되고 스스로 표현하는 것들이 증가할 것이라고 안내하였다. 이에 모는 앞으로 아동이 표현하려는 것에 집중하고 경청하여 자신의 소통방식을 바꿔 보도록 노력해 보겠다고 하였다.

- 교사 보고: 아직까지 언어 표현에 있어서 큰 변화는 나타나지 않았다. 간단한 단어 정도는 이야기하지만 교사 및 또래와 소통하는 데 있어서 소극적인 모습을 보인다. 다만, 놀잇감을 조작할 때 처음에는 잘 되지 않는다고 여겨지면 포기하였지만, 현재는 몇 번 더 시도하는 모습을 보인다. 또한 주로 사용하는 놀잇감이 정해져 있었는데 다른 놀잇감에도 관심을 보이기 시작하였다. 스스로 탐색하여 놀잇감을 조작하는 방식을 터득하는 모습을 보이기도 했다.

② 중기 단계

- 놀이 진행 요약: 초기 단계 때보다 언어 표현이 다양해지고 짧은 문장으로 자신의 욕구를 표현하는 모습이 증가하였다. 아동은 병원놀이세트를 가지고 동물들을 치료하기 시작하거나 소꿉놀이 도구를 꺼내 접시에 음식을 담고 먹는 놀이를 하였다. 놀이하던 중 치료사에게 다가가 화장실에 가고 싶다는 신호를 보냈는데, 치료사가 화장실에 가고 싶은지 묻자 "응."이라고 표현하였고, 화장실에 가서 대변을 보고 다시 치료실로 돌아왔다. 이때부터 자신의 신체 반응을 인식하고 표현하는 모습을 보이기 시작하였다. 또한 아동은 변기를 꺼내 아기오리, 염소, 곰 등 동물들을 차례로 변기 위에 앉히고는 힘주는 소리를 내며 대변을 보는 장면으로 놀이하는 것을 반복하였다. 더불어 과거 자신의 뜻대로 되지 않아 포기했던 놀잇감을 꺼내 다시 연결하거나, 총, 검 등의 놀잇감으로 싸우고 무찌르는 놀이를 진행하면서 내면의 부정적인 감정들을 표출하는 모습을 보이기도 하였다. 회기가 지날수록 소수의 놀잇감을 깊이 있게 탐색하거나 머무르는 시간들이 길어지기 시작했는데, 자아강도가 증진되고 있는 것으로 보인다.
- 아동의 상태: 아동은 배변 조절 능력이 향상되었으며 가정에서도 실수가 없었다고 한다. 놀이 끝나고 퇴실할 때 "싫어."라고 말하면서 자신의 욕구를 분명하게 드러내는 모습도 보였는데, 이러한 모습은 이전에 나타나지 않았던 부분이다. 아동의 내면에 자신의 욕구, 감정에 대한 인식이 증가하고 있는 것으로 보인다. 아동이 외부 환경에 맞춰 자신의 욕구를 적절하게 표현할 수 있도록 아동의 마음은 알아주며, 지금은 퇴실할 시간이고 다음에 또 놀이할 수 있음을 안내하였다. 이에 아동은 치료사의 반응에 맞춰 자신의 욕구를 조절하는 모습을 보였다.

- 부모상담: 모는 아동이 글자와 알파벳에 대한 관심이 늘었다고 하면서 아동의 언어발달이 매우 향상되어 기쁘다고 하였다. 모는 아동이 어린이집에서 일찍 하원할 때 친구와 더 놀고 싶었다고 말했다고 하면서, 자신의 심정을 언어에 담아 표현하는 것을 보고 놀랐다고 하였다. 생활습관과 관련해서도 그동안 모가 대신 해 줘야 했던 부분들이 많았는데 현재는 아동이 스스로 양치질도 하려 하고, 화장실에서 용변 보고 손을 닦는 등 자조능력이 많이 향상되었다고 하였다.

- 교사 보고: 어린이집 내에서도 아동의 언어 표현이 증가하였다고 하였다. 더불어 며칠 동안 대소변 실수를 하지 않았다고 하였다. 교사는 아동이 또래에게 다가가기보다 혼자 놀이하는 경우가 많았는데, 현재는 또래 근처에서 머물며 또래와 협력하는 놀이가 나타나기 시작했다고 하였다. 또한 놀잇감을 다룰 때 다양한 방식으로 시도해 보며 잘 되지 않을 때는 도움을 요청하고 이후 스스로 해 보려는 모습을 보인다고 하였다. 전반적으로 자신감이 많이 향상된 모습을 보이고 있다.

③ 후기 단계

- 놀이 진행 요약: 후기 단계에서는 본격적으로 스토리텔링이 시작되었다. 등장인물은 '아기, 공주, 아기 오리와 엄마 오리' 등이다. 아동은 뽀로로 집을 꺼내서 가구들을 배치하였고, 뽀로로 집 뒤에 있는 공주, 오리, 아기들을 데리고 와서 잠을 재웠다. 아동은 "밤이 되었대. 이제 아침이 되었대. 아기 오리가 혼자 자고 갔대."라고 말하며 타요 주차장으로 향했다. 치료사는 아기 혼자서 가는 것이 무섭지 않은지 물었고, 아동은 "아기는 괜찮대. 무섭지 않아."라고 말하며 아기 오리가 타요 주차장의 엘리베이터를 타는 장면을 연출하였다. 이후 아동은 "아기도 잠에서 깼대."라고 말하며 아기 오리를 따라 타요 주차장으로 향했으며 엘리베이터를 타고 올라갔다. 엄마 오리도 잠에서 깨서 타요 주차장으로 향했다. 그리고는 "엄마는 재미있지 않은데 따라가고 있어. 아기를 위해서."라고 말했다. 다시 엘리베이터를 타고 일자곡선으로 된 미끄럼틀을 모두 태우고는 "금방 다 왔다. 집에 가야지."라며 뽀로로 집으로 향했다. 뽀로로 집에 들어간 뒤 "나(아기)는 자야지." "나(공주)는 책 읽어야지."라고 말했으며, 엄마 오리는 음식을 먹고, 아기 오리는 목욕을 했다. 이처럼 아동은 놀이 속 이야기를 통

해 내면의 불안감을 마주하였으며 엄마 오리가 아기 오리를 돌보고 지키는 장면을 통해 안정감을 증진시키려는 모습을 보였다. 아동은 후기 단계부터 매 회기마다 화장실에 다녀오고 있으며, 일상생활 속에서 규칙을 지키고 기다리는 모습을 보이는 등 사회적인 상황을 이해하고 적절하게 행동하려는 모습이 증가하고 있다.

- 아동의 상태: 언어 표현의 증가와 더불어 발음도 분명해지면서 아동은 자신의 욕구와 감정을 언어에 담아 표현하는 것이 가능해졌다. 역할놀이를 할 때 스스로 이야기를 확장시켜 나가는 모습도 보였다. 또한 눈을 맞추는 빈도나 지속시간도 증가하였는데 외부 환경에 대한 호기심과 함께 타인과 관계를 맺고 상호작용하려는 모습이 증가하였다. 아동은 놀이 상황에서 혼자서 해내는 것이 무섭지 않다고 표현하였는데, 전반적으로 자아강도가 증진되었으며, 내면의 부정적인 감정들을 인식하고 표현하며 조절하는 능력도 발달하고 있는 것으로 보인다.
- 부모상담: 부모는 내담 아동이 자신의 욕구와 감정, 일상 이야기 등과 같은 내용을 언어로 분명하게 표현하는 모습을 보고 놀랐다고 했다. 언어로 표현할 수 있는 부분들이 증가하였으며 다소 긴 문장으로 표현하는 모습도 보인다고 한다. 이전에 비해 소통이 원활해지면서 내담 아동의 욕구를 더 잘 알아차릴 수 있게 되었으며, 앞으로도 내담 아동의 입장에서 생각하고 공감하기 위해 노력해 보겠다고 하였다.
- 교사 보고: 기관에서도 아동은 언어적으로 소통하려는 시도가 많아졌다. 내담 아동은 초기에 자신의 상태(예: 불안감)를 언어로 표현하는 것에 제한이 있어 어린이집 생활에 어려움을 겪고 있었다. 대소변도 잘 가리다가 실수하는 상황이 종종 발생하기도 했다. 놀이를 할 때에는 거의 말을 하지 않았으며 혼자서 놀이하였다. 하지만 회기가 지날수록 점차 언어 표현이 증가하고 배변 조절 능력이 향상되었으며 또래와 함께 놀이하려는 모습도 보이기 시작했다.

4) 발달지연 아동을 위한 보육놀이치료의 의의

영유아기는 신체, 언어, 인지, 사회성, 정서, 자조 등 전반적인 발달영역에서 급격한 발달이 이루어지며, 인간 발달에 있어 토대를 만드는 매우 중요한 시기이다. 이 시기의 발달지연은 일생 동안 영향을 미칠 수 있으며, 아동기, 청소년기, 성인기에 이르렀을 때 또 다른 문제를 발생시키거나 지적장애, 자폐, 언어장애, 뇌성마비 등 심각한 발달장애로 발전될 가능성이 높다(박랑규, 이은주, 2002; Hester, Baltodana, Gable, Tonelson, & Hendrickson, 2003). 가정에서는 자녀 외에 비교군이 없다 보니 자녀의 발달 정도에 심각성을 잘 못 느낄 수도 있다. 이처럼 부모들이 아동 발달에 대한 지식이 부족한 경우 조기 치료 시기를 놓쳐 그 시기에 획득해야 하는 발달과업을 수행하지 못하게 되고, 이것이 심각한 발달지연을 초래하기도 한다. 그러나 기관은 또래와의 비교가 확실히 이루어지다 보니 아동이 현재 발달상태를 보다 더 정확하게 파악할 수 있다. 따라서 교사에 의해 아동의 발달이 느리다고 판단되는 경우, 보육놀이치료로 신속하게 개입하여 기관(교사)과 부모, 치료사가 협력적인 관계를 갖고 아동의 발달수준을 높이도록 적극적으로 개입해야 한다.

Tip   발달지연 아동을 대하는 부모와 교사를 위한 팁

● 신체 놀이를 자주 해 주세요.
발달지연 아동은 아직 '나'라는 개념이 분명하게 발달하지 않았기 때문에 다른 사람과 적절하게 소통하는 것이 어렵습니다. 아동은 자신의 신체를 움직이는 것으로 '나'라는 개념을 알아 가며, 이때 옆에서 누군가 함께해 줌으로써 타인을 인식하게 됩니다. 이렇게 너와 나를 인식할 수 있게 되면서 적절한 상호작용의 기반이 만들어지게 됩니다. 즉, 아동을 안고 뒹굴고 발등 위에 아동의 발을 올려서 함께 걷는 등의 일상생활 속에서의 신체 놀이가 아동의 발달을 촉진시키게 되는 것입니다.

● 아동의 발달속도에 맞춰 천천히, 꾸준히 놀아 주세요.
자녀가 발달지연을 보인다면 부모의 마음은 조급해지기 마련입니다. 부모가 자녀의 발달을 촉진시켜 줄 생각에 끊임없이 말을 걸고 자극을 주며 재촉한다면, 아동은 스스로 말할 기회를 놓치게 됩니다. 아동이 스스로 느끼고 경험한 것으로 자유롭게 표현할 수 있도록 도와주세요. 아동의 발달수준과 리듬에 맞춰 꾸준히 자극을 주는 것이 아동 발달에 있어서 가장 중요하다고 할 수 있습니다.

발달지연 아동을 위한 추천 놀이와 놀잇감

인간의 발달은 신체의 모든 감각을 통해 받아들여진 정보를 바탕으로 인지적·정서적으로 발전하기 때문에(고은아, 2007), 발달지연 영유아의 발달을 촉진시키기 위해서는 시각,

촉각, 후각, 청각 등과 같이 다양한 감각기관을 자극할 수 있는 놀잇감을 제공해 주는 것이 좋습니다. 다양한 음식 재료는 발달지연 아동의 발달 증진에 도움을 주는 훌륭한 놀이 도구라고 할 수 있습니다. 무엇보다 아동이 주도권을 갖고 탐색할 수 있도록 분위기를 조성해 주는 것이 중요합니다.

🖉 미역을 활용한 놀이

– 준비물: 미역(또는 다시마), 큰 비닐, 대야, 다양한 놀이 도구(예: 소꿉놀이 등)

물에 불리지 않은 미역(또는 다시마)을 건네고 어떤 느낌인지(예: 촉감, 향, 맛 등) 탐색해 보는 시간을 갖습니다. 이후 마른 미역을 자르고 대야에 담은 뒤 물을 뿌려 줍니다. 흐물흐물해진 미역을 만져 보면서 전과 후가 어떻게 달려졌는지 경험해 보고 느낌을 나누는 시간을 갖습니다. 미역을 연결해서 원하는 모양을 만들어 볼 수도 있고, 소꿉놀이와 같은 놀이 도구를 활용하여 역할놀이를 진행해 볼 수도 있습니다.

🖉 다양한 면발을 활용한 놀이

– 준비물: 라면, 우동, 소면 등 다양한 면발(삶기 전 면발, 삶은 면발)

물에 삶지 않은 다양한 면발을 만져 보거나 부러뜨리면서 재료를 탐색하는 시간을 갖습니다. 이때 각 재료에 대한 공통점과 차이점에 대해 이야기를 나눠 볼 수 있고, 부러뜨리는 활동을 통해서 정서적인 해소감을 느껴 볼 수도 있습니다. 또한 딱딱한 면을 스테인리스 통에 넣고 흔들어 보면서 다양한 청각적인 자극을 경험해 볼 수도 있습니다. 다음으로 삶은 면발을 꺼내 보여 주고 만져 보면서 물에 삶기 전후가 어떻게 달라졌는지에 대해 이야기를 나눠 봅니다. 삶은 면의 일부를 떼어 내 직접 먹어 보면서 맛에 대한 이야기를 나눌 수도 있습니다.

2. 초등학교 전이를 준비하는 7세 아동

　7세는 유아기 중 가장 높은 연령으로 초등학교에 들어가는 학령기를 준비하는 시기이다. 이 시기에는 아동과 부모, 교사 모두 초등학교 전이를 준비하는 데 많은 노력을 기울이며 동시에 아동의 다양한 부적응 행동에 대해서 불안을 경험하게 된다. 지금껏 어리다고 간과하고 넘어가며 문제로 보지 않았던 행동들도 걱정으로 다가오기도 한다. 7세는 아동의 전반적인 발달수준을 객관적으로 이해해 보고, 혹시 부족한 부분이 발견되면 메워서 앞으로의 아동의 전반적 성장을 도울 수 있는 적절한 시기인 것이다.

1. 부모

초등학교에 입학해야 하는데 장난이 너무 심해요. 장난이 심해지면 과격하게 놀이하는 경우도 생기고 그러면 꼭 친구들하고 문제가 생기더라구요. 원에서도 잘 지낸다고 하지만 한 번씩 "장난이 심하다." "몸으로 놀이를 많이 한다."라고 이야기해 주시니 걱정이 됩니다. 가끔은 우스운 소리를 하거나 과한 장난으로 수업 분위기가 흐트러질 때도 있다고 이야기를 들었습니다. 귀엽게 봐 주면 장난꾸러기라고 하겠지만 엄한 선생님들은 혼내게 될 것 같아요. 학교 가기 전에 차분해지고 친구들이 싫어하는 행동을 하지 않아야 할 텐데 걱정이 됩니다.

 # 2. 교사

자유놀이시간에 다른 친구들이 놀이하는 것에 관심을 보이지만 적극적으로 같이 놀자고 말을 잘 못해요. 집단 활동을 할 때 못 어울리는 건 아니지만 자기표현을 적극적으로 하지 못하고 친구들의 의견에 끌려가는 느낌을 많이 받아요. 수줍음이 많은 아이이긴 하지만 일곱살이고 이미 오랫동안 같이 지낸 친구들인데도 쑥스럽다고 하니, 조금 과하다는 느낌이 들어요. 학교에 가서 새로운 환경에서 잘 적응해 나갈 수 있을지 걱정이 되는 아이입니다.

1) 초등학교 전이의 정의

초등학교 전이 과정이란 "보육기관에서 초등학교로 이동하는 과정"이자 "유아의 성공적인 초등학교 안착을 촉진하는 유아, 가족, 유아교육기관의 지속적인 상호 적응 과정"으로 정의할 수 있다(Fabian, 2007; Ramey & Ramey, 1999). 이는 유아의 초등학교 전이가 개개인의 특성을 넘어 또래, 가족, 학교 그리고 지역사회 맥락에서 발생하는 역동성 및 상호연계성 안에서 이해되어야 한다(Rimm-Kaufman & Pianta, 2000).

초등학교 전이 시기는 모든 아동이 직면하게 되지만 개개인의 역할 변화와 그들을 둘러싼 환경에서도 상당한 변화가 나타난다. 초등학교에 입학하면서 아동들은 삶의 많은 부분을 보육기관에서 학교로 이전하게 되고 초등학생이라는 지위와 함께 그에 따른 새로운 역할과 사회적 기대, 새로운 환경의 적응이라는 도전적인 과제를 겪게 된다(이윤미, 2007). 이처럼 낯선 환경으로의 변화는 아동들뿐만 아니라 가족들에게 정체성과 적응에 취약성을 야기할 수 있다는 점에서 초등학교 전이 시기를 주의 깊게 다룰 필요가 있다(김혜리, 2020).

2) 초등학교 전이를 준비하는 7세 아동의 특징

① 7세 아동들의 일반적 발달 특징

7세 아동의 전반적인 발달과정의 특징을 살펴보면 다음과 같다. 첫째, 7세 아동의 신체발달은 뛰고 달리기, 한 발로 균형 잡기가 능숙해지고, 적극적인 신체 놀이와 스포츠를 즐기게 되는 대근육 발달과 정교한 가위질과 종이접기가 가능해지며 연필을 쥐고 글씨를 바르게 쓸 수 있을 정도로 소근육 발달이 이루어진다. 둘째, 7

세 아동의 인지·언어발달은 주변의 사물이나 사건에 대한 호기심과 흥미가 많아지며 원리를 파악하고자 한다. 표현할 수 있는 어휘 양이 늘어나 의사소통에 불편함이 없게 되고, 상황을 파악하고 이해하는 능력과 논리성이 발달하고 글자에 관심을 보이며 간단한 글자는 읽고 쓰기가 가능해진다. 수·과학적 탐구력이 증가되고, 스스로 실험해 보면서 인과관계를 찾고자 하며, 수 개념과 간단한 덧셈·뺄셈의 연산이 가능해진다. 셋째, 7세 아동의 정서발달은 자신의 분화된 다양한 감정을 명확하게 언어로 표현할 수 있으며 다른 사람의 정서를 이해하는 능력이 발달한다. 또 상황에 따라서 자신의 정서표현을 감출 수도 있게 되며, 스스로 잘하는 것에 대해 알게 되고 유능감과 자신감이 증가하게 된다. 마지막으로, 7세 아동의 사회성 발달은 다른 친구를 돕고, 같이 협동하기도 하며, 원하는 것을 얻기 위해 협상도 할 수 있을 정도로 타인과 상호작용하는 사회적 기술이 발달한다. 또래관계에 관심을 많이 보이고 또래집단 안에서의 인정받는 것에 민감해지기도 하며 집단 규칙을 이해하고 지킬 수 있어 이 연령에는 규칙이 있는 게임을 많이 하게 된다.

② 초등학교 전이를 준비하는 7세 아동들이 겪는 어려움

초등학교 입학 전에 아동이 준비해야 하는 것들은 다음과 같다.

- 신체적 건강: 전반적인 신체발달 상황뿐만 아니라 특히 안과 검진과 치과 검진이 필수이며, 외출 후 손을 씻는 등 기본생활습관이 잘 갖춰져 있어야 한다.
- 학습: 언어를 사용할 때 보고 듣고 읽고 쓰기가 어느 정도 가능해야 수업을 따라갈 수 있으며, 수업시간 40분을 자리에 앉아서 집중할 수 있는 집중력과 수 개념과 색깔 개념, 집주소나 부모님 핸드폰 번호를 외우는 정도의 기억력과 같은 기본적인 학습능력과 상황에 맞는 학습태도가 필요하다.
- 사회·정서: 줄 서기, 순서 지키기 등 집단생활에서 지시와 규칙을 지켜 나갈 수 있음이 필요하고 지나치게 부끄러움을 타서 자기표현을 못하는 경우에는 자기표현을 할 수 있도록 미리 연습을 많이 해야 하며, 도움이 필요한 상황에서는 선생님에게 도움을 청하는 연습도 필요하다.
- 기본생활습관: 스스로 자기 물건을 정리하고 찾는 것과 화장실에 가서 뒤처리를 하는 것, 급식판을 들고 흘리지 않고 자리에 앉을 수 있을 정도의 조심성, 우유갑을 스스로 열 수 있는 정도의 정교한 소근육 사용 등이 가능하도록 미리 연습

해 둘 필요가 있다.

이처럼 7세에는 아동에게 기대되는 행동이나 생활습관이 지금까지보다 더 엄격해지고 학업과 관련된 부분에서 수행해야 하는 과제 등이 많아지게 된다. 이러한 부분에서 아직 미숙한 7세 아동들은 학업에 대한 어려움을 느낄 수 있고 연습기회나 발달의 차이에 따라서 주변 또래들과 비교가 되기도 하며 지금까지와는 다른 실패나 좌절 경험을 하게 되기도 한다. 이로 인해 이전 시기에 나타나지 않았던 심리적 불안과 두려움, 낮은 자존감에 따른 부적응 행동을 보일 수 있다. 또 이 시기에는 아동들이 초등학교에 들어가는 것에 대해서 긍정적으로 기대하는 자세가 필요하며 이는 아동들이 부모나 교사의 태도에서 간접적으로 경험하게 된다. "이제 학교 가면 공부도 어려운데 이것도 몰라서 어떻게 할 거냐." "학교 선생님은 엄청 무서워서 너 이렇게 행동하면 학교에 가서 혼난다."와 같은 부모의 태도는 아동들이 학교에 대한 거부감과 두려움을 가중시킬 수 있으므로 조심해야 한다.

3) 초등학교 전이를 준비하는 7세 아동을 위한 보육놀이치료 사례

(1) 내담 아동 소개

① 인적사항 및 주호소
초등학교 전이를 준비하는 보육놀이치료 대상의 아동은 유치원에 재학 중인 7세 남아이다. 부모의 보고에 의하면 아동은 자기주장이 강하며 원하는 대로 되지 않고 좌절이나 실패 상황에서 심하게 떼를 부리는 경우가 많다고 한다. 3남매 중 막내로, 나이 차이가 나는 형·누나와 노는 것에 끼지 못해서 속상해하고 울면서 떼를 부리는 경우가 많이 나타난다고 하였다. 항상 형·누나가 내담 아동보다 잘할 수밖에 없는 상황이고 그 속에서 아동은 자기는 잘 못한다는 자신감 없는 모습을 보이며 속상해하는데, 그 감정을 표현하는 정도가 과격하다고 보고하였다. 모는 내담 아동의 이러한 모습들이 초등학교 적응에 어려움이 있을 것 같아 걱정된다고 하였다. 초등학교 입학 전에 아동을 이해하고 싶고 혹시 아동의 정서상 부족한 부분이 있으면 보육놀이치료를 통해 채워지는 기회가 되었으면 좋겠다는 바람으로 예방적 차원에서 보육놀이치료를 의뢰하였다.

② 가족관계

아동의 부는 자녀들에게 평소에는 관대하지만 종종 다혈질적인 모습을 보이며 갑작스럽게 감정을 표출하는 경우들이 있다고 하였다. 내담 아동이 막내라 많이 받아 주기는 하지만 혼낼 때는 무섭게 혼내는 편이라 아동이 부를 좋아하면서도 무서워한다고 하며 모는 아동과 부의 성격이 비슷한 부분이 많다고 보고하였다. 아동의 모는 잘 참는 편이고 자녀들이 감정표현을 해도 잘 받아 주려고 하고 감정적으로 대하지 않는 편인데, 때로는 주변인들에게 답답하다는 이야기를 듣기도 한다. 누나는 성격이 온순하고 자기 할 일을 스스로 알아서 잘 챙겨서 하는 편이다. 누나는 아동을 잘 챙기고 예뻐하지만, 모보다 아동에게 잔소리를 더 많이 하기도 하며 아동이 잘못한 행동을 바로 지적하기도 하여 아동이 누나를 좋아하면서도 불편해하는 것 같아 보인다고 보고하였다. 형도 온순한 편으로 아동을 귀여워하고 잘 챙겨 주는 편이라고 한다. 형은 평소에 아동에게 공부도 잘 가르쳐 주고 잘 놀아 준다. 아동이 형을 경쟁하면서도 따라 하고 싶어 하는 모습이고 가끔 아동이 형에게 대들어서 갈등 상황이 생기기도 한다고 한다. 이처럼 가족관계는 전반적으로 원만한 편이지만 아동의 과격한 감정표현에서 모는 양육의 어려움을 느낀다고 보고하였다.

③ 발달력

아동은 큰 발달적 이슈 없이 전반적으로 정상 발달을 하였다고 보고하였다. 아동은 3남매 중 막내로 계획된 임신은 아니었으며, 모는 이미 두 자녀 육아에 신체적·정신적으로 지친 상태였다고 한다. 임신과 출산 과정은 큰 이슈 없이 건강하게 출산했다고 한다. 모는 내담 아동 출산 후 우울감을 느꼈지만 세 자녀를 양육한다고 정신없이 시간이 지났다고 하였고 아동의 돌까지 모유 수유를 하였으며, 어릴 때는 키우기에 수월한 아이였다고 보고하였다. 돌 무렵 걸었고 다른 자녀들에 비해 활동 수준이 높은 편이었으며 어릴 때부터 고집부리거나 떼를 쓰는 게 더 많이 나타났다고 하였다. 잠투정이나 편식은 심하지 않았으나 잠은 꼭 모 옆에서 자고 싶어 하며 모의 팔을 만지면서 자는 잠버릇이 아직까지 있다고 한다. 배변훈련은 20개월 무렵 시작했고 큰 문제없이 잘 진행되었으며, 언어발달도 늦다고 못 느낄 정도로 보편적인 발달 시기에 적절히 진행되었다고 보고하였다. 모는 세 자녀를 키우느라 아동의 정확한 발달 개월 수까지는 기억에 나지 않는다고 하였으며, 형·누나가 있어서 따라 하는 행동이 많아 또래들에 비해서 빠른 편이었다고 한다. 출생부터 계속 모가 주 양육자로 아동을 양육하였으며, 보육기관에 적응할 때도 큰 문제없이 잘 적응하고 또래관계도 원만하다고 보고하였다.

보육기관에서는 큰 문제를 보이지 않고 유치원 생활을 잘하는 편이지만 남아들과 어울릴 때는 주도적인 반면, 친구들 앞에 나서는 상황이나 여아들과 있을 때는 쑥스러워하며 조금 자신감이 없어 보인다고 하였다. 잘하고 싶은 것도 많아 칭찬받고 싶어 하지만, 잘 안 될 때는 고집을 부리는 모습이 수업 중에 나타나기도 한다고 보고하였다.

④ 사례개념화

아동은 3남매 중 막내로 초기 양육경험부터 모와의 애착에서 채워지지 않은 애정욕구를 가지고 있을 것으로 보인다. 모는 아동에게 민감한 정서적 수용을 하지 못했으며, 다른 형제들에 치여 아동의 욕구에 반응하거나 지지해 주지 못했을 것이다. 그로 인해 아동은 높은 성취욕구와 인정욕구가 발달되었을 것으로 보이는데, 부모의 지지 없이 새로운 것들에 대한 강한 호기심과 도전은 아동에게 오히려 잦은 좌절과 실패를 경험하게 하였을 것이다. 이로 인해 아동은 자신감이 결여되고 부정적 상황을 견뎌 내는 내면의 힘이 부족하여 자율성과 주도성을 발달시키지 못하고 성장했을 것으로 예상된다. 그러는 와중에 연령의 차이로 많은 것들을 해내는 누나와 형을 자신과 비교하면서 더욱 낮은 자존감을 형성했을 것이다. 이에 보육놀이치료를 통해 놀이치료사와의 관계에서 아동에게 충분히 수용받고 지지받는 경험을 제공하고 아동이 스스로 긍정적인 자아상을 회복해 가면서 타인과의 관계 속에서 적절한 방법으로 자기표현을 하는 법을 배워 나갈 수 있도록 한다. 그리고 부모상담을 통해서 아동의 기질과 욕구를 이해하고 아동에게 맞는 적절한 양육방법을 배울 수 있도록 돕고자 한다.

(2) 보육놀이치료 진행 과정

① 초기 단계

- 놀이 진행 요약: 아동은 보육놀이치료 초기에 치료사와 상호작용이 크게 나타나지 않고 놀잇감을 비롯한 놀이실 환경과 치료사에 대해서 탐색하는 모습을 보였다. 자동차나 공룡 등 익숙한 놀잇감을 먼저 탐색하였고 놀이치료실 안에

서 자신이 할 수 있는 것에 대해 탐색하고자 하는 모습과 "클레이 다 섞어 버릴
까? 다 쓰면 안 되겠지?"라고 혼잣말을 하면서 치료사의 눈치를 살피는 모습이
나타났으며 혼자서 조작하기 어려운 놀잇감은 치료사에게 도움을 요청하기보
다는 포기해 버리고 다른 놀잇감으로 전환하는 모습을 보였다. 입실 거부나 퇴
실 지연은 보이지 않았다.

- 아동의 상태: 아동은 기본적인 안전에 대한 믿음과 규칙을 어느 정도 연령에 맞
게 인지하고 있으며 수행하기에 크게 어려움을 보이지는 않았기에 기관생활에
서 문제행동으로 두드러지게 나타나지는 않았을 것으로 보인다. 하지만 아동
내면에 자신감이 부족하고 아동은 성장과 성취에 대한 욕구는 있지만, 그 욕구
를 감당할 만큼 자아가 튼튼하지 못해 타인의 눈치를 과도하게 보거나 욕구를
철회하는 식으로 상황을 모면해 왔을 것으로 보인다.

- 부모상담: 부모는 아동이 큰 문제를 보이지는 않지만 형과 누나에 비해 미숙한
대처능력과 고집부리는 모습, 때로는 자신감 없어 하는 모습을 보여서 앞으로
초등학교 생활에 대한 걱정을 표현하였다. 모는 아동이 막내라서 마냥 귀엽게
만 생각하고 잘 발달하고 있는지 세심히 살피지 못한 것 같다며 아동에게 미안
한 마음을 표현하였다. 모는 아동을 이해하고 싶다고 하며 아동을 양육하는 데
놓치고 있었던 부분과 아동에게 도움이 될 수 있는 방법을 찾고 싶어 하면서 보
육놀이치료에 적극적인 관심을 보였다.

- 교사 보고: 보육놀이치료 초기에 담임교사는 아동에 대해서 또래관계가 좋은
편이긴 하지만 특히 여자아이들에게 부끄러움을 많이 타거나 앞에 나서는 상
황에서 쑥스러워 참여하지 못하는 모습을 보인다고 보고하였다. 아동은 평소
에 잘 지내다가도 한 번씩 고집을 부리면 일과를 진행하기 어려울 정도로 당황
스러운 상황이 생기기도 한다고 하였다.

② 중기 단계

- 놀이 진행 요약: 중기 단계에 아동은 치료사와 라포 형성 후 놀이치료 상황에 대
한 안정감을 느끼고 놀이가 다양해지며 치료사와 상호작용을 많이 하였다. 놀
잇감을 탐색할 때 세게 두드리거나 과격하게 힘으로 해결하려는 충동적인 모
습을 보이기도 하였으며 "나 이거 엄청 빨리 할 수 있어요."라고 하면서 인정받
고 싶은 욕구를 많이 표현하였다. 또 "선생님, 이거 들어 봐요." "선생님은 이거

하고 있어요." 등 통제욕구에 관한 표현도 많이 나타났다. 놀잇감이 망가져 버린 상황에서 "이거 불량품이야." "선생님 때문에 이렇게 됐잖아요."라고 하거나 규칙 있는 게임을 하고 싶어 하지만 설명서에 대한 이해가 떨어지고 규칙을 지키는 데 미흡한 모습을 보여서 놀이가 원만히 진행되지 않았으며, 원하는 대로 되지 않자 화를 내고 "선생님 때문에 안 되잖아요." 등 치료사를 탓하는 모습을 보였다. 지고 있는 상황에서 치료사의 눈치를 살피면서 규칙을 어기는 모습이 자주 나타났으며, 지고 있는 상황에서는 놀이에 쉽게 흥미를 잃고 "이 놀이 안 해."라고 하며 놀이를 중단하며 좌절을 견디는 것에 대해 어려움을 보였다.

중기 단계 초반에는 아직 연령이나 수준에 맞지 않는 어려운 놀잇감을 선택하여 놀이에 흥미를 느끼지 못하고 좌절을 경험하는 상황이 많이 나타났다. 또한 초반에는 놀이 전환이 빠르고, 한 가지 놀이에 집중하는 시간이 짧았으나 회기가 지날수록 단순한 보드 게임이나 신체 게임을 먼저 제안하면서 스스로 성공경험을 더 많이 느끼고 인정욕구를 많이 충족해 나가는 모습이 나타났다. 중기 후반에는 중기 초반에 잘 안 된다고 속상해하던 보드 게임들을 선택하여 다시 시도하였다. 쉬운 방법부터 찾아서 게임하려는 모습을 보였고, 게임에서 졌을 때 아쉬운 감정은 표현하지만 놀잇감을 내팽개치는 공격적인 모습이나 갑자기 놀이를 중단하는 모습은 보이지 않았다. 또한 자신이 선택한 놀이의 규칙을 지키려는 모습이 많이 보였지만 게임에서 이기기 위해 전략을 세우는 모습도 나타나고, 졌을 때 속상해하기도 하지만 마지막 승부에서는 아직까지 이기고 싶은 마음에 조금 규칙을 변경하려는 모습이 나타나기도 하였다. 전반적으로 치료시간에 게임 과정에서 치료사와 함께 놀이하면서 즐거워하는 모습을 많이 보였다.

또 중기 단계에는 비구조화된 놀잇감을 많이 선택하여 놀이하였다. 초반에는 놀이 방법에 대해서 치료사의 눈치를 많이 살폈지만, 치료사의 수용 안에서 풍선, 점토, 종이 등 비구조화된 놀잇감을 자주 선택하여 놀이하는 횟수가 늘어났다. 성공과 실패가 없는 놀이를 즐기고 자신의 결과물에 만족해하였으며, 놀이 결과보다는 과정에서 치료사의 긍정적 격려에 따라 아동은 스스로 유능감을 느끼며 만족감을 표현하였다.

- 아동의 상태: 아동은 중기 단계에 치료사와의 라포 형성이 되면서 놀이치료를 통해 자신의 욕구를 마음껏 표현해 보고 치료사와의 지지적인 경험 속에서 성

취의 경험을 쌓기 시작하였다.

　회기가 지날수록 아동은 초반에 치료사를 탓하거나 자신의 욕구를 철회하여 자신을 보호하고자 하는 모습에서 치료사에게 적절히 도움을 요청하며 자신이 원하는 것, 자기감정을 표현하는 경험을 스스로 해 나가는 모습을 보였다. 또 유치원 활동 이야기나 주말에 가족들과 놀러 다녀온 이야기 등 자신의 일상생활에 대한 이야기를 치료사에게 많이 하면서 언어적 상호작용이 많이 늘었다.

• 부모상담: 모는 부모상담을 통해 아동의 기질을 이해하고 형 · 누나와는 다른 아동의 독립적인 존재에 대해서 인정해 나가는 모습을 보였다. 부모 모두 아동과 단둘이 보내는 시간을 갖기 위해 노력하였으며, 형 · 누나 없이 부모와 있는 시간을 아동이 너무 즐거워하는 모습을 보고 지금까지 못해 준 미안한 마음과 뿌듯함을 느꼈다고 하였다. 반면, 아동과 관계가 좋아지는 것은 느껴지지만 아동이 고집부리고 떼쓰는 모습이 더 나타날 때도 있어서 걱정되는 부분에 대해서 이야기하였으며, 치료과정 중에 일시적으로 나타나는 일반적인 아동의 반응에 대해서 이야기 나누면서 이러한 행동은 회기가 지나면서 줄어들었다고 보고하였다. 또 아동은 일상생활에서 자신감이 생긴 모습이 많이 나타나고, 자기 감정을 언어로 표현하는 횟수가 늘었다고 하였다.

• 교사 보고: 아동은 보육현장에서 크게 문제가 나타나지는 않았지만 보육놀이치료를 진행한 이후부터 또래관계에서 조금 더 자신감을 보이는 것이 느껴진다고 하였다. 아동이 먼저 나서서 친구들에게 알려 주는 횟수가 늘었으며, 먼저 담임교사에게 언어적인 상호작용을 많이 시도하는 것으로 보고하였다.

③ 후기 단계

• 놀이 진행 요약: 후기 단계에서 아동은 놀이에서 원하는 대로 잘 안 될 때 새로운 방법을 창의적으로 시도해 보는 모습을 보였으며 포기하기보다는 치료사에게 도움을 요청하는 모습을 보였다.

　공구놀이로 새롭게 무언가를 만드는 놀이를 자주 하였고, 다소 어려운 보드게임을 선택하여 시도해 보기도 하였다. 보드 게임을 할 때는 치료사에게 게임 전략을 설명해 주기도 하였다. 보드 게임을 먼저 쉬운 방법으로 시도하다가 조금씩 어려운 방법으로 도전하였다. 또한 활쏘기 놀이를 할 때 거리를 차츰 늘리는 방법 등 어려운 것을 조금씩 단계별로 계획하고 시도하는 모습에서 자신의 성취경험을 스스로 만들어 가고 있음을 알 수 있다. 승패에 대한 즐거움과 아쉬움을 표현하지만 자신이 졌다고 해서 갑자기 놀이를 중단하거나 하지 않고 끝까지 놀이를 마치는 모습으로 변화하였다.

- 아동의 상태: 아동은 후기 단계의 놀이에서 성취해 내기 위해 집중하는 시간도 길어졌으며, 문제 해결력도 증가하는 모습을 보였고, 도움을 요청하는 것 또한 자연스럽게 이뤄졌다. 이러한 자기주도적인 모습은 성취감으로 연결되어 미래 상황에 대한 막연한 두려움이 기대감으로 변화되는 모습도 확인할 수 있었다.

- 부모상담: 아동은 종결되는 시점이 되자 자신의 의견을 표할 때 조금 더 생각해 보고 말하려고 하는 모습이 나타났으며, 좌절이나 실패 상황에도 떼쓰는 모습이 많이 줄고 정확한 요구를 해 가끔은 당황스럽기도 했다고 보고하였다. 또한 초등학교 진학에 대해 자신도 형이 되어 형, 누나들과 같이 놀 수 있게 된다며 긍정적인 기대와 설렘을 많이 표현한다고 하였다. 학업적인 부분도 보육놀이 치료 의뢰 당시에 학습할 때는 지루해하고 몸을 가만히 있지 못하는 다소 산만한 모습이 자주 나타났는데 종결 시점에는 초등학교 진학에 대한 기대로 학습에 대한 욕구를 가지며 열심히 하려는 모습을 보인다고 보고하였다.

- 교사 보고: 종결 시점에는 남녀 친구들 모두에게서 주도하는 모습이 자주 보인다고 하였으며, 학습에 대해서도 적극적인 모습을 보인다고 보고하였다. 보육 놀이치료 초기에 보고하였던 한 번씩 고집부리는 행동도 거의 나타나지 않으며, 같은 학급 친구들과 더 잘 지내는 모습과 교사에게 자기가 하고 싶은 말을 전보다 적극적으로 하는 모습이 많이 변화되었다고 보고하였다.

4) 초등학교 전이를 준비하는 7세 아동을 위한 보육놀이치료의 의의

초등학교 전이 과정은 발달과 학습에서 앞으로 나아갈 수 있는 도화선이 되고, 효과적인 학습의 향방을 좌우할 수 있으며, 아동의 긍정적인 태도를 강화할 수 있는 기회가 된다. 따라서 초등학교 전이는 아동의 삶에 장기적인 효과를 발휘할 수 있게 되므로 이 시기를 잘 성취해 나가는 것은 매우 중요한 일이다(Brooker, 2008). 보육 놀이치료는 보육 장면 내에서 아동 개인이 가진 부적응과 관련된 문제를 아동의 사회적 상황에서 적응적으로 생활해 나갈 수 있도록 돕는 것을 목표로 하며, 보육놀이 치료의 대상 아동들은 심각한 정서적 문제와 발달의 문제를 가진 아동들뿐 아니라 임상 범주에 속하지는 않지만 그대로 방치했을 경우 문제가 더 심각해질 수 있는 요소들을 갖고 있는 아동 또한 대상으로 포함한다(양선영, 2013). 특히 7세를 대상으로 진행하는 보육놀이치료는 다른 주호소를 가진 아동들에 비해 초등학교 진학 준비라는 더 정확한 목표를 갖고 예방적 차원에서 개입한다. 초등학교 생활이 시작되면 보육기관과는 다르게 아이들의 생활을 구체적으로 살펴보기 어렵기 때문에 아이에게 부적응 문제가 생겼을 시 조기 개입하기 어려워지기도 한다. 그렇기 때문에 보육기관에서 7세 아동들을 대상으로 한 예방적 차원의 보육놀이치료는 아동의 이후 성장과 발달 그리고 무엇보다 사회화 과정에 있어서 매우 중요하며, 효율적인 접근이다.

> **Tip**　**초등학교 전이를 준비하는 아동을 위한 교사와 부모를 위한 팁**
>
> ● **아동의 다양한 감정을 이해해 주세요.**
> 초등학교 전이를 준비하는 7세 아동들이 변화에 대한 기대뿐만 아니라 두려움, 불안감을 갖는 것은 당연한 일이에요. 이러한 예측되지 않는 상황에 대한 복합적인 감정으로 인해 아동이 학교에 가기 싫다고 표현한다거나 무섭다고 표현하는 등 초등학교 입학에 대한 부정적인 감정을 표현할 때, 별거 아니라고 괜찮다고 하는 등 아동의 부정적인 감정을 부정하지 말아 주세요! 오히려 충분히 공감해 주시고 아동이 느끼는 불안감을 더 이해하기 위해 그 부정적인 감정에 대해서 자세히 이야기를 나누어 주세요. 불안과 같은 부정적인 감정은 잘게 쪼개어 낱낱이 살펴볼 때, 오히려 가벼워질 수 있답니다. 대상이 정확하지 않은 불안한 감정을 그대로 내버려 두면 오히려 더 많은 상상과 예측 속에서 더 큰 불안이 될 수 있습니다.
>
> ● **긍정적인 자아상을 만들 수 있도록 아동 그대로를 인정해 주세요.**
> 유아기의 중요한 발달과업은 아동 스스로 '나는 괜찮은 사람이야.' '나는 꽤 멋져.'와 같은 긍정적인 자아상을 만드는 것입니다. 이는 결과에 대한 평가보다는 아동 자체에 대한 수용과 인정을 통해 형성될 수 있습니다. 특히 이 시기에는 부모 및 주변 어른의 긍정적인 시선이 아동의 자존감에 영향을 많이 미치게 됩니다. 이 시기에 잘 형성된 자존감은 아동이 앞으로 살아가는 동안 겪게 되는 다양한 경험에서 긍정적인 밑거름이 될 수 있습니다
>
> ● **학습준비도와 학교준비도의 균형을 맞춰 주세요.**
> 초등학교 입학 준비의 많은 부분이 학습에 맞춰져 있습니다. 학습준비와 학교준비를 구분해서 균형을 맞춰 주세요. 학교에 잘 적응하기 위해 적절히 자기표현을 하는 방법 배우기, 스스로 자기를 챙길 수 있는 기본생활습관 기르기, 학교 수업시간 40분 동안 착석하기, 친구와 의사소통

하기, 규칙 지켜 놀이하기 등 학교라는 사회에 적응해 나갈 수 있도록 준비하는 것은 덧셈 뺄셈하기, 문제 풀기와 같은 학습준비보다 더 중요한 부분임을 간과하지 말아 주세요!

초등학교 전이를 준비하는 아동을 위한 추천 놀이와 놀잇감

✏️ 오목 놀이
7세 아동에게는 규칙이 있고 승패가 있으며 한번 놀이하는 데 걸리는 시간이 너무 길지 않은 게임이 적절합니다. 오목은 연속된 다섯 개의 바둑알을 먼저 놓는 사람이 이기는 게임으로, 규칙이 간단하면서도 인지적인 발달이 되어 있지 않으면 이기기 쉽지 않은 놀이입니다. 이기기 위한 전략을 세우는 연습을 할 수 있으며, 승패에 대한 감정을 다뤄 나가는 경험을 할 수 있는 놀이로 추천합니다.

✏️ 다양한 공을 활용한 신체 놀이 및 스포츠 게임
신체 놀이는 에너지를 분출하고 스트레스를 해소하는 데 효과적입니다. 신체를 움직이는 스포츠 활동은 여러 명이 함께 하는 놀이로 팀워크를 경험할 수 있습니다. 팀원끼리 자기주장을 하기도 하고, 친구의 주장을 수용해 보기도 하며, 같은 목표를 위해 협력해서 도전해 보는 경험을 통해 의사소통 능력과 협동심, 사회성을 기를 수 있습니다. 또한 상대팀과의 경쟁을 통해 경쟁심과 승부욕을 적절하게 조절해 보는 경험도 쌓을 수 있습니다. 승리했을 때 팀원들과 충분히 기뻐해 보고, 패했을 때는 팀원들 간에 서로 위로와 격려를 하며, 최선을 다한 과정에 의미를 두어 승패에 집착하지 않도록 도와주는 것이 필요합니다. "공을 정확하게 멀리 찰 수 있구나." "같은 팀원을 잘 배려해서 패스하는구나." 등 아이의 긍정적인 부분을 칭찬하고 격려해 줌으로써 긍정적인 자기상을 만들 수 있도록 해 주세요.

Chapter 15

보육놀이치료
최신 연구

보육놀이치료라는 새로운 접근은 영유아의 심리·정서를 지원하기 위해 더 넓은 체계적 개입의 요구에 부응하기 위한 것이다. 영유아를 온전히 이해하고 지원하기 위해서는 가정뿐 아니라 영유아가 하루 중 많은 시간을 보내는 기관과 이들을 둘러싼 전반적인 사회라는 시스템을 고려하지 않을 수가 없다. 특히 영유아는 스스로 정신건강을 돌보기 아직 어렵기 때문에 주 양육자와 제2의 부모인 기관의 교사가 협력하여 아이에게 보다 적응적으로 성장할 수 있는 장을 만들어 주어야 한다. 이에 학교 현장을 포함한 보육기관에서 놀이치료를 실시하는 One-Stop 방식의 접근은 전통적인 아동상담의 제한점을 극복하고, 실제의 요구에 효과적으로 접근하는 것에 목표를 두고 있다. 이러한 지역사회의 협력을 통한 개입은 영유아가 경험하고 있는 어려움에 대해 조기 발견을 통한 조기 치료를 가능케 하고 부적응의 적응화를 도모하여 보다 안정된 발달을 이루도록 돕는다. 이러한 예방적, 문제 해결적 접근은 아동이 생애 전반에 걸쳐 경험할 문제와 어려움을 줄여 주는 효과를 가져온다.

그럼에도 불구하고 유아동이 경험하고 있는 정신건강의 어려움은 매년 증가하고 있다. 이러한 상황이 펼쳐지는 이유가 지역사회를 기반으로 하는 심리·정서 지원 서비스에 대한 수요 증가를 사회와 기관이 간과하고 있기 때문이라는 것을 미루어 짐작할 수 있다. 물론 언제나 유아동을 보육하고 교육하는 기관의 예산과 일손은 제한적이다. 그렇기에 실제 치료를 적용한 연구를 바탕으로 효과적인 개입을 다양하게 제시함으로써 지역사회를 기반으로 하는 아동정신건강 서비스의 보급을 이루어야 한다. 이러한 시도는 보육놀이치료가 갖는 가치와 신념을 통해 사회적 변화를 일으키는 시작이 될 것이다. 이에 지금까지 이뤄진 학교놀이치료를 포함한 보육놀이치료의 연구 경향을 살펴봄으로써 보육놀이치료의 전문화와 보급화를 위한 미래 연구를 제언하고자 한다.

1. 보육놀이치료 최신 연구 경향

보육놀이치료의 근간이 되는 학교놀이치료에 관한 첫 연구는 2000년대 중반에 시작되어 지금까지 이어져 오고 있다. 초반에는 아동의 드러난 정서 및 행동의 어려움을 개선시키기 위한 방안으로서의 연구가 주를 이뤘으나, 최근에는 문제가 발생되기 이전에 예방에 목적을 둔 연구들이 더 활발히 이뤄지고 있는 추세이다. 이러한 학교놀이치료를 통해 입증된 치료적 · 예방적 효과를 보다 더 어린 연령에 적용하기 위해 2013년도에 명지대학교를 중심으로 보육놀이치료 연구가 시작되었으며, 점차 그 영역이 확장되어 가고 있다. 이 장에서는 학교 및 보육의 구조에서 놀이치료를 활용한 연구들을 검토해 보고자 한다. 통제실험 설계로 진행하여 효과성을 비교분석한 연구, 학교 및 보육기관에서 진행한 연구, 다양한 치료적 기법 중 아동중심 놀이치료에 입각한 연구 그리고 출판된 연구에 한한다.

학교놀이치료는 주로 학교생활 적응에 목적을 두고 치료가 진행되었으며, 대부분의 연구에서 통제집단과 비교집단을 무선 배치하여 비교 연구함으로써 연구의 신뢰도를 더하였다. 진행된 학교놀이치료에 관한 연구를 살펴보면, 아동의 문제행동은 감소하고 학업은 증진되고 자아효능감이 향상되었으며(이은아김 외, 2017; Ray et al, 2015), ADHD와 같은 외현화 문제행동에 어려움을 보이는 아동의 자기 통제력이 증가되었다(김민정, 2010). 또한 또래관계와 사회적 기술 향상을 통해 아동의 기관 적응에 도움을 주었으며(정은진, 2010), 입학 초기에 아동중심 놀이치료를 적용하여 새 학기 적응에 관한 스트레스를 해소하는 데 도움을 주어 보다 적응적이 되도록 도운 연구까지(김효정, 2014), 전반적으로 기관 적응에 효과적임을 확인할 수 있다. 그리고 보다 편안하고 안정된 적응은 곧 학습에 임할 수 있는 기회를 갖도록 하여, 아동의 학업적 성취에까지 긍정적인 영향을 주었다. 이렇듯 아동의 정신건강에 관한 어려움을 조기에 발견하고 개입하기 위해 지역사회의 협력체계 확립의 중요성이 강조되면서 학교놀이치료를 통한 학생들의 종합적 평가와 치료를 실시하는 모델에 관한 연구도 진행되고 있다(홍현주, 하경희, 김진아, 김우식, 오은지, 2016).

이러한 학교놀이치료의 효과성을 더 어린 연령의 아동에게 적용한 보육놀이치료에 관한 연구는 크게 세 가지 방향으로 구분된다. 보육놀이치료 관련 모형개발 연구, 보육놀이치료사 훈련에 관한 연구, 참여 아동에 관한 연구이다. 양선영(2013)은 놀이치료 전문가를 양성하기 위해 보육놀이치료사를 교육하고 훈련하는 훈련지도자의 역할을 규명하고, 보육기관에서 놀이치료사들을 파견하여 놀이치료를 진행함으로써 초보 놀이치료사의 전문가적 발달을 이루도록 하는 체계적인 교육 시스템으로서 인턴십 프로그램 모델을 개발하였다. 이 프로그램은 보육현장에서 부적응의 어려움을 경험하고 있는 문제행동 경계선상의 유아를 대상으로 놀이치료 서비스를 제공함으로써 전문가 훈련 과정의 교육과 그에 필요한 사례를 제공하였으며, 그 과정에서 유아의 문제행동, 자아지각, 사회적 상호작용의 변화를 측정하여 보육놀이치료의 효과를 시험하였다. 보육놀이치료 인턴십 모델은 3요소(훈련지도자, 보육놀이치료사, 보육기관의 유아)가 3단계의 인턴십 훈련(사전훈련교육, 보육놀이치료, 수퍼비전 모임)이 진행되는 동안 서로 보완하여 유기적으로 운영될 수 있도록 구성하였다. 문제행동 유아 28명 중 14명의 실험집단 유아를 대상으로 놀이치료를 실시한 결과, 유아는 공격성, 사회성, 도덕성 영역에서 유의한 변화를 이뤄 자아지각과 또래관계에 긍정적 효과를 나타내었고, 교사의 보고에 의한 문제행동이 경감되었음이 입증되었다. 또한 초보 놀이치료사 5명은 모두 총 20시간의 사전훈련과 24시간의 집단 수퍼비전 과정에 참여하여 훈련을 받았으며, 이들은 상담대화기술, 알아차리기, 윤리적 태도 면에서 변화를 보이며 놀이치료사로서의 성장을 이루었다.

정선희(2019)는 놀이치료 서비스-러닝 모델을 개발하여 대학과 지역사회가 협력하여 영유아의 심리·정서적 부적응이 완화될 수 있도록 지역사회의 요구를 반영한 놀이치료 서비스를 제공하고, 그 과정을 통해 영유아의 심리·정서를 지원하며 동시에 예비놀이치료사가 사회적 책임감을 가진 놀이치료 전문가로 성장하도록 하는 전공연계 심화과정 훈련모델을 개발하였다. 개발된 모델의 목적은 대학과 지역사회의 상호적 성장을 추구하는 협력 시스템을 구축하는 것이다. 놀이치료 서비스-러닝 모델은 대학(지도교수), 지역사회(기관), 코디네이터, 예비놀이치료사, 유아 및 부모의 구성주체가 4개의 구성 요소(전공연계 심화교육, 반성적 성찰, 놀이치료 서비스, 상호호혜)와 상호작용하여 어떻게 작동하는지 그 원리를 설명하였다. 그리고 개발된 모델에 근거한 보육놀이치료 프로그램을 진행하여 그 효과성을 증명하였다. 지도교수, 보육기관장 및 교사, 보육놀이치료사, 유아, 부모, 코디네이터까지 총 46명이 예비놀이치료사 교육, 반성적 성찰훈련, 놀이치료 서비스, 상호간담회로 구성된 프로그램에 참여하였다. 보육놀이치료사들은 총 8시간의 사전 교육과 20회기의 사례가 진행되는 동안 총 20시간의 사례개념화 수퍼비전을 받았고, 매 회기 이후 반성적 성찰 체크리스트를 통해 치료적 태도를 숙고해 볼 수 있었다. 부모는 매 회기 이후 부모상담을 진행하였고, 교사는 월 1회 정기적 면담을 진행하였다. 그리고 프로그램 전반에 걸쳐 정기적 간담회를 진행하여 구성원이 함께 모여 프로그램에 대해 평가하고 전체적인 조율과 개선을 이루었다. 그 결과, 실험집단에 속한 보육놀이치료사 4명 모두 전문성과 사례개념화 능력이 유의미하게 발달하였으며, 사회적 책임감 또한 증가하였다. 실험집단에 속한 유아 8명은 통제집단의 유아에 비해 문제행동이 줄어들고, 사회적 능력은 증가하였으며, 정서조절 능력도 유의미한 변화를 나타내었고, 아동을 양육하고 보육하는 교사와 부모의 효능감 또한 상승하여 프로그램에 대해 높은 만족도를 보였다. 이는 예비놀이치료사를 대상으로 실제적 전문성 향상을 위한 사례개념화 교육과 전문직으로서의 정체감을 동시에 훈련하는 것이 지역사회의 실제적 어려움을 해소하는 대안으로 활용할 수 있는 실용적 개입이라는 사실을 입증해 주었다. 프로그램의 효과 검증을 통해 모델의 효과성을 간접적으로 검증했는데, 그 결과 놀이치료 서비스-러닝 모델은 전공교육 심화과정으로서 체계적인 예비놀이치료사 훈련프로그램으로 활용 가능하며, 동시에 지역사회 유아의 건강한 심리·정서를 지원하는 시스템으로서의 기능을 수행할 수 있음을 입증하였다.

그리고 보육놀이치료의 주 대상인 아동에 대한 연구로 끊임없이 보육놀이치료의 효과성에 대한 연구가 이뤄지고 있다. 연구의 목적에 따라 다르지만, 일반적으로 기관 적응의 어려움이나 사회적 관계에서의 어려움, 행동화, 공격성, 수줍음과 같은 불안, 집단생활을 방해하는 행동 등을 경험하고 있는 아동들을 대상으로 참여 아동을 선정하였으며, 주로 만 4~5세 아동을 대상으로 연구가 진행되었다.

양선영과 한유진(2014)은 보육기관에서 생활하는 만 4~5세 아동 중 문제행동의 경계선상에 있는 28명의 아동에게 보육놀이치료의 효과를 조사하는 연구를 하였다. 그 결과, 무선표집으로 선출된 통제집단과 비교하였을 때, 무작위로 선출된 실험집단에 배정된 14명의 아동의 문제행동과 자아지각, 사회적 상호작용 수준에서 의미 있는 변화를 보였다. 특히 공격성, 사회성, 도덕성 영역에서 변화가 나타났다.

이는 보육놀이치료에 참여한 아동이 치료를 통해 부정적 감정을 해소하고 자신에 대한 태도가 긍정적으로 변화되는 등 개인 내적인 성장을 이루었을 뿐 아니라, 또래 관계가 증진되고 교사와의 관계가 개선되었으며, 기관의 규칙을 잘 지키는 등 기관에 보다 적응적인 태도를 보이는 외적 변화까지 이루어 보육놀이치료가 문제 아동에 대한 현장의 필요에 적극적 도움이 됨을 확인한 것으로서 큰 의의가 있다.

　정솜이와 한유진(2017)은 보육기관 적응에 어려움을 보이는 만 4~5세 16명의 아동에게 교사와의 면담 및 부모상담을 병행하는 협력적 접근의 보육놀이치료를 적용하였다. 아무런 처치를 받지 못한 8명의 아동은 기관생활을 하는 동안 일상적 스트레스 점수가 다소 상승한 것에 비해, 실험집단에 배정된 8명의 아동은 보육놀이치료를 하는 동안 일상적 스트레스가 감소되어 심리적 적응력이 높아지는 유의미한 효과를 확인할 수 있었다. 이러한 심리적 적응력의 향상은 심리적 갈등 상황에서 아동이 문제행동을 보이는 것이 아닌, 보다 적응적으로 대처가 가능해짐으로써 기관 적응을 지원하였으며, 이는 보육현장에서의 다양한 부적응 문제에 보육놀이치료가 적용될 수 있는 가능성을 보여 주었다는 데 의의가 있다. 다만, 개인의 사회적 기술과 또래 협력의 하위 요인에서는 유의미한 변화가 나타나지 않았는데, 이는 심리치료의 개인적 접근의 목적이 사회적 기술이나 관계기술의 향상에 있지 않고, 개인의 내적인 변화에 초점을 두기 때문인 것으로 예측된다. 따라서 보육기관에서 사회적 기술의 미흡함으로 인해 부적응을 보이는 아동을 위한 집단보육놀이치료의 필요성을 확인할 수 있었다.

　그리고 집단을 대상으로 한 연구도 진행되었는데, 이민희와 한유진(2014)은 보육기관에서 또래 상호작용에 어려움을 보이는 유아 24명을 대상으로 집단모래놀이치료를 적용함으로써 그 효과를 조사하였다. 무작위로 선출된 12명의 유아들을 두 집단(만 4세/만 5세)으로 나누어 초기 5회기는 개별 모래상자를 꾸미고, 후기 5회기는 집단이 함께 모래상자를 꾸미는, 총 10회기의 집단모래놀이치료를 실시하였다. 집단모래놀이치료에 참여한 12명 집단의 아동들은 집단모래놀이치료에 참여하지 않은 비교집단과 비교해서 통계적으로 의미 있는 수준은 아니지만 긍정적 또래 상호작용이 증가하였고, 부정적 상호작용은 감소하였다. 정애련과 한유진(2020)은 보육기관에 재원 중인 만 2세 영아반을 대상으로 사회정서발달평가, 문제행동평가, 교사와의 애착안정성평가를 실시하여 임상적으로 유의미한 점수를 보인 14명의 유아를 무선배치 후, 실험집단 7명, 통제집단 7명으로 구성하여 점토를 활용한 집단보육놀이치료를 실시하고 그 효과를 밝혔다. 그 결과, 실험집단에 배정된 영아의 기본 정서 및 사회적 행동과 자기 조절, 교사와의 애착 안정성이 향상되었음을 확인할 수 있었다. 영아들이 어린이집에 적응하는 과정에서 나타나는 문제행동과 교사와의 애착의 어려움을 극복하고 정서적 안정감을 토대로 자신과 또래와의 정서적 교감, 교사와의 애착을 재경험할 수 있도록 목적을 두고 집단보육놀이치료를 진행하였다. 특히 점토라는 매체를 사용하여 영아들의 불안, 공격성과 같은 부정적 감정을 표현하도록 돕고, 긍정적 상호작용의 경험을 제공하였으며, 보육기관 적응 과정에 긍정적 영향을 주어 보육놀이치료의 치료적 효과를 밝혔다.

노경희, 한유진, 이행숙(2021)은 한 보육기관에 재원 중인 만 4~5세 유아를 대상으로 정서행동검사를 실시하여 일반화된 불안장애에서 임상적으로 유의미한 점수를 보인 12명의 유아를 무선배치를 통해 실험집단 6명, 통제집단 6명으로 구성하여 집단놀이치료를 실시하고 그 효과를 밝혔다. 그 결과, 통제집단과 비교했을 때 실험집단에 배정된 유아의 불안이 감소하고 정서 능력이 향상되었음을 확인할 수 있었다. 역기능적이고 부적절한 정서표현과 정서조절을 하는 불안 유아들에게 집단보육놀이치료는 자신과 타인의 정서를 인식하는 것에 도움을 주었으며, 긍정적 · 부정적 감정 모두를 표출할 기회를 제공하였다. 특히, 낯선 환경과 예측할 수 없는 상황에 불안이 증폭되는 유아들에게 그들이 재원하는 보육기관에서 집단놀이치료를 시행한 것은 유아가 친숙하고 익숙한 환경에서 프로그램을 시행함으로써 보다 단기간에 치료적 효과를 얻을 수 있었다.

마지막으로, 보육놀이치료가 효율적으로 기능할 수 있도록 해 주는 핵심 요인으로 보육놀이치료사에 대한 연구도 많이 진행되어 왔다. 보육놀이치료는 선별되고 훈련된 준전문가인 예비놀이치료사를 파견하여 아동에게 직접 서비스를 제공하기에 보육놀이치료사와 보육놀이치료사 훈련에 관한 연구는 보육놀이치료의 전문적 보급을 위해 끊임없이 진행되어야 하는 연구 분야이다. 한유진과 정선희(2018)는 보육놀이치료사의 전문성 발달을 증진하고자 전공교과목(아동중심 놀이치료)과 연계한 놀이치료 서비스—러닝을 시행하였다. 놀이치료 서비스는 아동중심 개별놀이치료로 진행되어 전공교육에서는 아동중심 놀이치료사의 철학과 치료적 관계, 태도, 기술 등에 대해 배우게 된다. 그러나 실제 사례를 운영하기 위한 사례 이해의 길잡이가 되는 사례개념화에 관한 교육은 전공교육에서 깊이 있게 다루기 어려워, 아동중심 놀이치료를 더 잘 이행할 수 있도록 놀이치료 서비스—러닝을 통한 사례개념화 교육

을 제공하였다. 그리고 사례가 시작된 후에는 격주로 집단 수퍼비전을 제공하여 사
례개념화에 근거하여 사례가 운영될 수 있도록 하였다. 전공교육 연계 서비스-러닝
교육의 효과를 평가해 보니, 전공교육만 이수한 통제집단과 다르게 서비스-러닝 교
육을 받은 5명의 보육놀이치료사들은 치료사의 전문성 발달에 의미 있는 결과를 얻
었다. 전공교육과 연계한 서비스-러닝을 통해 전공교육에서 습득한 기술을 실제 치
료과정에 바로 적용해 볼 수 있었으며, 그 과정에서의 사례개념화 교육은 내담 아동
의 어려움을 이론에 근거해서 파악하고 확인하는 과정을 거쳐 보다 깊은 사례 이해
를 바탕으로 효과적인 사례 운영을 가능케 한 것으로 판단된다. 특히 단기간에 획득
하기 어려운 전문성 중 사례 이해 영역에서도 의미 있는 성장을 나타냈는데, 내담 아
동의 어려움과 문제의 기저에 있는 심리적 역동과 그에 따른 행동을 이해하는 사례
개념화 교육이 사례를 이해하는 데 많은 도움을 주었으리라 판단된다. 또한 보육놀
이치료 서비스를 제공받은 실험집단 유아들의 사회적 능력이 향상됨에 따라 보육놀
이치료 서비스-러닝의 효과성이 확인되어 전공교육과 연계하여 잘 개발된 치료사
교육 프로그램을 심화하여 진행하는 것에 대한 중요성을 보여 주었다.

정솜이와 한유진(2020)은 보육놀이치료사의 전문적 역량을 강화하기 위한 인턴
십 프로그램을 실시하였다. 보육놀이치료 회기 시작 전, 주 1회 3시간씩, 총 4회기
의 사전 교육을 역할놀이와 집단토론의 방법을 통해 진행하였다. 1) 아동중심 놀이
치료사로서의 태도, 2) 치료윤리, 3) 상담반응연습, 4) 파견기관의 특성에 관한 교
육을 진행하였으며, 회기가 시작된 이후 매주 수퍼비전을 통해 진행 사례에 대한 정
기적 지도감독을 제공하였다. 그리고 이를 통해 초보 보육놀이치료사의 상담자 활
동 자기 효능감을 평가한 결과, 통제집단과 비교하여 실험집단 5명의 보육놀이치료
사들은 조력기술, 회기관리, 상담난제 자기 효능감에서 의미 있는 진전을 보여 주었
다. 이는 초보 놀이치료사 단계에 있는 보육놀이치료사들에게 역할놀이를 통한 상
담반응에 관한 반복적 연습과 실질적인 상담기술, 대처방식을 안내하는 교육이 유
효했으며, 한 사례의 처음부터 끝까지 정기적 수퍼비전을 제공하는 훈련 프로그램
은 내담자에 대한 깊은 이해를 형성하게 하였고, 집단 수퍼비전을 통해 간접적으로
나마 동료들의 사례를 경험함으로써 경험의 폭을 넓혀 보육놀이치료사 인턴십 프
로그램이 상담자의 자기 효능감 발달에 긍정적 영향을 미친 것으로 밝혀졌다. 그리
고 실험집단에 속한 치료사가 제공한 보육놀이치료를 경험한 아동은 기관생활에
보다 잘 적응하였고, 부모와의 조화도가 상승됨에 따라 인턴십 프로그램의 효과성

에 대한 명백한 증거를 보여 주었다.

2. 보육놀이치료의 미래 연구를 위한 제언

영유아의 정신건강을 지원하는 서비스로서 다양한 부적응 행동을 돕기 위한 보육놀이치료 사례들과 최근 연구에서 만들어진 중요한 결과들은 보육현장에서 도움을 필요로 하는 영유아 및 영유아기 적응의 어려움에 대한 깊이와 넓이를 인식하게 해 주었다. 그리고 영유아 심리치료의 경계를 확장시켜 심리전문기관과 보육기관을 통합하여 서비스가 제공되어야 할 필요가 있음을 보여 주었다. 특히 보육과 교육이 통합을 이뤄 가는 상황에서 영유아 · 놀이중심의 유보과정을 지원할 수 있는 전문가가 필요하다는 목소리가 높아지고 있다. 이 책에서는 이러한 현장의 어려움을 해결하기 위한 실제적 방안으로서 보육놀이치료의 필요성에 초점을 맞추었다.

앞으로 보육놀이치료를 더 많은 현장과 대상에 적용하고, 그 방법을 일반화하여 보급함에 있어서 필요한 연구들을 다음과 같이 제시하고자 한다. 영유아의 심리적 건강과 관련하여 고려해야 할 대상인 부모와 보육현장에서 분리해서 생각할 수 없는 교사를 포함한 연구가 진행되어야 한다. 부모나 교사의 생생한 경험이 담긴 질적 연구도 필요하고, 실제로 보육놀이치료를 계획, 운영함에 있어서 교사나 기관의 관점에서 쓰여진 실제적인 연구도 필요하다. 그리고 다양한 기관의 각각의 요구나 사정에 따른 맞춤형 프로그램 개발 연구도 시행된다면, 보육놀이치료 일반화에 큰 기여를 할 것이라 생각한다. 보다 근본적인 영유아의 놀이 자체의 효과나 영향에 대한 연구도 필요하다. 영유아의 주된 놀이 패턴인 역할놀이나 가상놀이, 환상놀이를 통해 보육현장에서 아동이 경험하는 어려움에 관한 주제, 구성, 놀이방식, 선택된 놀잇감 등에 대해 측정하고 그 결과가 치료 효과와 어떻게 연결되는지에 관한 연구도 필요하다. 이러한 연구는 보육현장에서 진행되는 놀이치료에 대한 이해를 넓히고 그 효과성을 과학적으로 입증하여, 더 많은 보육기관에서 더 많은 영유아가 정서적 · 행동적 어려움에 대해 전문가가 제공하는 심리 서비스를 받을 수 있게 될 것이다.

보육, 교육, 치료의 통합적 접근을 통해 더 많은 영유아가 한 환경에서 서비스를 이용하며 보다 건강하게 성장할 수 있기를 바란다.

참고문헌

강위영, 변찬석, 서경희, 윤치연, 이상복, 이효신(1999). **정서행동발달과 문제예방**. 대구대학교 출판부.

강정원(2002). 교사의 효능감과 학생의 학업성취도간의 관계분석 연구. **열린교육연구**, 10(2), 43-60.

고은아(2007). 놀이활동으로서의 미술을 통한 오감자극 방법 연구: 3-7세 유아를 대상으로. 원광대학교 대학원 석사학위논문.

공영숙, 임지영(2012). 유아의 기질, 어머니의 양육태도, 유아의 정의적 실행기능, 문제행동 및 친사회적 행동 간의 관계. **아동교육**, 21(4), 135-152.

곽연정, 안혜리(2017). 미술교육 연계 봉사학습의 현황 조사 연구: 서울시와 경기도의 예술고등학교를 중심으로. **한국조형교육학회**, 63, 21-42.

교육과학기술부(2008). **학교안전통합시스템구축 운영 계획변경(안)**. 교육과학기술부.

교육부, 보건복지부(2019a). 2019 개정 누리과정 놀이이해자료.

교육부, 보건복지부(2019b). 2019 개정 누리과정 해설서.

교육부, 보건복지부(2019c). 2019 개정 누리과정 놀이 실행자료.

교육부, 보건복지부(2020a). 2019 개정 누리과정 교사연수자료.

교육부, 보건복지부(2020b). 2020 개정 누리과정 놀이 실행자료.

기성진(2012). 부모양육태도가 청소년의 학교생활적응에 미치는 영향: 정책적 시사점 도출을 중심으로. 한국컴퓨터정보학회논문지, 17(5), 127-136.

김미경(2004). 유아교육기관 교사의 유형에 따른 성교육 실태에 관한 연구. 한국영유아교원교육학회지, 8(3), 25-42.

김민정(2010). 초등학교 방문치료사에 의한 놀이치료가 ADHD 아동의 자기통제력, 학교적응력 향상 및 놀이행동에 미치는 효과. **아동복지연구**, 8(2), 71-87.

김상미(2014). 어머니-영아 간 애착과 영아의 정서조절 능력이 어린이집 적응에 미치는 영향. 남서울대학교 대학원 석사학위논문.

김선혜(2017). 현장실습 집단 수퍼비전 경험에 관한 질적 연구. 한국상담대학원대학교 석사학위논문.

김수진, 이수향(2009). 언어치료 임상실습교육 모형 개발 및 적용. 언어청각장애연구, 14(4), 413-428.

김숙령, 김선희, 육길나, 조숙진(2006). 영아와 교사의 집단 활동 상호작용에 있어서 영아교사의 민감성에 관한 연구. 幼兒敎育學論集, 10(4), 125-150.

김순혜(2004). 현대 아동상담. 학지사.

김영옥(2020). 국가수준 유아교육과정 변천과 개정 누리과정의 과제 탐색. 열린유아교육연구, 25(2), 75-103.

김영주(2003). 위축아동의 자아개념 향상을 위한 미술치료 사례 연구. 원광대학교 보건환경대학원 석사학위논문.

김영희(2005). 감각통합 프로그램이 발달지체 유아의 평형성 및 근력·민첩성 기술 발달에 미치는 효과. 우석대학교 교육대학원 석사학위논문.

김은설(2021). 2021년 전국보육실태조사. 보건복지부.

김은영(2019). 「2019 개정 누리과정」 이해와 실천. 한국유아교육·보육행정학회 학술발표대회 논문집, 2019(2), 54-79.

김은영(2019). 누리과정 개정의 배경과 개정 내용. 육아정책포럼, 62, 6-10.

김은영, 임부연(2019). 2019 개정 누리과정 대국민 공청회자료집. 육아정책연구소.

김은정(2019). 영아의 놀이성이 영아 교사의 민감성에 미치는 영향. 수원대학교 대학원 석사학위논문.

김재만(1999). 진보주의 교육과 생장 이론. 교육과학사.

김정미(2000). 부모-아동 반응성 상호작용 증진 프로그램 개발 및 적용 효과. 중앙대학교 대학원 박사학위논문.

김정미, Gerald Mahoney(2013). 부모-아동 상호작용 행동 평가. 학지사.

김정숙(2008). 봉사-학습이 고등학생의 자아존중감, 학업적 자기효능감 및 학업성취도에 미치는 영향. 서울여자대학교 대학원 박사학위논문.

김종경(2012). 언어발달지체아동의 대립어 의미 이해와 표현 특성. 단국대학교 대학원 석사학위논문.

김지혜(2011). 유치원 과학영역의 활성화를 위한 협력적 실행 연구. 중앙대학교 대학원 박사학위논문.

김춘희(2018). 상담자 정책민감성 향상을 위한 대학원 교육과정 개발. 충남대학교 대학원 박사학위논문.

김현미(2020). 영아교사를 위한 일상적 상호작용 증진 프로그램 개발 및 적용. 서울여자대학교 대학원 박사학위논문.

김현실(2001). 청소년 자위행위에 대한 실태조사. 정신간호학회지, 10(2), 137-147.

김현주, 홍상황(2015). 부모의 양육태도와 학교생활적응의 관계에서 또래애착과 자아존중감의 매개효과. 한국초등교육, 26(1), 413-429.

김현희(2017). 놀이치료자의 자기효능감 증진을 위한 훈련 프로그램 개발 및 적용. 대구대학교 대학원 박사학위논문.

김혜리(2020). 유아의 초등 전이를 위한 학교준비도에 영향을 미치는 관련 변인에 관한 다층분석. 중앙대학교 대학원 박사학위논문.

김효정(2014). 예방적 차원의 집단표현예술치료가 초등학교 입학 초기 아동의 학교 적응에 미치는 영향. 명지대학교 사회교육대학원 석사학위논문.

김희진(2009). 보육시설 유형에 따른 영아 초기적응 지도 실태: 국공립과 민간 보육 시설을 중심으로. 교육과학연구, 40(2), 131-157.

김희진, 김영애(2008). 영아 초기적응 지도에 대한 교사의 인식과 실태. 유아교육연구, 28(1), 5-26.

나보연(2021). 발달지연 아동에 대한 영아반 교사의 보육경험. 서울대학교 대학원 석사학위논문.

노경희, 이행숙(2020). 보육기관에서의 집단놀이치료가 불안 정서를 지닌 유아의 또래상호작용에 미치는 효과. 한국생애놀이치료학회지, 3(1), 35-50.

노경희, 한유진, 이행숙(2021). 불안이 높은 유아를 위한 보육기관에서의 집단놀이치료가 불안감소와 정서능력에 미치는 효과. 가정과 삶의 질 연구, 39(2), 109-120.

노은선, 유미숙(2016). 예비 놀이치료자의 실습 경험에 대한 탐색연구: 포커스 그룹 인터뷰를 중심으로. 놀이치료연구, 19(4), 363-379.

노희연(2008). 1세 영아의 분리과정과 양육자의 역할 탐색. 중앙대학교 대학원 박사학위논문.

도기숙(2015). 유아의 섹슈얼리티- 유아 성교육의 담론과 프로그램 개발을 중심으로. 한국독어독문학교육학회지, 62(62), 382-408.

문미영(2000). 아동이 지각한 부모의 양육태도가 아동의 부적응행동에 미치는 영향. 연세대학교 교육대학원 석사학위논문.

민용아(2014). 반응적 상호작용 중재가 자폐성 장애아동의 공동주의 기술과 상호작용 기술 및 어머니의 상호작용 기술에 미치는 영향. 순천향대학교 대학원 박사학위논문.

박가나(2014). 학교중심 봉사학습의 유형 및 내용 분석. 청소년학연구, 21(6), 27-57.

박근주, 임현숙, 강경민, 이자현, 이혜원(2020). 영아 & 교사 상호작용의 실제: 평가제 중심의 일상생활 놀이. 공동체.

박랑규, 이은(2002). 아동발달과 발달장애. 특수교육.

박선미(2004). 유아 성교육 현황 및 유아 성교육에 대한 인식조사. 이화여자대학교 교육대학원 석사학위논문.

박성진(2019). 영아의 어린이집 초기적응 척도 개발 및 타당화 연구. 덕성여자대학교 대학원 박사학위논문.

박지숙, 임승현, 박성연(2009). 아동의 성, 기질, 어머니 양육행동과 아동의 정서조절능력이 사회적 위축 및 공격성에 미치는 영향. 아동학회지, 30(3), 85-98.

박지현, 최선남(2011). 위축아동의 위축행동 감소 및 자아개념 향상을 위한 인간중심미술치료 사례연구. 미술치료연구, 18(2), 221-244.

박진아(2014). 언어발달지체 유아의 자기표현 향상을 위한 통합예술치료 단일사례연구. 한양대학교 교육대학원 석사학위논문.

배미연, 이순복(2014). 영아-교사관계가 영아의 교사애착안정성과 어린이집 적응에 미치는 영향. 어린이문학교육연구, 15(2), 339-360.

배주미, 오경자(1991). 아동의 대인관계 문제해결 기술 훈련효과에 대한 예비 연구-유치원 아동을 대상으로. 한국심리학회지: 임상, 10(1), 231-242.

배지숙(2022). 12개월 미만 영영아의 어린이집 적응체험에 관한 사례연구. 충남대학교 교육대학원 석사학위논문.

백상진(2021). 영유아 발달에서 놀이와 기독교 교육과의 상관관계 연구. 영남신학대학교 대학원 박사학위논문.

백옥주(2017). 초등학생의 또래관계가 학교폭력 가해경험에 미치는 영향: 공격성과 분노조절의 매개효과. 우석대학교 교육대학원 석사학위논문.

보건복지부, 중앙육아종합지원센터(2020). 어린이집 성 행동문제 관리 · 대응 매뉴얼.

부성숙(2010). 자녀에게 부여하는 일상생활 규칙에 대한 어머니의 개념과 유아의 규칙 순응성 및 기질과의 관계. 유아교육연구, 30(5), 219-240.

서미정(2012). 아동의 외현적, 관계적 공격성의 변화유형 및 고위험 변화집단 예측요인. 한국아동복지학, 38호.

서정연(2018). 프랑스어 전공 교육과 서비스-러닝. 인문논총, 32, 1-36.

서현아, 권말순(2007). 유치원 자유선택활동시간에 나타난 교사의 놀이개입 유형 분석. 열린유아교육연구, 12(2), 227-248.

송동호, 정유숙, 이상훈(1993). 주의력 결핍 과잉활동장애의 행동 특성. 소아청소년정신의학, 4(1), 106-113.

송수경(2017). 초보상담자의 첫 사례 상담 경험에 대한 내러티브 탐구: P대학교 상담센터 자원상담자 경험. 한국상담학회, 8, 101.

송인숙(1999). 집단미술치료가 초등학교 위축아동의 위축행동과 학교 부적응에 미치는 효과. 경북대학교 대학원 박사학위논문.

송진숙(2004). 유아교육기관에서의 유아의 적응과 관련변인간의 연구. 미래유아교육학회지, 11(3), 167-190.

송진숙, 권희경(2003). 유아교육기관에서의 유아의 적응과 유아의 사회적 능력 및 문제행동에 대한 연구. 열린유아교육연구, 8(3), 207-225.

신혜영(1994). 또래의 위축행동에 대한 아동의 개념 및 정서추론. 연세대학교 대학원 석사학위논문.

안혜리(2011). 미술교육과 봉사학습의 연계 가능성. 한국조형교육학회, 41, 91-114.

양명희, 김정희(2003). 선택적 함묵아동 출현율, 특성, 또래관계에 관한 연구: 전주지역 초등학교 1학년을 중심으로. 정서·행동장애연구, 19(3), 1-17.

양선영(2013). 보육놀이치료 인턴쉽 모델 개발 및 효과. 명지대학교 대학원 박사학위논문.

양선영, 한유진(2014). 보육기관에서의 놀이치료가 유아의 문제 행동, 자아지각, 사회적 상호작용 및 놀이치료 과정에서 유아의 반응 변화에 미치는 영향. 아동학회지, 35(1), 95-117.

엄성애, 박성연(2003). 영아의 공격성에 관련된 변인들: 영아의 성, 연령, 기질, 어머니의 양육행동, 보육경험 및 보육의 질을 중심으로. 대한가정학회 학술대회, 105-105.

엄정애(2001). 놀이와 유아교육: 그 조화의 방향에 대한 탐색. 열린유아교육연구, 5(3), 1-25.

여선옥, 심윤희(2020). 유아교사의 2019 개정 누리과정 실천 경험 탐색. 한국유아교육연구, 22(3), 153-183.

염숙경(2002). 아동의 특성과 문제별 아동상담과 놀이치료. 상조사.

오경자, 이혜련, 하은혜, 홍강의(1996). 한국판 CBCL의 문제행동증후군 척도 재구성을 위한 연구. 서울의대 정신의학, 20(1), 45-52.

오영범(2020). 선택적 함묵아의 담임교사가 경험하는 갈등에 관한 질적 연구. 현장수업연구, 1(1), 61-90.

오혜린(2017). 유희적 인간(Homo Ludens)의 관점에서 본 퍼놀로지 공간 특성 연구-해외 럭셔리 패션 플래그쉽 스토어를 중심으로-. 국민대학교 대학원 석사학위논문.

유숙영, 서윤경(2011). 기독교대학의 봉사-학습(Service-Learning) 프로그램의 운영 및 평가. 기독교교육정보, 31, 185-211.

유엔아동권리협약, 국제아동인권센터(InCRC)

윤경욱, 이대균(2020). 보육교사의 2019 개정 누리과정 실행에 대한 딜레마 탐색. 열린유아교육연구, 25(6), 149-172. http://doi.org/10.20437/KOAECE25-6-07

이경노(2017). 만3세 유아의 친사회적 행동과 교사 지도에 관한 질적 연구. 안양대학교 대학원 박사학위논문.

이경숙, 정빛나래, 정석진, 박진아(2016). 2-3세 발달지연 영유아의 발달양상, 양육환경 및 임상적 특징. 한국심리학회지, 29(2), 63-85.

이경숙, 정석진(2016). 보육교사가 보고하는 영유아의 정신건강 문제행동 및 지도방법: 창원 인천 국공립어린이집 보육교사를 중심으로. 영유아아동정신건강연구, 9(2), 1-32.

이미경(2006). 놀이치료 수퍼비전. 학지사.

이미숙(2022). 영아-교사 놀이상호작용 지원을 위한 교사교육 프로그램 개발 및 효과. 명지대학교 대학원 박사학위논문.

이미화(2013). 영유아 문제행동지도를 위한 어린이집 보육교사 지침서. 육아정책연구소.

이미화, 김의향, 김온기, 심미경, 강지현, 유희정, …, 윤지연(2013). 영유아 문제행동지도를 위한 어린이집 보육교사 지침서.

이민희, 한유진(2014). 보육기관에서의 집단모래놀이 프로그램이 유아의 또래상호작용에 미치는 효과. 한국아동심리학회, 9(3), 47-72.

이선경(2011). 복합운동이 ADHD 환아의 체력, 신경전달물질, 뇌파 및 전두엽 실행기능에 미치는 효과. 숙명여자대학교 대학원 박사학위논문.

이숙영, 김창대(2002). 상담 전공 대학원 교육과정 표준화 연구. 교육학연구, 40(2), 231-250.

이숙희, 고인숙, 김미정(2009). 유아의 문제행동에 영향을 미치는 관련 변인 연구. 유아교육학논집, 13(1), 163-181.

이아현(2018). 어린이집·유치원 영유아의 자위행위 실태와 교사의 인식 및 대처반응. 명지대학교 대학원 석사학위논문.

이연정(2014). 어린이집 재원 유아의 문제행동에 대한 교사의 현재 실태와 지원요구. 한국성서대학교 보육대학원 석사학위논문.

이영례(2004). 몬테소리 감각훈련 프로그램이 발달지체유아의 주의집중과 운동발달에 미치는 효과. 대구대학교 특수교육대학원 석사학위논문.

이영식(2005). 소아정신의학의 불안장애. 중앙문화사.

이영화, 유가효(2001). 어머니의 양육태도 및 언어통제유형과 아동의 문제행동과의 관계. 한국가족복지학, 6(1), 89-105.

이유선(2014). 아동중심 집단놀이치료 프로그램이 위축성향 유아의 일상적 스트레스, 불안, 또래상호작용 및 뇌파변화에 미치는 효과. 명지대학교 대학원 석사학위논문.

이유선(2018). 어린이집에서 부적응 행동을 보이는 아동의 보육놀이치료 사례연구. 아동가족치료연구, 16, 41-57.

이윤로, 김나영(2006). 자원봉사론 전공 교육과 연계한 사회복지 봉사학습모듈 개발을 위한 기초연구.

이윤미(2007). 유치원에서 초등학교로의 전이경험. 한국교원대학교 대학원 석사학위논문.

이은미(1995). 공격성과 사회적 위축에 따른 비인기 아동집단의 자아지각과 또래지각. 숙명여자대학교 대학원 석사학위논문.

이은아김, 한희영, 서인숙, 유미숙(2017). 초등학교 파견 놀이치료자의 경험에 대한 연구: 초등학교-대학교 지역사회 전문자원 연계 상담프로그램. 한국놀이치료학회, 20(1), 81-103.

이정숙, 명신영(2007). 청소년의 휴대폰 사용실태 및 휴대폰 중독 정도에 따른 또래관계의 질, 학교생활 부적응에 대한 연구. 한국가정관리학회지, 25(4), 67-86.

이정연, 김수영(2020). 2019 개정누리과정에 근거한 자유놀이가 유아의 창의성 및 사회성 발달에 미치는 효과. 상담심리교육복지, 7(4), 241-261.

이정인, 김창대(2015). 관점채택을 통한 공감이 초등학생의 공격성 및 또래 폭력 허용도에 미치는 영향. 상담학연구, 16(5), 253-266.

이주영(2012). 유아와 어머니의 기질프로파일과 유아의 문제 행동간의 관련성 검증. 한국임상심리학회지, 31(3), 801-822.

이혜진(2013). 서비스-러닝 활동에서의 서비스학습경험 연구. 한국교원대학교 교육정책전문대학원 박사학위논문.

임민영(2016). 영아의 기질과 교사가 지각한 영아-교사관계가 영아의 어린이집 적응에 미치는 영향. 서울대학교 대학원 석사학위논문.

임부연(2019). 유아와 '놀이~배움'의 개정 누리과정. 한국보육학회 학술대회자료집, 2019(7), 4-19.

임부연, 손연주(2020). 「2019개정 누리 과정」 교육내용과 관련한 유아교사의 역할 탐구: 국가와 유아 '사이 존재자' 중심으로. 교육혁신연구, 30(3), 127-148.

임혜숙, 송인섭(1999). 부모·교사를 위한 주의집중 훈련 프로그램. 도서출판 상조사.

장경원(2010). Service-Learning에 기반한 '교육봉사' 과목 운영 전략 탐색. 한국교원교육연구, 27(3), 373-393.

장길순(2005). 장 독립성-장 의존성 인지양식에 따른 유아의 정서지능과 자율성. 충북대학교 교육대학원 석사학위논문.

전숙영(2007). 어머니의 심리통제 및 아동의 행동적 자율성과 자기통제력이 아동의 문제행동에 미치는 영향. 한국가정관리학회지, 25(4), 169-179.

전우경(1991). 가상적인 상황에서 나타나는 자녀의 사회적 위축 행동에 대한 부와 모의 인지 과정 연구. 중앙대학교 대학원 석사학위논문.

전은주(2015). 어머니의 부부갈등과 양육스트레스, 유아의 공격성 간의 구조적 관계와 유아기질에 따른 잠재적 평균 분석. 육아지원연구, 10(4), 97-119.

정문자(1988). 유아의 문제행동. 제10차 한국아동학회 추계학술대회.

정선희(2019). 놀이치료 서비스-러닝 모델 개발 및 효과. 명지대학교 대학원 박사학위논문.

정솜이, 한유진(2017). 보육기관에서의 놀이치료가 유아의 보육기관 생활적응 및 일상적 스트레스, 문제행동에 미치는 효과. 한국놀이치료학회지, 20(3), 219-234.

정솜이, 한유진(2020). 보육 기관과의 연계를 통한 초보 놀이치료자 인턴십 프로그램의 효과 -놀이치료자, 유아, 부모의 변화를 중심으로-. 한국놀이치료학회지(놀이치료연구), 23(4), 359-377.

정솜이, 한유진, 박부진(2017). 초보놀이치료자가 경험하는 어려움에 대한 질적 연구. 한국가정관리학회지, 35(3), 127-144.

정애련, 한유진, 양선영(2019). 감각놀이치료프로그램이 발달장애유아의 사회, 정서발달에 미치는 효과. 한국영유아보육학회, 118, 77-99.

정옥분(2018). 영유아발달의 이해. 학지사.

정옥분, 정순화, 임정하(2007). 정서발달과 정서지능. 학지사.

정은진(2010). 초등학교방문에 의한 모래놀이치료가 저소득층 아동의 또래관계와 사회적 기술 향상에 미치는 효과. 남서울대학교 대학원 석사학위논문.

정현아(2018). 유아 문제행동관련 아동상담의뢰 권유에 대한 보육교사의 경험. 성신여자대학교 교육대학원 석사학위논문.

정희정(2004). 소아의 발달장애. 대한소아청소년과학회지, 47(2), 131-139.

조복희, 김현지, 양연숙, 이영환, 이주연, 이진숙, 장혜자, 한유미(2017). 보육학개론. 교육과학사.

조영하(2010). 21세기 대학의 사회적 책임에 대한 고찰—사회적 연대의 관점에서. 敎育行政學硏究, 28(1), 1-30.

조용하(2002). 대학생 자원봉사활동의 이론적 고찰—봉사학습을 중심으로. 한국청소년학회. 9(3).

채규만(2006). 성 행동 심리학. 학지사.

채수경, 장효성(2002). 선택적 함묵아의 놀이치료 사례. 놀이치료연구, 6(1), 79-94.

최민아, 한유진(2012). 유아의 자아존중감과 사회성 향상을 위한 아동중심 집단놀이치료의 효과. 한국아동심리치료학회지, 7(1), 1-26.

하정연, 좌승화, 조채영(2015). 영유아놀이지도. 공동체.

한영경(2008). 중학생의 관계적 공격성에 영향을 주는 개인 내적 요인. 아주대학교 대학원 석사학위논문.

한유진, 정선희(2018). 전공교육과 연계한 서비스-러닝이 예비 놀이치료자와 유아에게 미치는 영향. 아동학회지, 39(4), 67-80.

허계형, 노진아(2012). 유아기 문제행동 중재전략에 대한 유아특수교사의 인식. 한국유아특수교육학회, 12(3), 285-304.

홍강의(2005). 소아정신의학. 중앙문화사.

홍은숙(2008). 장애영아교육 및 조기개입의 개선 방안에 대한 질적 연구. 특수교육학연구, 43(2), 259-284.

홍현재, 문혁준(2013). 유아의 기질, 어머니의 양육행동, 교사-유아 관계가 유아의 문제행동에 미치는 영향. 생태유아교육연구, 12(4), 245-274.

홍현주, 하경희, 김진아, 김우식, 오은지(2016). 한국에서의 학교 기반 정신건강사업의 효과적 요인에 대한 연구: 학생 정신건강 지역협력모델 구축·지원사업을 중심으로. 정신건강과 사회복지, 44(2), 140-166.

황예린, 김유미(2013). 마음챙김명상 기반 인지행동 프로그램이 아동의 공격성 감소에 미치는 효과. 학습자중심 교과교육연구, 13(6), 51-68.

황옥경(1990). 부모와 교사가 지각한 배척. 소외아동의 행동상의 문제에 관한 연구. 아동학회지, 11(1), 72-86.

황진(2011). 유아의 과잉행동수준에 대한 부모와 교사의 인식차이와 ADHD에 대한 이해도 차이. 수원대학교 교육대학원 석사학위논문.

Achenbach, T. M. (1991). *Manual for the Child Behavior Checklist 14-18 and 1991 Profile*. University of Vermont.

Achenbach, T. M., & Rescorla, L. A. (2000). *Manual ofr the ASEBA Forms & Profiles*. University of Vermont, Research Center for Children, Youth & Families.

Airaksnen, E. (2006). *Cognitive functions in depression and anxiety disorders*. Karolinska University Press.

Alexander, E. D. (1964). School-centered play therapy program. *Personnel and Guidance Journal, 43*, 256-261.

Alink, R. A., Mesman, J., van Zeijl, J., Stolk, M. N., Juffer, F., Koot, H. M., Bakermans-Kranenberg, M. J., & van Ijzendoorn, M. H. (2006). The Early Childhood Aggression Curve: Development of Physical Aggression in 10- to 50-Month-Old Children. *Child development*, 77(4), 954-966. Lenneke R. A. Alink, Judi Mesman, Jantien Van Zeijl, Mirjam N. Stolk, Femmie Juffer, Hans M. Koot, Marian J. Bakermans-Kranenburg, Marinus H. Van IJzendoorn

Alvarado, M., & Gonzalez, P. A. (2012). Experiences in Service-Learning among counselor education students. Paper presented at the 2012 Conference of the Southern Association of Counselor Education and Supervision. Savannah.

American Counseling Association, American School Counselor Association, National Association of School Psychologists, & School Social Work Association of America. (2006). *Removing barriers to learning and improving student outcomes: The importance of school-based mental health services.* Retrieved from American Counseling Association website: http://www.coun-seling.org/PublicPolicy/TP/ResourcesForSchoolCounselors/CT2.aspx?

American Psychiatric Association. (2013). *Diagnostic and statistical manual of mental disorders* (5th ed.). American Psychiatric Pub.

American School Counselor Association. (2005). *The ASCA national model.* A School Counselor Association.

Anastopoulos, A. D., & Barkley, R. A. (1992). Attention deficit-hyperactivity disorder. In C. E. Walker & M. C. Roberts (Eds.), *Handbook of clinical child psychology* (2nd ed.) (pp. 413-430). Wiley.

APA (2015). 정신질환의 진단 및 통계편람. (권준수 외 공역). 학지사.

Arbeau, K. A., & Coplan, R. J. (2007). Kindergarten teachers' beliefs and responses to hypothetical prosocial, asocial, and antisocial children. *Merrill-Palmer Quarterly* (1982-), 291-318.

Arnold, R., & McMurtery, R. F. (2011). Integrating Service-Learning into Counselor Education: Applications and Implications. *The Researcher: An Interdisciplinary Journal, 24*(1), 59-74.

Association for Play Therapy, Inc. (2000a). *Membership directory: 2000-2001.*

Association for Play Therapy, Inc. (2000b). *News Letter, 19*(2), 11.

Athena, A. D., Lois, J. C., & Charles, E. S. (2010). 학교 놀이치료. (민성원 역). 시그마프레스.

Axline, V. (1947). Nondirective play therapy for poor readers. *Journal of Consulting Psychology, 11,* 61-69.

Axline, V. (1949). Mental deficiency: Symptom or disease? *Journal of* Consulting *Psychology, 13,* 313-327.

Axline, V. (1969). *Play therapy.* Houghton Mifflin/Ballantine.

Baggerly, J. (2006). Service-Learning with Children Affected by Poverty: Facilitating Multicultural Competence in Counseling Education Students. *Journal of Multicultural Counseling and Development, 34*(4), 244-255.

Bandura, A. (1985). *Social foundations of thought and action.* Prentice Hall.

Barkley, R. A. (1990). *Attention deficit hyperactivity disorder: A handbook for diagnosis and treatment.* Guilford Press.

Barkley, R. A. (1998). Attention deficit/hyperactivity disorder. In E. J. Mash & R. A. Barkley (Eds.), *Treatment of child disorders* (pp. 55-110). Guilford Press.

Baum, K. (1956). *The wizard of oz.* Rand McNally.

Bettelheim, B. (1987). The importance of play. *Atlantic Monthly,* (3), 35-46.

Beyer, T., Postert, C., Müller, J. M., & Furniss, T. (2012). Prognosis and continuity of child mental health problems from preschool to primary school: Results of a four-year longitudinal study. *Child Psychiatry & Human Development, 43*(4), 533-543.

Biederman, J., Hirshfeld-Becker, D. R., Rosenbaum, J. F., Hérot, C., Friedman, D., Snidman, N., ... & Faraone, S. V. (2001). Further evidence of association between behavioral inhibition and social anxiety in children. *American Journal of Psychiatry*, *158*(10), 1673-1679.

Biggs, D. A. (1988). The case presentaion approach in clinical supervision. *Counselor and Supervision, 28*, 240-248.

Birch, S. H., & Ladd, G. W. (1997). The teacher-child relationship and children's early school adjustment. *Journal of school psychology*, *35*(1), 61-79.

Bjørnebekk, A., Fjell, A. M., Walhovd, K. B., Grydeland, H., Torgersen, S., & Westlye, L. T. (2013). Neuronal correlates of the five factor model (FFM) of human personality: Multimodal imaging in a large healthy sample. *Neuroimage*, *65*, 194-208.

Blanco, P. (2010). Impact of school-based child-centered play therapy on academic achievement, self-concept, and teacher-child relationships. In J. Baggerly, D. Ray, & S. Bratton (Eds.), *Child-centered play therapy research: The evidence base for effective practice* (125-144). Wiley.

Boud, D., Keogh, R., & Walker, D. (1985). *Reflection: Turning Experience into Learning*. Kogan Page.

Brandenburg, N. A., Friedman, R. M., & Silver, S. E. (1990). Epidemiology of child psychiatric disorders: Prevalence findings from recent studies. *Journal of the American Academy of Child and Adolescent Psychiatry, 29*, 76-83.

Bratton, S. (2010). Meeting the early mental health needs of children through school-based play therapy: A review of outcome research (17-58). In A. Drewes & C. Schaefer (Eds.), *School-based play therapy* (2nd ed). Wiley.

Bringle, R. G., & Hatcher, J. A. (1996). Implementing Service Learning in Higher Education. *The Journal of Higher Education, 67*(2), 221-239.

Brock, L. L., Rimm-Kaufman, S. E., Nathanson, L., & Grimm, K. J. (2009). The contributions of 'hot' and 'cool' executive function to children's academic achievement, learning-related behaviors, and engagement in kindergarten. *Early Childhood Research Quarterly, 24*(3), 337-349.

Brooker, L. (2008). *EBOOK: Supporting Transitions in the Early Years*. McGraw-Hill Education.

Burnett, J. A., Hamel, D., & Long, L. L. (2004). Service-Learning in Graduate Counselor Education: Developing Multicultural Counseling Competency. *Journal of Multicultural Counseling & Development, 32*(3), 180-191.

Cabrera, N., & Peters, H. E. (2000). Public policies and father involvement. *Marriage & Family Review*, *29*(4), 295-314.

Callaghan, B. L., & Tottenham, N. (2016). The stress acceleration hypothesis: Effects of early-life adversity on emotion circuits and behavior. *Behavioral Sciences, 7*, 76-81.

Cambell, S. B. (1997). Behavior problems in preschool children. *Advances in Clinical Child Psychology, 19*, 1-26.

Campbell, J. D. (1990). Self-esteem and clarity of the self-concept. *Journal of Personality and Social Psychology*, *59*(3), 538.

Campbell, S. B., & Ewing, L. J. (1990). Follow-up of hard to manage preschoolers: Adjustment at age 9 and predictors of continuing symptoms. *Journal of Child Psychology and Psychiatry, 31*, 871-890.

Capaldi, D. N., & Patterson, G. R. (1996). Can violent offenders be distinguished from frequent offenders: Prediction from childhood to adolescence. *Journal of Research in Crime & Delinquency, 33*(2), 206-231.

Caspi, A., Henry, B., McGee, R. O., Moffitt, T. E., & Silva, P. A. (1995). Temperamental origins of child and adolescent behavior problems: From age three to age fifteen. *Child Development, 66*(1), 55-68.

Centers for Disease Control and Prevention. (1998, August 14). Youth risk behavior surveillance-United States, 1997. *CDC Surveillance Summaries MMWR, 47* (No.SS-3). Author.

Charles, E. S., & Athena, A. D. (2015). 놀이의 치료적 힘. (유미숙, 이윤승, 이은수, 최재정, 최진현 역). 시그마프레스.

Chazan, S. E. (2000). Using the children's play therapy instrument (CPTI) to measure the development of play in simultaneous treatment: A case study. *Journal of Infant Mental Health, 21*(3), 211-221.

Chess, S., & Thomas, A. (1986). *Temperament in clinical practice.* Guilford Press.

Clark, K. E., & Ladd, G. W. (2000). Connectedness and autonomy support in parent-child relation-ships: Links to children's socioemotional orientation and peer relationships. *Developmental Psychology, 36*(4), 485-498.

Coley, R. L., & Medeiros, B. L. (2007). Reciprocal longitudinal relations between nonresident father involvement and adolescent delinquency. *Child development, 78*(1), 132-147.

Committee on School Health. (2004). School-based mental health services. *Pediatrics, 113*(6), 1839-1845.

Corey, G. (2014). *Theory and Practice of Counseling and Psychotherapy* (9th ed). CENGAGE Learning

Crick, N. R. (1997). Engagement in gender normative versus nonnormative forms of aggression: Links to social-psychological adjustment. *Developmental Psychology, 33*, 610-617.

Crick, N. R., Casas, J. F., & Mosher, M. (1997). Relational and overt aggression in preschool. *Developmental Psychology, 33*(4), 579-588. https://doi.org/10.1037/0012-1649.33.4.579

Crick, N. R., & Grotpeter, J. K. (1995). Relational aggression, gender, and socialpsy-chological adjustment. *Child Development, 66*, 710-722.

Crick, N. R., & Nelson, D. A. (2002). Relational and physical victimization within friendships: Nobody told me there'd be friends like these. *Journal of Abnormal Child Psychology, 30*. 599-6.

Dallaire, D. H., & Weinraub, M. (2005). The stability of parenting behaviors over the 6 years of life. *Early Childhood Research Quarterly, 20*(2), 201-219.

Davies, P. T., Dumenci, L., & Windle, M. (1999). The interplay between maternal depressive symptoms and marital distress in the prediction of adolescent adjustment. *Journal of Marriage and the Family*, 238-254.

de Minzi, M, C. R. (2010). Gender and cultural patterns of mothers' and fathers' attachment and links with children's self-competence, depression and loneliness in middle and late childhood. *Early Child Development and Care, 180*(1-2), 193-209.

de Saint Exupery, A. (1943). *The little prince.* Brace.

Deborah, K. M., & Donald, E. M. (2018). 놀이치료에서의 부모상담. (김광웅, 강은주, 진화숙 역). 시그마프레스.

Dee, C. R. (2016). 고급놀이치료. (이은아김, 민성원 역). 시그마프레스.

Degnan, K. A., Calkins, S. D., Keane, S. P., & Hill-Soderlund, A. L. (2008). Profiles of disruptive behavior across ealry childhood: Contributions of frustration reactivity, physiological regulation and maternal behavior. *Child Development, 79*, 1357-1376.

Dettling, A. C., Gunnar, M. R., & Donzella, B. (1999). Cortisol levels of young children in full-day child care centers: Relations with age and temperament. *Psychoneuroendocrinology, 24*(5), 519-536.

Dewey, J. (1964). The child and the curriculum. In R. D. Archambault (Ed.), *John Dewey on education: Selected writings* (pp. 339-358). A Modern Library Book.

Dewey, J. (1984). *The Middle Work, 1899~1954: vol 6, How We Think.* Southern Illinois University Press.

Domitrovich, C. E., & Bierman, K. L. (2001). Parenting practices and child social adjustment: Multiple pathways of influence. *Merrill-Palmer Quarterly (1982-)*, 235-263.

Drewes, A. A., Carey, L. J., & Schaefer, C. E. (2010). 학교놀이치료. (민성원 역). 시그마프레스.

Dulsky, S. (1942). Affect and intellect: An experimental study. *The Journal of General Psychology, 27*, 199-220.

DuPaul, G. J., McGoey, K. E., Eckert, T. L., & VanBrakle, J. (2001). Preschool children with attention-deficit/hyperactivity disorder: Impairments in behavioral, social, and school functioning. *Journal of the American Academy of Child & Adolescent Psychiatry, 40*(5), 508-515.

DuPaul, G. J., & Stoner, G. (1994). *ADHD in the schools: Assessment and intervention strategies.* Guilford Press.

Eisenberg, N., Cumberland, A., & Spinrad, T. L. (1998). Parental socialization of emotion. *Psychological Inquiry, 9*(4), 241-273.

Eisenberg, N., Guthrie, I. K., Fabes, R. A., Reiser, M., Murphy, B. C., Holgren, R., Maszk, P., & Losoya, S. (1997). The relations of regulation and emotionality to resiliency and competent social functioning in elementary school children. *Child Development, 68*(2), 295-311.

Essa. E. L. (1988). 유아행동지도. (지성애 역). 양서원. (원서는 1983에 출판)

Fabian, H. (2007). Informing transitions. *Informing transitions in the early years*, 3-17.

Fagan, T. K. (1995). Trends in the history of school psychology in the United States. In A. Thomas & J. Grimes (Eds.), *Best practices in school psychology-III* (pp. 59-67). National Association of School Psychologists.

Fagan, T. K. (2000). Practicing school psychology. *American Psychologist, 55*, 754-757.

Fall, M., Balvanz, J., Johnson, L., & Nelson, L. (1999). The relationship of a play therapy intervention to self-efficacy and classroom learning. *Professional School Counseling, 2*, 194-204.

Fall, M., Navelski, L., & Welch, K. (2002). Outcomes of a play intervention for chil-dren identified for special education services. *International Journal of Play Therapy, 11*(2), 91-106.

Hughes, F. P. (2006). 놀이와 아동발달. 시그마프레스.

Foster, S., Rollefson, M., Doksum, T., Noonan, D., & Robinson, G. (2005). *School mental health services in the United States, 2002-2003.* DHHS Pub. No. (SMA) 05-4068. Center for Mental Health Services, Substance Abuse and Mental Health Services Administration.

Frank, L. (1982). Play in personality development. In G. Landreth (Ed.), *Play therapy: Dynamics of the process of counseling with children* (pp. 19-32). Charles C. Thomas.

Frick, P. J., & Marsee, M. A. (2006). Psychopathology and developmental pathways to antisocial behavior on youth. In C. J. Petrick (Ed), *Handbook of psychopathy* (pp. 353-370). Guilford Press.

Frierdrich, W. N., Grambsch, P., Broughton, D., Kuiper, J., & Beilke, R. L. (1991). Normative sexual behavior in children. *Pediatrics, 88*(3), 456-463.

Froebel, F. (1987). *Child and society.*

Frost, J. L., Klein, B. L., Thorson, H., Pollard, M., Schuetze, U., Muller, M., & Weimer-Stuckmann, G. (1979). *Children's play and playgrounds.*

Gage, N. L. (1990). Dealing with the drop-out problem. *Phi Delta Kappan, 72,* 280-285.

Gara, Y., & Bratton, S. C. (2005). School-based child-centered play therapy with Hispanic children: Outcomes and cultural considerations. *International Journal of Play Therapy, 14*(1), 51-79.

Garry, L. L. (2015). 놀이치료: 치료관계의 기술. (유미숙 역). 학지사.

Garza, Y., & Bratton, S. (2005). School-based child-centered play therapy with Hispanic children: Outcomes and cultural considerations. *International Journal of Play Therapy, 14,* 51-71.

Gaza, Y. (2010). School-based child-centeredl play therapy with Hispantic children. In J. Baggerly, D. Ray, & S. Braton (Eds,), *Child-centered play therapy research: The evidence base for effective practice* (pp. 177-191). Wiley.

Gazelle, H., & Ladd, G. W. (2003). Anxious solitude and peer exclusion: A diathesis-stress model of internalizing trajectories in childhood. *Child Development, 74*(1), 257-278. http://dx.doi.org/10.1111/1467-8624.00534

Gilliam, W. (2005). *Prekindergartens left behind: Expulsion rates in state pre-kindergarten programs* (FCD Policy Brief Series 3). Retrieved from Foundation for Child Development website: http://www.fcd-us.org/usr_doc/ExpulsionCompleteReport.pdf

Gilliom, M., & Shaw, D. S. (2004). Codevelopment of externalizing and internalizing problems in early childhood. *Development and psychopathology, 16*(2), 313-333.

Gilmore, K. J., & Meersand, P. (2013). *Normal child and adolescent development: A psycholdynamic primer.* American Psychiatric Pub.

Ginott, H. (1994). *Group psychotherapy with children: The theory and practice of play therapy.* Aronson.

Ginott, H. G. (1961). *Group psychotherapy with children.* McGraw-Hill.

Ginott, H. G. (1975). Group psychotherapy with children. *Journal of Projective Techniques, 26*(1), 3-10.

Giordane, M. (2009). 놀이치료 관계 형성을 위한 핸드북. (이미경 역). 학지사.

Glover, G. (2001). Cultural considerations in play therapy. In G. Landreth (Ed.), *Innovations in play therapy: Issues, process, and special populations* (pp. 31-41). Philadelphia: Brunner-Routledge.

Gordon, R. A., Lahey, B. B., Kawai, E., Loeber, R., Stouthamer-Loeber, M., & Farrington, D. P. (2004).

Antisocial behavior and youth gang membership: Selection and socialization. *Criminology, 42*(1), 55-88.

Gralinski, J. H., & Kopp, C. B. (1993). Everyday Tules for behavior: Mothers' requests to young children. *Developmental Psychology, 29*(3), 573-584.

Grigsby, J., Rosenberg, N. L., & Busendbark, D. (1995). Chronic pain is associated with deficits in information processing. *Perceptual and Motor Skills, 81*(2), 403-410.

Grych, J. H., & Fincham, F. D. (1990). Marital conflict and children's adjustment: A cognitive-contextual framework. *Psychological Bulletin, 108,* 267-290.

Guerney, L. (1983). Client-centered (nondirective) play therapy. In C. E. Schaefer & K. H. O'Conner (Eds.), *Handbook of play therapy* (pp. 21-64). John Wiley and Sons.

Gunnar, M. R., Tout, K., De Haan, M., Pierce, S., & Stanbury, K. (1997). Temperament, social competence, and adrenocortical activity in preschoolers. *Developmental Psychobiology: The Journal of the International Society for Developmental Psychobiology, 31*(1), 65-85.

Hammill, D. D. (1990). On defining learning disabilities: An emerging consensus. *Journal of Learning Disabilities, 23*(2), 74-84.

Hartnup, T. (1999). The therapeutic setting. In A. Horne & M. Lanyado (Eds.), *The handbook of child and adolescent psychotherapy*. Routledge.

Hanneke, J. A. S., Huijbregts, S. C. J., Suurland, J., Heijden, K. B., Mesman, J., Goozen, S. H. M., & Swaab, H. (2016). Prenatal Reflective Functioning and Accumulated Risk as Predictors of Maternal Interactive Behavior During Free Play, the Still-Face Paradigm, and Two Teaching Tasks. *Infancy, 21*(6), 766-784.

Hendricks, S. (1971). A descriptive analysis of the process of client-centered play therapy (Doctoral dissertation, North Texas State University, Denton). Dissertation Abstracts International, 32, 3689A.

Hester, P. P., Baltodano, H. M., Gable, R. A., Tonelson, S. W., & Hendrickson, J. M. (2003). Early intervention with children at risk of emotional/behavioral disorders: A critical examination of research methodology and practices. *Education and Treatment of Children, 26*(4), 362-381.

Hoffman, M. L. (1982). Development of prosocial motivation: Empathy and guilt. In N. Eisenberg (Ed.). *The development of prosocial behavior.* Academic Press.

Holland, B. V. (1987). Foundamental motor skill performance of nonhandicapped and educable mentally impaired student. Education and Training in Mental Retardation.

Hollenstein, T., Granic, I., Stoolmiller, M., & Snyder, J. (2004). Rigidity in parent-child interactions and the development of externalizing and internalizing behavior in early childhood. *Journal of abnormal child psychology, 32,* 595-607.

Holmberg, M. C. (1980). The development of social interchange patterns from 12 to 42 months. *Child Development,* 448-456.

Honig, A., & McCarron, P. A. (1988). Prosocial behaviors of handicapped and typical peers in an integrated preschool. *Early Child Development and Care, 33*(4), 113-125.

Howe, P., & Silvern, L. (1981). Behavioral observation during play therapy: Preliminary development of a research instrument. *Journal of Personality Assessment, 45*, 168-182.

Howes, C. (2000). Social-emotional classroom climate in child care, child-teacher relationships and children's second grade peer relations. *Social Development, 9*(2), 191-204.

Howes, C., Hamilton, C. E., & Matheson, C. C. (1994). Children's relationships with peers: Differential associations with aspects of the teacher-child relationship. *Child Development, 65*(1), 253-263.

Hughes, C., Cutting, A. L., & Dunn, J. (2001). Acting nasty in the face of failure? longitudinal observations of "hard-to-manage" children playing a rigged competitive game with a friend. *Journal of Abnormal Child Psychology, 29*(5), 403-416.

Huizinga, J. (1955). *Homo Rudens.* Beacon Press.

Hwang, H. J., & St. James-Roberts, I. (1998). Emotional and behavioral problems in primary school children from nuclear and extended families in Korea. *Journal of Child Psychology and Psychiatry, 39*(7), 973-979.

Hymel, S., Bowker, A., & Woody, E. (1993). Aggressive versus withdrawn unpopular Children: Variations in peer and self-perceptions in multiple domains. *Child Development, 64*(3), 879-896.

lllingworth, R. S. (1991). *The normal child: Some problems of the early years and their treatment* (10th ed.) (pp. 111-112). Churchill Livingstone.

Irwin, A. R., & Gross, A. M. (1995). Cognitive tempo, violent video games, and aggressive behavior in young boys. *Journal of Family Violence, 10*, 337-350.

Jacoby, B. (Ed.). (2003). *Building partnerships for service-learning.* John Wiley & Sons.

Jacoby, B. (2008). *Service-Learning in higher education: Concepts and practices.* (조용하 역). 학지사.

Jacoby, B. (2018). *Service-Learning Essentials.* 서비스 러닝의 본질, 질문, 답, 그리고 깨달음. (이현우, 김효선, 이원석, 이정민, 장덕호, 장석진 역). 박영사.

Janta, B., Van Belle, J., & Stewart, K. (2016). *Quality and impact of centre-based early childhood education and care.* Rand Corporation.

Johnson, T. C. (2015). *Understanding children's sexual behaviors* (5th ed). United States of America. www.tcavjohn.com.

Jurbergs, N., & Ledley, D. R. (2005). Separation anxiety disorder. *Pediatric Annals, 34*(2), 108-115.

Kantrowitz, B. (1997, Spring/Summer). *Off to a good start: Your child.* Newsweek [Special edition] 7-9.

Kauffman, H. M. (1981). *Characteristic of children's behavior disorders.* Columbus a bell & Kowell Company.

Keiley, M. K., Bates, J. E., Dodge, K. A., & Pettit, G. S. (2000). A cross-domain growth analysis: Externalizing and internalizing behaviors during 8 years of childhood. *Journal of Abnormal Child Psychology, 28*, 161-179.

Khaleque, A., & Rohner, R. P. (2002). Perceived parental acceptance-rejection and psychological adjustment: A meta-analysis of cross-cultural and intracultural studies. *Journal of Marriage and Family, 64*(1), 54-64.

Kim, M. J. (2013). The relationship between teacher-child relationship perceived by teacher and social competence of young children. *Korea Journal of Early Childhood Education, 15*(1), 137-163.

Kochanska, G. (2001). Emotional development in children with different attachment histories: The first three years. *Child Development, 72*(2), 474-490.

Kolb, D. A. (2014). *Experiential Learning: Experience as the Source of Learning and Development.* FT Press.

Kottman, T. (1995). *Partners in play: An Adlerian approach to play therapy.* American Counseling Association.

Kranz, P. L. (1972). Teachers as play therapists: An experiment in learning. *Childhood Education, 49,* 73-74.

Kuhajda, M. C., Thorn, B. E., Klinger, M. R., & Rubin, N. J. (2002). The effect of headache pain on attention (encoding) and memory (recognition). *Pain, 97*(3), 213-221.

La Greca, A. M., & Stone, W. L. (1993). Social anxiety scale for children-revised: Factor structure and concurrent validity. *Journal of Clinical Child Psychology, 22*(1), 17-27.

Ladd, G. W., & Burgess, K. B. (1999). Charting the relationship trajectories of aggressive, withdrawn, and aggressive/withdrawn children during early grade school. *Child Development, 70*(4), 910-929.

Ladd, G. W., Kochenderfer, B. J., & Coleman, C. C. (1996). Friendship quality as a predictor of young children's early school adjustment. *Child Development, 67*(3), 1103-1118.

Ladd, G. W., & Pettit, G. S. (2002). Parenting and the development of children's peer relationships.

LaFreniere, P. J., & Capuano, F. (1997). Preventive intervention as means of clarifying direction of effects in socialization: Anxious-withdrawn preschoolers case. *Development and Psychopathology, 9*(3), 551-564.

Landreth, G. (1983). Play therapy in elementary school settings. In C. E. Schaefer & K. J. O'Connor (Eds.), *Handbook of play therapy* (pp. 200-212). Wiley.

Landreth, G. (1991). *Play therapy: The art of the relationship.*

Landreth, G. (2001). Facilitative dimensions of play in the play therapy -112- process. In G. L. Landreth (Ed.), *Innovation in play therapy: Issue, process, and special populations* (pp. 3-22). Brunner-Routledge.

Landreth, G. (2002). *Play therapy: The art of the relationship* (2nd ed). Brunner-Routledge.

Landreth, G. (2009). 놀이치료. (유미숙 역). 학지사.

Landreth, G. (2010). *Play therapy: The art of the relationship* (2nd ed.). Routledge.

Landreth, G. (2012). *Play therapy: The art of the relationship* (3rd ed.). Routledge.

Landreth, G. (2015). *Play therapy: The art of the relationship.*

Landreth, G. (2015). *Play therapy: The art of the relationship.* 놀이치료: 치료관계의 기술. (유미숙 역). 학지사. (원저는 2012년에 출판)

Landreth, G., & Bratton, S. (1999). *Play therapy.* Wiley.

Leung, A. K., & Roberson, W. L. M. (1993). Childhood masturbation. *Clinical Pediatrics, 32,* 238-241.

Lin, Y. (2011). Contemporary Research of Child-Centered Play Therapy (CCPT) modalities: A Meta Analytic Review of Controlled Outcome Studies. (Unpublished doctoral dissertation, University of North Texas, Denton.)

Litjens, I., & Taguma, M. (2010). Literature overview for the 7th meeting of the OECD Network on Early

Childhood Education and Care. doi,10(09540253.2013), 79634.

Loeber, R., & Farrington, D. P. (2000). Young children who commit crime: Epidemiology, developmental origins, risk factors, early interventions, and policy implications. *Development and Psychopathology*, *12*(4), 737-762.

Lyons-Ruth, K., Alpern, L., & Repacholi, B. (1993). Disorganized infant attachment classification and maternal psychosocial problems as predictors of hostile-aggressive behavior in the preschool classroom. *Child Development*, *64*(2), 572-585.

Mack, K. G. (2008). Beyond the barriers: A qualitative investigation into the experiences of general pediatricians working with young children exhibiting developmental delays and disabilities. University of South Florida. ph. D.

Martino, S. C., Ellickson, P. L., Klein, D. J., McCaffrey, D., & Edelen, M. O. (2008). Multiple trajectories of physical aggression among adolescent boys and girls. https://doi.org/10.1002/ab.20215

Mash, E. J., & Wolfe, D. A. (2002). *Abnormal child psychology*. Wadsworth/Thomson Learning.

Mathiesen, K. S., & Sanson, A. (2000). Dimensions of Early Childhood Behavior Problems: Stability and predictors of change from 18 to 30 months. *Journal of Abnormal Child Psychology, 28*, 15-31.

Maxfield, M. G., & Widom, C. S. (1996). The cycle of violence: Revisited six years later. *Archives of Pediatrics and Adolescent Medicine, 150*(4), 390-395.

McCord, W., McCord, J., & Howard, A. (1961). Familial correlates of aggression in nondelinquent male children. *The Journal of Abnormal and Social Psychology*, *62*(1), 79.

McGee, R. O. B., & Share, D. L. (1988). Attention deficit disorder-hyperactivity and academic failure: Which comes first and what should be treated? *Journal of the American Academy of Child &Adolescent Psychiatry*, *27*(3), 318-325.

McGuire, D. K., & McGuire, D. E. (2018). 놀이치료에서의 부모상담. (김광웅, 강은주, 진화숙 역). 시그마프레스.

McGuire, J., & Richman, N. (1988). *The preschool behaviour checklist handbook*. Neernelson.

McMullen, M. B. (1999). Characteristics of teachers who talk the DAP talk and walk the DAP walk. *Journal of Research in childhood Education*, *13*(2), 216-230.

Mellin, E. A. (2009). Responding to the crisis in children's mental health: Potential roles for the counseling profession. *Journal of Counseling & Development, 87*, 501-506.

Mercugliano, M., Power, T. J., & Blum, N. J. (1999). *The clinician's practical guide to attention-deficit/ hyperactivity disorder*. Paul H Brookes Publishing Company.

Mesman, J., Bongers, I. L., & Koot, H. M. (2001). Preschool developmental pathways to preadolescent internalizing and externalizing problems. *The Journal of Child Psychology and Psychiatry and Allied Disciplines*, *42*(5), 679-689.

Mofrad, S., Abdullah, R., & Samah, B. A. (2009). Perceived parental overprotection and separation anxiety: Does specific parental rearing serve as specific risk factor. *Asian Social Science*, *5*(11), 109-116.

Moon, S. M. (2005). Maternal behavior and withdrawal behavior and depression of their children. Unpublished master's thesis. Chonnam National University.

Moustakas, C. (1955a). Emotional adjustment and the play therapy process. *Journal of Genetic Psychology, 86*, 79-99.

Moustakas, C. (1955b). The frequency and intensity of negative attitudes expressed in play therapy: A comparison of well adjusted and disturbed children. *Journal of Genetic Psychology, 86*, 309-324.

Moustakas, C. (1959). *Psychotherapy with children: The living relationship.* Harper & Row.

Moustakas, C. (1981). *Rhythms, rituals and relationships.* Detroit.

Martino, S. C. et al. (2008). Multiple trajectories of physical aggression among adolescent boys and girls. *Aggressive Behavior, 34*, 61-75.

Mundy, L. (1957). Therapy with physically and mentally handicapped children in a mental deficiency hospital. *Journal of Clinical Psychology, 13*, 3-9.

Muro, J., Ray, D., Schottelkorb, A., Smith, M., & Blanco, P. (2006). Quantitative analysis of long term play therapy. *International Journal of Play Therapy, 15*, 35-58.

Murray, C. E., Lampinen, A., & Kelley-Soderholm, E. L. (2006). Teaching Family Systems Theory through Service-Learning. *Counselor Education and Supervision, 46*(1), 44-58.

National Center for Children in Poverty. (2006). Children's *mental health: Facts for* policymakers. Retrieved from National Center for Children in Poverty web-site: http://www.nccp.org/publications/pub_687.html

National Center on Child Abuse and Neglect. (1994). *State statutes related to child abuse and neglect: 1993.* Department of Health and Human Resources.

Nelson, B., Martin, R. P., Hodge, S., Havill, V., & Kamphaus, R. (1999). Modeling the prediction of elementary school adjustment from preschool temperament. *Personality and Individual Differences, 26*(4), 687-700.

Nelson, J. A., & Eckstein, D. (2008). A service-learning model for at-risk adolescents. *Education Treatment of Children, 31*(2), 223-238.

Newcomer, B., & Morrison, T. (1974). Play therapy with institutionalized mentally retarded children. *American Journal of Mental Deficiency, 78*, 727-733.

Nitschke, J. B., Sarinopoulos, I., Oathes, D. J., Johnstone, T., Whalen, P. J., Davidson, R. J., & Kalin, N. H. (2009). Anticipatory activation in the amygdala and anterior cingulate in generalized anxiety disorder and prediction of treatment response. *American Journal of Psychiatry, 166*(3), 302-310.

Nutt, G. (1971). *Being me: Self you bug me.* Broadman.

Oe, E. (1989). Comparison of initial session play therapy behaviors of maladjusted and adjusted children (Doctoral dissertation, University of North Texas, Denton).

Osofsky, J. (1995). The effects of exposure to violence on young children. *American Psychologist, 50*, 782-788.

Papalia, D., & Olds, S. (1986). *Human development.* McGraw-Hill.

Parker, J. G., & Asher. S. R. (1987). Peer relations and later personal adjustment: Are low-accepted children at risk? *Psychological Bulletin, 102*(3), 357-389.

Paterson, C. (1974). *Relationship counseling and psychotherapy.* Harper & Row.

Paul, R. (1991). Profiles of toddlers with slow expressive language development. *Topics in Language Disorder, 11*(4), 1-13.

Peleg, O., Halaby, E., & Whaby, E. N. (2006). The relationship of maternal separation anxiety and differentiation of self to children's separation anxiety and adjustment to kindergarten: A study in Druze families. *Journal of Anxiety Disorders, 20*(8), 973-995.

Perkins, G., & Brumfield, K. (2009). Service learning in counselor education programs: Combating Truancy. In G. R. Walz, J. C. Bleues, & R. K. Yep (Eds.), *Compelling counseling interventions: Vistas 2009* (pp. 185-195). American Counseling Association.

Perry, B. D. (1996). Incubated in terror: Neurodevelopmental factors in the cycle of violence. In J. D. Osofsky (Ed.), *Children, youth and violence: Searching for solutions* (pp. 124-149). Guilford Press.

Perry, B. D. (1997). *Maltreated children: Experience, brain development and the next generation.* Norton.

Perry, L. (1988). Play therapy behavior of maladjusted and adjusted children (Doctoral dissertation, North Texas State University, Denton).

Pettit, G. S., Harrist, A. W., Bates, J. E., & Dodge, K. A. (1991). Family interaction, social cognition and children's subsequent relations with peers at kindergarten. *Journal of Social and Personal Relationships, 8*(3), 383-402.

Piaget, J. (1962). *Play, dreams, and imitation in childhood.* Routledge.

Pomeroy, W. B. (1974). *Your child and sex: A guide for parents.* Delacorte press.

Prior, M., Smart, D., Sanson, A., & Oberklaid, F. (2001). Longitudinal predictors of behavioural adjustment in pre-adolescent children. *Australian & New Zealand Journal of Psychiatry, 35*(3), 297-307.

Ramey, C. T., & Ramey, S. L. (1999). Beginning school for children at risk. *The Transition to Kindergarten*, 217-252.

Ray, D. (2004). Supervision of basic and advanced skills in play therapy. *Journal of Professional counseling: Practical, theory, and Research, 32*(2), 28-41.

Ray, D. (2007). Two counseling interventions to reduce teacher-child relationship stress. *Professional School Counseling, 10*, 428-440.

Ray, D. C. (2016). 고급놀이치료. (이은아김, 민성원 역). 시그마프레스.

Ray, D. C., Armstrong, S. A., Balkin, R. S., & Jayne, K. M. (2015). Child-centered play therapy in the schools: Review and metaanalysis. *Psychology in the Schools, 52*(2), 107-123.

Ray, D. C., Lee, K. R., Meany-Walen, K. K., Carlson, S. E., Carnes-Holt, K. L., & Ware, J. N. (2013). Use of toys in child-centered play therapy. *International Journal of Play Therapy, 22*(1), 43-57.

Ray, D., & Bratton, S. (1999). *Play therapy: What research says about play.* Association for Play Therapy, Inc. [Online]. Available: www.iapt.org/research.html

Ray, D., Blanco, P., Sullivan, J., & Holliman, R. (2009). *Child-centered play therapy.*

Ray, D., & Bratton, S. (2010). What the research shows about play therapy: Twenty-first century update. In J. Baggerly, D. Ray, & S. Bratton (Eds.), *Child-centered play therapy research: The evidence base for effective practice* (3-33). Wiley.

Ray, D., Henson, R., Schottelkorb, A., Brown, A., & Muro, J. (2008). Impact of short-term and long-term play therapy services on teacher-child relationship stress. *Psychology in the Schools, 45,* 994-1009.

Ray, D., Schottelkorb, A., & Tsai, M. (2007). Play therapy with children exhibiting symptoms of attention deficit hyperactivity disorder. *International Journal of Play Therapy, 16,* 95-111.

Rescorla, L. (1989). The language development survey: A screening tool for delayed language in toddlers. *Journal of Speech and Hearing Disorders, 54*(4), 587-599.

Rettew, D. C., Althoff, R. R., Dumenci, L., Ayer, L., & Hudziak, J. J. (2008). Latent Profiles of Temperament and Their Relations to Psychopathology and Wellness. *Journal of the American Academy of Child and Adolescent Psychiatry, 47,* 273-281.

Richard, E. B., Robert, K., & Hal, B. J. (2000). *Nelson textbook of pediatrics* (16th ed.) (pp. 94-100). WB Saunders Co.

Richman, N., Stevenson, J., & Graham, P. J. (1982). *Pre-school to school: A behavioral study.* Academic Press.

Rimm-Kaufman, S. E., & Pianta, R. C. (2000). An ecological perspective on the transition to kindergarten: A theoretical framework to guide empirical research. *Journal of Applied Developmental Psychology, 21*(5), 491-511.

Rogers, C. (1951). *Client-centered therapy: Its current practice, implications, and theory.* Houghton Mifflin.

Rogers, C. (1952). Client-centered psychotherapy. *Scientific American, 187,* 70.

Rogers, C. (1961). *On becoming a person.* Houghton Mifflin.

Rogers, C. (1977). *Carl Rogers on personal power: Inner strength and its revolutionary impact.* Delacorte.

Rogers, C. (1980). *A way of being.* Houghton Mifflin.

Rogers, C. (1986). Client-centered therapy. In J. L. Kutash & A. Wolf (Eds.), *Psycho-therapist's casebook* (pp. 197-208). Jossey-Bass.

Rones, M., & Hoagwood, K. (2000). School-based mental health services: A research review. *Clinical Child and Family Psychology Review, 3*(4), 223-241.

Rosenbaum, J. F., Biederman, J., Bolduc, E. A., Hirshfeld, D. R., Faraone, S. V., & Kagan, J. (1992). Comorbidity of parental anxiety disorders as risk for childhood-onset anxiety in inhibited children. *American Journal of Psychiatry, 149,* 475-481.

Rothbart, M. K., & Bates, J. E. (2006). Temperament. In N. Eisenberg, W. Damon, & R. M. Lerner (Eds.), *Handbook of child psychology: Social, emotional, and personality development* (pp. 99-166). John Wiley & Sons, Inc.

Rubin, K. H., Coplan, R. J., & Bowker, J. C. (2009). Social withdrawal in childhood. *Annual Review of Psychology, 60,* 141-171.

Rubin, K. H., & Mills, R. S. (1988). The many faces of social isolation in childhood. *Journal of Consulting and Clinical Psychology, 56*(6), 916-924.

Russ, S. W. (2004). *Play in child development and psychotherapy: Toward empirically supported practice.* Lawrence Erlbaum Associates Publishers.

Safford, P. L., & Safford, E. J. (1996). *A history of childhood and disability.* Teachers College Press.

Sanders, M. J., & Dyer-Friedman, J. (1997). Child abuse. In H. Steiner (Ed.), *Treating school-age children* (pp. 189-214). Jossey-Bass.

Schaefer, C. E. (1993). *The therapeutic powers of play*. Aronson.

Schaefer, C. E., & Drewes, A. A. (2015). 놀이의 치료적 힘. (유미숙, 이윤승, 이은수, 최재정, 최진현 역). 시그마프레스.

Schiffer, M. (1969). *The therapeutic play group*. Grune & Stratton.

Schmidt, J. J. (2004). *Contemporary school counseling*. Lahaska Press.

Schottelkorb, A., & Ray, D. (2009). ADHD symptom reduction in elementary students: A single case effectiveness design. *Professional School Counseling, 13*, 11-22.

Schumann, B. (2010). Effectiveness of child-centered play therapy for children referred for aggression. In J. Baggerly, D. Ray, & S. Bratton (Eds.), *Child-centered play therapy research: The evidence base for effective practice* (pp. 193-208). Wiley.

Segal, J., & Yahraes, H. (1979). *A child's journey: Forces that shape the lives of our young*. McGraw-Hill.

Sette, S., Baumgartner, E., & Schneider, B. H. (2014). Shyness, child-teacher relationships, and socio-emotional adjustment in a sample of Italian preschool-aged children. *Infant and Child Development, 23*(3), 323-332.

Shaw, R. (2006). Critical Issues of Community Based Flood Mitigation: Examples from Bangladesh and Vietnam. *Journal of Science & Culture, 72*, 1-17.

Shaw, R. J., & Feldman, S. S. (1997a). General principles and treatment. In H. Steiner (Ed.), *Treating preschool* children (pp. 1-26). Jossey-Bass.

Shaw, R. J., & Feldman, S. S. (1997b). General principles and treatment. In H. Steiner (Ed.), *Treating school-age children* (pp. 1-31). Jossey-Bass.

Shevell, M. I., Ashwal, S., Donley, D., Flint, J., Gingold, M., Hirtz, D., et al. (2003). Practice parameter: Evaluation of the child with global developmental delay report of the quality standards subcommittee of the american academy of neurology and the practice committee of the child neurology society. *Neurology, 60*(3), 367-380.

Shmukler, D., & Naveh, I. (1985). Structured vs. unstructured play training with economically disadvantaged preschoolers. *Imagination, Cognition, and Personality, 4*(3), 293-304.

Sices, L., Feudtnet, C., McLaughlin, J., Drotar, D., & Williams, M. (2004). How do primary care physicians manage children with possible developmental delays? A national survey with an experimental design. *Pediatrics, 113*(2), 274-282.

Siegel, C. (1970). The effectiveness of play therapy with other modalities in the treatment of children with learning disabilities (Doctoral dissertation, Boston University, 1970). *Dissertation Abstracts International, 48*, 2112. 1997. Department of Education, Office of Educational Research and Improvement.

Sigmon, R. L. (1994). *Linking Service With Learning in Liberal Arts Education*. Council of Independent Colleges.

Slater, R. (1980). The organizational origins of public school psychology. *Educational Studies, 02*, 1-11.

Smetana, J. G., Kochanska, G., & Chuang, S. (2000). Mothers' conceptions of everyday rules for young toddlers: A longitudinal investigation. *Merrill-Palmer Quarterly, 46*(3), 391-416.

Smith, M. (2002). Filial therapy with teachers of deaf and hard of hearing preschool children. (Unpublished doctoral dissertation, University of North Texas, Denton).

Smolen, E. (1959). Nonverbal aspects of therapy with children. *American Journal of Psychotherapy, 13*, 872-881.

Snyder, T. D., Hoffman, C. M., & Geddes, C. M. (1997). Digest of educational statistics.

Steiner, H. (Ed.). (1997). *Treating preschool children.* Jossey-Bass.

Sterba, S. K., Prinstein, M. J., & Cox, M. J. (2007). Trajectories of internalizing problem across childhood: Heterogeneity, external validity, and gender differences. *Development and Psychopathology, 19*, 345-366.

Stevenson-Hinde, J. (1989). Behavioral inhibition: Issues of context. In J. S. Reznick (Ed.), *Perspectives on behavioral inhibition* (pp. 125-138). University of Chicago Press.

Stormont, M. (2002). Externalizing behavior problems in young children: Contributing factors and early intervention. *Psychology in the Schools, 39*(2), 127-138.

Stormshak, E. A., Bierman, K. L., Bruschi, C., Dodge, K. A., Coie, J. D., & the Conduct Problems Prevention Research Group (CPPRG) (1999). The relation between behavior problems and peer preference in different classroom contexts. *Child Development, 70*(1), 169-182.

Strauss, C. C., Frame, C., & Forehand, R. (1987). Psychosocial impairment associated with anxiety in children. *Journal of Clinical Child Psycology, 16*, 235-239.

Surgeon General. (1999). *Mental health: A report of the surgeon general* [Online]. Available: www.surgeongeneral.gov/library/mentalhealth/chapter3/html

Sweeney, D., & Landreth, G. (2009). Child-centered play therapy. In K. O'Connor & L. Braverman (Eds.), *Play therapy theory and practice: Comparing theories and techniques* (2nd ed.) (pp. 123-162). Wiley.

Thomas, A., & Chess, S. (1977). Temperament individuality from childhood to adolescence. *Journal of the American Academy of Child Psychiatry, 6*, 218-226.

Thomas, C. R., & Holzer, C. E. III. (1999). National distribution of child and adolescent psychiatrists. *Journal of the American Academy of Child and Adolescent Psychiatry, 38*, 9-15.

Thomas, K. M., Drevets, W. C., Dahl, R. E., Ryan, N. D., Birmaher, B., Eccard, C. H., … & Casey, B. J. (2001). Amygdala response to fearful faces in anxious and depressed children. *Archives of General Psychiatry, 58*(11), 1057-1063.

Tomblin, J. B., Zhang, X., Buckwaltet, P., & Catts, H. (2000). The association of reading disability, behavioral disorders, and language impairment among-grade children. *Journal of Child Psychology Psychiatry, 41*, 473-482.

Trotter, K., Eshelman, D., & Landreth, G. (2004). Yes, Bobo should be in the playroom! *Association for Play Therapy Newsletter, 23*(2), 25-26.

Turner, J. C. (1991). *Social influence.* Thomson Brooks/Cole Publishing Co.

Unal, F. (2000). Predisposing factors in childhood masturbation in Turkey. *European Journal of Pediatrics, 159*(5), 338-342.

VanFleet, R. (1998). Play therapy ideas No. 6: Family Enhancement and Play Therapy Center [Online]. Available: play-therapy.com/ideas6-html

Wenz-Gross, M., & Siperstein, G. N. (1998). Students with learningproblems at risk in middle school: Stress, social support, and adjustment. *Exceptional Children, 65*(1), 91-100.

Withee, K. (1976). A descriptive analysis of the process of play therapy (Doctoral disser-tation, North Texas State University, Denton). *Dissertation Abstracts International, 36*, 6406B.

Wolchik, S. A., Tein, J. Y., Sandler, I. N., & Doyle, K. W. (2002). Fear of abandonment as a mediator of the relations between divorce stressors and mother-child relationship quality and children's adjustment problems. *Journal of Abnormal Child Psychology, 30*, 401-418.

Wolfson, J., Fields, J. H., & Rose, S. A. (1987). Symptoms, temperament, resiliency, and control in anxiety-disordered preschool children. *Journal of the American Academy of Child & Adolescent Psychiatry, 26*(1), 16-22.

Woltmann, A. (1964). Concepts of play therapy techniques. In M. Haworth (Ed.), *Child psychotherapy: Practice and theory* (pp. 20-32). Basic Books.

Wood, J. J., Cowan, P. A., & Baker, B. I. (2002). Behavior problems and peer rejection in preschool boys and girls. *Journal of Genetic Psychology, 163*(1), 72-88.

Wright, J. D., & Devine, J. A. (1993). Housing dynamics of the homeless: Implica-tions for a count. *American Journal of Orthopsychiatry, 65*(3), 320-329.

Wu, Q., White, K. R., & Coleman, K. L. (2015). Effects of kinship care on behavioral problems by child age: A propensity score analysis. *Children and Youth Services Review, 57*, 1-8.

Wulff, C. H., Østergaard, J. R., & Storm, K. (1992). Epileptic fits or infantile masturbation? *Seizure, 1*(3), 199-201.

Yang, M. L., Fullwood, E., Goldstein, J., & Mink, J. W. (2005). Masturbation in infancy and early childhood presenting as a movenet disorder: 12 cases and a review the literature. *Pediatrics, 116*(6), 1427-1432.

Zelman, A. (Ed.). (1996). *Early intervention with high-risk children.* Aronson.

Ziegler, D. (2000). *Raising children who refuse to be raised: Parenting skills and therapy interventions for the most difficult children.* Acacia Press.

Zigler, E., & Lang, M. (1991). *Child care choices: Balancing the needs of children, families and society.* Free Press.

찾아보기

저자 소개

한유진(Han Youjin)
서울대학교 대학원 아동가족학 박사
명지대학교 아동학과 교수
주요 저서: 전생애놀이치료(공저, 학지사, 2021), 보육과정(공저, 학지사, 2007)

정선희(Chung Sunhee)
명지대학교 대학원 아동학(아동가족심리치료전공) 박사
아이사랑 상담실 육아전문가 상담위원

양선영(Yang Sunyoung)
명지대학교 대학원 아동학(아동가족심리치료전공) 박사
마음in 심리상담연구소 소장
주요 저서: 전생애놀이치료(공저, 학지사, 2021)

정솜이(Jeong Somyi)
명지대학교 대학원 아동학(아동가족심리치료전공) 박사
지역사회아동문화연구소 수석연구원

길경미(Gil Kyungmi)
명지대학교 대학원 아동학(아동가족심리치료전공) 박사 수료

김진서(Kim Jinseo)

명지대학교 대학원 아동학(아동가족심리치료전공) 박사 수료

연세튼튼발달클리닉 부센터장

이지수(Lee Jisoo)

명지대학교 대학원 아동학(아동가족심리치료전공) 박사 수료

연세튼튼발달클리닉 놀이치료사

정다혜(Jeong Dahye)

명지대학교 대학원 아동학(아동가족심리치료전공) 박사 수료

최경혜(Choi Kyunghye)

명지대학교 대학원 아동학(아동가족심리치료전공) 박사

서울동남권아동보호전문기관 아동심리치료사

최윤정(Choi Yunjeong)

명지대학교 대학원 아동학(아동가족심리치료전공) 박사

블루밍아동가족연구소 부소장

보육놀이치료
Childcare Center Based Play Therapy

2024년 1월 20일 1판 1쇄 인쇄
2024년 1월 30일 1판 1쇄 발행

지은이 • 한유진 · 정선희 · 양선영 · 정솜이 · 길경미
　　　　　김진서 · 이지수 · 정다혜 · 최경혜 · 최윤정
펴낸이 • 김진환
펴낸곳 • ㈜**학지사**
　　　　　04031 서울특별시 마포구 양화로 15길 20 마인드월드빌딩
대표전화 • 02-330-5114　　팩스 • 02-324-2345
등록번호 • 제313-2006-000265호

홈페이지 • http://www.hakjisa.co.kr
인스타그램 • https://www.instagram.com/hakjisabook

ISBN 978-89-997-3045-0 93370

정가 22,000원

출판미디어기업 학지사
간호보건의학출판 **학지사메디컬** www.hakjisamd.co.kr
심리검사연구소 **인싸이트** www.inpsyt.co.kr
학술논문서비스 **뉴논문** www.newnonmun.com
교육연수원 **카운피아** www.counpia.com